KB078879

C++
기본에서
상급까지

C++
기본에서 상급까지

© 이재국, 2024

초판 1쇄 발행 2024년 1월 31일

지은이   이재국
펴낸이   이기봉
편집   좋은땅 편집팀
펴낸곳   도서출판 좋은땅
주소   서울특별시 마포구 양화로12길 26 지월드빌딩 (서교동 395-7)
전화   02)374-8616~7
팩스   02)374-8614
이메일   gworldbook@naver.com
홈페이지   www.g-world.co.kr

ISBN   979-11-388-2712-6 (13000)

for (c++ basic : advanced) -> expert

C++

기본에서 상급까지

전문가로 인도하는 C++ 지침서

이재국 지음

좋은땅

서문

프로그래밍 언어순위를 조사해 보면 항상 상위권을 차지하는 것이 C++ 언어이다. 아마도 수십 년 이상 사용된 오랜 연륜이 뒷받침이 되어 많은 개발자들의 선호하는 언어가 된 게 아닌가 싶다. 단지 역사가 오래된 것뿐만 아니라 C++ 언어가 가지는 많은 장점으로 전자 제품, 컴퓨터, 설비 기기 등 전반적으로 여러 산업 분야에 적용되기 때문에 오랜 기간 개발 언어로 확고한 자리를 잡을 걸로 생각된다.

한편 다른 프로그래밍 언어와 달리 C++ 언어만 가지는 여러 기능과 코드 개발의 자유로운 특성으로 언어 문법을 익히는 데 어려움을 가지는 사람들이 많이 있는 걸로 알고 있다. C++ 언어가 때로는 너무 세세하게 기능을 분류하고 기술되는 측면이 있기 때문에 많은 다양한 기능과 개념을 배우는 것에 약간의 두려움이 드는 것도 사실이다. 단지 하나의 문법 사항을 배우고 테스트하는 걸로 관련 항목을 어느 정도 익히고 연관된 코드를 분석할 수 있다고 해도 유사한 기능들과 같이 사용되게 되면 코드 해석에 혼동을 느끼고 어떻게 적용할지 모를 때가 있다. 이것은 해당 기능이 가지는 본질적인 특성을 정확하게 숙지하지 않고 다른 문법과 연관성을 충분히 익히지 않은 것에 기인한다.

경험상 보면 소프트웨어 코드를 개발하다 일정 기간이 지나고 다시 보게 되면 문법 사항들이 때론 기억이 가물가물하는 경우가 많이 있다. 이런 일이 발생하는 것도 체계적으로 문법 관련 개념을 익히지 않고 단순히 예제로만 해당 기능의 결과만 확인하고 핵심적인 기능들이 가지는 개념을 놓치고 있기 때문이다. 그래서 하나의 문법 기능을 학습할 때 그 기능이 왜 필요한지에 대해 먼저 고찰해 보고 어디에서 주로 사용되는지에 대해 알아본 이후 해당 문법의 개념을 나타내는 예제를 살펴보는 것이 프로그래밍을 익히는 올바른 접근이라고 생각한다. 또한 문법 기능의 개념과 아울러 어떤 경우에 문제가 되고 사용하면 에러가 발생할 수 있고 유사한 상황이 어떤 것인지 알아보는 것도 해당 기능을 익히고 이해하는데 좋은 방법이 된다.

이 책은 위에 언급한 것에 초점을 맞추어 기초적인 사항부터 시작해서 표준 라이브러리까지 차례대로 구성된다. 목차의 항목은 이전 장과 다음 장의 관계를 고려하여 구성되어서 책을 읽을 때 가급적 처음부터 순서대로 진행되는 것이 좋아 보인다. 아무쪼록 이 책이 C++ 프로그래밍을 처음 배우는 사람과 이미 지식이 있는 사람들에게 크게 도움이 되길 바란다.

이재국

일러두기

이 책의 **C++** 규격은 **C++20**을 기준으로 하고 있다. 버전별로 추가된 사항을 나타내기 위해 해당 절에 C++14, C++17 그리고 C++20을 명시하고 있다. 개발 상황에 따라 해당 버전에 맞게 적용하면 될 것이다. C++11은 기본적인 사항이라 따로 명시하지 않았다.

본문에 사용된 예제들은 **MSVC, GCC** 컴파일러로 테스트를 진행하였다. 컴파일러별로 결과 틀리게 되면 해당 예제에서 내용을 명시하고 있고, 해당 버전은 다음과 같다.

- **MSVC Version : 19.36**
- **GCC Version : 12.2**

본문의 예제들은 일반적인 코딩 형식을 취하기보다는 이해를 돕기 위해 자체적으로 만들었다. 그리고 일부 예제들은 참고자료에 언급된 자료 **[1], [2], [3]**에서 가져와 편집 및 수정을 하였다. 그리고 GCC 소스 파일에 포함되어 있는 테스트스위트(testsuite)에서도 일부 예제를 가져왔다.

예제 테스트를 위해서 **MSVC** 스튜디오가 설치된 윈도우에서 사용해도 되고, **GCC**가 설치된 리눅스용 컴퓨터에서도 가능하다. 또한 윈도우에서 리눅스 형태의 GCC 컴파일러를 가지는 시그윈(Cygwin)을 통해서도 테스트를 할 수 있다. 각각의 사용법 및 설치법은 여러 사이트에서 많은 정보를 제공하기에 관련 사이트를 참조한다. 그리고 설치가 필요 없이 **온라인 C++ 컴파일러 사이트**를 통해 테스트 확인이 가능하다. 참고자료에 해당 사이트가 나와 있다. 그리고 컴파일 시 표준 옵션은 c++20으로 설정해야 된다. (MSVC : /std:c++20, gcc : -std=c++20)

예제 코드 :

https://github.com/JakeHeler/CodesFromBA

목차

1

C++ 소개

일반적으로 소프트웨어 프로그래밍(programming)이라는 것은 어느 특정 타깃(보통은 컴퓨터, 가전기기 또는 전자제품 등등)에 실행되는 일련의 기능을 구현하는 것을 말한다. 그리고 그것의 결과물을 보통 응용 애플리케이션(Application)이라고 하고 우리가 사용하는 여러 제품(TV, 가전제품, 스마트폰 등등)에 사용자가 요구를 만족하는 기능이 들어간 애플리케이션이 탑재된다. 또한 컴퓨터로 작업하는 문서 또는 그래픽을 편집 할 수 있는 여러 소프트웨어도 애플리케이션에 속한다.

프로그래밍이 실행된다는 것은 타깃에 탑재되어 있는 메인칩(Main Chip)에서 프로그램의 코드가 수행되는 것을 의미하는데 그러기 위해서는 칩이 요구하는 규칙에 만족하는 코드를 구성을 해야 정상적으로 동작한다. 보통 메인칩이 직접 해독하는 형태를 기계어(Assembly language)로 하고 메인칩별로 각각 준수해야 많은 명령어들이 존재하고 구현 기능이 많아질수록 구조가 복잡해져 이해하기가 매우 어렵게 되어 있다. 따라서 프로그램 구현 시 기계어 형태로 짜기보다는 인간에 맞는 편안한 규칙에 따라 프로그래밍을 하고 그것을 다시 기계어로 변환하는 작업(컴파일이라고 함)을 통해 구현하는 것이 훨씬 쉽고 더 효율적이기 때문에 대부분 이런 구조의 프로그래밍 언어를 사용하고 있다. 이런 형태를 가진 프로그래밍 언어들이 현재 많이 소개되고 있는데, C++ 언어가 가지는 여러 장점과 특징으로 오랜 기간 많은 개발자들이 사용하는 언어로 자리매김하고 있다.

C++ 언어와 C 언어는 각각의 규격을 가진다. C++ 규격은 기존 C 언어 규격에 기반을 둔 범용 목적의 프로그래밍 언어이고, 클래스(class), 템플릿(template), 예외 처리, 연산자 오버로딩 및 스탠더드 라이브러리 등 추가된 신규 특성을 가진다. C++ 글자에서 보여지듯이 기존 C 언어를 포함(C의 Superset : 확대 집합)하고 객체 지향 특성이 추가된 상위 버전이라고 볼 수 있다. C++은 지속적으로 버전이 증가되면서 기존 기능을 보완하고 신규 기능을 추가하면서 발전하고 있으며 기술 발달과 함께 필요 기능을 지원하면서 규격이 업데이트될 것이다. 그럼 C++ 언어가 가지는 주요 특성을 살펴보자.

우선 프로그래밍 언어에서 자주 언급되고 있는 **객체 지향 프로그래밍**은 대부분의 언어에서 가지고 있는 공통적 요소이다. 사실 규격에서 **객체**의 정의를 일정의 메모리를 차지하는 것으로 정의하고 있어 프로그래밍 기법 측면에서 보면 객체가 가지는 의미에서 차이가 있다. 객체의 정의 관련해서는 다음 절에 기술된다. 이런 용어보다는 설계에 초점을 맞게 객체 지향의 개념을 살펴보면 대상을 클래스로 표현하고 다른 대상과의 연결성 및 계층화를 고려하여 기능을 구현하는 방식이 객체 중심의 프로그래밍이라고 볼 수 있다. 이런 대상의 관계성으로 기능 구현을 쉽게 직관적으로 파악할 수 있고 이로 인해 유지 보수 및 신규 기능 추가 작업이 쉬워진다. 또한 객체 지향 프로그래밍은 기존 클래스를 받아 새롭게 정의하는 상속 특성을 가지며 다른 언어와 다르게 다중 상속이 C++에서 지원된다. 그리고 상속 관계에 있는 클래스에서 함수의 동작을 다르게 정의하여 실행되게 하는 다형성 특징을 가진다. 또 다른 특징으로 필요한 데이터만 접근하도록 설정하여 자료의 데이터에 접근 제한 설정이 가능하다.

이와 대조적적으로 사용되는 것으로 **절차 프로그래밍**이 있는데 이것은 정해진 기능 또는 사양을 중심으로 하나의 함수 형태로 코드를 만드는 것을 의미한다. 사실 함수 방식의 코드는 어디서나 사용되는 방식이고 또한 대부분의 프로그래밍 언어는 이런 특성을 가진다. 절차 프로그래밍에는 클래스를 처리하는 기능은 없지만 기능을 작게 구분하여 만들고 또한 다른 파트에서 다시 사용할 수도 있고 그것을 묶어 블록으로 처리하여 더 큰 기능을 갖게 하는 구조로 만들어 갈 수 있다. 그리고 하나의 인터페이스를 정의해서 공용으로 사용 가능하다. 절차 프로그래밍은 구현할 목표가 정해지면 세부적으로 기능을 나누어서 일을 처리하고 합치면서 완성된 결과를 만들어 간다. 이것의 장점은 기능이 정해지면 각각 함수를 쉽게 만들 수 있고 연결이 쉬워지고 편리하다는 측면이 있지만 일부 변경 사항이 생기면 각 블록에 사용된 함수를 다시 구성해야 하는 문제가 생길 수 있고 기존 코드와 호환성도 중요한 문제로 대두될 수 있다. 사실 위 두 개의 프로그래밍 방법의 구분은 제품 설계의 관점으로 나눈 것으로 기능 구현 단위가 되는 함수 측면에서 보면 공통적인 부분도 있다고 볼 수 있다. 개발 환경 및 특성, 설계 구현의 복잡도 또는 크기 그리고 추후 유지 보수 부분을 고려해 선택하면 될 것이다.

다음으로 다른 언어와 다르게 C++ 언어의 장점이면서 특화된 특성으로 **연산자 오버로딩**이 있다. C++에서 제공하는 많은 라이브러리는 사용자의 편의성과 기능 구현의 단순화를 위해 연산자 오버로딩을 포함하고 있다. 시스템에서 지원하는 기본 타입의 데이터의 연산은 별도로 해당 연산을 수행하는 함수를 만들지 않아도 연산 수식이 수행이 된다. 그런데 사용자가 정의한 클래스 타입의 데이터는 클래스를 구현하면서 필요한 연산에 대해 자체적으로 구성해야 연산이 문제없이 진행된다.

예를 들면 문자열을 처리하는 클래스 같은 경우에는 문자열을 더하는 덧셈 연산자 오버로딩이 있기 때문에 사용자는 기존에 익숙한 방식대로 더하는 형태를 취하여 해당 연산을 수행한다. 또한 비교 연산, 데이터 접근 연산 등 우리가 데이터를 다룰 때 많이 이용되는 연산자 오버로딩이 라이브러리 클래스에서 지원된다. 특히 일반 객체를 함수 형식으로 사용이 될 수 있는데 이것은 사용 편리성과 아울러 객체를 함수 타입으로 전환이 가능하기 때문에 함수의 인자의 수식으로 활용이 될 수 있다. 또한 클래스 타입의 객체를 필요에 따라 타입을 변환하는 연산자 오버로딩의 구현으로 데이터 변환을 쉽게 하여 다른 코드와 호환을 편하게 하는 이점이 생긴다. 한편 C++에 개발 경험이 많이 있는 사람도 실제로 연산자 오버로딩의 장점과 특성을 인지하지 못하는 것 같다. 물론 라이브러리의 연산자 오버로딩을 이용하는 측면에서 본다면 굳이 관련 코드를 분석하거나 수정을 할 필요는 없지만 연산자 오버로딩을 어떻게 구성하고 어떤 규칙을 따라 가는지에 대해 어느 정도 학습이 필요하다고 생각한다. 이와 관련된 내용은 다른 장에서 자세히 기술된다.

그리고 다음 특성으로 템플릿을 근간으로 하는 **일반화 프로그래밍**이 있다. C++의 스탠더드 라이브러리는 템플릿으로 구성된다. 템플릿을 통해 사용 가능한 많은 타입에 대응하도록 클래스 또는 함수가 구현되어 있어 범용성에서 큰 장점을 가진다. 보통 템플릿은 타입을 파라미터로 가지고 동작하는데 C++에서는 상수 타입의 파라미터를 취할 수 있기 때문에 템플릿의 구성에 있어서 좀 더 유연한 측면을 가진다. 또한 템플릿 파라미터에 대해 일정 패턴을 가지는 경우에 파라미터를 좀 더 세분화할 수 있는 특수화라는 기법을 활용하면 특정 타입의 파라미터에 대해서는 해당 템플릿의 동작과 기능을 보완할 수 있다. 한편 C++20부터는 템플릿 파라미터의 유효성을 확인하는 콘셉트가 소개되어 해당 템플릿을 사용할 때 파라미터 인자를 컴파일 단계에서 미리 확인이 가능하다. 이로 인해 템플릿 사용에 생길 수 있는 오동작을 미연에 차단하여 템플릿의 완성도를 높일 수 있다.

이렇게 C++의 특성을 이야기했다. 우리가 살펴볼 것은 위에 언급된 객체, 클래스, 함수, 연산자, 오버로딩 및 템플릿으로 이 책에서 여러 장에 걸쳐 기술된다. 그럼 다음 절의 기본사항부터 알아보자.

1.1 기본사항

프로그램의 텍스트는 기본적으로 소스 파일과 헤더 파일로 구성된다. 소스 파일은 보통 확장자가 *.c, *.cpp, *.cxx, *.cc 등등 종류의 이름을 가지고 헤더 파일의 확장자는 *.h, *.hh, *.hpp, *.hxx, *.hh 등의 이름을 가진다.

프로그램의 소스 파일에 구현하는 목표나 설명을 위한 것이 들어가는데 이것을 **주석**(Comments)이라고 하고 /*을 시작해서 */으로 끝을 내면 그 안에 있는 내용들은 프로그램의 텍스트와는 상관없는 것으로 컴파일러는 간주한다. 또한 한 라인을 주석 처리하는 경우에 //을 사용하면 그 라인 전체는 주석처리가 된다.

프로그램의 텍스트와는 별도로 컴파일이 진행되기 전에 소스 파일에 필요한 사항들을 먼저 처리하는 **전처리**(Preprocessing) 작업이 실행이 된다. 해당 소스에 필요한 파일을 포함시키는 경우에 #include를 사용해서 컴파일 진행 시 소스에 필요한 변수나 함수를 포함시키도록 한다. 하기는 프로그램 소스 코드 예제이다.

```
// main.cpp 파일
// 전처리 지시문 : 코드에 사용되는 파일을 포함시킴
#include <iostream>
```

```
int var = 0;              // 변수 선언 및 초기화

/*
Start Main Code      // 주석 처리
*/

int main()
{
        var = 100;        // 정수 리터럴을 연산자 =을 사용해 변수에 대입
        std::cout <<"Hello !!!";
        return 0;         // return 키워드 사용
}
```

여러 소스 파일과 헤더 파일들을 디렉터리로별로 저장하여 컴파일을 하고 최종 실행파일이 만들어진다. 다수의 파일이 컴파일이 되는 경우, 일괄작업을 위해 별도의 컴파일 시 필요한 파일을 작성하여 진행된다. 한편, 비주얼 스튜디오나 안드로이드 스튜디오 같은 통합 개발 환경에서는 여러 소스 파일을 하나의 프로젝트로 관리가 되어서 컴파일 또는 실행 버튼을 누르면 전체적으로 자동 컴파일이 실행된다.

프로그램의 텍스트를 컴파일하게 되면, 컴파일러는 다음의 형태로 프로그램의 텍스트를 구분하여 진행되면서 구문적인 에러가 발생하면 해당 소스 라인과 에러 이유를 알려 준다. [표 1.1]은 대표적으로 텍스트를 구분하여 처리하는 종류를 나타낸다.

[표 1.1 텍스트 구분(token)]

구분 유형	내용
식별자(Identifiers)	일련의 문자(영어 문자셋)와 숫자로 이루어져 변수나 함수의 이름을 나타냄.
키워드(Keywords)	미리 정해져 있는 식별자(if, for, return 등등).
연산자(Operators)	숫자 연산(+, -, *, / 등등)에 사용됨, 연산자는 우선순위를 가짐.
리터럴(Literals)	정수, 소수 또는 문자 같은 일정 상수값을 나타내는 것.

이 중에 상수를 나타내는 **리터럴**을 먼저 설명하고 다른 장에서 나머지가 기술된다. 리터럴은 정수(integer), 소수(floating), 문자(character), 문자열(string), 불(boolean), 포인터(pointer) 등 여러 종류가 있다.

□ 정수 리터럴(integer literals)

정수는 보통 십진수(decimal)가 사용되고 숫자 앞에 "0"을 붙이면 8진수(octal)이고 "0x" 또는 "0X"로 시작하면 16진수(hexadecimal)가 된다. 그리고 "0b" 또는 "0B"로 시작하면 이진수(binary)가 된다. 각 진법별로 다음의 숫자를 가진다.

10진수

- 0 1 2 3 4 5 6 7 8 9

8진수

- 0 1 2 3 4 5 6 7

16진수

- 0 1 2 3 4 5 6 7 8 9

  a b c d e f (대소문자 상관없음 A B C D E F 사용 가능)

2진수

- 0 1

```
int i = 100;        // 십진수
int j = 0123;       // 8진수
int k = 0198;       // 10진수 아님. 8진수가 아닌 숫자가 사용되어 에러 발생
int h = 0x12a;      // 16진수. 0X12A 이렇게 써도 같은 값을 가짐
int b = 0b1100;     // 2진수
```

사용하는 정수가 자연 정수만(0 이상의 정수)을 가지는 경우에는 unsigned을 앞에 붙여 변수를 선언한다. 또한 리터럴 정수에 u 또는 U를 접미사 형태로 붙여 명시적으로 나타내는 경우도 있다. 그리고 일반 정수(int 타입)보다 크기가 큰 경우에는 **long 타입**의 변수를 사용하는데 이때 리터럴 long 타입 정수에 l 또는 L을 접미사 형태로 사용될 수 있다. 이들 접미사는 옵션으로 사용하지 않아도 된다. 그리고 int와 long을 같이 결합해서 더 큰 숫자를 사용할 경우에, 예를 들면 long long int라면 타입을 나타내기 위해 ll 또는 LL를 붙여 사용한다. 또한 숫자 구분을 위해 **단일 인용 부호** '를 사용할 수 있으며(**since C++14**) 연산을 하거나 출력할 경우에는 인용부호는 영향을 주지 않는다.

```
// 명시적으로 부호 없는 정수를 나타냄, "u" 사용하지 않아도 됨
unsigned int i = 1234u ;

// 에러 발생, 접미사 "u"를 붙이면 마이너스 부호가 사용되면 안 됨
// gcc 에서는 정상적으로 처리함
unsigned int k = -100u ;
```

```
// OK. 굳이 unsigned 키워드를 사용할 필요 없음
unsigned int j = -100 ;

long int ii = 123400L;                          // long 타입을 나타냄
long long int jj = 123400LL;
unsigned long long int kk = 1234ULL;
unsigned long long l1 = 1'234'567'890llu;       // ' 인용 부호 사용 가능
```

□ 부동 소수점 리터럴(floating literals)

부동 소수점 리터럴은 십진수와 소수점 "."과 소수 자리로 구성된다. 또한 "e"나 "E"를 사용하여 지수 형태로 10의 거듭제곱을 나태 낼 수 있다. 또한 지수표현을 사용할 때 그 뒤에 + 또는 - 기호와 숫자를 사용해 값을 표현할 수 있다. (아래 예제 참조) 그리고 부동 소수점 리터럴의 기본 타입은 **double**이다. 접미사 "f" 또는 "F"를 사용해서 **float** 타입을 나타내고, l 또는 L을 사용해 **long double** 타입을 표현할 수 있다.

```
double i = 1.1;
double j = 1.;                  // 소수점 이하 생략 가능
double k1 = 12.3e-1;           // 1.23
double k2 = 12.3e3;            // 12300

double k3 = 12.3e0+1;         // 12.3 + 1 = 13.3
double k4 = 12.3e1+1;         // 123.0 + 1 = 124.0

float ii = 1.0f;              // float 타입 명시. 생략 가능
long double kk = 1.0l;        // long double 타입 명시. 생략 가능
```

□ 문자 리터럴(character literals)

문자 리터럴은 정수 리터럴과 달리 하나의 문자를 단일 인용문자 "에 넣어 이용되며, 타입은 1바이트(Byte)를 나타내는 **char** 타입을 가진다. 일반적으로 영어 알파벳은 한 바이트로 가능하다. 컴퓨터는 문자를 인식할 때 영문 알파벳이나 연산 기호들을 하나의 값으로 저장한다. 이와 관련한 규격을 정의한 것을 **미국정보교환 표준부호**(American Standard Code for Information Interchange : ASCII 아스키)라고 한다. 이것은 공백 또는 줄바꿈 등 출력 불가능한 제어 문자들을 포함하고 있으며 한 바이트 내로 표현이 가능하다. 그런데 1바이트 이상의 문자를 처리할 때는 char 타입으로 한계가 있기 때문에 이에 대응하는 다음의 문자 타입이 있다.

접두사 형태로 u8, u, U, L을 사용하여 1바이트 이상의 문자 타입을 명시할 수 있다. 여기서 u8은 **char8_t** 타입의 문자를 가진다(**since C++20**). u를 붙이면 2바이트 문자(**char16_t**)를 나타내고(한글은 2

바이트가 사용됨), U를 사용하면 4바이트 문자(**char32_t**)를 나타낸다. 이들 접두사를 사용할 때 2개 이상의 문자가 포함되면 에러가 발생된다.

문자 **L**을 붙여 사용하면 와이드 문자를 나타내는데, 그 타입은 **wchar_t**이고 2바이트를 가진다. (OS별로 틀림. 윈도우 : 2바이트 , 리눅스 : 4바이트)

```
char c = 'a';           // 보통의 1바이트 문자 선언 . 문자 출력 시 'a' 표시됨
                        // 컴퓨터에서는 'a' 값을 아스키코드에 따라 일정 값이 저장됨

// 2개 문자 이상에서는 앞에 문자가 잘리고 마지막 문자만 인식 c1='d' 동일
char c1 = 'abcd';
char c2 = '';           // 적어도 하나의 문자가 있어야 함. 에러 발생

char16_t c= u'a';       // 'u'를 사용하여 char16_t 타입 명시. 옵션으로 사용치 않아도 됨
char16_t c1= u'ab';     // 2개 이상의 문자를 사용하면 에러 발생
char16_t c2= 'abcd';    // 앞 문자들이 잘리고 출력 시 'd'가 표시됨
// 한글 문자 저장. char 타입을 사용하면 저장 시 데이터 손실 발생
char16_t c3= u'가';

// 'U'를 이용하는 것은 위와 동일하며 저장 시 4바이트가 사용됨

wchar_t w = L'a';       // 'L'을 사용하여 wchar_t 타입 명시. 옵션으로 사용치 않아도 됨
wchar_t w1 = 'abcd';    // 마지막 문자만 인식

// 'u'나 'U'와 다르게 여러 문자를 사용해도 에러는 없음
// 다만, 앞 문자나 아니면 마지막 문자만 인식. OS별로 틀림
wchar_t w2 = L'abcd' ;
```

출력되지 않는 제어 관련 문자들을 사용하거나 인용 부호 또는 이중 인용부호 문자를 사용할 경우 다른 문자들과 구별을 위해 특별히 **역슬래시 문자(\)**와 함께 사용되고 하나의 문자로 인식된다. 이것을 **이스케이프 시퀀스**(Escape Sequence)라고 한다. 다음은 사용 예를 나타낸다.

[표 1.2 이스케이스 시퀀스 종류]

이스케이프 시퀀스	
개행(new Line) : NL or LF	\n
가로탭(horizontal tab) : HT	\t
역슬래쉬(backslash) : BS	\\
물음표(question mark)	\?

세로탭(vertical tab) : VT	\v
작은 따온표(single quote)	\'
큰 따온표(double quote)	\"
캐리지 리턴(carriage return) : CR	\r
8진수(octal number)	\000
16진수(hex number)	\xhhh
널 문자(null character)	\0
경고(alert) : BEL	\a
Form Feed : FF	\f

□ 부울 리터럴(boolean literals)

이것은 조건식을 이용할 때 **참(true)**과 **거짓(false)**을 나타내기 위해 사용된다. 보통 true는 숫자로 나타내면 1로 표현되고 false는 0으로 표현된다.

□ 포인터 리터럴(pointer literals)

포인터의 값이 없을 때를 표현하는 키워드 **nullptr**을 **포인터 리터럴**이라고 한다. 이것은 일정 상수값을 가지며 포인터 타입은 아니다.

□ 문자열 리터럴(string literals)

문자열 리터럴은 이중 인용 부호("")에 일련의 문자열을 넣어 나타낸다. 하기는 사용 형식이다.

문자열 리터럴
문자접두사옵션 "문자열옵션"
문자접두사옵션 R 순수문자열

문자 접두사:
  u8, u, U, L

문자열:
  문자, 이스케이프 시퀀스
  범용 문자 이름(한글, 다른 언어들)

순수 문자열:
  "구분문자열옵션 (문자열옵션) 구분문자열옵션"

접두사가 없는 일반 문자열은 **const char*** 타입을 가진다. 그리고 접두사에 따라 문자를 처리하는 형식이 정해진다. 문자열을 위에 언급한 포인터 타입 또는 배열 선언하는 사용하는 경우도 있지만 보통 C++ 라이브러리에서 제공하는 **std::string** 클래스를 이용하여 문자열 연산을 한다. 한편, 컴파일 시 자동으로 서로 인접한 문자열을 하나로 합쳐서 문자열을 처리하게 된다. 이것은 내부적인 문자열 연산이 일어난 것이다. 나중에 std::string 클래스를 보게 되면 문자열을 각각 더해서 연산이 가능하게 하는 함수가 제공되어 좀 더 직관적으로 문자열을 다루게 된다. 모든 문자열은 기본적으로 컴파일 단계에서 해당 문자열이 끝난 것을 알리는 **널문자**(\0)가 추가되어 처리된다.

```
const char* str1 = "String Literals";
char str2[] = "string";              // 문자열 크기 = 7 (\0가 포함됨)

std::string str3 = str1;
std::cout << str1;                   // 출력 String Literals

const char* cat = "String" "Literal";
std::cout << cat;                    // 출력 StringLiteral
```

문자열을 처리할 때 이중 인용부호 같은 문자가 문자열 안에 있으면 문자열의 인용 문자와 구별을 위해서 역슬래시와 함께 문자를 쓰게 된다. 이것은 다른 문자와 판별을 위해서 당연히 필요한 것이다. 다만 이런 특수 문자가 문자열에 자주 쓰이게 되면 일일이 역슬래시를 넣어야 되고 또한 문자열의 가독성에 문제가 될 수 있다. 이럴 경우 문자열에 접두사(**R**)와 함께 이중 인용부호 안에 괄호 ()를 넣고 그 안에 필요한 문자열을 쓰게 되면 문자 그대로 출력되도록 **순수 문자열**(raw-string) 방식이 제공된다. 아래 예제를 보면 두 개의 문자열 출력은 같다. 순수 문자열에서는 우리가 글을 쓰는 것처럼 문자열을 만들면 된다. 그런데 일반 문자열은 구분을 위해 역슬래시가 추가된다.

```
const char* rstr = R"(It says, "This is it".)";
const char* str = "It says, \"This is it\".";
```

보통은 순수 문자열은 괄호 안에 필요한 문자열을 써서 처리하면 되는데 문자열 따라 하기처럼 오른쪽 괄호와 이중 인용 문자와 같이 있게 되면 전체의 괄호의 구분이 모호함이 발생할 수 있다. 그래서 문자열 안에 괄호 양 끝에 구분을 위한 문자열을 넣게 된다. 양 끝에 들어가는 문자열은 서로 같아야 된다.

```
const char* rstr = R"(This is it.)")";          // 에러 발생. 문자열 구분이 되지 않음
//OK. start 문자열을 추가함
const char* rstr = R"Start(This is it.)")Start";
```

□ **사용자 정의 리터럴**

코드의 가독성을 위해 사용자가 별도로 접미사 모양으로 리터럴이름을 정의할 수 있다. 이걸 사용하기
위해서 타입에 맞게 변형을 해주는 리터럴 연산자 함수를 구현해야 한다. 관련 사항은 연산자 오버로딩
장을 참조한다.

```
double weight = 55.1Kg;          // Kg : 사용자 정의 리터럴
```

1.2   변수

변수 관련해서 설명하기 전에 많이 사용되는 용어인 객체에 대해서 살펴보자. 보통 객체라고 이야기하
면 객체 지향의 형태로 프로그래밍하는 방식을 먼저 떠올릴 것이다. 그런데 규격에서는 메모리와 객체
와 연결시켜서 **객체**(Object)의 의미를 일정의 메모리를 차지하는 것으로 정의한다. 일정의 메모리가 확
정되기 위해서는 크기가 정해져야 되는데 이것은 타입을 통해서 결정되고 **타입**(Type)은 객체의 주요
특징이 된다. 또한 메모리 점유를 프로그램이 끝날 때까지 유지할지 아니면 해당 객체가 사용이 완료되
면 메모리를 해제할지와 관련된 메모리의 **수명**(storage duration)도 객체의 특성이 된다. 그리고 객체의
사용을 위해서는 타입과 함께 식별자 이름으로 **선언**(declaration)을 해야 되는데 이렇게 객체를 지칭하
는 것을 **변수**(variable)라고 한다. 객체는 변수의 선언을 통해서 생성되고 또한 동적으로 메모리를 할당
하는 new 연산자를 통해서도 가능하고 임시 객체의 방식으로도 객체가 생성된다. 관련 내용들은 다른
장에서 기술될 것이다.

한 개의 바이트를 가지는 타입의 객체가 있고 그 이상의 바이트를 가지는 타입이 있다. 그리고 여러 타
입의 객체를 하나로 묶어서 한 개의 객체로 동작하게 할 수 있다. 이것은 클래스처럼 사용자가 정의하
는 타입이 된다. 이런 객체의 개념을 여러 타입의 객체를 가지며 동작과 기능을 하는 클래스 중심으로
프로그램을 설계하는 것으로 기능적으로 확장할 수 있다.

변수를 선언할 때 사용자가 직접 만들어 사용하는 클래스, 구조체 또는 열거형 타입을 이용한다면 반드
시 그 타입이 어떻게 구성되었는지를 **정의**(definition)해야 객체가 생성될 수 있다. 그런데 기본적으로
사용되는 타입은 프로그래밍이 되는 해당 타깃에 내장(built-in)되어 있어 사용자가 별도로 정의할 필요

가 없다. 이것을 **기본 타입**이라고 부른다. 기본 타입 또는 사용자 정의 타입의 변수 선언 시, 하나의 타입을 사용해 선언해야 한다. 이것은 너무 당연하다. 하지만 변수값 변경에 제한을 두는 지정자(**const** 차후 설명됨)를 설정하거나 정수 또는 소수 타입 같은 경우는 한 개 이상 타입과 결합해서 사용이 가능하다.

1.2.1 기본 타입(fundamental type)

기본 타입으로는 **char, int, bool, float, double** 등이 있고 타입별로 크기가 다르다. 타입별 크기는 [표 1.3]을 참조한다.

□ 문자(character) 타입

한 문자를 저장하는 **char** 타입은 부호의 결정에 따라 signed char, unsigned char 그리고 char 형태로 쓰이며 모두 문자 1바이트(byte)를 저장한다. char 타입으로 사용할 때 일반적으로 signed char 타입을 가지는데, 시스템에 따라서 unsigned char 타입을 가질 수 있다.

범용 문자 세트를 저장하는 wchar_t, char8_t, char16_t 그리고 char32_t 타입이 있고 이것은 부호를 결정하는 타입이 아니기 때문에 signed, unsigned을 같이 사용할 수 없다.

□ 정수(integer) 타입

정수 타입의 대표적인 **int** 타입으로 부호 있는 정수 타입 지정자(type-specifiers)인 signed에 따라 short int, int, long int, long long int 형태를 가진다. signed를 명시하지 않아도 동일하게 처리된다. 또한 signed char 타입을 사용해서 정수 타입을 나타낼 수 있다. 여기서 short, long은 int 타입에서 특수 목적으로 사용되는 타입 지정자로서 int 타입의 기본 크기를 변경시킨다. 단독으로 short나 long 타입으로 사용되면 각각 short int, long int 타입으로 처리된다. 그리고 부호 없는 정수 타입은 [표 1.3]을 참조한다.

정수 타입은 **산술(arithmetic) 타입**이다.

□ 부울(bool) 타입

부울 타입은 **true** 또는 **false**를 가지며 signed, unsigned, short, long 타입과 같이 사용할 수 없다.

□ 부동 소수점(floating point) 타입

부동 소수점 타입은 **float, double** 타입을 가지며, double 타입에서는 **타입 지정자**인 **long**이 사용되어 **long double** 타입도 사용된다. double 타입의 정밀도는 float 타입보다 크거나 같을 수 있다. 그리고 long double 타입의 정밀도는 double 타입보다 크거나 같을 수 있으며, 타깃 시스템 따라 정해진다.

부동 소수점 타입은 **산술(arithmetic) 타입**이다.

□ 보이드(void) 타입

타입이 정해져 있지 않는 특수한 형태의 타입으로 일반 변수 타입으로 선언해서 사용할 수 없다. 보통 함수에서 값을 전달할 것 없을 때 함수의 리턴 타입으로 void가 사용된다. 또한 아직 타입이 정해져 있지 않은 포인터 변수 선언 시에 이용될 수 있다.

[표 1.3 기본 타입 종류(사용 시스템: 64비트 윈도우 운영체제)]

종류	타입	크기(bytes)	참고
문자	char	1	기본값 범위: -128~128
	unsigned char		값 범위: 0~255
	signed char		char 타입과 동일
	wchar_t	2	signed, unsigned 사용 불가
	char16_t	2	
	char32_t	4	
정수	char	1	값 범위: -128~128
	short int	2	short 동일
	int	4	signed 동일
	long int	4	long 동일
	long long int	8	long long 동일
	unsigned char	1	값 범위: 0~255
	unsigned short int	2	unsigned short 동일
	unsigned int	4	unsigned 동일
	unsigned long int	4	unsigned long 동일
	unsigned long long int	8	unsigned long long 동일
부울	bool	1	signed, unsigned 사용 불가
부동소수점	float	4	
	double	8	
	long double	8	

변수 선언 후 데이터를 입력 하여 변수를 연산에 사용할 수 있고 선언과 동시에 값을 대입하는 **초기화**

를 통해서도 가능하다. 초기화를 하지 않으면 변수에 0 또는 시스템에 따라 임의의 확정되지 않은 값이 들어갈 수 있다. 따라서 변수 초기화는 선언과 동시에 하거나 변수 사용 전에 값을 대입해야 한다. 상세한 초기화 방법은 변수 초기화 장에 기술된다.

1.2.2 사용자 정의 타입(Compound Type)

기본 타입 이외 사용자가 여러 타입을 조합하여 만드는 것을 사용자 정의 타입이라고 한다. 해당 타입은 다음과 같다. 해당 타입에 대한 상세한 내용은 다음의 나오는 여러 장에서 걸쳐 기술된다.

□ 배열, 포인터 및 참조형 타입
□ 열거형 타입
□ 함수 타입
□ 클래스, 구조체, 공용체 타입

1.2.3 변수 이름

변수나 함수, 클래스, 열거형 데이터 등등의 이름은 컴파일 하는 과정에서 식별자(identifiers)로 처리되는데 문자와 숫자의 조합으로 이루어진다. 문자는 영어 알파벳의 각각 대소문자와 밑줄 문자 "_"를 포함한다. 문자는 국제 규격이 정의한 여러 범용 문자들을 사용해도 가능하다. 반드시 첫 글자는 문자로 시작을 해야 하고 대소문자는 구별된다. 또한 미리 정해져 있는 식별자인 **키워드**를 이름으로 사용해서는 안 된다. 다음은 사용 형식이다.

식별자 이름
　문자이름 + 숫자

문자 이름 :
　문자(nondigit)
　universal-character-name : 범용 문자이름(한글, 다른 언어들)
　시스템에 따라 별도로 정의한 문자들

문자(nondigit):
　a b c d e f g h i j k l m n o p q r s t u v w x y z
　A B C D E F G H I J K L M N O P Q R S T U V W X Y Z _

숫자(digit):
　0 1 2 3 4 5 6 7 8 9

1.2.4 변수 범위

변수를 선언하게 되면 변수가 사용 영향을 미치는 구역이 생기는데 이것을 변수 **범위**(scope)라고 한다. 변수 범위에 따라 선언된 파일 전체에 미치는 경우가 있고, 중괄호가 사용된 일정 영역에서만 변수 범위가 유효한 경우도 있다. 변수 선언 시점 기준으로 중괄호 블록이 있을 경우에 중괄호가 끝나는 부분까지 영향을 준다. 블록 안에 있는 변수를 **지역 변수**(local variable)라고 부른다. 지역 변수는 범위를 벗어나서 사용될 수 없다. 여러 블록이 중첩이 되어 있을 경우, 각 블록 안에 있는 로컬 변수는 다른 블록에 영향을 주지 않기 때문에 블록별로 같은 변수 이름을 사용해도 문제가 되지 않는다.

여러 블록이 있는 경우에 범위 지정자로 한정을 두지 않은 일반 변수가 수식으로 사용될 때 그 해당 변수의 이름을 어떻게 검색하는지 알아보자. 규격에서는 해당 변수가 사용 전에 그 변수가 선언되어 있어야 하는 것을 규정한다. 해당 변수를 사용 시점에서 위쪽 방향으로 변수를 찾는 작업이 시작되고 해당 변수가 선언된 것을 찾으면 검색 과정은 끝나게 된다. 즉 찾게 되면 여러 블록이 더 있어도 일일이 전체를 찾는 일은 하지 않는다는 것이다. 이것은 가장 기본적인 이름을 찾는 규칙이 된다. 이것을 적용해 보면 변수가 사용되는 시점부터 해당 변수가 속해 있는 블록에서 위쪽으로 검색을 시작하고 찾으면 검색이 완료된다. 만약에 찾지 못하면 해당 블록의 **상위 블록**에서 변수를 위쪽으로 검색하고 찾을 수 없으면 이것을 반복하며 전역 범위에 선언된 변수까지 찾게 된다.

[예제 1.2-A]

```
#include <iostream>

int i = 1;                    // 파일 전체에 영향을 주는 전역 변수

int main()
{
    // 사용 시점에서 i가 해당 블록 위에 없어 다음 상위 블록에 있는 전역 변수를 찾음
    std::cout<<"i value = "<< i<<"\n"; // 출력 i value = 1

    int i = 10;        // main 함수 마지막 부분까지 범위를 가짐

    // 블록 내에 있는 바로 위 i를 참조함
    std::cout<<"i value = "<< i<<"\n"; // 출력 i value = 10

    {
        int i = 100;
        // 해당 블록 내에 i 검색
        std::cout<<"i value = "<< i<<"\n"; // 출력 i value = 100
    }
```

```
        {
                // 해당 블록에 없어 다음 상위 블록에서 i를 찾음.
                std::cout<<"i value = "<< i; // 출력 i value = 10
        }
    }
```

범위 지정자를 가진 한정 변수의 검색 과정은 일반 변수와 비슷하다. 범위 지정자로 한정 가능한 타입은 클래스, 네임스페이스 및 열거형 타입이 된다. 사용 시점에서 위쪽으로 범위 지정자의 타입이 선언되어 있는지 확인하고 해당 타입을 찾게 되면 그 타입의 블록에서 찾으려는 변수가 선언되었는지를 검색한다. 여기서 클래스로 범위를 지정하면 해당 클래스에서 변수의 선언 여부를 확인하고 찾지 못하면 상속 받은 클래스가 있으면 그 클래스에 멤버를 찾는다. 관련된 내용은 나중에 기술될 각각의 장에서 다시 언급될 것이다. 여기서는 기본적인 규칙을 잘 이해하면 될 것이다.

1.3 네임스페이스

변수나 함수를 선언할 때 다른 소스 파일에 같은 이름으로 선언될 수 있는 경우에 하나의 영역으로 경계를 두어 서로 영향을 주지 않고 독립적으로 존재하도록 선언하는 것을 **네임스페이스(namespace)**라고 한다. 또한 하나의 종류로 묶어 여러 블록으로 체계적으로 나눌 때도 네임스페이스를 사용한다. 정의 형식은 다음과 같다.

네임스페이스 정의
인라인지정자_옵션_ namespace 네임스페이스_이름_옵션 {본체_옵션}

인라인 지정자:
  inline

본체:
  변수, 함수 및 클래스 등 선언

네임스페이스의 정의는 **전역 범위** 또는 **네임스페이스 내에서만** 허용된다. 함수처럼 일정 블록 내에서 선언을 하면 에러가 발생한다. 네임스페이스의 기능은 하나의 테두리를 만드는 게 목적이다. 보통 변수나 함수는 한 번만 정의되어야 되는데 네임스페이스는 같은 이름으로 여러 번 만들어도 문제가 되지 않는다. 네임스페이스는 어떤 연산이나 기능이 동작하는 것이 아니라 단순히 일종의 범위를 두는 것이다. 네임스페이스 없이 전역 변수로 선언된 것은 어디서든 해당 변수의 이름이 검색이 된다. 그런데 네임스

페이스로 테두리를 치게 되면 바로 접근이 안 된다. 그래서 네임스페이스 안에 선언된 것을 사용하려면 상자를 열어야 되는 것처럼 네임스페이스이름과 범위 지정자(::)를 지정해야 된다.

```
// 네임스페이스 선언
namespace A{
        int i;
        double d;
}

int var = A::i;            // 네임스페이스에서 선언된 데이터에 접근. 범위 지정자 사용

// 네임스페이스 다시 선언, A 네임스페이스 안에는 위에 선언된 변수와 함수가 들어가게 됨
namespace A{
        void f();
}
```

참고로 하나의 소스 파일은 명시적으로 네임스페이스가 선언되지 않았지만 자체적인 네임스페이스를 가지게 된다. 이것을 **전역 네임스페이스**라고 부른다. 이것은 내부적으로 관리되는 것으로 다른 소스 파일에 같은 이름의 변수가 있으면 독립적으로 존재하도록 할 수는 없다. 그렇게 하려면 위에 기술된 대로 명시적인 네임스페이스 선언을 해야 된다. 전역 네임스페이스의 범위가 소스 파일에 선언하는 어떤 네임스페이스보다 크다고 볼 수 있기 때문에 전역 변수는 가장 큰 범위의 네임스페이스에 속한다고 말할 수 있다.

1.3.1 중첩 네임스페이스

네임스페이스 안에 다시 네임스페이스 선언하는 중첩 형태의 네임스페이스가 가능하다. 중첩된 네임스페이스 안에 다시 네임스페이스를 선언할 수 있다. 상자 안에 다시 상자가 있는 그런 형태와 비슷하다. 중첩된 네임스페이스에 선언된 변수를 접근하려면 각각의 네임스페이스 이름을 범위 지정자와 함께 나타내야 해당 변수에 접근이 된다. 그리고 함수를 네임스페이스 안에서 정의할 수도 있고 해당 네임스페이스 외부에서 할 수 있다. 외부에서 정의하는 경우에는 함수 이름 앞에 자신이 속해 있는 네임스페이스 이름을 범위 지정자와 함께 설정을 해야 된다. 그리고 중첩 네임스페이스를 보통 내부에서 선언을 하는데 만약에 외부에서 하는 경우에도 네임스페이스의 선언 형식이 동일하다. 사실 네임스페이스의 이해는 어렵지 않을 것이다. 우리가 사용하는 파일 디렉터리처럼 디렉터리 안에 다시 디렉터리가 있고 그 안에 파일이 있으면 각각의 디렉터리의 경로를 거쳐 파일에 접근하는 것과 유사하다.

```
namespace A{
        int i;
```

```
            double d;

            namespace B{
                  int b;
                  void f();
            }

      }

      int var = A::B::b;
      void A::B::f(){}
```

1.3.2 inline 네임스페이스

그럼 네임스페이스 앞에 **inline** 지정자를 사용하는 경우를 살펴보자. 이 지정자는 다른 장에서도 기술될 것인데 여기서는 네임스페이스에 어떻게 영향을 주는지 알아볼 것이다. 네임스페이스에 이 지정자를 설정하면 해당 네임스페이스 안에 선언된 것을 범위 지정자를 지정하지 않고 바로 접근이 가능하다. 어떻게 보면 네임스페이스의 테두리를 걷어 낸 것과 유사하다. 해당 네임스페이스가 원래 없던 것처럼 선언된 변수나 함수를 바로 사용하면 된다. 그래서 변수가 수식으로 사용되어 해당 이름을 검색할 때 사용 시점 기준으로 위쪽으로 찾아가면서 inline 네임스페이스의 선언되어 있는 것들도 같이 검색하게 된다. 한편 중첩 네임스페이스가 있는 경우에 inline 지정자를 붙이면 해당 네임스페이스도 열리게 되어 그 안에 있는 선언된 것을 바로 사용이 가능하다.

```
      double d;                  // 전역 변수 d

      inline namespace A{
            int i;
            double d;            // A 네임스페이스: d

            namespace B{
                  int b;
                  void f();
            }

            inline namespace C{
                  int c;
                  void g();
            }
      }

      int var1 = i;              // A::i 변수 사용
```

```
// 에러 발생. 변수 d 검색 시, 전역 변수와 inline A 네임스페이스가 열리면서 그 안에 있던
// 변수 d가 전역 변수 d와 같은 선상에 있게 되어 모호함이 발생. 이런 경우에는 범위를
// 명확히 나타내야 함(A::d)
// 전역 변수 d에 접근을 위해서 ::d 이렇게 설정해도 같은 범위에 같은 이름으로
// 두 개가 있기 때문에 전역 변수 d에 접근이 되지 않음. 이런 경우에는 해당 변수의 이름을
// 다르게 해야 됨
double var2 = d;

int var3 = c;              // A::C::c 변수 사용

// 에러 발생. B 네임스페이스는 inline 지정자가 없음. 그래서 직접 범위 지정자를 설정해야 함
// B::b 또는 A::B::b
int var4 = b;

// 중첩 네임스페이스를 외부에서 선언하는 경우의 형식. 이것은 C 네임스페이스를 선언하는
// 것으로 inline 지정자를 사용하는 경우에 C 네임스페이스 앞에 지정해야 함
namespace A:: inline C {
        int m;
}
```

1.3.3 네임스페이스에서 이름 검색

네임스페이스 안에서 변수를 사용하게 되면 해당 변수를 어떻게 검색하는지를 살펴보자. 네임스페이스에서 선언된 것들은 그 안에서 자신의 범위를 갖는다. 네임스페이스는 간단히 말하면 중괄호 블록을 둔 것으로 그 안에 바로 선언된 것은 같은 범위를 갖는 것은 당연하다. 이전에 변수 이름을 검색하는 것을 언급하였는데 기본 원칙을 다시 상기해 보자. 사용 시점에서 위쪽으로 해당 변수가 선언된 것을 검색하면서 상위 블록으로 향하고 찾으면 과정이 완료된다. 예제를 보자.

[예제 1.3-B]
```
#include <iostream>

int i=0;

namespace A{

        namespace B{

                int i=2;

                void f()
                {
                        std::cout << "f() i value =" << i <<"\n";
```

```
                }
            }

            void g()
            {
                std::cout << "g() i value =" << i <<"\n";
            }

        }

    int main()
    {
        A::B::f();                    // 출력 f() i value =2
        A::g();                       // 출력 g() i value =0
    }
```

예제에서 변수를 찾는 과정을 보면 우선 변수의 사용 시점에서 위로 선언된 것을 찾아 나선다. 자신의 블록 내에 없으면 다음의 상위 블록으로 가게 된다. 검색이 되지 않으면 이것을 반복하면서 최종 전역 범위까지 나가게 된다. 예제에서 함수 f() 자신의 블록에서 선언된 변수를 찾게 되어 바로 출력을 하게 되고 g() 함수는 자신의 블록 즉 A 네임스페이스에서 해당 변수를 찾을 수 없어서 다음 블록이 전역 블록으로 향하고 그곳에서 변수를 찾아 출력을 한다. 여기서 만약에 B 네임스페이스가 inline으로 되어 있으면 해당 블록이 열리기 때문에 g() 함수는 B에서 변수를 찾게 되어 전역 범위로 나갈 필요가 없고 바로 값을 출력하게 된다. (**출력** g() i value =2)

1.3.4 이름 없는(unnamed) 네임스페이스

네임스페이스를 선언할 때 이름을 지정하여 여러 네임스페이스 간에 구별이 되게 하고 그 안에 선언된 것을 접근을 위해서 이름을 범위 지정자와 같이 사용한다. 그런데 이름 없이 네임스페이스를 설정하는 경우가 있다. 이때는 이름이 없기 때문에 범위 지정자로 접근할 필요 없이 바로 접근이 가능하다.

이름 없는 네임스페이스를 사용하는 경우는 다른 소스 파일에 있는 변수나 함수 이름과 분리되어 재정의 되는 문제를 해결하고 해당 소스에서 범위 지정자를 설정하지 않고 변경 없이 그대로 소스 파일에서 이용되도록 하기 위한 것이다. 예제를 보면 변수 및 함수 선언이 다른 소스 파일에 같이 있는 경우 네임스페이스를 설정하지 않으면 재정의 문제로 에러가 발생한다. 그래서 main 파일에 이름 없는 네임스페이스를 지정하고 main에서 해당 변수 및 함수에 별도로 범위 지정자를 설정하지 않아 해당 코드는 그대로 두고 변경 없이 가면 될 것이다.

[예제 1.3-C]

```
□ 파일 a.cpp
int var;
int f() { return var; }


□ 파일 main.cpp
namespace {
        int var;
        int f() { return var; }
}

int main(){
        int m = var;
        int k = f();
}
```

1.3.5 using 네임스페이스 구문

네임스페이스를 하나의 이름으로 설정하면 그 안에서 선언된 것들을 외부에서 접근할 때 네임스페이스 이름과 범위 지정자를 같이 사용해야 한다. 해당 네임스페이스의 내부에 선언된 것을 접근할 때마다 이름과 범위 지정자를 설정하다 보면 조금 번거로운 작업이 될 것이다. 그래서 해당 네임스페이스의 테두리를 열어 주도록 구문을 설정할 수 있다. 형식은 다음과 같다.

---

using namespace 네임스페이스_이름;

이 구문은 전역 범위로 선언할 수 있고 네임스페이스 또는 블록 안에서도 선언할 수 있다. 그러나 클래스 내부에서 선언은 허용되지 않는다. 이 구문이 어떻게 동작하는지 살펴보자. 이 using 구문을 만나게 되면 그 안에 선언된 것이 using 구문상에 선언된 것처럼 나타나게 되어 선언된 내용에 접근할 수 있게 된다. 그런데 using 구문의 위치가 중요하다. using 구문과 그 using 구문이 지정한 네임스페이스를 **모두 포함하는 가장 가까운 네임스페이스 안에** using 구문이 지정한 네임스페이스의 선언된 것들이 보이게 된다. 즉 using 네임스페이스 구문이 전역 범위에 선언되면 전역 범위가 가장 넓기 때문에 지정된 네임스페이스의 내용들이 전역 범위에 선언된 것처럼 나타난다. 만약에 블록 안엔 이 구문을 선언하면 블록 안에는 네임스페이스가 선언이 안 되어 없기 때문에 결국 전역 범위가 가장 가까운 네임스페이스가 된다. 이런 특징이 inline 네임스페이스와는 확실히 다르다. inline 네임스페이스는 정의한 것과 동시에 해당 네임스페이스의 테두리가 선언된 자리에서 없어지는 효과가 발생하여 해당 네임스페이스 내에 선언된 것들이 나타난다.

```
namespace A{
        int a;

        namespace B {

                int b;
                void f();

        }
        namespace C {
                void g();
        }
}

// 이 using 구문은 전역 범위에 있어서 A::B에 내용은 전역 범위에 놓이게 됨
using namespace A::B;

void func()
{
        // 변수 b를 위쪽으로 검색 시작. 위에 using 구문을 만나게 되면 A::B에 내용이
        // 전역 범위에 선언된 것처럼 나타나게 되어 변수 b를 찾게 됨
        int var = b;

        // 에러 발생. A::B 네임스페이스는 열려 있지만 A는 그렇지 않음
        int i = a;              // A::a로 지정해야 함

        // 선언된 using 구문의 블록과 해당 네임스페이스 A::C 이들 양쪽을 포함하며 가장
        // 가까운 네임스페이스는 전역 범위가 됨
        // 전역 범위에 A::C의 내용이 선언되는 것처럼 나타남
        using namespace A::C;
        g();                    // A::C::g()
}
```

using 네임스페이스 구문은 선언된 위치에 해당 내용이 나타나는 범위가 결정이 된다. 그래서 사용되는 곳에 같은 이름의 변수가 있을 경우에 이름이 중복되는 문제로 모호함이 발생할 수 있다. 예제를 보자. using 구문이 전역 범위에 선언되어 해당 네임스페이스의 내용이 전역 선언된 것처럼 나타난다. 이때 같은 이름의 전역 번수가 있기 때문에 해당 변수를 사용하는 곳에 어떤 변수를 가져갈지의 모호함 문제 가 발생한다. 이때는 범위를 명확히 지정을 해야 된다.

```
namespace A{
        int a;
```

```
        namespace B {
                int b;
                void f();
        }
}

using namespace A;

int a;    // 전역 변수

void func()
{
        // 에러 발생. 변수 a의 범위를 지정해야 함.
        // A::a (A 네임스페이스의 변수) 또는 ::a (전역 변수를 가리킴)
        int var = a;
}
```

다음은 네임스페이스 내에 using 네임스페이스 구문이 사용될 때의 예제이다. 사실 이렇게 다소 복잡하게 using 구문을 사용하는 경우는 드물다. 그냥 학습 차원에서 보길 바란다. 코드에서 주석 내용을 보게 되면 using 구문이 잘 이해될 것이다.

```
namespace A
{
        int i;
        namespace B
        {
                namespace C
                {
                        int i;
                }

                void f()
                {
                        // 해당 using 구문을 포함하는 네임스페이스 : B
                        // A::B::C를 포함하는 네임스페이스 : B
                        // 그래서 B에 내용이 나타남
                        using namespace B::C;
                        i++;        // OK. A::B::C::i 찾게 됨
                }
        }

        namespace D
        {
```

```
                // 해당 using 구문을 포함하는 네임스페이스 : D
                // 지정된 네임스페이스 C를 포함하는 네임스페이스 : B
                // A가 범위가 두 개를 다 포함함. 따라서 내용이 A에 드러남
                using namespace B::C;

                void g()
                {
                        i++;        // 에러 발생. A에 변수와 C에 변수가 중복됨
                }
        }
}
```

1.3.6 네임스페이스 별칭(alias)

네임스페이스 이름이 너무 길게 되어 있을 경우 네임스페이스 안에 선언된 것에 접근을 위해 해당 네임스페이스 이름을 지정할 때 약간의 번거로움이 생길 수 있다. 그래서 위에서 설명한 using 네임스페이스 구문을 활용할 수 있다. 이와 다르게 이름 자체를 다른 이름으로 변경하여 별칭을 두는 기능이 있다. 형식은 다음과 같다.

> **네임스페이스 별칭 선언**
> namespace 식별이름 = 네임스페이스_이름;

네임스페이스 이름이 지나치게 긴 경우는 많지는 않을 것이다. 다만 여러 중첩된 네임스페이스에서 이름이 다소 긴 경우 별칭이름을 설정해서 코딩의 입력에 편의를 줄 수 있을 것이다.

```
namespace Block{

        namespace MyBlockFunction{
                int var;
        }
}
// 네임스페이스 별칭 선언
namespace MyB = Block::MyBlockFunction;

int i = MyB::var;
```

2

연산식

우리가 어떤 기능을 구현 한다는 것은 일련의 데이터 연산을 수행하여 원하는 결과를 도출하는 것이다. 이를 위해 해당 변수에 값을 대입하거나 또는 메모리를 할당하여 데이터를 처리 하거나 해당 변수에 산술, 비교 연산을 통해 결과를 대입하는 등 여러 연산을 수행한다. 이때, 데이터 계산에 사용되는 기호를 **연산자(operator)**라고 하고 연산되는 대상을 **피연산자(operand)**로 부르고, 이런 연산자와 함께 변수나 정수 또는 문자열을 조합하여 계산 결과를 얻는 식을 **연산식(expression)** 또는 **수식**이라고 한다. 보통 덧셈 또는 곱셈 같은 산술 연산에는 산술연산자와 연산 대상인 두 개의 **피연산자**가 필요하다.

그럼 어떤 것이 하나의 독립적인 피연산자가 될 수 있는지 생각해보면 상수나 문자열과 같은 리터럴이 될 수 있고 선언된 변수도 피연산자로는 기능을 한다. 또한 클래스 멤버들도 피연산자가 되고, 람다식 (lambda 함수), 자신의 객체를 지칭하는 this 그리고 괄호수식도 하나의 피연산자가 된다. 그런데 데이터 타입 자체는 피연산자가 되지 않는다. 이렇게 하나의 피연산자로 역할을 하는 것을 **기본식(Primary expression)**이라고 한다. 특히 괄호수식은 그 안에 많은 수식이 들어가도 하나의 피연자로 인식된다. 위에 언급한 여러 기본식은 다른 장에서 기술될 것이다.

연산을 실행할 때, 변수에 상수나 다른 변수의 값을 대입하거나 어떤 연산 결과식의 값을 대입할 수 있다. 여기서 우리는 직관적으로 상수에 값을 대입하는 수식은 가능하지 않다는 것을 알 수 있다. 그럼 컴파일러 입장에서는 이것을 어떻게 구분하여 처리할지 기준이 필요하다. 그래야 각각의 수식에 대해 내부적으로 특성을 부여하여 문제가 되는 연산식에 대해 에러를 발생시킨다. 규격에서는 이 기준을 세분화시켜 분류하여 각 수식에 적용하고 있다. 이것은 내부적으로 행해지기 때문에 자세히 그 기준을 해석하기보다는 프로그래밍의 개발 차원에서 이해하는 것이 좋을 것 같아 여기서는 두 가지 종류로 나누어 기능적 측면을 따라가면서 내용을 좀 더 단순화시켜 기술하겠다.

여기에 준비된 접시와 잘 구은 스테이크가 그 접시에 놓여 있다고 생각해보자. 변수는 데이터를 담는 접시에 비유될 수 있고 그 안에 내용물인 스테이크가 실제 데이터값이 된다. 그래서 우리가 변수에 값을 저장한다는 것은 스테이크를 그릇에 놓는 것과 비슷할 수 있다. 이처럼 음식을 담는 접시 같은 역할을 하는 수식을 lvalue라고 한다. 주로 좌측에 위치하기 때문에 전통적으로 그런 이름이 사용되었다. 데이터 타입 상관없이 선언된 변수 또는 포인터 변수는 lvalue가 된다. 따라서 **값을 대입하는 연산은 비유하자면 스테이크를 접시에 담는 과정이 된다.** 요리가 잘된 스테이크를 담는 접시가 필요하기 때문에 당연히 좌측에는 그 값을 담기 위한 그릇이 되는 lvalue가 와야 한다. 한편, 상수역할을 하는 정수는 고유의 값으로 그릇에 담기는 내용물이 되고, 또한 연산하여 얻은 값도 하나의 내용물이 될 수 있는데 이런 특성을 가진 수식을 rvalue라고 한다. 주로 우측에 위치하기 때문이다. 함수를 호출하여 반환되는 것은 하나의 데이터값이기 때문에 rvalue에 속하고 산술, 비트, 시프트, 논리, 관계 연산식의 결과도 rvalue가

된다. 이것은 내용물인 스테이크를 자르고 더하고 뭉개도 결국은 스테이크이기 때문이다.

```
int f() { return 10; }

int main()
{
        int a , b=10;
        // 대입 연산식 : 정수 10과 20은 하나의 피연산자이기 때문에 각각 기본식이 되고
        // 변수 b도 기본식이 됨
        a = 10 + 20 + b ;

        // 아래 괄호수식은 안에 많은 수식이 있어도 하나의 피연산자로 인식되어 기본식이 됨
        a = b * (10*20+10);

        // 변수 a는 lvalue. 따라서 대입 가능. b+10의 결과는 rvalue
        a = b + 10;

        // 에러 발생. b+10의 결과는 rvalue
        b + 10 = a;

        // 함수 반환은 rvalue이다. 하기는 에러 발생
        f() = a;
        return 0;
}

int a = 10;
int b = a; // 변수 b에 변수 a를 대입
```

위의 수식은 변수에 다른 변수를 대입하는 경우이다. 전술한 바와 같이 변수는 그릇이 되는 lvalue인데 상기 수식을 위의 비유로 표현하자면 그릇에 그릇을 포개는 모습으로 매우 이상해 보인다. 그런데 사실 그릇에 담긴 스테이크를 다른 접시에 붓는 형태가 상식적일 것이다. 그래서 하기는 내부적으로 변수의 내용물을 읽어 오는 과정을 진행하고 이후 대입하는 방식으로 수행된다. 이런 과정을 용어로 이야기하면 lvalue to rvalue 변환이라고 한다.

산술 연산은 두 개의 피연산자가 필요하고 그리고 하나의 피연산자 또는 세 개의 피연산자가 요구되는 수식이 있다. 그에 따른 연산자들이 아래에 소개될 것이다. 연산에 필요한 피연산자의 개수 이외에, 피연산자에 어디에 놓이는지 대한 위치에 따른 연산자들도 있다. 보통 산술 연산인 경우에 연산자가 피연산자의 중간에 위치한다. 이 방식은 매우 익숙한 형태이다. 일부 연산자에 따라서 피연산자의 뒤에 위치하거나 앞에 위치하는 연산식이 있다. 연산자 뒤에 위치하는 수식을 후위식 연산이라고 한다. 연산

자가 뒤에 위치하는 것은 외견상 그렇고 이 연산식이 다른 연산 대비하여 특별하게 동작하는 것은 아니다. 해당 연산자의 특성상, 후위에 위치에서 역할을 해야 되기 때문이다.

2.1 후위식 연산

아래에 관련 연산자들이 기술되는데, 이것이 연산자 항목에 속하는지 모르는 사람들이 많이 있을 수 있다. 예를 들면, 배열의 한 요소를 접근할 때 첨자 형태로 하는 것이나 타입 변환을 위한 캐스트는 산술 연산처럼 어떤 명확한 연산의 결과를 가져오는 것이 아니라, 연산을 위해 자연스럽게 이루어지는 과정으로 보기 때문이다. 그래서 **후위식 연산(postfix expression)**이라는 용어에 크게 의미를 둘 필요는 없고 해당 연산자의 기능을 알아보는 데 주안점을 두는 게 좋을 것이다.

2.1.1 첨자(subscript)

배열의 각 요소를 접근할 때 사용되는 연산자이다. 일명 대괄호 [] 안에 해당 배열 크기 내에 정수 또는 일반 열거형 타입을 넣는데, 규격에는 정수의 범위를 제한하지 않고 있다. 양수 및 음수도 사용은 가능한데, 음수나 범위를 벗어난 값은 오동작 또는 시스템 다운을 발생시키기 때문에 **배열 크기를 넘어서서는 안 된다.** 한편, 첨자방식은 **교환 법칙**이 성립된다. 첨자와 배열이름을 서로 바꾸어도 상관없다. 그러나 이 방식은 전형적인 모습은 아니다. 배열의 자세한 사항은 다른 장에서 기술된다.

```
int main()
{
        int array[10];

        int a, b;

        // 배열 요소에 접근
        a = array[5];

        // 교환 법칙 적용. 이것은 매우 생소한 방식이다
        a = 5[array];

        // 에러는 없지만 오동작 발생
        b = array[-5];

        return 0;
}
```

2.1.2 함수 호출(function call)

함수 사용 시, 괄호 안에 함수 파라미터를 넣어 호출한다. 이때 사용된 괄호가 함수 호출 연산자가 된다. 파라미터 없이 함수 호출도 가능하다. 여러 파라미터가 있을 경우 콤마로 나누어 함수를 호출하면 된다. 사실 **괄호 ()**은 함수에서뿐만 아니라 일반 연산식, 타입 캐스팅, 변수 초기화하는 데 등등 여러 수식에서 걸쳐서 이용된다. 함수 호출 관련 내용은 함수 장에서 기술되고 있어 해당 장을 참조한다.

2.1.3 명시적 타입 변환(explicit type conversion) : 함수 호출 방식

기본 타입 또는 클래스 타입에 **괄호 ()**나 **중괄호 {}**를 사용해서 해당 타입으로 초기화한 값을 반환하는 것을 **명시적 타입 변환**이라고 한다. 형식은 다음과 같다.

데이터타입(수식옵션);
데이터타입{수식옵션};

데이터 타입:
 기본 타입 또는 사용자 정의 타입

이것은 함수 호출 방식을 가지고 있지만 선언된 함수를 사용하는 것이 아니라 **데이터 타입**이 사용된다. 초기화 방법 중에 해당 변수에 괄호 또는 중괄호를 이용해 초기화하는 것은 일반적으로 많이 사용되는데, 명시적 타입 변환을 통한 초기화 방식도 자주 코드에서 볼 수 있다. 이것은 해당 타입으로 캐스팅하는 것과 유사하다.

괄호나 중괄호 안에 **수식 없이 공란**으로 설정하게 되면 해당 타입에 따라 0 값으로 설정된다. 그리고 괄호나 중괄호에 여러 수식을 사용하면, 클래스 타입인 경우에 괄호나 중괄호에 넣는 파라미터 개수와 일치하는 생성자 함수가 있어야 에러 없이 동작한다. 이것은 클래스 장에서 자세히 기술된다. 기본 타입 같은 경우에 하나의 타입만 사용해야 된다. 부호 관련 타입 키워드인 **unsigned** 또는 **signed**와 같이 사용해서는 안 되고 또한 **short, long**도 같이 이용하면 안 된다. 단독 타입으로만 가능하고 포인터 타입은 허용이 안 된다.

[예제 2.1-A]

```
#include <iostream>
struct A
{
        int x;
};
```

```cpp
int main()
{
        // 변수에 int 타입의 10을 초기화하여 대입
        // 이것은 (int)10처럼 캐스트 한 것과 같음
        // int {10}도 같은 결과
        int a = int(10);
        std::cout << "a = "<< a <<"\n";

        // 0 값으로 초기화됨
        int a1 = int ();

        // gcc : 에러 발생 : 단독 타입만 가능
        // MSVC : OK
        int b = unsigned int(10);
        int c = long int(10);

        // 에러 발생 : 포인터 타입은 허용치 않음
        int d = int* (10);

        // 클래스 타입을 사용함
        A aa= A();

        return 0;
}
```

명시적 타입 변환은 주로 변수 선언 시 초기화를 하거나 함수 반환값으로 사용된다. 이것은 단독으로 이용하거나 변수 초기화 시 괄호 방식을 사용할 때 주의가 필요하다. 변수 초기화 장에서 관련 내용이 다시 언급된다.

```cpp
struct A { };

A a;
A(a);      // 에러 발생. 이것은 변수 a를 다시 선언하는 것을 나타냄. A a와 동일
A(b);      // A b와 동일

A var1 = A();   // OK. 변수 초기화
A var2(A());    // var2 함수 선언. 함수 파라미터 : 함수 포인터
```

2.1.4 클래스 멤버 접근

클래스같이 사용자가 정의한 데이터 타입에는 여러 가지 타입의 멤버를 가진다. 해당 멤버에 접근할 때 사용되는 연산자가 있다. 포인터 타입인 경우에는 -> 연산자를 사용하고 일반 타입인 경우에는 . 연산

자를 사용한다. 이들 연산자는 클래스의 데이터 멤버, 멤버 함수와 열거형 타입의 열거 리스트에 적용
된다. 관련 사항은 클래스 장에서 다시 언급될 것이다.

```
struct A
{
        int x;
};

A a;
A* a1= new A;

// 돗트 연산자(.) 및 -> 연산자로 멤버 접근
a.x =10;
a1 -> x =1;
```

2.1.5 증가 및 감소
++, --은 증가 및 감소 연산자로 피연산자의 값을 1로 증가하거나 1을 감소하는 기능을 한다. 이 증가
및 감소 연산자들만 피연산자의 뒤에 위치하거나 앞에 위치에서 연산을 수행하면서 위치에 따라 기능
이 달라진다. 상세 내용은 다음 절에서 기술된다.

2.1.6 typeid
이 연산자는 피연산자의 데이터 타입을 알려 준다. typeid의 연산 결과는 규격에서 정의한 클래스 타입
이 된다. 해당 클래스에는 여러 멤버 함수가 제공된다. 특히 name() 함수를 통해 해당 데이터 타입이 어
떤 것으로 분류되고 타입의 이름이 무엇인지를 알려 준다. 그리고 데이터 타입이 같은지를 비교할 수
있도록 연산자 함수가 있어서 선언된 변수를 비교할 때 사용된다. 형식은 다음과 같다. 데이터 타입을
피연산자로 지정하거나 변수나 수식을 넣어도 된다.

```
typeid(데이터타입)
typeid(수식)
```

[예제 2.1-B]
```
#include <iostream>

struct MyStruct {};
class MyClass {};

int main()
```

```
{
    MyStruct s;
    MyClass c;

    // 출력 형태가 컴파일러별로 다르게 나타날 수 있음. 타입 종류를 보통 타입-id라고
    // 하는데 여기서는 이름으로 출력을 했는데 gcc에서는 숫자로 표시될 수 있음
    std::cout << typeid(s).name()<<"\n";        // 출력: struct MyStruct
    std::cout << typeid(MyClass).name();        // 출력: class MyClass

    if (typeid(s) == typeid(c));                // 변수 간에 타입 비교
}
```

2.1.7 타입 캐스트(cast) 연산자

보통 사용자가 괄호 안에 변경하려는 타입을 넣어 해당 변수의 타입을 변환하는 방식으로 캐스트가 가능하다. 일반 수식이나 대입 수식 또는 함수의 인자로 수식을 넘겨줄 때 타입이 서로 맞지 않으면 내부적으로 변환이 발생하여 처리되는 경우도 있지만 이런 경우가 아니면 별도로 사용자가 변환을 설정해야 한다. 수식 앞에 괄호를 사용해 해당 타입으로 변환하는 형태는 임의적으로 변환을 하는 것이다. 해당 코드에서 변환 작업이 실행 중에 적합한 타입으로 전환하는 것이 분명하다면 크게 문제를 일으키지 않을 것이다. 그런데 이 방식은 다소 임의적으로 캐스트를 처리하는 것으로 사용자가 타입을 스스로 확인해야 한다. 그런데 타입 변환이 맞는지를 확인하고 캐스트의 작업이 진행될 수 있도록 C++에서는 여러 형태의 타입 캐스트 연산자를 제공한다. 여기에 소개되는 캐스트 방식이 다루는 대상은 주로 참조형, 포인터 또는 클래스 타입으로 해당 파트에 대해 처음 접하는 사람은 관련 장을 먼저 보길 바란다.

□ dynamic_cast

이 캐스트는 주로 클래스 상속과 관련해서 클래스 계층을 실행 중에 확인하는 데 사용된다. 형식은 다음과 같다. 그리고 여기서 소개되는 캐스트는 모두 동일한 형식을 가진다. 물론 캐스트 종류별로 어떤 형태의 타입을 가져야 되는지 종류에 따라 다르다.

> dynamic_cast<T>(수식)
> T : 클래스의 포인터 또는 참조형 타입

dynamic_cast은 해당 클래스가 일정의 베이스 클래스를 상속을 받아서 확장을 하였는지에 관한 클래스의 상속 관계를 확인한다. 포인터 타입의 캐스트가 정상적으로 수행되면 해당 수식의 포인터가 반환된다. 만약에 실패하면 nullptr가 된다. 참조형 타입인 경우에 실패하면 예외가 발생하여 예외 처리를 하지 않으면 프로그램은 종료된다.

```
struct Base { virtual void f(); };
struct A : Base {};
struct B : Base {};
struct C : Base {};

void CheckType(Base* base)
{
        if( dynamic_cast<A*>(base))
        {
                std::cout << "A class";
        }
}
```

예제를 보면 Base 클래스를 상속 받아 여러 클래스를 확장했다. 이들 클래스는 함수의 인자로 사용이 가능하다. 인자로 넘겨주는 포인터가 어떤 클래스로 확장되었는지를 실행 시 확인하고 정상적으로 캐스트가 되면 해당 포인터가 반환된다. 실패 시 nullptr가 반환된다. 이를 통해 프로그램이 실행 중에 해당 클래스의 타입을 확인할 수 있다. 이런 예제에서는 Base 클래스에 반드시 가상 함수가 선언이 되어 있어야 캐스트 구문에 컴파일 에러 없이 사용이 가능하다. 그래서 상속 관계에 있는 클래스의 타입을 실행 시 확인할 때 dynamic_cast가 사용된다. 상속 관계가 없는 클래스 타입을 캐스트하면 nullptr가 반환된다.

□ static_cast

static_cast에서 캐스트 타입은 기본 및 사용자 정의 타입, 객체의 포인터, 참조형 타입이 가능하고 함수 타입도 사용할 수 있다. 타입에 제한이 없기 때문에 주로 사용되는 캐스트가 된다. 규격에서는 타입 변환을 명시적으로 나타내지 않아도 내부적으로 수행되는 변환이 있다. 예를 들면 lvalue to rvalue, 배열을 포인터, 함수를 포인터 또는 정수 승격 등은 자동으로 변환되는데 이때 static_cast를 통해 명확하게 나타낼 수 있다. 이런 경우에는 캐스트가 컴파일 에러 없이 진행된다. 그런데 전혀 타입 변환이 될 수 없는 경우, 예를 들면 int 타입을 클래스 타입으로 또는 포인터 타입을 참조형 타입으로 변환하게 되면 컴파일 에러가 발생한다. 해당 캐스트는 컴파일 시에 타입을 확인한다.

```
struct Base {virtual void f();};
struct A : Base {};

Base* base = new Base;

// 이런 경우에는 캐스트를 하시 않으면 에러 발생
// 자식에서 부모 변환은 규격에서 허용. 그러나 부모에서 자식으로 변환은 사용자가
// 직접 변환해야 함
```

```
// 여기서 dynamic_cast을 사용하면 결과: nullptr. base 타입은 A 타입이 아니기 때문
// 그런데 static_cast은 강제로 변환을 하게 됨
A* a = static_cast<A*>(base);

int i = 10;

// 정수를 소수점으로 변환. 캐스트가 없어도 내부적으로 변환이 일어남
double d = static_cast<double>(i);
```

일반 열거형 타입은 정수형으로 자동으로 변환되는데 범위확정 열거형 타입은 그렇게 되지 않고 변환 에러가 발생한다. 이때 static_cast을 통해 정수 또는 부동 소수점 타입으로 변환할 수 있다.

```
enum color { Red, Green, Blue };
enum struct em { a, b, c };

int r = Red;              // 정수로 변환됨. 규격에서 허용

// 규격에서 허용하지 않기 때문에 반드시 캐스트를 해야 함
int i = static_cast<int>(em::a);

int var = (int)em::a;     // 괄호 형태의 캐스트 수식. 이때는 static_cast 동일
```

□ const_cast

이 캐스트는 수식이 const 타입이라면 const가 아닌 일반 타입으로 캐스트를 할 때 사용된다. 일반적으로 const 타입은 상수 형식으로 한 번 설정한 것을 굳이 const_cast로 변경해서 활용하는 것은 좀처럼 발생하는 경우는 아니다. 아래 코드를 보면 함수의 인자는 const가 아닌 파라미터 타입을 가지고 있고 함수 호출 시 const 타입의 인자를 전달한다. 이때는 내부적으로 const가 없는 타입으로 변환이 되어 전달된다. 그래서 이때는 별도로 캐스트를 할 필요가 없다. 그런데 파라미터 타입이 참조형이면 별도로 캐스트를 해야 된다. 이때 const_cast를 사용한다.

```
void SetData(int v) {}
void Check(int& v) {}

const int a = 10;
SetData(a);                        // 타입 캐스트를 하지 않아도 됨
Check(const_cast<int&>(a));        // 타입 캐스트를 해야 에러가 없음
```

그럼 실제로 주로 이 캐스트 연산자가 사용되는 예를 살펴보자. 예제는 클래스를 구성하면서 멤버 함수를 정의했다. 클래스 장에서 언급되겠지만 멤버 함수를 선언할 때 클래스의 데이터 멤버를 수정하지 않

을 것을 const 키워드로 알리게 된다. 이렇게 되면 함수 내에서 데이터 멤버를 수정하게 되면 에러가 발생한다. 또한 함수 내에서 다른 멤버 함수 중에 const로 함수 선언된 함수만 호출 가능하다. 이것은 생각해보면 당연한 것이다. 멤버 함수에서 this 인자를 넘기고 함수를 호출할 때 반드시 캐스트를 해야만 에러가 발생하지 않는다. 이것은 const로 선언된 멤버 함수들이 가지고 있는 특성 때문에 발생하는 것이다. 멤버 함수 뒤에 const로 선언된 것은 함수의 파라미터 타입에 좀 더 엄격하게 처리가 되어 내부적으로 변환되는 것이 발생하지 않는다. 해당 내용은 클래스의 멤버 함수 절을 참조한다.

```
class MyClass
{
public:
        int data=0;

        void SetData(MyClass* my) const { my->data = 10; }

        void CheckData() const
        {
                SetData(const_cast<MyClass*>(this));
        }
};
```

□ reinterpret_cast

이 캐스트 방식은 다른 종류와는 다르게 포인터 타입으로 변환할 때 서로 타입 변환이 되지 않는 것도 가능하게 한다. 기본 타입에서 클래스 타입도 변환이 된다. 물론 그렇게 전혀 연관성이 없는 타입 변환을 실제로 하지 않는다. 이 캐스트가 주로 사용되는 경우를 보자. 보통 함수의 파라미터가 void 포인터 타입으로 설정하여 타입에 상관없이 함수가 호출되고 이후에 원하는 형태로 타입을 변환하는 것이다.

[예제 2.1-C]

```
#include <iostream>

struct X {};

void SetData(void* value, void* type)
{
        int* v = reinterpret_cast< int*>(value);
        std::cout << "Value = " << *v;

        X* x = (reinterpret_cast<X*>(type));
}
```

```cpp
struct MyData{
        unsigned int ver;
        unsigned int data;
};

int main()
{
        int val =100;
        X x;

        SetData(&val, &x);          // 출력 Value = 100

        unsigned char buffer[] = { 0x00,0x01,0x00,0x00,0x01,0xA0,0xF0,0x00 };
        // 수식이 분명히 캐스트 하는 타입에 맞는 데이터를 가지고 있어야 사용상 문제가
        // 없음
        MyData* da = reinterpret_cast<MyData*>(buffer);
        //MyData* da =(MyData*) buffer;

        std::cout << da->ver;       // 출력 256
}
```

예제에서 보면 함수의 파라미터 타입이 void 포인터 타입을 가지고 있으며 함수 호출 시 일반 정수값 타입으로 전달하고 함수 내에서는 정수 타입으로 변환하여 사용한다. 그리고 클래스 타입을 전달할 때도 해당 타입으로 변환해서 이용하게 된다. 배열로 데이터를 받게 되면 배열 타입에서 구조체 형태로 변환할 때도 이 캐스트를 통해 처리하게 된다. 물론 이런 경우에 괄호 형태의 캐스트 수식을 사용해도 결과는 같다.

전체적으로 요약해 보면 **dynamic_cast**은 클래스 타입만 변환할 수 있는데 실행 시 타입 확인이 수행된다. 캐스트 타입과 수식의 타입이 맞으면 해당 수식의 포인터가 반환되고 아니면 nullptr가 된다. 여기서 수식은 자식 타입의 포인터이고 캐스트 타입은 부모 타입의 포인터로 하는 경우에는 해당 변환은 규격에서 정의하고 있는 것이라 정상적으로 캐스트가 된다. **static_cast**인 경우에는 기본 또는 사용자 정의 타입으로 변환이 가능하다. 규격에서 허용되는 변환에는 문제없이 사용이 가능하고 상관관계가 없는 타입 변환은 컴파일 시 에러가 발생한다. **const_cast**은 상수 타입을 일반 타입으로 변경하는 데 사용된다. **reinterpret_cast**는 다른 종류의 타입 간에 변환이 가능하다. 그래서 사용 시에 타입 변환이 문제 여부를 충분히 파악하고 사용해야 된다.

□ 괄호 방식의 캐스트 수식

위에 언급한 연산자로 캐스트를 할 수 있고 또한 이들 연산자가 동작하는 수식에 괄호 방식의 캐스트

수식을 사용해도 결과는 동일하다. 또한 함수 호출 방식의 명시적 타입 변환도 캐스트 연산에 속한다. 이를 모두 포함하여 캐스트 수식이라고 한다.

> **캐스트 수식(cast expression)**
> 캐스트 연산자 수식
> (데이터타입) 수식

괄호 방식의 캐스트 수식은 사용자가 괄호 안에 변환될 타입을 직접 넣는 형태를 가지고 있다. 이 방법은 사용 편의성이 있는 것은 사실이다. 또한 사용자가 변환할 타입에 대해 문제 여부를 직접 확인해야 한다. 그런데 제공되는 타입 캐스트 연산자는 내부적으로 타입을 확인하는 기능이 가지고 있어서 타입 변환의 안전성에서 장점이 있다. 특히 연산자의 캐스트 키워드를 이용하면 실행 중에 타입을 확인할 수 있는 특성이 있어서 사용 및 안정성 측면에서 유리하다.

캐스트 연산자에 대비해서 괄호 방식은 어느 정도 강제적인 변환의 성격이 있다. 예를 들면, 자식에서 부모 클래스의 변환이 규격에서 허용하는 방식인데 이때는 부모 클래스를 public으로 접근 권한을 설정할 때이다. 접근에 제한을 두게 되면 이런 변환은 정상적으로 동작하지 않는다. 이런 경우에 괄호 방식의 캐스트를 하게 되면 컴파일 에러 없이 진행이 된다. 부모 클래스를 상속 받을 때 접근 권한에 제한을 둔 것은 해당 클래스를 만든 사람이 어떤 이유가 있기 때문이라고 보이는데 이것을 임의적으로 타입 변환을 하면 예상치 못한 문제가 나올 수 있다. 그래서 타입을 내부적으로 처리해 주는 캐스트 연산자를 사용하는 것이 바람직해 보인다.

```
class Base {};
class Derived : public Base {};

Derived* derived = new Derived;
Base* base = derived;    // 부모 클래스를 public 설정. 정상적인 변환

class Base {};
class Derived : Base {};

Derived* derived = new Derived;
Base* base = derived;    // 부모 클래스가 private으로 설정됨. 접근 문제로 에러 발생


Base* base = (Base*) derived;               // OK
Base* base = static_cast<Base*>(derived);   // 접근 문제로 에러 발생
```

2.2 단항 연산자

단항 연산자(unary operator)는 하나의 피연산자가 사용된다. 하기는 사용되는 연산자들이다.

2.2.1 증가(++), 감소(--) 연산자

++ 연산자가 사용되면 대상 변수를 1을 증가한다. 변수 타입이 bool 타입이면 대상 변수를 true로 설정한다(C++14까지. C++17부터는 허용되지 않음). 대상은 연산이 가능한 타입이어야 하고 상수가 아닌 변수가 되어야 된다. ++ 연산자가 피연산자의 위치에 따라 연산 결과가 달라진다. 피연산자의 왼쪽에 위치하게 되면 피연산자의 값을 먼저 증가하고 해당 피연산가 다른 연산에 사용된다.

오른쪽에 위치하면 해당 연산식에서 피연산자 현재 자신의 값을 유지하다가 해당 연산식을 벗어나면 피연산자의 값을 증가한다. 피연산자의 오른쪽에 위치한 증가 연산자를 함수의 인자로 사용할 경우 예상치 않을 결과가 나올 수 있으니 주의가 필요하다. 하기는 사용 예제 코드이다.

```cpp
int i = 1, j=1;

i = j++;
std::cout<<"i value = "<< i;          // 출력 : i value = 1

i = j;
std::cout<<"i value ="<< i;           // 출력 : i value = 2

i = ++j;
std::cout<<"i value = "<< i;          // 출력 : i value = 3
```

-- 연산자는 대상 변수를 1을 감소한다. 연산자의 위치에 따른 기능은 증가 연산자와 동일하다. 그러나 bool 타입의 변수는 사용할 수 없다.

2.2.2 논리 부정 연산자 (!)

피연산자인 대상 변수의 값이 true면 false로 하고 false면 true로 변경한다. 연산 결과의 타입은 bool 타입으로 변경된다.

```cpp
bool var = false;
bool result;

result = !var;
```

```
            std::cout<< "result = " << result;  // result = 1 , true 값 표시
            std::cout<< "var = " << var;         // var = 0 , 피연산자의 원래의 false 값 표시
```

2.2.3 보수 연산자 (~)

피연산자의 1의 보수값을 만드는 연산자이다. 피연산자의 값에 대해 각 비트를 1은 0으로 0은 1로 변경한다. 피연산자의 타입은 정수 타입이어야 한다. 부동소수점 타입은 사용할 수 없다.

2.2.4 단항 플러스, 마이너스 연산자 (+, -)

보통 +, - 연산자는 2개의 피연산자를 가지는 산술연산에 사용되는데, 단항 연산자로도 사용이 된다. **단항 - 연산자**는 피연산자의 값을 음수로 변경시킨다. 변경된 타입은 int 타입을 취하게 된다. **단항 + 연산자**는 피연산자의 값을 유지할 뿐 변경되지 않는다. 다만 + 연산자를 사용하게 되면 int 타입으로 변경하게 된다.

```
            char var = 1;

            std::cout<<"value ="<< -var;          // - 연산자가 이용되어 value=-1이 출력됨
            std::cout<<"size ="<< sizeof(var);     // char 타입이라 size =1이 출력됨

            // + 연산자를 사용하면 int 타입으로 변경하게 되어 var size =4가 출력됨
            std::cout<<"var size ="<<sizeof(+var);
```

2.2.5 sizeof 연산자

피연산자에 대한 객체 타입의 크기를 반환한다. 파연산자가 기본 타입이면 시스템이 정의한 해당 바이트의 크기를 알려 주고 사용자가 정의한 클래스 또는 구조체일 경우 해당 타입에서 사용되는 데이터 타입들의 전체 크기를 반환한다. 기본 타입이나 클래스 타입을 배열로 선언한 경우, 배열 크기와 해당 타입의 데이터 크기를 곱한 결과를 반환한다. sizeof의 피연산자로 기본 타입으로 선언된 변수, 사용자 정의 타입으로 선언된 객체가 사용될 수 있다. 또한 사용자 정의 타입 자체를 피연산자로 사용할 수 있다. 그러나 함수 이름을 피연산자로는 사용할 수 없다. 타입 자체를 피연산자로 사용할 때는 sizeof(해당 타입)같이 괄호를 사용한다. 하지만 타입이 정해지지 않은 보이드(void)는 피연산자로 허용되지 않는다.

[예제 2.2-D]

```
            #include <iostream>

            void fun() { }

            class Myclass{
```

```
        int var1;
        int var2;
};

int main()
{
        char var;

        // char 타입인 Type Size =1 출력됨
        std::cout<< "Type Size ="<< sizeof var<<"\n";

        int var1[10];

        // int 타입의 배열 10, Type Size =40 출력됨
        std::cout<<"Type Size ="<< sizeof var1<<"\n";

        Myclass var2;

        // 출력 : Type Size =8 . Myclass에서 int 타입의 두 개 멤버를 가지고 있음
        std::cout<<"Type Size ="<< sizeof var2<<"\n";

        std::cout<<"Type Size ="<<sizeof (Myclass)<<"\n"; // 위의 결과와 동일

        // 에러 발생. 함수 타입은 허용되지 않음
        std::cout<<"Fun Size ="<< sizeof fun;

        std::cout<<"Fun Size ="<< sizeof (int); // 타입은 괄호를 사용함
}
```

2.2.6 alignof 연산자

해당 연산자는 피연산자로 사용되는 데이터 타입이 어떤 식으로 메모리에 놓이는지에 대한 일정의 크기를 알려 준다. 예를 들면, char 타입은 1바이트의 크기를 가지게 되므로 이 연산자를 사용하면 정수 숫자 1을 반환한다. 클래스 타입인 경우에 사용되는 데이터 멤버의 타입에 따라 크기가 정해지는데 해당 클래스에 이 연산자를 사용하면 멤버 중에 가장 큰 타입의 크기가 반환된다. 이런 메모리 정렬은 내부적으로 최적화에 맞게 정해져 진행되기 때문에 별도로 사용자가 메모리 정렬 자체를 변경하지 않는다. 그런데 시스템에서 정해진 최대 크기보다 큰 객체 타입이 있는 경우 메모리를 할당할 때 정렬 크기를 변경할 수 있다. 이런 부분은 C++ 라이브러리의 메모리 할당하는 함수에서 이용된다.

2.2.7 new, delete 연산자

메모리 관리 10장을 참조한다. 먼저 포인터 관련된 내용을 보고 해당 장을 보길 바란다.

2.3 이항 연산자

이항 연산자(binary operator)는 두 개의 피연산자가 사용되는 연산이다. 연산자는 아래에 기술된다.

2.3.1 산술(Arithmetic) 연산자 (+, -, *, /, %)

사칙 연산 시에 사용되는 피연산자는 **산술**(arithmetic) 가능한 타입(정수, 부동소수점 타입)을 가져야 한다. 산술연산은 **왼쪽부터 시작해서 오른쪽으로(left to right)** 가면서 연산이 진행된다. 여기서 *, /, % 연산자가 +, - 연산자보다 우선순위를 갖는다. 정수 타입을 사용해 나눗셈 연산이 이루어진 결과는 소수점 이하를 버리게 된다.

```
int a=1, b=2, c=0;

c = a + b;              // c= 3
c = a - b;              // c =-1
c = a * b;              // c = 2
c = a / b;              // c = 0 , 소수점을 버리고 정수만 취함
c = a % b;              // c = 0
c = 10 -1 + a * b ;     // 왼쪽에서 연산이 시작. 곱셈이 먼저 연산을 진행
```

2.3.2 시프트(shift) 연산자 (<< , >>)
연산식 : E1 << E2 , E1 >> E2

피연산자는 정수 타입이 사용되어야 한다. 시프트 연산자의 오른쪽 피연산자 E2가 음수이거나 왼쪽 피연산자 E1이 가지는 비트(bits)보다 크게 설정되면 연산 결과는 정의되어 있지 않다. 왼쪽 시프트 << 연산자가 사용된 E1 << E2인 경우, E1의 값을 E2 비트(bits)만큼 왼쪽으로 이동하고 비워 있는 비트는 제로로 채우게 된다. 연산 관점에서 보면 E1에 2의 E2승을 곱하는 결과($E1*2^{E2}$)를 가져온다. 오른쪽 시프트 >> 연산자가가 사용되면 오른쪽으로 E2 비트만큼 이동하고 결과는 $E1/2^{E2}$을 가져온다.

보통 필요한 데이터에 맞게 변수를 이용해 연산을 하는데, 1~2비트의 작은 크기의 여러 종류의 데이터를 전달할 때 한 바이트 크기에 저장해서 보낼 경우 비트별로 저장되어야 하기 때문에 시프트 연산자를 사용한다. 또한 1바이트 크기의 여러 종류를 데이트를 보낼 때도 int 타입 변수에 저장해서 전달한다.

```
int a = 0x0F;
int b = 0x0A;
int c = 0x0B;
```

```
int abc = 0;

char a1,b1,c1;
// a,b,c 각각의 데이터를 하나의 데이터 abc에 저장
abc = (a << 24) + (b << 16) + (c << 8);

// abc 데이터를 하기처럼 사용
a1 = abc >> 24;
b1 = abc >> 16;
c1 = abc >> 8;

std::cout << abc;        // 출력: 0F0A0B00
```

2.3.3 삼중(Three-way) 비교 연산자 (<=>) (since C++20)

삼중 비교 연산자는 작거나 크거나 서로 같은지를 판정한다. 일반적인 관계 연산자의 결과가 **bool** 타입을 가지는 것과 달리 삼중 비교 연산자는 규격에서 정한 클래스 타입을 가진다. 그리고 비교 결과에 따라 같음(equal), 작음(less), 큼(greater)의 결과로 설정된 클래스가 반환된다. 클래스 타입은 삼중 연산자의 피연산자의 타입에 따라 달라진다. 해당 클래스 타입은 <compare> 헤더 파일에 정의되어 있다.

□ 정수 타입

- 결과 타입 : std::strong_ordering
- 두 개의 피연산자 같음 : std::strong_ordering::equal 반환
- 첫 번째 피연산자가 두 번째 피연산자보다 작음: std::strong_ordering::less 반환
- 그 외 : std::strong_ordering::greater 반환

여기서 반환되는 값은 클래스의 데이터 멤버로 비교 결과에 따라 값을 확정하여 반환하게 된다. 내부적인 멤버 값은 조건에 따라 하기의 값을 갖는다. (equal = 0, less = -1, greater = 1)

[예제 2.3-E]

```
#include <iostream>
#include <compare>

int main()
{
        int a = 1;
        int b = 1;
        auto mm = a <=> b;
```

```
            if(mm == 0)
                    std::cout << "a equal b\n";        // 출력 a equal b
            else if(mm < 0)
                    std::cout << "a less than b\n";
            else if(mm > 0)
                    std::cout << "a greater than b\n";
            return 0;
    }
```

□ 소수 타입

- 결과 타입 : std::partial_ordering

- 두 개의 피연산자 같음 : std::partial_ordering::equal 반환

- 첫 번째 피연산자가 두 번째 피연산자보다 작음: std::partial_ordering::less 반환

- 그 외 : std::partial_ordering::greater 반환

그리고 하나의 피연산자가 클래스, 포인터, 배열이면 조건에 따라 정수 타입의 결과와 같은 클래스 타입을 갖게 된다. 하나의 피연산자가 bool 타입이면 다른 피연산자고 반드시 bool 타입을 가져야 된다. 이 연산자는 주로 클래스의 관계 연산자 오버로딩을 대신하여 사용된다. 이와 관련 사항은 것은 연산자 오버로딩 절을 참조한다.

2.3.4 관계(Relational) 연산자 (<, >, <=, >=)

2개의 피연산자를 크고 작고 크거나 같고 작거나 같은 것을 비교해서 true, false를 값을 반환한다. 피연산자의 타입은 산술 타입과 포인터 타입이어야 한다.

2.3.5 등호(Equality) 연산자 (==, !=)

== 연산자는 두 피연산자의 값이 같으면 true를 반환하고, 다르면 false를 반환한다. != 연산자는 값 피연산자의 값이 같지 않으면 true를 반환하고, 그렇지 않으면 false를 반환한다. 피연산자로 사용 가능한 것은 산술 타입과 포인터 타입이고 포인터가 없는 것을 나타내는 포인터 리터럴인 **nullptr** 키워드도 피연산자로 이용 가능하다.

2.3.6 비트(Bitwise) AND, OR, Exclusive Or 연산자 (&, |, ^)

두 연산자의 해당 비트를 비교하는 연산자 들이다. 피연산자의 타입은 정수 타입을 가져야 한다. 비트 & 연산자는 각 비트가 모두 1이면 결과를 1로 설정하고 그 외에는 0으로 설정된다. 비트 | 연산자는 비트 하나가 1이면 결과는 1로 설정하고, 그 외에는 0으로 설정된다. 비트 ^ 연산자는 해당 비트가 서로 다

르면 결과를 1로 설정하고, 그 외에는 0으로 설정한다.

```
int data = 0xFA;          // 해당 데이터의 값(이진수) = 1111 1010

// 비트별로 비교할 데이터
int mask1 = 0x01;         // 맨 오른쪽 첫 번째 비트만 비교하기 위해 나머지 비트는 0으로 설정
int mask2 = 0x02;
int mask3 = 0x04;
int mask4 = 0x08;

// 1111 1010 & 0000 0001 연산 결과 = 0000 0000
data & mask1;

// 1111 1010 & 0000 0010 연산 결과 = 0000 0010
data & mask2;

// 1111 1010 & 0000 0100 연산 결과 = 0000 0000
data & mask3;

// 1111 1010 & 0000 1000 연산 결과 = 0000 1000
data & mask4;
```

2.3.7 논리(Logical) AND, OR 연산자 (&&, ||)

논리 && 연산자는 두 피연산자의 값이 true이면 true를 반환하고, 그 외에는 false를 반환한다. 이 연산자는 논리식에서 경우 왼쪽부터 시작해서 오른쪽으로(left to right) 가면서 연산이 진행된다. 첫 번째 피연산자가 false이면 다음 피연산자를 체크하지 않는다. 또한 여러 AND 논리식이 있을 때 중간에 연산 결과가 false이면 그다음 논리식을 확인하지 않고 결과를 확정한다.

논리 || 연산자는 두 피연산자의 값이 어느 하나라고 true이면 true를 반환하고, 그 외에는 false를 반환한다. 왼쪽부터 시작해서 오른쪽으로(left to right) 가면서 연산이 진행되는데 첫 번째 피연산자가 true이면 다음 연산자를 체크하지 않는다. 여러 OR 논리식이 있을 때 중간에 연산 결과가 true이면 그다음 논리식을 확인하지 않고 결과를 확정한다.

```
bool Check() {
        return true;
}

bool con1 = true, con2 = false;
// con2가 false 이기 때문에 다음 수식인 Check() 함수를 호출하지 않고 연산 결과를 확정함
```

```
bool result = con1 && con2 && Check();
```

2.3.8 대입(Assignment) 및 복합(Compound)대입 연산자

연산자는 다음과 같다.

```
=    *=    /=    %=    +=    -=    <<=    >>=    &=    ^=    |=
```

대입 연산자(=)는 왼쪽 피연산자에 오른쪽 피연산자의 값을 저장한다. 복합 연산자는 산술, 시프트, 비트 연산과 같이 사용하여 연산을 진행하고 나서 저장한다. 연산 방향은 오른쪽에서 시작해서 왼쪽(**right to left**)으로 진행된다. 대입 연산자(=)의 왼쪽 피연산자는 반드시 상수가 아닌 수정 가능한 lvalue가 되어야 한다. 그리고 오른쪽 피연산자는 rvalue 식이 되어야 한다. 또한 중괄호를 사용하는 초기화({}) 형태로 오른쪽 피연산자로 사용될 수 있다. 대입 연산자는 왼쪽 피연산자의 값이 오른쪽 피연산자 내용으로 대체된다.

복합대입 연산자는 대입 연산자 앞에 붙는 연산(여기서 op로 표시함)을 먼저 수행하고 나서 대입한다. E1 op=E2 식은 E1 = E1 op E2처럼 동작한다. 여기서 E1의 타입은 산술 타입이어야 한다. 다만 +=, -= 복합 연산 시에는 E1은 포인터 타입을 사용할 수 있다.

2.3.9 콤마 연산자 (,)

수식을 분리하는 데 콤마 연산자가 사용된다. 해당 연산자의 연산 방향은 왼쪽에서 오른쪽으로 진행된다. 괄호와 함께 사용되는데 이때 최종 연산의 결과는 맨 오른쪽 수식이 된다. 이전에 언급한 것처럼 괄호 안에 여러 수식이 있어도 하나의 수식이 된다. 괄호에 여러 수식을 콤마로 나누어 각각 실행되게 할 수 있다. 아래 수식은 조금 이상해 보인지만 괄호 안에 수식들은 실행이 되고 최종 오른쪽 수식의 결과가 대입이 되는 형태이다.

```
int a = 0;
int b = (a=1, a+=2, a);

std::cout << b;        // 출력 3
```

2.4   삼항 연산자

삼항 연산자(ternary operators)는 3개의 피연산자가 사용된다.

2.4.1 조건(Conditional) 연산자

하기의 형태를 가진다.

E1 ? E2 : E3

E1의 조건 결과식이 true이면 E2 식의 값을 취하고, false이면 E3 식의 값을 취한다. 조건식 E1을 if 문을 사용하지 않기 때문에, 간단히 연산식이든 반복문이든 코드 어디에서도 삽입되어 처리할 수 있어 자주 이용된다.

```
int a=1, b;

b = (a % 2 == 0) ? 1 : 0;        // 조건에 따라 값을 결정.
std::cout<<"b value = "<<b;       // 출력: b value = 0
```

조건문 및 반복문

3.1   조건문

조건문은 조건 수식에 따라 해당 명령문이 실행되도록 하는 구문이다. 사용 형식은 다음과 같다.

> if(조건식) 명령문
> if(조건식) 명령문 1 else 명령문 2
>
> if constexpr (초기화식_{옵션} 조건식) 명령문 (since C++17)

if 문의 조건식이 true이면 명령문이 실행되고 false이면 명령문은 실행되지 않는다. if 문이 else와 같이 사용했을 경우에 조건식이 true면 명령문 1이 실행되고 조건식이 false면 명령문 2가 수행된다. 조건이 여러 경우의 수가 있을 경우 **if, else if, else** 형태로 사용이 가능하다.

```cpp
int a=1, b;

// if, else 구문 사용
if (a > 1)
        b = 1;
else
        b = 0;

// if, else if 구문 사용
if(a > 0) {
        // 내용 구현
}
else if( a < 10) {
        // 내용 구현
}
else {
        // 내용 구현
}
```

C++17 이후부터는 if 문 뒤에 constexpr이라는 지정자를 사용하여 컴파일 시 조건이 맞으면 해당 명령문이 코드로 바로 들어가게 된다. 컴파일 시에 조건을 확정해야 되기 때문에 조건식은 상수식이 요구된다. **if constexpr(조건식)**은 주로 템플릿을 구현할 때 템플릿 파라미터에 따라 코드가 컴파일 시에 선택적으로 구성할 때 사용된다.

```cpp
template <typename _T>
```

```
void func(_T v)
{
        if constexpr( sizeof(_T) == 4)
        {
                // 내용 구현
        }

        else if constexpr( sizeof(_T) == 1)
        {}
        else
        {}
}
```

그리고 if 문에 조건식과 아울러 변수 초기화를 선언하여 조건식과 연계하여 조건문을 설정할 수 있다. 물론 if 전에 변수를 선언하고 진행하는 것과 동일하다. 조건식에 변수 초기화는 if 문 내에서만 범위를 갖는다.

```
int count = 0;

if (int i =1; count > i)
{
        count = i;          // 조건식의 변수는 if 문에만 범위를 가짐
}
```

여러 조건을 확인하는 코드에서 보통 if, else if 구문을 반복하여 여러 조건에 대응하도록 한다. 이런 형식도 있지만 조건식이 정수 또는 열거형 타입일 경우에는 **switch** 문을 선언하여 조건문을 구성할 수 있다. 형식은 다음과 같다.

switch(조건식)
case 조건상수식 : 명령문
default : 명령문

switch 문은 조건식에 맞는 **case**의 상수값과 일치하면 case의 명령문이 실행되는 구조이다. 조건별로 여러 case 문을 설정하고, 조건에 맞는 것이 없을 경우 **default**를 사용해 명령문이 실행되게 할 수 있다. switch 문의 조건식 타입은 클래스 타입도 사용할 수 있는데 이때는 반드시 정수로 변환이 되는 연산자 함수를 클래스 내에 구현이 되어야 한다. 이와 관련 사항은 연산자 오버로딩 장을 참조한다. 여기서, 여러 case가 설정되어 있을 때 하나의 조건에 맞는 case의 명령문이 실행을 마치고 switch 문을 나가는 것이 아니고 그다음에 case 문이 있으면 그것도 같이 실행이 된다. 그래서 제어 흐름을 변경하기 위해

break 키워드를 같이 사용한다.

```cpp
// switch 문 : break를 사용하지 않으면 모든 case의 명령문 출력됨
// case 문마다 break를 사용해야 함
int con = 1;

switch (con) {
case 1 :
        std::cout<< "case 1 Execute";
        break;
case 2 :
        std::cout<<"case 2 Execute";
        break;
default :
        std::cout<<"default Execute";
}
```

여기서 언급한 조건문은 수식의 결과에 따라 코드 실행의 흐름이 정해지는데 조건이 아닌 강제적으로 일정의 코드를 넘어서 다음의 코드가 수행되게 하는 구문이 있다. 그것은 **goto**와 **레이블** 구문(labeled statement)이다. 이런 형태의 구문은 보통 연산 수행 중에 조건에 문제가 생겨서 더 이상 다음의 코드를 실행할 필요 없이 해당 루틴을 빠져나갈 때 선언된다. 레이블 선언은 반드시 함수 내에서만 사용되고 같은 이름으로 두 번 선언은 허용되지 않는다. 사실 switch 구문에서 case와 default는 레이블 구문에 속한다고 볼 수 있다.

```cpp
bool CheckValue(int value)
{
        if ( value > 0)
        {

        }
        else
        {
            goto Failed;
        }

// 레이블 선언
Failed:
        return false;
}
```

3.2 반복문

일정의 코드를 반복 동작시킬 때 사용하는 구문이 **반복문**(루프문)이다. 아래에 소개되는 반복문은 사용 형식이 조금씩 다르지만 코드를 반복하는 특성은 동일하다.

3.2.1 while 문

while 문에서 조건식이 false가 될 때까지 while 문의 명령문을 반복적으로 실행한다. 조건이 항상 true 이면 무한 반복한다. while 문의 조건식과 상관없이 반복문을 빠져나갈 때 **break** 키워드를 사용한다. 해당 키워드는 모든 반복문에서 동일한 특성을 가진다. 물론 break 키워드는 switch 문에서도 사용된다.

continue 키워드를 사용하면, 반복문이 실행 중에 이 키워드가 있는 지점에서 반복문 처음으로 돌아가서 반복문을 실행한다. continue 키워드는 반복문에서만 선언될 수 있다.

```cpp
int index = 0;

while ( index < 10 )
{
        index++;

        // 이 조건에서는 아래를 실행하지 않고 처음으로 돌아감
        if(index == 2)
                continue;

        std::cout<< "while Loop index= "<< index<<"\n";

        // 이 조건에서는 반복문을 빠져나감
        if (index == 5)
                break;
}

출력
while Loop index=1
while Loop index=3
while Loop index=4
while Loop index=5
```

3.2.2 do while 문

do while 반복문은 while 문의 기능과 같지만, do 명령문이 실행되고 나서 while 조건문에 따라 반복 실행의 여부가 결정된다. 적어도 한 번은 do 명령문이 실행된다. 이후부터는 while 조건식에 따라 동작한다.

```
int index = 0;
do {
        // 조건에 상관없이 이 부분은 한 번은 수행됨
        std::cout<< "do while Loop";          // 출력: do while Loop

} while (index);
```

3.2.3 for 문

일정 횟수를 지정하고 조건에 따라 반복문을 실행할 때 사용된다. 하기 형태를 가진다.

for(초기값선언옵션 ; 조건식옵션 ; 루프수식옵션) 명령문

for 반복문의 동작 구조는 우선 초기값선언이 수행되고 그다음 조건식을 확인한다. 조건을 만족하면 해당 명령문이 실행하고 이후 설정된 루프수식이 수행된다. 그리고 다시 조건이 만족하는지 확인하면서 과정을 반복하고 조건이 맞지 않으면 해당 구문을 빠져나간다. 그리고 for 문에서 초기화된 변수는 for 문 안에서만 유효하다. 반복문을 실행 중에 빠져나가기 위해서는 break를 사용한다.

```
// 초기값을 사용해서 루프 실행
for (int i = 0; i < 2; i++)
{
        std::cout<< "for int = "<< i <<"\n";;
}

출력
for int = 0
for int = 1

// 초기값 변수를 외부에서 사용 가능
int i;
for( i = 0; i < 5; i++) {
        std::cout<< "for int = "<< i <<"\n";;
}
```

```
// 루프 증가를 여러 형태의 수식으로 사용 가능
for (int i = 0; i < 5; i+=2)
{
        std::cout<< "for int = "<< i<<"\n";;
}
출력
for int = 0
for int = 2
for int = 4

// 콤마를 사용해 다중으로 반복 초기변수를 설정할 수 있음
for (int i = 0, k = 0; i < 2; i++,k++)
{
        std::cout<<"for i = "<<i <<", "<<"k =" << k <<"\n";
}

출력
for i = 0 , k =0
for i = 1 , k =1

// 하기 형태는 무한 반복문
for (;;)
{}
```

위 형태의 반복 횟수를 지정하는 방식은 전형적인 for 구문이 된다. 이와 다르게 처리하는 데이터의 특성에 따라 설정 방식을 좀 더 쉽게 지정하는 **구간 기반(range-based) for** 반복문이 있다. 배열 같은 데이터는 일정의 크기를 가지게 되기 때문에 시작에서 끝나는 지점까지 일정 구간이 정해지는 데이터를 연산할 때 이런 형태의 for 반복문이 사용된다. 하가는 사용 형식이다.

for(객체선언 : 구간수식) 명령문

구간 기반이 의미하는 것처럼 구간수식은 다루는 데이터의 시작 위치와 마지막 지점을 명확하게 알 수 있는 타입의 수식이어야 한다. 배열 타입은 당연히 이 조건에 만족하고 클래스 타입인 경우에는 클래스 내에 해당 데이터의 시작과 끝을 알려주는 함수가 구현되어야 한다. 클래스에서 이런 기능을 하는 것을 반복자라고 한다.

```
int ar[5] = {1, 2, 3, 4, 5};
for (int i: ar)
{
        std::cout << i <<" ";                // 출력1 2 3 4 5
```

```
        }

        // 구간수식을 for 루프문에 직접 대입
        for (int i : {1, 2, 3, 4, 5})
        {
                std::cout << i <<" ";                    // 출력 1 2 3 4 5
        }

        // 구간 기반 for 루프문에 초기화수식을 넣을 수 있음 (since C++20)
        int ar[5] = {1, 2, 3, 4, 5};
        for (int n=10; int i: ar)
        {
                std::cout << i * n <<" ";         // 출력 10 20 30 40 50
        }
```

4

전처리 지시문

하나의 소스 파일을 컴파일하기 전에 관련 헤더 파일 또는 다른 소스를 먼저 가져온 후 컴파일이 진행된다. 이런 기능을 하는 것이 **전처리 지시문**이다. 조건에 따라 해당 코드 라인의 포함 여부를 결정하는 조건 지시문(#if, #ifdef)과 미리 정의한 것을 대체하는 대체 지시문(#define, #undef)과 해당 파일을 포함하는 지시문(#include) 등 여러 형태가 있다. 전처리기의 시작은 기호 '**#**'로 시작하고 이후 정해진 해당 지시문이 따르게 된다.

4.1   조건 지시문

조건 지시문은 해당 조건에 따라 관련된 코드가 컴파일 과정에 포함될지 여부를 결정하는 역할을 한다. 하기는 사용 지시문이다. #if, #ifdef, #ifndef 지시문들로 시작하여 해당 블록의 종료할 때는 #endif 지시문이 항상 쌍으로 사용된다. 또한 그 사이에 조건에 따라 #elif 또는 #else 지시문을 같이 이용할 수 있다.

조건 지시문 형식
if-그룹 elif-그룹_{옵션} else-그룹_{옵션} #endif

if-그룹 :
 #if 상수식
 #ifdef defined_이름
 #ifndef defined_이름

elif-그룹
 #elif 상수식

else-그룹
 #else

지시문 **#if**의 상수식의 결과가 '0'과 '1'에 따라 해당 부분의 포함이 결정되는데 여기서 수식은 일반 if 문과 속성은 유사하다. 그런데 전처리 지시문은 컴파일 전에 확정되지만 일반 if 문의 조건은 실행 중에 결정된다. 따라서 **지시문 #if의 수식은 컴파일 전에 확정된 상수식**이 되어야 한다. #if 상수식에 변수를 넣게 되면 전혀 동작하지 않고 무시된다. 컴파일 전에 확정되지 않으면 수식이 무시되고 다음 지시문을 처리한다. 지시문 **#if**와 여러 조건을 비교하는 경우에는 지시문 **#elif**와 같이 사용하고 그 외 조건은 **#else**로 하고 **#endif**로 지시문을 끝내게 된다.

[예제 4.1-A]

```cpp
#include <iostream>

const int var = 1;
#define Version 1

int main()
{
        // 수식이 상수 1을 나타내어 해당 라인이 포함됨
        // 수식이 제로를 제외하고 모두 해당라인이 포함됨
        #if 1
                std::cout << "Print !!! \n";
        #endif

        // 변수를 수식에 두면 처리 시 무시가 되어 해당 라인 미포함
        #if var
                std::cout << "Print : var";
        #endif

        // 수식이 다른 지시문 #define으로 설정되었고 조건이 1이기 때문에 라인 포함
        #if Version
                std::cout << "Print : Version \n";
        #endif

        // 여러 조건에 따른 조건 지시문 사용
        #if Version == 1
                std::cout << "Version = 1";

        #elif Version == 2
                std::cout << "Version = 2";

        #else
                std::cout << "Version else";
        #endif

        return 0;
}
```

출력
Print !!!
Print : Version
Version = 1

지시문 **#ifdef**는 설정된 이름이 **#define** 지시문으로 정의되어 있으면 해당 라인을 처리하고 그렇지 않

으면 해당 코드 라인을 넘어간다. 그 반대로 동작하는 지시문은 **#ifndef**이 된다. 식별자에 변수가 오면 해당라인은 무시되고 일반 정수값이 오면 컴파일 에러가 발생한다. 이 지시문들은 다음과 같이 사용이 가능하다.

> #ifdef 식별자 = #if defined 식별자
> #ifndef 식별자 = #if !defined 식별자

[예제 4.1-B]

```
#include <iostream>

const int var = 1;
#define Version 1

int main()
{
        // 하기 식별자는 변수로 #define으로 정의 되어 있지 않기 때문에 해당 라인 미포함
        #ifdef          var
            std::cout << "Print : var \n";
        #endif

        // 하기 식별자가 정의되어 있어 해당 라인 포함됨
        #ifdef Version   // 이것은 #if defined Version 같음
            std::cout << "Defined Version \n";
        #endif

        // 여러 식별자들이 정의되어 있는지를 and 조건을 사용한 지시문
        #if defined Version && defined Version1
            std::cout << "defined Veraion and Version1 \n";
        #endif

        return 0;
}
```

출력
Defined Version

4.2   대체 지시문

대체 지시문은 **#define**으로 정의한 **매크로이름(macro name)**이 소스 파일에서 사용되면 그 자리를 정

의된 **대체 리스트(replacement-list)**로 치환해 주는 기능을 가진다. 하기처럼 정의되는데 매크로이름과 대체 리스트는 반드시 적어도 하나의 공백을 넣어 분리해서 선언되어야 한다.

#define 매크로이름 대체리스트_{옵션}

대체 지시문은 위에 설명된 조건 지시문과 다르게 작용하는데 매크로이름을 해당 소스에 대체하는 게 목적으로 **대체 리스트는 코딩의 한 부분을 차지한다.** 따라서 대체 리스트가 될 수 있는 것은 리터럴과 같은 상수, 일반 수식, 선언된 변수 또는 C++의 키워드가 사용될 수 있고 일정 하나의 코드가 될 수 있으면 어는 것도 가능하다. 대체 리스트가 생략되어 정의된 매크로는 소스 파일에서는 아무런 영향을 미치지는 않고 매크로이름만 정의된 상태로 있어서 조건 지시문 등에 사용될 수 있다. **대체 지시문은 컴파일 전에 필요 부분으로 치환하면 자신의 일을 다 한 것이고 컴파일 시점에는 코드에 더 이상 영향을 주지 않고 일반 변수처럼 메모리에 상주하거나 실행파일에 적재되지 않는다.** 따라서 같은 대체 지시문을 여러 번 정의해도 된다. 다만 같은 매크로이름에 서로 다른 대체 리스트로 여러 번 정의하게 되면 어는 것이 대체되는지 명확하지 않아 오류를 만들 여지가 생긴다.

[예제 4.2-C]

```cpp
#include <iostream>

// 상수 및 문자열을 매크로 처리
#define ARRAY_SIZE    5
#define VERSION                "1.1"

// 정의된 매크로를 다른 매크로에 사용함
#define WIDTH                80
#define LENGTH              (WIDTH + 10)

// 같은 매크로이름에 서로 다른 대체 리스트 정의. 재정의에 대한 경고 메시지가 나올 수 있음
#define MY_DATA        1
#define MY_DATA        0

int main()
{
    // 배열 크기에 사용됨
    int array[ARRAY_SIZE];

    // 버전 출력
    std::cout << VERSION <<"\n";            // 출력: 1.1
```

```
                // 하기는 (80 + 10) * 10 = 900으로 대체되어 계산됨
                // 만약에 괄호를 사용치 않고 정의하면 #define LENGTH WIDTH + 10
                // 80 + 10 * 10 = 180으로 계산되어 결과가 달라짐.
                std:: cout << LENGTH * 10 ;                    // 출력: 900

                return 0;
        }
```

정의된 매크로의 범위는 파일 전체에 영향을 준다. 그런데 **#undef** 지시문을 만나게 되면 해당 매크로 이름은 더 이상 유효하지 않게 된다. 이 지시문을 사용해 기존 매크로를 없애고 다시 다른 대체 리스트로 정의할 수 있다.

```
#define count 5
int ar[count];
#undef count

#define count 10                  // 매크로 재정의
```

매크로를 정의할 경우에 시스템에서 미리 정의한 매크로가 있는데, 하기는 대표적인 매크로만 설명되고 다른 매크로들은 참조자료의 사이트 통해 살펴보면 될 것이다.

□ _cplusplus
C++ 버전을 나타냄. ex) C++20 : 202002

□ _DATE_
소스 파일을 컴파일 하는 날짜를 나타냄. MM dd yyyy 구조. ex) Nov 15 2022

□ _FILE_
소스 파일의 이름을 보여 줌.

□ _LINE_
소스 파일의 해당 라인을 보여 줌.

□ _TIME_
소스 파일 컴파일 시간을 나타냄. ex) hh:mm:ss

#define은 정의된 매크로를 치환하는 기능을 가지고 있고 또한 간단한 함수를 대체하는 **함수 형태 (function-like) 매크로** 기능을 가진다. 이 매크로는 파라미터를 가지고 있어서 함수를 호출하는 것과 유사하다. 형식은 하기와 같다.

> **#define** 매크로이름**(파라미터_리스트**옵션**)** 대체리스트옵션

함수 형태 매크로에서 파라미터 리스트에는 선언된 변수 또는 상수가 올 수 있고 대체 리스트는 반환 결과가 된다. 함수 형태의 매크로는 해당 코드에 바로 삽입되고 컴파일되어 기존에 함수를 호출하는 구조보다는 빠르게 동작하는 장점이 있다. 다른 코드와 호환 측면에서도 이점을 가진다. 물론 해당 매크로가 너무 자주 코드에 삽입되어 처리되면 실행파일의 크기는 커지게 된다. 또한 함수를 호출할 때 넘겨주는 인자에 대해 타입을 확인하지만 매크로는 그냥 바로 대체하게 된다. 그리고 함수 동작과는 다른 결과를 가져오는 부분이 있다.

```
#define max(a, b) ((a) > (b) ? (a) : (b))
int Max(int a, int b) { return ((a) > (b) ? (a) : (b)); }

int a = 10, b = 0;
std::cout<< max(a, b);                     // 출력: 10

// 매크로 함수가 두 번 처리됨
std::cout<< max(a++,b++);                  // 출력: 11
std::cout<< a;          // 출력: 12

// 일반 함수를 호출하는 경우
std::cout<< Max(a++,b++);                  // 출력: 10
```

매크로 함수는 편리한 사용성을 가진다. 간단한 형태의 매크로는 여러 코드에서 자주 볼 수 있다. 물론 매크로가 가지는 단점이 있지만 이런 이유로 매크로의 사용 자체를 피할 필요는 없어 보인다. 어떤 경우에 함수 형태의 매크로가 좋고 다른 경우에는 일반 함수를 정의해야 한다는 별도의 규칙은 없다. 각각의 장점이 있어서 이것은 사용자의 선택 사항이다.

매크로 함수의 대체 리스트에서 **#** 또는 **##**이 나오는 경우에 대체 리스트가 어떻게 변환되는지 살펴보자. #이 대체 리스트의 앞에 사용되면 매크로 함수의 파라미터가 문자열로 대체하게 된다. 그리고 해당 타입은 문자열 타입인 **const char***가 된다. 이때 파라미터는 변수 또는 상수일 필요가 없다. 어차피 넘겨준 파라미터가 문자열로 전환되기 때문이다. 또한 ##이 사용되면 해당 인수를 합쳐 주는 기능을 가진다.

```
#define str(a) # a
#define mkstr(a) str(a)
#define connect(a,b) a ## b

std::cout << str(Macro Test);                        // 출력 Macro Test
std::cout << mkstr(connect(I am,Testing Macro));     // 출력 I amTesting Macro
```

4.3   파일 포함 지시문

앞서 설명한 매크로 지시문은 코드의 일부가 소스 파일로 치환하는 기능을 수행하는데, 지시문 **#include**는 해당 지시문이 나오는 시점에 헤더 또는 소스 파일을 현재 소스 파일로 파일 전체를 가져온다. 즉 **포함된 파일의 내용을 복사해서 지시문이 나오는 해당 소스 파일에 붙이는 모습을 취한다.** 형식은 다음과 같다.

```
#include <파일이름>
#include "파일이름"
```

포함할 파일을 꺽쇠 기호 **<>**에 넣는 **#include**는 시스템이 정한 디렉터리에서 해당 파일을 찾아 소스 파일로 가져온다. 인용기호 ""을 사용한 지시문은 보통은 해당 소스 파일의 위치에서 파일을 찾아서 가져오거나 미리 설정된 위치에서 가져올 수 있다. 이것은 시스템 따라 달라질 수 있다. 여기서 찾는 것이 실패하면, 시스템이 정한 디렉터리를 다시 검색을 하게 된다.

해당 소스 파일에서 #include 지시문을 통해 파일을 가져오거나 조건 지시문으로 소스 파일에 들어가는 코드를 결정된 이후, 내부적으로 컴파일 작업에 사용되는 것을 **변환 소스 파일**(translation unit : 기능에 중심을 두고 원본 용어를 의역함)이라고 부른다. 이 파일이 별도로 생성되거나 저장되지는 않는다.

■ // 파일 : ex.h

```
int var =0;
void Fun();
```

■ 파일 : main.cpp

```
// 시스템에서 설정된 곳에서 파일을 가져옴
#include <iostream>

// 현 소스 파일의 위치에서 파일을 가져옴
#include "ex.h"

int main()
{
        var = 10;
        return 0;
}
```

■ main.cpp : 변환 소스 파일

```
// iostream 관련 파일이 여기에 복사됨. 내
용 생략

// ex.h 헤더 파일의 내용을 가져와 복사
int var =0;
void Fun();

int main()
{
        var = 10;
        return 0;
}
```

이 예제는 지시문 **#include**을 사용하여 포함할 파일을 찾아서 내용을 복사하고 컴파일이 진행될 모습을 보여 준다. 예제의 헤더 파일에 선언된 변수가 소스 파일에 삽입이 되어 있기 때문에 컴파일 에러 없이 컴파일 과정을 진행하게 된다. 그럼 한 소스 파일에서 같은 파일을 #include 지시문을 사용하게 되면, 포함된 내용을 여러 번 복사하게 되어 재정의 오류 문제가 발생한다. 이걸 방지하기 위해서 헤더 파일에 **조건 지시문**을 사용하면 같은 파일에 여러 번 선언해도 컴파일 시 포함되지 않는다.

■ 파일 : ex.h

```
// 조건 지시문 추가
#ifndef _ex_h
#define _ex_h

int var =0;

#endif
```

■ 파일 : main.cpp

```
// 두 번 같은 지시문 사용
#include "ex.h"
#include "ex.h"

int main()
{
        var = 10;
        return 0;
}
```

■ main.cpp => 변환 소스 파일

```
#ifndef _ex_h
#define _ex_h
int var =0;
#endif

// 위에서 정의가 되어 아래 코드는 컴파일 시 포함되지 않음
#ifndef _ex_h
#define _ex_h
int var =0;
#endif

int main()
{
        var = 10;
        return 0;
}
```

지시문 **#include**를 사용해 파일을 포함시킬 때, 해당 파일을 찾지 못하면 컴파일 시 에러가 발생하는데, 이 지시문을 사용하기 전에 해당 파일의 존재 여부를 알 수 있는 수식을 조건 지시문과 같이 사용해 파일 포함 여부를 정할 수 있다. **(since C++17)** 하기는 사용 방법이다.

조건지시문 _has_include (< 파일이름 >)
조건지시문 _has_include ("파일이름")

```
// 파일 존재 여부를 확인 후 파일을 포함시키고 다른 매크로를 정의함
#if _has_include ( "ex.h" )
#include "ex.h"
```

```
#define HAS_EX_HEADER          1
#endif

int main()
{
        var = 10;
        return 0;
}
```

5

여러 지정자들

보통 변수를 선언할 때 int같이 객체가 가지는 메모리의 크기를 설정하는 것을 타입 지정자라고 부른다. 이뿐만 아니라 선언된 변수가 블록 범위 내에서만 저장되거나 전역으로 저장되는 특징을 부여하는 지정자도 있고 한 번 값이 설정되면 변경하지 못하도록 하는 상수 특성을 부여하는 지정자도 있다. 아래에는 기술되는 지정자들은 변수, 함수, 클래스의 멤버 변수 및 함수에서 각각의 특성이 나타나는데 관련된 부분은 각 장에서 따로 상세히 설명될 것이고 여기서는 기본적인 특징이 소개된다.

[그림 5.1]

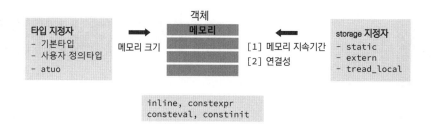

5.1 스토리지 지정자

스토리지(storage) 지정자는 선언된 객체가 가지는 **메모리의 지속 기간** 및 **연결성**을 결정한다. 지정자는 다음과 같으며 두 개 이상의 지정자가 같이 사용되지 않는다.

- ☐ static
- ☐ thread_local
- ☐ register (C++17 이후부터는 지원되지 않음)
- ☐ extern
- ☐ mutable

5.1.1 static

변수를 선언하게 되면 해당 변수는 영향을 미칠 수 있는 가용 범위를 가진다. 가용 범위는 선언된 해당 소스 파일에 영향을 주기도 하고 다른 소스 파일에서 이용될 수 있는 범위를 가질 수 있어 이런 관계를 **연결성(linkage)**이라고 한다. 변수 포함해서 함수, 템플릿, 네임스페이스도 이런 특성을 가진다. 이것은 일련의 컴파일 과정에서 적용되는 것이기 때문에 소스 파일이라는 이름 대신에 전처리 지시문이 실행된 파일, 즉 **변환 소스 파일**이라는 용어를 사용해 연결성의 개념을 기술하겠다. 연결성은 다음의 종류가 있다.

[1] 내부 연결성(internal linkage)
선언된 변수가 다른 변환 소스 파일에서는 사용될 수 없고 자신의 변환 소스 파일에서만 이용 가능. static 지정자의 역할이 변수나 함수가 **내부 연결성**을 갖게 한다.

[2] 외부 연결성(external linkage)
자신의 변환 소스 파일과 다른 변환 소스 파일에서도 이용할 수 있음. 전역 변수 또는 함수가 이런 특성을 갖는다.

[3] 무연결성(no linkage)
블록 범위 안에서만 사용 가능. 블록 안에서 선언된 로컬 변수, 정의된 클래스, 열거형 데이터는 블록 내부에서만 사용. 블록 범위라는 결계를 벗어날 수 없는 운명이다.

전역 변수에 static 지정자를 붙이면 어쩔 수 없이 자신의 외부 연결성을 잃게 되고 내부 연결성만 가지게 된다. 이것은 함수에도 같이 적용된다. 내부 연결성이 의미하는 것처럼 자신의 변환 소스 파일에서만 이용하게 되어 같은 이름의 변수나 함수 이름이 다른 변환 소스 파일에 있어도 재정의 오류가 원천적으로 차단이 되는 특징을 가진다. 블록 범위에 사용된 변수는 무연결성을 가지는데 여기에 static 지정자를 사용해도 무연결성을 그대로 유지된다. static 지정자가 외부 연결을 차단하는 역할인데, 블록 안에 있는 것은 이미 외부 연결이 막히게 되어 있어 따로 할 게 없는 것이다.

한편, static 지정자의 다른 역할은 선언된 변수의 **메모리 지속 기간(storage duration)**의 특성을 변경시킨다. 다음은 메모리 지속 기간의 종류를 기술한다.

[1] 자동 지속 기간(automatic storage duration)
블록 내에 선언된 변수의 메모리는 해당 블록이 끝나는 시점까지만 유지 되고 범위를 벗어나면 해제된다.

[2] static 지속 기간(static storage duration)
프로그램 종료 시점까지 메모리를 유지한다. 전역 변수는 이런 특징을 가진다. 또한 static 지정자가 설정된 전역 변수 또는 로컬 변수도 이런 특성을 가진다. 이 용어에 static이라는 글자가 static 지정자를 의미하는 것이 아니라 사용된 변수의 메모리가 계속 유지된다는 것을 의미한다.

[3] 동적 지속 기간(dynamic storage duration)
new 연산자로 메모리를 할당하고 delete 연산자로 해제하기 전 기간 내에 유지된다. 다르게 이야기하면 할당 후 해제하지 않으면 프로그램 종료 시점까지 메모리를 유지된다.

[4] thread 지속 기간(thread storage duration)
thread_local로 선언된 변수는 해당 쓰레드가 동작하는 동안만 유지되고 쓰레드가 동작을 마치면 수명을 다한다.

변수의 선언 방식에 따라 메모리 지속 기간은 정해진다. new, delete 연산자로 메모리를 할당하는 것은 동적 지속 기간을 가지며, thread_local로 선언하면 thread 지속 기간을 갖는다. 또한 변수 선언이 블록 내에 있으면 자동 지속 기간을 갖는다. 이런 형태가 아니면 static 지속 기간을 가진다. 또한 static 지정자로 변수를 선언하면 static 지속 기간을 가지며 특히 로컬 변수에 해당 지정자와 같이 사용되어도 static 지속 기간을 가지게 된다. 따라서 해당 로컬 변수는 전역 변수가 저장되는 위치로 가게 되고 자신의 메모리 주소가 있게 되어 초기화는 한 번만 진행된다. 여기서 소개되는 **연결성**과 **메모리 지속 기간**은 다른 지정자에서 계속 언급되기 때문에 잘 숙지하길 바란다.

하기 함수는 초기화 작업을 담당하는데, 초기화는 한 번 되도록 하기 위해 함수 안에 static 변수를 선언하여 사용하고 있다. 함수를 여러 번 호출해도 static 변수가 저장되어 초기화 작업은 한 번만 진행된다.

```
void InitialSetting()
{
        static bool Initialized = false;

        if (Initialized == false)
        {
                Initialized = true;
                // 초기화 관련 작업

        }
        return ;
}
```

이미 언급한 것처럼 static 지정자를 전역 변수에 사용하면 그 변수는 내부 연결성을 가지며 같은 이름의 변수가 다른 변환 소스 파일에 있어도 오류가 발생하지 않는다. 이것은 여러 소스 파일에서 정의되어도 각각 메모리 주소를 갖는 것을 의미한다. 그리고 전역 변수와 같이 할당된 메모리는 프로그램 종료 시까지 유지된다. static 지정자의 임무는 내부에서만 영향을 주고 메모리는 끝까지 가도록 하는 것이 전부이다. 객체의 정의를 이전에 살펴보았다. 객체는 일정의 메모리를 가지는데 메모리 크기는 타입으로 결정된다. 이런 타입 지정자 관련된 것은 다음 절에서 기술된다. 또한 객체의 특성 중에 하나인 메모리 지속 기간은 여기서 소개되는 storage 지정자의 의해 설정된다.

그럼, 함수에 static 지정자를 사용하는 경우를 살펴보자. 함수는 보통 일련의 기능을 모아 놓고 필요시 호출하도록 되어 있어 기본적으로 외부 연결성을 가지는 게 일반적이다. 해당 코드는 실행파일에 저장되어 있고 함수 호출 시 함수 코드를 가져오는 구조를 가진다. 여기서 함수에 static 지정자가 붙으면, 함수의 외부 연결성을 사라지고 내부 연결성만 가지게 되어 해당 소스 파일에서만 이용된다. 이렇게 되면 다른 소스 파일에서 같은 이름의 함수가 있어도 함수 재정의 문제에 자유롭게 된다. 그리고 static 지정자는 클래스의 데이터 멤버 및 멤버 함수에 사용되는데 이와 관련된 사항은 클래스에서 상세히 기술된다.

■ 파일 : main.cpp
```
// static 함수
static void f() {}
static void g() {}


int main(){

}
```

■ 파일 a.cpp
```
// static 함수. 다른 소스 파일에 같은 것이
// 정의되어 있어도 재정의 오류는 발생하지
// 않음
static void f() {}

void g();
void Check()
{
        // 에러 발생. 해당 함수는 정의되어
        // 있지 않음. static으로 선언되어
        // 외부에서 사용할 수 없음
        g();
}
```

5.1.2 thread_local

해당 지정자는 쓰레드에 사용되며 해당 쓰레드가 실행하는 동안만 유지된다. 해당 지정자로 선언된 변수는 각각 쓰레드에서 독립적으로 할당된다. 다르게 이야기하면 각각 쓰레드에서 로컬 변수로 선언한 것과 동일하다. 이 지정자를 사용하지 않고 쓰레드별로 변수를 설정해서 수행할 수 있다. 이 지정자를 쓰게 되면 한 번 설정으로 쓰레드에서 사용되기 때문에 관리 차원에서 편리하다. thread_local로 선언된 변수는 각각 쓰레드에서 선언한 것처럼 독립적으로 존재하고 각각의 쓰레드가 동작을 마치게 되면 해당 변수의 수명도 끝나게 되는 **thread 지속 기간**을 가진다. 보통은 storage 지정자는 서로 같이 선언될 수 없으나 이 지정자는 static 지정자와 같이 선언할 수 있다.

[예제 5.1-A]

```
#include <iostream>
#include <thread>

static thread_local int index=1;

void func1(){

        while (true)
        {
                std::cout << "func1 thread " << index << "\n";
```

```
                        index++;
                        if (index > 3)
                                break;
                }
        }

        void func2(){

                while (true)
                {
                        std::cout << "func2 thread " << index << "\n";
                        index++;
                        if (index > 3)
                                break;
                }
        }

        int main()
        {

                std::thread t1(func1);
                std::thread t2(func2);

                for (;;);
        }
```

5.1.3 register (C++17 이후부터는 지원되지 않음)

이 지정자는 블록 내에서 변수 또는 함수의 파라미터를 선언할 때 사용된다. 이 지정자의 특성은 해당 변수를 자동 지속 기간을 가지게 한다. 사실 지정자를 설정하지 않아도 로컬 변수는 해당 특징을 갖고 있다. 그리고 register 지정자는 자주 사용되는 변수를 시스템의 레지스터로 복사하도록 하는데 이것은 시스템이 최적화 차원에서 처리되는 것으로 이 지정자의 설정이 반드시 그렇게 되도록 보장하는 것은 아니다. 사실 이 지정자가 보이는 코드를 찾아보기 힘들다.

5.1.4 extern

함수 또는 전역 변수는 기본적으로 **외부 연결성**을 가지게 되는데 그렇다고 이들이 다른 소스 파일의 코드에 나오면 자동적으로 인식되는 것은 아니다. 다른 소스 파일에서 사용하기 위해서는 **extern** 지정자를 이용해 해당 소스 파일에 다시 선언하거나 헤더 파일에 포함해야 컴파일 과정에서 **외부 연결성**을 인식하고 문제없이 실행파일이 만들어진다. 그런데 전역 변수에 extern 지정자를 설정할 때 초기화를 하게 되면 다른 파일에서 이미 전역 변수를 선언하고 초기화가 되어 있어 재정의 오류가 나오게 된다. 이 지정자는 전역 변수가 외부에 있다는 것을 해당 소스 파일에서 알리는 게 주목적이다. extern 지정자는 변수 또는 함수에서만 사용 가능하다.

■ 파일 : example.h
```
// 조건 지시문 사용
#ifndef _ex_h
#define _ex_h

// 전역 변수에 extern 선언
extern int global_var;

// 함수 선언을 통해 외부 연결성을 알림
int func();
#endif
```

■ 파일 main.cpp
```
#include "example.h"

int global_var = 0;        // 전역 변수 선언 및 정의

int main()
{
        global_var = 1;
        func();
        return 0;
}
```

■ 파일 a.cpp
```
#include "example.h"

int func()
{
                return ++global_var;
}
```

함수 같은 경우에도 다른 소스 파일에서 사용하려면 해당 소스 파일 내에 함수를 선언하거나 또는 함수 선언이 된 헤더 파일을 포함하는 형태를 가져야 된다. 이때 **extern** 지정자를 붙여 함수 선언을 한다. 사실 이 지정자를 사용하지 않아도 함수 선언만 가지고도 컴파일러는 해당함수를 찾아서 연결시킨다. 함수 선언은 컴파일러에게 이런 형태의 함수가 존재한다는 것을 알리는 역할을 한다. 함수는 선언과 정의를 나누어 할 수 있기 때문에 별도로 extern 지정자를 설정할 필요는 없지만 변수는 선언과 정의가 동시에 되기 때문에 변수를 외부에서 이용하기 위해서는 변수가 선언이 되도록 extern 지정자를 설정해야 한다.

그럼 여기서 선언과 정의에 대해 알아보자. 선언은 여러 번 해도 되지만 같은 것을 두 번 정의하면 컴파일러 입장에서 어떻게 처리할 지를 정할 수 없기 때문에 이 구분은 코딩 과정에서 중요한 의미를 가진다. 또한 다음에 기술되는 다른 지정자와 관련이 있다. 일반적으로 **선언**은 코드에서 해당 이름이 어떻게 처리할지를 규정을 하는 것이다. 반면에 **정의**는 코드에서 구체적으로 해당 이름이 가지는 타입에 대

해 구성을 하게 된다. 만약에 객체를 생성하면 해당 객체의 타입에 맞게 메모리가 일정의 크기로 할당되어 처리된다.

선언에 속하는 것은 대표적으로 함수 원형을 선언하는 것이다. 또한 초기화가 없는 extern 지정자가 설정된 변수나 또한 타입을 재정의(typedef, using 사용)하는 것과 클래스 또는 열거형 타입의 전방 선언과 명시적 템플릿 선언 등 모두가 선언에 속하고 또한 네임스페이스 using 구문 또는 클래스의 static 데이터 멤버 선언도 하나의 선언의 예가 된다.

그런데 함수 본체를 만들고 내용을 구현하거나 클래스 또는 열거형 타입에 대해 내용을 구성하면 정의가 된다. 또한 기본 및 사용자 정의 타입으로 변수를 선언하게 되면 이것은 정의에 속한다. 다르게 이야기하면, 선언은 이런 것이 있다는 것을 알리는 기능을 하고 정의는 그것을 구체화 및 완결화하는 것이다. 즉 함수 또는 클래스의 본체를 구성하면 설령 비어 있고 아무것도 하지 않아도 그것은 그 자체로 완결성을 갖게 되어 정의가 된다.

```
int func();              // 함수 본체 없이 함수 원형 선언
extern int var;          // extern 지정자 사용하여 선언
typedef int INT;         // 타입 재정의 선언
class Myclass;           // 클래스 타입 전방 선언
enum em;                 // 열거형 타입 전방 선언

int func(){}             // 함수 정의
int var =0;              // 변수 정의
class Myclass {};        // 클래스 정의
enum em {e1,e2};         // 열거형 타입 정의
```

선언과 정의를 논하는 이유는 모든 변수, 클래스 타입, 열거형 타입, 함수, 템플릿은 하나의 정의만 가져야 된다는 법칙(One-Definition Rule : ODR)을 따라야 하는 것 때문이다. 이 규칙을 위반하면 재정의 오류가 발생한다. 그래서 어떤 것이 선언이고 어떻게 하는 것이 정의인지 구별을 해야 ODR 규칙을 준수하게 된다. 우선 전역 변수 또는 non-inline 함수는 모든 변환 소스 파일에 걸쳐 한 번만 정의되어야 한다. 즉 두 군데 이상의 변환 소스 파일에 같은 이름의 변수 및 함수가 중복 정의되면 재정의 문제로 컴파일 에러가 발생한다. 여기서 함수 정의를 할 때 일반 함수인 경우에 당연히 두 번 정의하면 안 되고 또한 클래스의 멤버 함수(생성자 포함)인 경우에도 클래스 외부에서 정의를 중복으로 하면 안 된다. 물론 함수 선언은 여러 번 선언되는 것은 상관없다. 그리고 로컬 변수는 자신의 블록 안에서 한 번만 정의되어야 한다. 이것은 쉽게 이해될 것이다.

그다음으로 클래스 타입, 열거형 타입, **inline** 함수 및 변수, 클래스 및 함수 템플릿은 하나의 변환 소스 파일에서 중복으로 정의되면 안 된다. 이것은 너무 당연하다. 그러나 다른 변환 소스 파일에서 같은 이름으로 정의해도 문제가 없다. 그렇다고 같은 이름의 클래스, 열거형, 템플릿 정의를 여러 소스 파일에 나누어서 다르게 정의하지 않는다. 이것은 위에서 언급한 여러 소스 파일에서 변수 및 함수의 중복 정의되면 안 되는 규칙과 상반된 것처럼 보인다. 그런데 그렇게 사용하는 이유가 있다. 정의된 클래스나 템플릿은 여러 소스 파일에서 #include하여 사용되기 때문이다.

예제에서 소스 파일을 컴파일하기 전에 해당 파일을 #include하게 되는데 그 헤더 파일에 있는 클래스 정의한 것이 각각 소스 파일에 복사되어 하나의 클래스 정의가 여러 변환 소스 파일에 나타난다.

■ 파일 : MyClass.h

```
class MyClass{
        int m;
        //
}
```

■ 파일 : a.cpp

```
#include "MyClass.h"
// 컴파일 시 해당 파일의 내용이 복사되는데
// 클래스 정의가 여기에 나타남
void CheckData()
{
        MyClass my;
        //
}
```

■ 파일 : b.cpp

```
#include "MyClass.h"

//클래스 정의가 여기에 나타남
void SetData()
{
        MyClass my;
        //
}
```

5.1.5 mutable

이 지정자는 클래스의 데이터 멤버에게만 적용되고, 사실 메모리 지속 기간 및 연관성 특성에는 영향을 주지 않고 다른 특징을 갖는다. 클래스의 관련 장을 참조한다.

5.2 별칭 지정자

5.2.1 typedef

typedef는 기본 타입 또는 사용자가 정의한 타입 대해 별도의 이름을 정의할 때 사용된다. 특성에 맞게 이름을 재정의함으로써 코드의 가독성이 좋아진다. 이것은 이름을 달리 사용하는 것으로 반드시 **기존**

의 타입이 미리 정의되어 있어야 한다. 다르게 이야기하면, typedef을 사용한 곳에서 typedef을 생략했을 때 문제가 발생하지 않아야 한다.

```
typedef unsigned int uInt;
uInt var;                        // unsigned int var 변수 선언과 동일
typedef char CHAR;               // typedef가 없어도 에러가 발생지 않음

unsigned int typedef long uLInt;  // typedef의 위치가 중간에 있어도 문제가 되지 않음
```

아래 예제는 배열선언 형태와 달라서 이상해 보일 수 있는데 여기서 **typedef** 선언한 자리에 **arr_t** 대신에 **a2로 대체하면 일반 배열선언 형태**가 된다. typedef로 정의한 것은 그것을 생략해도 문제가 발생하는 것이 아니기 때문에 typedef로 사용해 변수를 선언하면 typedef를 정의한 곳에서 그 변수를 대체하는 형태로 이해하면 된다.

```
// 배열을 재정의
typedef int arr_t[10];

// 아래 2개의 배열 선언은 동일함
arr_t a2;
int a1[10];
```

typedef을 사용해 정의한 것을 다시 정의해도 문제는 발생하지 않지만 typedef 사용 시 새롭게 정의되는 이름은 이미 정의되어 있는 이름을 사용해서는 안 된다. 또한 typedef로 정의한 이름을 새로 정의하는 타입에 사용될 수 없다.

```
typedef unsigned int ul;
typedef ul ul;            // 다시 재정의 함

struct Test {};
// 에러 발생. Test 이름은 이미 사용되었기 때문에 다른 이름을 사용해서 정의해야 함
typedef int Test;

typedef int Test1;
// 에러 발생. Test1은 이미 typedef로 정의됨. 해당 이름을 사용하여 타입을 정의해서는 안 됨
struct Test1 {};
```

5.2.2 using

using의 기능은 타입을 재정의한다. 위에서 언급한 typedef의 기능과 동일하다. 그런데 사용측면에서 보면 using이 더 쉬워 보인다. 다음은 사용 형식이다.

> using 별칭이름 = 데이터타입;

여기서 데이터 타입은 기본 및 사용자 정의 타입이 된다. 또한 이런 형태는 이미 정의된 템플릿을 별칭으로 이용될 때에도 사용된다. typedef와는 다르게 별칭이름이 먼저 나오게 되고 대입하는 기호가 의미하듯 서로 같은 것을 나타내어 별칭을 만든다는 것을 직관적으로 알 수 있다.

```
using ul = unsigned int;

struct MyClassTest {};
using MyTest = MyClassTest;
```

5.3 inline 지정자

함수 선언 시에 **inline** 지정자와 같이 사용되면, 함수를 호출하는 지점에 함수 본체가 소스 코드로 대체되어 속도 향상을 가져올 수 있다. inline 함수가 소스코드에 삽입되기 때문에 실행파일의 크기는 커질 수 있다. 물론 컴파일러의 최적화에 따라서 이 지정자가 사용되어도 반드시 함수 본체가 코드로 대체되는 것은 아니다. 함수 선언부에서 inline 지정자를 사용해도 되고 함수 정의부에서 지정해도 inline 특성을 갖는다. 다른 특징으로는 inline 함수를 헤더 파일에 정의되고 여러 변환 소스 파일에서 해당 헤더 파일을 사용해도 재정의 오류는 발생하지 않는다. 이것의 의미는 inline 함수가 개별적으로 함수가 존재하는 것은 아니라 함수가 저장되는 주소는 같다는 것이다. 사실 이렇게 보면 이전에 설명한 함수의 **ODR** 규칙을 벗어나는 것처럼 보인다. 그러나 inline 함수는 필요에 따라 코드에 삽입되는 것이 주요 목적인 것을 생각해보면 여러 소스 파일에 정의되어도 당연히 하나로 저장된 주소에서 함수를 가져와 코드에 넣는 것은 자연스러워 보인다. 물론 최적화에 따라 항상 함수 호출하는 코드에서 대체되는 것은 아니다. 그런데 오해하지 말아야 될 것은 **inline 지정자**는 해당 함수가 원래 가지고 있는 **연결성**에 영향을 주지 않는다. 이것을 다르게 표현하면 inline 함수에 static 또는 extern 지정자와 같이 사용될 수 있다. 이렇게 되면 해당 함수의 연결성은 지정자에 따라 그대로 유지되면서 inline의 특성을 가진 함수가 된다.

아래의 예제에서 출력되는 함수의 주소는 같은 값을 가진다. 여기서 inline 함수에 static 지정자를 사용하면 각각의 함수 주소를 가지게 된다. 그리고 extern을 사용하면 당연히 하나의 함수 주소를 가지며 함수가 코드에 삽입이 될 수 있고 또한 외부 연결성을 그대로 유지된다.

아래 두 개의 소스 파일에 같은 inline 함수가 두 번 정의됐다. 그렇다고 두 개의 함수가 존재하는 것은 아니다. 만약에 같은 함수인데도 서로 다르게 구현하면 두 개 함수 중에 컴파일러는 해당 함수가 컴파일 진행 시 처음 사용될 때 기준으로 해당 함수를 정하게 된다. 이후부터는 해당 함수가 호출되는 곳에 기준으로 잡힌 함수가 불려진다. 이때는 컴파일 순서가 중요해진다. 사실 이렇게 다르게 구현하지는 않고 헤더 파일에 정의해서 사용한다. 이것을 이야기하는 이유는 inline 지정자의 특성이 같은 것이 여러 개 있어도 하나의 기준이 설정되면 그것으로 다른 곳에 그대로 적용한다는 것이다. 이런 특성은 다음에 기술할 inline 변수에도 동일하게 사용된다.

■ 파일 main.cpp

```
#include <iostream>
// inline 함수
inline void infun() {}

static inline void f(){}

void PrintFun();

int main()
{
        PrintFun();
        std::cout << &infun;


}
```

■ 파일 print.cpp

```
#include <iostream>
// inline 함수
inline void infun() {}

static inline void f(){}
void PrintFun()
{
        std::cout << &infun<<"\n";
}
```

예제는 inline 함수를 각각 소스 파일에서 정의한 것을 보여 주지만 실제로는 헤더 파일에 정의하고 여러 소스 파일에서 파일을 #include하여 사용한다. 이렇게 하는 이유가 있다. inline 함수가 정의되어 있을 때 해당 소스 파일에서 어디에서도 함수를 호출하지 않으면 해당 함수의 코드는 만들어지지 않고 또한 해당 함수가 호출되어도 최적화 옵션에 따라 inline 함수가 사용된 코드에서 대체되어 inline 함수의 본체가 생성되지 않을 수 있다. inline 함수를 하나의 소스 파일에 정의하고 다른 소스 파일에서 해당 함수를 선언하고 어느 코드에서 함수를 호출하면 함수를 찾지 못하는 문제가 생긴다. 그렇다고 inline 지정자가 함수의 연결성에 변화를 준 것이 아니다. 최적화 차원에서 함수 생성이 되고 안 되고 결정이 되는 것이다. 반면에 일반 함수는 정의되어 있으면 호출 여부 상관없이 함수 코드가 생성되고 다른 소스 파일에서 해당 함수를 선언하면 언제든지 그 함수는 사용이 가능하다.

■ 파일 main.cpp

```
// inline 함수. 해당 함수가 호출되는 곳이
// 없어서 해당 함수 코드가 생성되지 않음
inline void infun() {}

void PrintFun();

int main()
{
}
```

■ 파일 other.cpp

```
// 함수 선언. 그러나 함수 코드가 없음
extern void infun();

void PrintFun()
{
        infun(); // 에러 발생
}
```

inline 지정자를 변수에(since C++17) 사용할 수 있다. inline 변수는 여러 소스 파일에서 정의되어도 재정의 오류가 발생하지 않는다. 보통 헤더 파일에 정의하고 다른 소스 파일에서 해당 파일을 #include하여 사용한다. inline 변수는 블록 안에서 선언이 안 되기 때문에 전역 범위에 정의를 해야 한다. 전역 변수를 다른 소스 파일에서 사용하기 위해 extern 지정자로 해당 변수에 설정하여 선언했다. 그런데 inline 변수는 별도로 그렇게 나누어서 할 필요 없이 헤더 파일에 선언과 정의를 한 번만 하고 다른 변환 소스 파일에서 사용이 가능하다.

위에서 언급한 것처럼 inline 변수를 선언하고 사용하지 않으면 다른 소스 파일에서 해당 변수를 extern 으로 선언하고 사용해도 해당 변수를 찾지 못하는 문제가 생긴다. 그래서 inline 변수 선언은 보통 헤더 파일에 하게 된다.

[예제 5.3-B]

■ 파일 : inVar.h

```
inline int inVar = 0;          // inline 변수 선언과 정의
extern int gVar;               // extern 변수 선언. 다른 소스 파일에서 반드시 정의해야 함
```

■ 파일 : main.cpp

```
#include <iostream>
#include "inVar.h"

int gVar = 0;
void SetData();

int main()
{
        SetData();
        std::cout<<"inVar = "<< inVar;
        std::cout<<"gVar = " << gVar;
}
```

■ 파일 : a.cpp

```
#include <iostream>
#include "inVar.h"

void SetData()
{
        inVar = 10;
        gVar = 1;
}
```

출력
```
inVar = 10
gVar = 1
```

5.4   constexpr, consteval, constinit 지정자

우리가 프로그래밍을 할 때 코드 내에서 자주 쓰는 상수, 예를 들면 원주율이나 일정 숫자를 바로 변수에 대입하는 경우도 있지만 상수들의 의미에 맞는 이름을 가진 변수에 넣어 상수화해서 사용하면 코드의 가독성과 유지보수 측면에서 훨씬 유용하게 코딩이 가능하다. 이때 선언하는 변수를 상수로 만드는데 사용되는 지정자가 constexpr이다. 이 지정자로 설정된 변수는 초기화 이후 값을 변경할 수 없게 된다. 이 지정자가 사용된 변수 선언은 반드시 선언과 동시에 초기화해야 하고 초기화식은 반드시 상수식이 되어야 한다. 그래야 컴파일 시 선언된 변수의 값을 확정하게 된다. 이와 비슷한 특성이 있는 const 키워드인 경우에도 선언 이후 해당 변수를 수정할 수 없는 특징을 가지고 있고 선언과 동시에 초기화를 실행해야 한다. 이런 특징은 constexpr과 동일하다. 그런데 const 선언 시 초기화식이 상수식이 될 필요는 없다. 따라서 상수식을 사용해도 되고 변수 또는 함수 호출을 이용해도 문제가 없다.

정수, 소수 또는 문자의 리터럴 같은 상수는 단어가 의미하듯 변경할 수 없는 자체의 값을 나타낸다. 그런 상수를 사용한 수식을 일반적으로 상수식이라고 한다. 그리고 상수식은 보통 컴파일 시점에 초기화

식의 값이 결정된다. 따라서 키워드 constexpr 사용한 변수는 컴파일 시점에 상수식 초기화의 결과를 확정하여 상수처럼 처리한다. 반면에 const 키워드를 지정한 변수도 상수식으로 초기화되면 그 변수는 상수로 취급된다. 물론 일반 변수로 초기화하면 실행 시(run time)에 값을 확정하고 이후에 상수로 처리된다. 이것은 컴파일러 최적화에 따라서 진행되는데, const 키워드가 변수의 값을 확정하는 것이 반드시 컴파일 시점에 해야 하는 것을 보증하지는 않는다. 컴파일 시점에 값을 확정하게 되면 큰 크기의 데이터인 경우에 당연히 처리속도가 좋아져 최적화 측면에서 유리한 점이 생긴다.

```
// 하기 두 식은 같음. 상수식 초기화를 하기 때문에 기능상 차이가 없음
// 보통 상수는 대문자로 나타냄
const int BASIC_NUM = 10;
constexpr int OTHER_NUM = 100;

// OK : BASIC_NUM가 상수식이기 때문
constexpr int DOUBLE_NUM = BASIC_NUM * 2;

int zero = 0;

// OK. 실행 시에 확정됨
const int START_NUMBER = zero;

// 에러 발생 : 초기값이 상수식이 아님
constexpr int INIT_NUMBER = zero;

// OK. BASIC_NUM는 상수라 가능
int array[BASIC_NUM];
```

정수 또는 열거형 타입의 변수에는 const와 constexpr 지정자로 상수식 초기화를 하게 되면 두 지정자의 차이가 나지 않는다. 따라서 배열 크기를 설정하거나 열거형 타입의 데이터를 초기화를 진행할 때, 이들 지정자로 선언된 변수가 사용된다. 그런데 constexpr 지정자의 변수는 반드시 컴파일 시에 확정되어야 하기 때문에 데이터 타입에 제한이 있다. 아래에 constexpr의 함수를 설명할 때 해당 조건이 기술된다.

우리가 상수식으로 만들기 위해 constexpr 지정자를 사용하는 의미를 코드상이 아닌 컴파일된 코드 차원에서 알아보자. 왜냐하면 상수식의 의미를 일반 전역 변수에서 수정이 안 되는 변수로만 생각할 수 있기 때문이다. 컴파일 과정이 완료되면 전역 변수는 저장되는 위치가 있고 다른 소스 파일에서 접근할 수 있다. 즉 외부 연결성을 갖고 메모리 지속 기간은 프로그램이 끝날 때까지 지속 된다. 여기서 constexpr 지정자로 전역 범위에 변수를 선언하면 전역 변수와 같은 지속 기간을 가지며 실행파일에 일

정 영역에 저장된다. 그런데 연결성에 변화가 생긴다. constexpr 지정자의 변수는 const의 특성을 가지고 있어서 해당 변수는 **내부 연결성**을 갖는다. 물론 extern 지정자와 같이 사용되지 않을 때이다. 참고로 inline 지정자는 연결성에 영향을 주지 않는다.

constexpr 지정자로 선언된 변수는 소스 파일에서 선언하면 다른 소스 파일에서 사용이 안 되기 때문에 보통 헤더 파일에 선언해서 다른 소스 파일들이 해당 파일을 #include해서 이용한다. 만약에 소스 파일에서 선언하고 외부에서 사용하려면 **extern** 지정자와 같이 선언하고 다른 소스 파일에서도 해당 변수를 extern으로 선언해야 된다.

```
// extern 선언 및 정의. 파일: main.cpp
extern constexpr int BASIC_NUM = 100;

// 해당 상수 extern 선언. 파일 a.cpp MSVC에서는 const 지정자도 같이 선언해야 됨
extern int BASIC_NUM;          // extern const int BASIC_NUM;
```

우리가 변수의 값을 상수로 직접 대입하여 초기화를 하는 경우도 있지만, 함수의 호출을 통해 함수 반환값으로 변수 초기화를 컴파일 시에 해야 할 때도 있다. 컴파일 시에 함수 코드를 실행하여 반환되어 처리할 수 있도록 하기 위해 constexpr 지정자를 함수 앞에 설정하면 된다. 이 지정자가 있는 함수를 호출하면 컴파일 시 함수코드를 실행하여 반환값을 가져와서 처리된다. 실행 시 바로 값이 정해져 있기 때문에 속도의 향상이 생긴다. 또한 내부적으로 **inline** 함수의 특성을 가지게 되어 여러 소스 파일에서 정의되어도 문제가 없다. 해당 지정자가 함수 앞에 설정된 것은 const 지정자와 달리 반환값에 영향을 주지 않는다. const가 참조형 반환 타입의 함수 앞에 붙으면 함수 반환값을 수정할 수 없다. 그런데 constexpr 지정자는 그런 특성을 갖지 않는다.

constexpr 지정자를 사용하는 함수는 일반 함수와 달리 충족해야 할 조건들이 있다. 이것은 실행 과정에서 함수 반환값을 확정하는 것이 아니라 **컴파일 시점**에서 함수의 내용을 실행해서 확정해야 되기 때문에 사용되는 데이터 타입에 제한이 있고 사용되는 변수는 당연히 값을 상수로 초기화해야 한다. **C++11**에서는 함수 안에서 하나의 반환을 가지는 것을 요구하여 함수 본체에 변수를 선언하거나 다른 일을 할 수 없는 제한이 있었는데 C++14 이후부터는 아래의 조건을 만족하면 사용에 제한이 없어졌다. 조건은 다음과 같다.

□ 반환 타입, 함수의 파라미터 및 함수 안에 로컬 변수의 데이터 타입은 다음과 같음
  (아래 조건은 constexpr의 변수에도 적용됨)
  • 정수 또는 소수점 타입
  • 포인터 및 참조형 타입
  • 열거형 타입
  • 구조체형태의 특정 클래스 또는 **constexpr**이 적용된 생성자와 소멸자를 가진 **클래스**

□ 코루틴(coroutine : since C++20)을 가지면 안 됨
□ 함수 안에는 goto 및 레이블 구문은 허용 안 되고 또한 함수 내에 사용된 변수 타입은 static 및 thread 저장 기간을 가져서는 안 됨

[예제 5.4-C]

```
constexpr int Size(int n)
{
        // C++11: 하기는 에러 발생. 단지 하나의 return문 만 있어야 함(로컬 변수 선언이
        // 안 됨)
        // C++14 이후부터는 가능
        int r=10;
        return n * r;
}

int DecideNumberArray(int n)
{
        return n * n;
}

constexpr int FixNumberArray(int n)
{
        return n * n;
}

constexpr int Func(int n)
{
        int count;
        static int b=0;                 // 에러 발생. static 변수는 사용할 수 없음
        return n * count;
}

int main()
{
        const int size = DecideNumberArray(5);
```

```
// 에러 발생. 배열 크기는 상수식이어야 함
int array[size];

// OK. constexpr 함수 사용. 컴파일 시에 값을 확정함
const int size1 = FixNumberArray(5);
int array1[size1];
}
```

클래스 타입의 변수에 constexpr 지정자를 설정하고 생성할 때 해당 클래스의 생성자 및 소멸자의 함수에도 해당 지정자가 있어야 된다. 또한 그 클래스가 부모 클래스가 있으면 부모 클래스의 생성자 및 소멸자도 해당 지정자가 설정되어야 하고 그리고 위에서 언급한 함수의 조건을 만족해야 한다.

5.4.1 consteval (since C++20)

C++20 이후부터는 constexpr 키워드와 동일한 기능을 하는 **consteval** 지정자가 추가되었다. 이 지정자는 함수(또는 함수 템플릿)에만 적용되고 또한 내부적으로 inline 함수의 특성을 갖으며 이 지정자가 붙은 함수는 컴파일 시점에 값이 확정되도록 보장한다. 반면에 constexpr 지정자가 있는 함수는 상황에 따라서 함수가 생성되고 일반적인 함수 호출 구조를 가질 수 있다. constexpr 지정자가 있는 함수는 상황에 따라서 컴파일 시 또는 실행 시에 맞게 동작이 결정된다. 예제에서 보면 변수에 값을 대입하는 경우에는 컴파일 시에 처리한다. 그러나 함수 주소를 가져오는 경우에는 함수의 코드를 생성하고 처리한다.

■ 파일 main.cpp

```
constexpr int f() { return 0; }
// OK. 컴파일 시 함수를 호출하여 값을 가
져옴
constexpr int var = f();

// OK. 실행 시 해당 함수를 생성하고
// 함수의 주소를 가져옴
constexpr auto ptr = &f;

int main(){}
```

■ 컴파일된 코드

```
f():
        push rbp
        mov  rbp, rsp
        mov  eax, 0
        pop  rbp
        ret
main:
        push rbp
        mov  rbp, rsp
        mov  eax, 0
        pop  rbp
        ret
```

그런데 consteval 지정자가 붙은 함수는 반드시 컴파일 시에 처리되어야 하기 때문에 함수 주소를 가져오는 수식에 에러가 발생하게 된다. 그래서 이 지정자가 설정된 함수는 해당 함수의 주소를 취하지 못한다.

```
consteval int g() { return 0; }

constexpr int var1 = g();          // OK. 컴파일 시 함수를 호출하여 값을 가져옴
constexpr auto ptr1 = &g;          // 에러 발생. 해당 함수의 주소를 가져오지 못함
```

5.4.2 constinit (since C++20)

해당 지정자는 전역 변수의 초기화가 컴파일 시에 하도록 설정할 때 사용된다. 따라서 초기화 값은 상수식이 되어야 한다. 이 지정자의 이름에 const가 들어가 있어서 해당 변수를 상수로 만든다고 생각하면 안 된다. 이 지정자가 붙은 변수는 수정이 가능하다. 보통 전역 변수는 프로그램이 시작할 때 컴파일 순서대로 초기화가 진행되는데 해당 변수가 초기화식이 없으면 기본 초기값으로 설정된다. 그런데 그 변수가 다른 소스 파일의 전역 변수에 초기화식으로 사용되는 경우에 순서가 중요해진다. 상식적으로 보면 먼저 설정한 전역 변수가 초기화가 되고 나서 그 변수가 다른 소스 파일에 있는 전역 변수의 초기화에 이용되어야 순서적으로 타당해 보인다. 만약에 이런 순서를 따르지 못하는 경우에 다른 방식으로 해당 변수들 간에 동기를 맞추어야 한다. 이런 순서에 민감할 수 있는 변수에 대해 처음부터 상수값으로 초기화하여 해당 변수의 값이 설정되는 다른 소스 파일에 있는 전역 변수에 정확한 값이 들어가도록 하는 역할을 constinit 지정자가 한다. 사실 서로 의존적인 관계를 가지는 변수의 초기화는 잠재적인 문제를 가진다. 하나의 파일이 아닌 여러 소스 파일로 작업을 하게 되면 이런 컴파일 순서에 따른 오류 가능성은 언제든지 존재한다. 그래서 이 지정자를 사용해 순서 문제를 피하거나 아니면 처음부터 변수간의 의존성을 회피하는 방식을 선택해야 된다.

```
[1] 파일 a.cpp                          [2] 파일 main.cpp
#include <iostream>                    #include <iostream>

extern int Basic;                      constinit int Basic = 10;
                                       void CheckData();
int Id = Basic;                        int main(){
void CheckData(){                              CheckData();
        std::cout<<"Check ="<<Id;              std::cout<<"Basic ="<<Basic;
}                                      }
```

예제에서 소스 파일의 순서대로 컴파일 하고 실행하면 변수의 출력값이 동일하다. extern으로 설정된 전역 변수에 상수를 대입하고 해당 지정자를 설정했다. constinit 지정자를 가진 변수는 상수 형태의 초기화식을 가지도록 강제하는 것으로 이를 통해 순서에 따른 초기화 문제의 오류 가능성을 미리 차단하는 것이다.

5.5 타입 지정자

객체가 차지하는 메모리의 크기를 설정하는 것이 타입이 하는 역할이다. 여기에는 기본 타입 또는 사용자가 정의 타입이 **타입(type) 지정자**가 된다. 사용자 정의 타입에는 배열, 포인터 및 참조형 타입, 열거형 타입, 함수 타입, 클래스, 구조체, 공용체 타입이 있다. 또한 이런 타입과 아울러 타입을 유추하여 처리하는 auto 타입이 있고 수식을 받아 해당 수식으로 타입을 설정하는 decltype 타입 지정자도 있다. 그리고 이런 타입 지정자에 공통으로 사용되어 상수를 만드는 지정자도 타입 지정자에 속한다.

5.5.1 cv 한정자 : const, volatile

const 지정자는 변수 선언 이후 변수를 상수처럼 이용할 때 사용하는 키워드이다. const로 선언되면 값을 변경할 수 없게 된다. const 키워드는 모든 타입 지정자와 같이 사용될 수 있다. const 키워드가 사용된 변수는 **내부 연결성**을 가지게 된다.

```
// 상수 선언. 반드시 선언 시 초기화를 함. 해당 변수는 해당 파일에서만 사용 가능
const int PRIME_NUMBER = 1;

// 컴파일 에러 발생. 값을 변경할 수 없음
PRIME_NUMBER = 10;
```

const 지정자로 변수를 선언할 때 반드시 초기화를 해야 되는데 해당 초기화식은 상수식 또는 일반 수식이 사용될 수 있다. 상수식이 설정되면 컴파일 시에 값을 확정하고 일반 수식이면 실행 중에 값을 확정한다. const 지정자의 목적은 선언 이후 해당 변수의 값을 변경하지 못하도록 하는 것이다. 초기화를 컴파일 시에 하도록 하는 것은 constexpr 지정자이다.

다음으로 **volatile** 지정자는 선언된 변수가 최적화를 피하고 해당 변수의 값을 가져올 때마다 메모리에서 읽어 오도록 한다. 코드의 최적화 작업이 수행되면 해당 변수의 값을 읽어 오고 연산이 진행되면서 다시 읽어 오는 경우에 보통 해당 변수의 값은 내부에 저장된 메모리의 값을 이용한다. 물론 최적화가 되지 않으면 해당 변수를 계속 메모리에서 읽어 온다. 다음 코드를 보자. 함수에서 전역 변수의 값을 읽어 온다. 그 함수의 컴파일 코드로 보면 각각 읽어 오는 과정이 들어가 있다.

■ 파일 main.cpp

```
int count=1;
int GetData(){

        int a = count;
        int b = count;

        return a*b;
}
```

■ 컴파일된 코드

```
count:
        .long  1
GetData():
        push  rbp
        mov   rbp, rsp
        mov   eax, DWORD PTR count[rip]
        mov   DWORD PTR [rbp-4], eax
        mov   eax, DWORD PTR count[rip]
        mov   DWORD PTR [rbp-8], eax
        pop   rbp
        ret
```

그런데 여기서 컴파일 옵션에서 최적화 옵션을 선택하면 각각 읽어 오는 것이 생략되고 한 번 읽어 온다. 사용되는 전역 변수가 외부 시그널을 처리하는 인터럽트 루틴에서 변경을 가하면 해당 값이 변경된다. 그래서 해당 변수를 이용하는 곳에서는 최적화보다는 변경된 값이 우선이 된다. 이런 경우에 대비하여 volatile 지정자가 사용되면 최적화 옵션이 설정되어도 위 예제처럼 읽을 때마다 메모리에서 값을 가져오는 형태를 가지게 된다.

■ 파일 main.cpp

```
int count=1;
int GetData(){

        int a =count;
        int b =count;

        return a*b;
}
```

gcc 컴파일 최적화 옵션 : -O2

■ 컴파일된 코드

```
count:
        .long  1
GetData():
        mov   eax, DWORD PTR count[rip]
        imul  eax, eax
        ret
```

const 지정자와 함께 volatile 지정자를 묶어 **cv 한정자**(cv-qualifiers)라고 부른다. 그렇다고 const 지정자와 volatile의 기능은 유사하지 않다. volatile은 상수식을 만드는 것과 상관없고 연결성에 영향을 주지 않는다. cv 한정자로 지칭하는 이유는 모든 데이터 타입에 같이 선언될 수 있기 때문이다. 심지어 해당 지정자를 중복으로 선언해도 문제되지 않는다. 중복된 것은 컴파일 과정에서 무시된다. (ex: const const int a=0; // OK) cv 한정자에는 각각 지정자가 사용될 수 있고 const volatile 이렇게 두 개의 지정자가 같이 선언될 수 있다. const volatile의 기능은 상수식이면 최적화 작업이 피하도록 하는 것으로 각각 cv 한정자로 각각 선언된 것보다 더 제한을 두게 된다. cv 한정자가 붙은 변수는 같은 타입의 변수라도 서로 다른 타입으로 간주한다. 특히 포인터 또는 참조형 타입인 경우에는 cv 한정자에 대해 엄격하게 타입을 확인한다.

```
const int cv1 = 0;
volatile char cv2 = 0;
const volatile int cv3 = 0;

// 해당 변수의 값을 가져올 때는 cv 한정자가 제한을 두지 않음
int m1 = cv1;
int m2 = cv2;

const int* pcv;
int* ptr1 = pcv;              // 에러 발생. const 지정자를 사용해야 함
volatile int* ptr2 = pcv;     // 에러 발생. const 지정자를 사용해야 함

const volatile int* ptr3 = pcv;     // OK. const volatile: cv 지정자를 모두 포함
```

5.5.2 decltype

이 지정자는 수식을 피연산자로 취하고 해당 수식의 타입을 가져온다. 이를 통해 변수를 선언할 수 있다. 여기서 수식은 값을 확정하는 형태가 될 필요는 없다. 해당 수식의 타입이 cv 한정자가 있으면 그것도 그대로 가져온다.

```
int x1=0;
decltype(x1) d1 =0;      // int 타입

const int x2=0;
decltype(x2) d2 =0;      // const int 타입

struct A { int m; };
decltype(A::m) d3 =0;  // int 타입. 클래스 멤버를 직접 접근

const A* a = new A();
decltype(a->m) d4;      // int 타입

// const int& 타입. 클래스를 생성 후 멤버를 접근할 때 괄호를 한 번 더 해줄 때
// const 타입을 가져오게 됨. 그래서 선언과 동시에 초기화를 해야 됨
decltype((a->m)) d5 = 0;
```

이미 선언된 변수의 타입을 가져와 decltype을 통해 변수를 선언하는 경우는 많지 않다. 이 지정자를 사용되는 경우는 수식의 타입을 비교하거나 또는 수식에 맞게 캐스트를 할 때 사용된다. 또한 함수의 반환 타입을 명시적으로 알려 주는 후행 반환 타입을 설정할 때 이용된다. 해당 내용은 함수 장에서 기술된다.

```
struct A {
        char status;
        int Id;
};

void CheckStatus(A* a)
{
        a->status = static_cast<decltype(a->status)>(0);

        if(std::is_same_v< char, decltype( a->status)>)
            {}
}

auto func(int a, char b) -> decltype(a * b);
```

5.5.3 auto

auto 지정자는 변수 선언 시 특정 타입(기본 타입 또는 사용자 정의 타입)을 정하지 않고 변수 초기화 시 타입에 따라 타입이 결정될 때 사용된다. 변수에 맞는 타입을 따로 지정하지 않아 사용성 측면에서 편리함과 코딩의 가독성 측면에서 용이함을 가진다. 변수 선언 시 초기화를 통해 타입이 지정되기 때문에 반드시 초기화를 해야 한다. 초기화를 하지 않으면 컴파일 에러가 발생한다. auto 지정자가 사용된 변수를 초기화하는 경우에 초기화 데이터 타입이 그 변수의 타입으로 지정된다.

```
auto i = 1;              // 정수형 타입을 가짐
auto k = 0.1;            // 소수점 타입을 가짐

auto j;                  // 초기화를 하지 않아 컴파일 에러 발생

auto i = 1;              // 정수형 타입 선언
auto k = i;              // 정수형 타입을 가짐

struct A {};
auto a = new A;          // 클래스 포인터 타입을 가짐
```

여러 변수를 선언하면서 초기화를 하는 경우, 동일한 형식을 가져야만 타입을 추론 할 수 있기 때문에

서로 다른 타입으로 초기화하면 안 된다. 또한, 함수의 반환 타입으로 auto 타입으로 설정할 수 있다. 함수 반환 시 값을 유추하여 반환 타입이 지정된다. 반환 타입이 없는 경우에는 **void** 타입으로 설정된다.

```
auto l = 1 , k=0;                  // 정수 타입을 가짐
auto ii = 0.1, kk = 0.2;           // 소수점 타입을 가짐

auto j = 1, m = 0.1;               // 타입이 다르기 때문에 에러 발생

// 함수 반환 타입
auto f() { return 10; }            // 정수 타입을 가짐
auto k() { return 0.1; }           // 소수점 타입을 가짐
```

배열의 각각의 값을 별도로 선언하는 변수에 맞게 대입되도록 **구조적 바인딩**(structured binding) 선언을 할 수 있다. (since C++17) 이런 경우에 auto 키워드를 사용한다. 물론 각각 변수를 선언하면서 값을 집적 대입하는 방식보다 구조적 바인딩의 방식이 편해 보인다. 배열로 초기화를 경우에 배열 개수와 바인딩하는 변수 개수와 일치해야 된다. 배열 타입 이외에도 구조체 형태의 클래스 타입으로 바인딩이 가능하다.

```
int ar[3] = { 1,2,3 };
auto [x, y, z] =ar;        // int x =ar[0],y=ar[1], z=ar[2]; 동일

struct A {
        char status;
        int ld;
};
A a = { 0,100 };
auto [status, id] =a;     // char status =0, int id=100;
```

다음의 형태는 배열선언과 비슷한 구조를 가지고 있다. 그런데 이것은 배열처럼 첨자 []로 접근은 되지 않고 처음에 위치하는 데이터의 포인터를 가져와서 증가하면서 각각의 원소에 접근할 수 있다. 이런 구조의 데이터 타입은 **std::initializer_list<T>** 템플릿 클래스가 된다. 쉽게 생각하면 배열 구조를 갖는 클래스라고 보면 된다.

```
auto x1 = { 1, 2, 3, 4, 5 };                    // std::initializer_list<int>
auto x2 = { 1, 2.5};                            // 에러 발생. 각각 원소의 타입이 동일해야 됨
std::cout<<"2th Element ="<< *(x1.begin()+1);   // 출력 2th Element =2
```

다음은 **decltype(auto)**으로 auto와 decltype을 같이 사용하는 구조이다. 이전에 기술되었는데 decltype

지정자는 수식의 타입을 정확히 가져온다. 그래서 auto로 선언된 변수 또는 함수의 반환값을 더 정밀하게 유추하게 된다. (since C++14) 다음의 예제를 보기 전에 이전에 언급한 lvalue와 rvalue에 대해 복습 차원에서 이야기해 보자. 이것은 다른 장에서 기술되는 참조형 타입과 밀접한 연관이 있다. lvalue는 변수처럼 데이터를 보관하는 역할을 하고 rvalue는 그 안에 내용이 된다. 그래서 리터럴처럼 상수는 실제의 값이 되기 때문에 rvalue에 속한다. 그리고 연산 결과도 rvalue에 속하고 참조형 타입이 아닌 함수의 반환값도 rvalue에 속한다.

우리는 숫자나 변수를 코딩하는 과정에서 직접적으로 알지만 컴파일러는 이것을 lvalue와 rvalue로 나누어서 관리하다. 특히 참조형 타입으로 나타내면 &은 lvalue 참조형이라고 하고 &&은 rvalue 참조형이라고 한다. 이렇게 굳이 상수 또는 변수를 구분하는 이유는 해당 인자에 따라 그에 맞는 함수가 호출된다. 그리고 일반적으로 각각의 함수의 기능을 다르게 구현한다. 이것은 나중에 클래스의 특수 생성자와 연관이 있고 다음에 해당 장에서 기술된다. 여기서는 함수인자에 따라 함수가 구분된다는 것을 이해하고 상세 사항은 나중에 기술된다. 다음의 코드를 보면 decltype(auto)이 함수 템플릿의 반환 타입으로 설정된다. 여기서 함수 템플릿으로 해당 내용을 설명한다. 사용처가 주로 템플릿에서 이용되기 때문에 이렇게 decltype(auto)가 활용되고 있다는 것을 확인하면 될 것이다. 만약에 예제의 함수 템플릿에서 반환 타입을 auto로 설정하면 일반 형태의 함수의 반환 타입은 rvalue이기 때문에 rvalue 참조형 파라미터를 가진 함수만 호출된다.

```cpp
void Check(int& val) { std::cout << "& val"; }        // lvalue 참조형 타입 파라미터
void Check(int&& val) { std::cout << "&& val"; }      // rvalue 참조형 타입 파라미터

// 함수 템플릿
template<typename T>
decltype(auto) g(T&& a) { return (std::forward<T>(a)); }

int val = 0;
Check(g(val));          // 출력 & val
Check(g(10));           // 출력 && val
```

6

열거형 타입

정수형 상수를 일정의 집합으로 묶어 정의한 타입을 **열거형**(enumeration) 타입이라고 한다. 하기와 같은 형식을 가진다.

---

enum 열거형이름_{옵션} 베이스타입_{옵션} { 열거리스트_{옵션} };

베이스 타입:
  : 정수형 타입

열거 리스트:
  열거자이름
  열거자이름 = 정수상수식

열거형 타입은 상수를 집합으로 모아 놓은 것이다. 어떻게 보면 열거된 리스트는 전역 범위의 상수를 선언한 것과 유사하다. 그래서 어디에서든 범위 내에 있으면 해당 열거 리스트를 접근할 수 있다. 그럼 군이 상수를 선언해서 사용해도 되는데 열거형을 정의하는 이유는 열거형 타입으로 변수를 선언하여 해당 변수는 열거형의 리스트만 참조하도록 하기 위해서다. 이를 통해서 변수에 일정 속성을 부여하게 된다. 그래서 해당 변수에 정수 타입의 값을 대입하면 당연히 에러가 발생한다. 열거 리스트는 범위 내에 있으면 언제든지 접근이 되는 선언된 상수와 유사하기 때문에 다른 상수나 변수 또는 이미 정의한 열거형 타입의 열거자이름 등 다른 식별자와 구별되어야 한다.

```
// 열거형 타입 정의
enum Color {Red , Green , Blue};

// 상수 선언
const int Red_V = 0;
const int Green_V = 0;
const int Blue_V = 0;

int main()
{
        // 열거 리스트를 일반 상수처럼 접근 가능. 열거형 타입이 int로 변환됨
        int i = Red;
        Color c;
        c = Red;
        c = 0;                          // 에러 발생. 타입이 맞지 않음
}
```

열거형 타입의 변수에 정수 타입의 값을 대입하면 타입이 맞지 않아 에러가 발생한다. 이것은 타입이

서로 다르기 때문에 일어나는 것으로 쉽게 이해할 수 있다. 그런데 열거 리스트의 값을 정수 타입에 대입을 하게 되면 해당 타입으로 변환이 된다. 규격에서 이런 형태의 변환을 허용한다. 이렇게 되면 열거형 타입과 정수 타입이 혼동될 수 있는데 이를 방지하기 위해서 다른 방식으로 열거형 타입을 선언할 수 있다.

그전에 열거형 타입을 정의하고 열거자의 값이 어떻게 설정되는지를 살펴보자. 열거형 타입의 열거 리스트의 값은 첫 번째 열거자가 0으로 시작해서 1씩 증가한다. 열거 리스트에 특정한 값을 설정하면 그 값을 가지게 되고, 값이 없으면 앞에 데이터 값에서 1을 증가한 값을 가지게 된다. 그리고 열거 리스트의 값이 가지는 타입을 보자면 여기서 Red, Green, Blue는 **int** 정수형 타입을 가진다. 열거형 선언 시 **베이스 타입**을 설정하지 않으면 기본 정수형 타입을 가지게 되며 이것은 적용되는 시스템에 따라 다를 수 있기 때문에 열거형 타입을 정의할 때 베이스 타입을 지정하여 열거 리스트 데이터 타입을 명확히 할 수 있다.

```
// 베이스 타입 생략 가능, 생략 시 시스템이 정한 기본 정수 타입으로 설정됨
enum Color {Red , Green , Blue};

// 베이스 타입을 char로 설정. 정수형 타입만 설정 가능
enum Color1 : char {Red1 , Green1 , Blue1};

// 첫 번째 Red의 값이 설정되지 않아 0을 가지고 Green은 이전 데이터에 1이 증가된 값
// 즉 1이 됨
enum Color {Red , Green , Blue=10};

// A=0, B=1, C=10, D=11, E=1, F=2, G=12
enum Foo { A, B, C=10, D, E=1, F, G=F+C};

// 각각 열거자이름에 임의의 값을 설정 가능
enum Color {Red=0 , Green=5 , Blue=10};
```

열거형 타입을 정의할 때 이름 없이 선언하는 경우가 있는데 이름만 없을 뿐 해당 열거 리스트에 있는 열거자를 범위 내에서 접근이 가능하다. 물론 열거자와 같은 이름의 변수가 동일 범위에 있으면 안 된다. 열거형을 정의하기 전에 함수 선언처럼 미리 이런 형태의 열거형 타입이 있는 것을 알리기 위해 열거형 선언이 가능하다.

```
enum {First, Second, Third};
// OK
int i = Second;
```

```
enum Color;              // 열거형 타입 선언
enum Color {Red , Green , Blue};
```

일반 열거형 타입은 해당 타입의 열거 리스트가 정수로 변환될 수 있는 특성을 가지고 있다고 위에서
언급했다. 또한 열거자이름과 다른 변수와 이름이 동일하면 재정의 오류가 발생하는 문제를 지적했는
데 이런 것을 피하기 위한 **범위확정(scoped)** 열거형 타입이 존재한다. 이것은 기존의 열거형 타입에서
class 또는 **struct** 키워드를 사용하면 된다. 두 키워드의 사용에 따른 차이가 없어 어느 것을 사용해도
된다. 하기는 사용 형식이다.

enum class | struct 열거형이름 베이스타입_옵션 { 열거리스트_옵션 };

일반 열거형 타입의 열거 리스트에 접근과는 다르게 범위가 확정된 열거 타입의 열거 리스트에 접근은
범위 지정자 ::를 통해서만 가능하다. 그래서 범위확정 열거형 타입을 선언할 때 열거형이름을 생략해
서는 안 된다. 범위확정 열거형 타입은 범위를 갖는 특성과 함께 타입 변환에 대한 엄격성을 가지고 있
다. 따라서 **int** 또는 **bool** 타입으로 변환이 되지 않는다.

```
// 에러 발생, Red , Green 및 Blue 재정의 오류
// 열거 리스트에서 다른 이름으로 사용해야 됨
enum Color {Red=0 , Green=5 , Blue=10};
enum Color1 {Red , Green, Blue};

// OK . class 키워드를 사용해 자체적으로 범위를 한정시키기 때문
enum class ScopedColor {Red , Green , Blue};

// 열거형이름과 ::을 사용하여 대입
ScopedColor c1 = ScopedColor::Red;

//일반 열거형 타입은 열거자이름을 직접 대입해도 되고 또한 범위 지정자를 사용해도 됨
Color c = Color::Red;

// OK . 일반 열거 타입에서 int 변환 가능
int a = Red;

// 에러 발생. int 타입으로 변환이 안 됨
int b = ScopedColor::Red;

ScopedColor check = ScopedColor::Red;
// 에러 발생. bool 타입으로 변환이 안 됨
if (check) {}
```

열거형 타입을 정의하고 해당 타입으로 변수를 선언하는 경우에 해당 타입이 어떤 타입인지를 나타내어 다른 사용자 정의 타입과 구별되도록 enum 키워드와 같이 선언한다.

```
enum Color {Red , Green , Blue};

// 아래처럼 enum 키워드를 사용해 열거형 타입을 명시함
enum Color c;
```

7

배열, 포인터,
참조형 타입

7.1   배열

배열(array)은 선언 데이터 타입에 맞게 설정 크기만큼 **연속적으로 메모리가 할당**이 된다. 이것이 가지는 중요한 의미는 배열의 범위 내에 한 포인터에서 숫자를 가감하여 배열의 요소를 바로 접근할 수 있다는 것이다. 포인터 연산을 통해 접근하는 방법과 아울러 보통 첨자 연산자 []를 통해 접근한다. 배열의 선언 형태는 다음과 같다.

데이터타입 배열이름 [N];

데이터 타입:
　기본 또는 사용자 정의 타입 or 해당 타입의 포인터 타입

N : 배열 크기 (자연 정수 상수식)

[그림 7.1]

배열의 각 요소에 접근은 첨자 안에 숫자를 이용한다. 첫 번째는 array[0]으로 시작하고 마지막은 array[4]가 된다. 첨자가 0에서 시작하고 배열의 크기에서 하나가 적은 값이 배열의 마지막 요소가 된다. 첨자의 숫자는 정수가 되어야 하고 소수를 사용하면 에러가 발생한다. 첨자는 배열의 포인터 접근을 편하게 사용하는 방식으로 첨자의 숫자는 기준점에서 떨어져 있는 것을 나타낸다. 그래서 숫자가 음수가 되어도 문제는 없다. 하지만 선언된 배열을 벗어나면 다른 메모리 주소에 있는 내용에 변경을 가하면 오동작이 발생할 수 있다. 배열 크기를 넘어서 접근하면 예를 들어 array[10] 이렇게 사용되면 그 부분을 실행 시 바로 프로그램은 멈추거나 예상치 못한 동작을 하게 된다. 따라서 배열을 사용해 코딩을 할 경우 반드시 배열의 선언된 크기를 넘지 않도록 주의해야 한다. 한편, 배열 크기의 설정은 직접 상수를 넣어 정할 수 있고 수식을 통해 크기를 설정할 수도 있다. 이때 배열 크기는 컴파일 시 값을 정할 수 있는 **상수식**이 되어야 한다.

```
const int size = 10;      // 상수로 설정함
int ar[size];             // OK

int size1 = 5;            // 실행 시 size1 값이 확정됨
int ar1[size1];           // 에러 발생 : 배열 크기는 컴파일 시에 확정되어야 함
```

배열 선언 시 사용되는 데이터 타입은 기본, 열거형, 클래스 및 포인터 타입이 가능하다. 하지만 사용할 수 없는 데이터 타입이 있다. **auto**, 참조형 타입, void 타입은 사용할 수 없다. 배열 선언 시 데이터를 중괄호 {}를 사용해 초기화를 한다. 그리고 배열의 크기를 정하지 않고 초기화를 진행하는 경우가 있다. 여기서 초기화의 개수가 곧 배열의 크기가 된다. 이때는 초기화식을 생략해서는 안 된다. 배열 초기화에 문자열로 하는 경우가 있는데 이런 형식은 C 언어에서 자주 보이는 형태이다. 문자열 자체가 연속형태의 구조를 가지고 있음을 직관적으로 알 수 있기에 배열과 상관관계의 측면에서 이해가 쉽게 된다. 문자열을 배열로 사용할 때 문자열의 끝에 **널문자**(\0)가 들어가기 때문에 배열 크기는 문자열에 한 개를 더해서 설정해야 한다. 사실 문자열 처리에 배열이 사용 가능하지만 주로 C++에서는 표준 라이브러리가 제공하는 문자열 클래스가 문자열 연산에 관한 여러 함수를 가지고 있어서 배열보다는 문자열 클래스가 더 자주 여러 코드에서 보게 된다.

```
auto array[2] = { 1,2 };          // 에러 발생
void array[2] = { 1,2 };          // 에러 발생

int array[5] = { 1,2,3,4,5};      // 배열 초기화
int array[5] = {0};               // 배열 요소의 전체는 0을 가짐
int array[] = { 1,2,3};           // 배열의 크기를 설정하지 않음 : 3개의 크기를 갖는 배열
char str[] = "Array";             // 문자열로 배열 초기화. 배열 크기는 str[6]
```

배열이 빈번하게 사용되는 코드는 배열 첨자와 루프문의 횟수와 연관하여 데이터를 연산하는 경우이다. 배열은 메모리가 연속해서 할당되어 있는 특징으로 이런 임의 접근이 가능한 것이다. 배열로 일정 크기의 데이터를 저장하고 필요에 따라 검색 및 정렬 작업을 배열 전체 요소에 접근하여 기능을 수행하게 된다. 다음은 입력된 데이터를 사용하여 오름차순으로 정렬하는 예제이다. 사실 정렬 관련해서는 별도로 규격에서 제공하는 함수를 이용해도 되지만 여기서는 이해 차원해서 예제를 만들었다.

[예제 7.1-A]

```cpp
#include <iostream>

int main()
{
    int numbers[5] = { 100 , 55 , 20 , 35 , 5};
    int temp;
    for(int i =0 ; i < 5; i++)
    {
        for(int j=0 ; j < 5 ; j++)
        {
            if( numbers[i] <= numbers[j] )
```

```
                    {
                            temp = numbers[i];
                            numbers[i] = numbers[j];
                            numbers[j] = temp;
                    }
            }
    }

    for(int n: numbers)
            std::cout << n << ' ';            // 출력 5 20 35 55 100

    return 0;
}
```

배열의 예제로 1차원 형태로 사용하였는데, 2차원, 3차원 그리고 그 이상의 차원의 배열이 사용 가능하다. 2차원 배열은 바둑이나 체스 형태의 행과 열을 필요로 하고 각 지점의 상태를 저장하거나 모니터로 활용할 때 이용될 수 있다.

[그림 7.2]

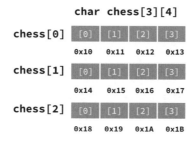

1차원 배열은 시작점에서 연속으로 배열의 요소가 배치되는데 2차원인 경우에도 물리적으로 연속적으로 배열 크기만큼 메모리가 할당된다. 이것을 구조적으로 나누어 보면 행과 열을 가지는 행렬 모습을 취한다. 첫 번째 행을 기준으로 해서 열의 개수만큼 할당되고 그리고 다음 행도 마찬가지로 열의 개수에 맞게 할당되며 이것을 행의 개수에 맞게 반복한다. 배열 초기화를 할 경우 각 행을 1차원 배열을 초기화하는 것처럼 중괄호 {}를 사용하고 각 행 천체를 다시 중괄호 {}를 이용하여 초기화를 수행한다. 각각의 요소는 첨자 두 개를 사용하여 각 요소에 맞는 숫자를 넣어 접근하다. 이때도 배열의 행과 열의 크기를 넘지 않도록 주의해야 한다.

```
char chess[3][4] = { {0,0,0,0}, {1,1,1,1}, {2,2,2,2}};        // 중괄호 초기화
chess[0][0] = 10;         // 배열의 요소 접근
chess[1][3] = 5;
```

배열이름은 배열의 식별자이면서 시작 주소이며 할당된 메모리에 깃발을 꼽는 것과 비슷하다 할 수 있다. 배열이름의 타입은 포인터가 되는데 내부적으로 배열이 포인터 타입으로 변환이(**array to pointer 변환**) 일어나기 때문이다. 배열은 선언하면서 일정 메모리 크기가 확정적으로 할당되기 때문에 배열이름에 어떤 값을 대입할 수 없다. 그래서 배열 복사를 위해 배열이름에 다른 배열이름을 대입하는 것은 컴파일 에러가 발생한다. 한편 배열이름은 포인터 타입인데 이것은 1차원 및 2차원 배열일 경우에 서로 다른 포인터 타입을 가진다. 즉 가리키는 대상의 크기가 틀려지기 때문에 그렇다. 배열과 포인터의 자세한 관계는 다음 절의 포인터에서 기술된다.

```
int a[5];         // 배열이름 a의 타입 = int *
int b[5] = {1,2,3,4,5};
a = b;            // 에러 발생
int c[3][4];      // 배열이름 c의 타입 = int (*)[4]
```

배열의 사용처는 다양하고 배열의 첨자 방식으로 데이터에 임의 접근하여 데이터를 처리하는 것은 코딩의 용이성에 이점이 있다. 다만 배열의 크기를 미리 정해야 되고 배열의 크기에 신경을 써야 되는 중요한 요건들이 있는 것도 사실이다. 물론 포인터와 연관하여 메모리를 동적으로 할당하여 처리하는 방식을 통한 더 효과적인 방법도 있고, 차후 다른 장에서 이야기하겠지만 C++에서 제공하는 표준 라이브러리(**STL** : Standard Template Library)인 **컨테이너**를 통해 배열의 고정 크기 및 경계를 넘어설 수 있는 문제점이 해결될 수 있는 다른 장점들이 있어 여러 방식으로 사용이 가능하다.

7.2   포인터

포인터(pointer)는 메모리 주소를 저장하는 타입이다. 메모리 주소는 일정 크기의 범위 내에 정수 값을 가진다. 포인터가 단지 주소만 저장한다면 int 타입과 차이가 없고 주소를 저장하는 측면에서 본다면 포인터와 int 타입의 속성은 유사하다. 그러나 포인터는 주소 저장과 아울러 중요한 기능을 하나 더 가지고 있는데 저장된 주소에 접근하여 해당 값을 가져올 수 있다. 이런 특징이 포인터의 핵심요소이다. **주소저장**과 **주소참조**의 두 가지 특성으로 포인터 선언은 일반 변수와 달라야 하기에 선언 시 별표 *가 사용되어 다른 일반 변수와 구별되도록 한다.

[그림 7.3]

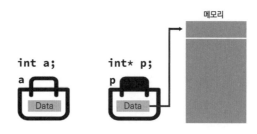

포인터는 저장된 주소도 중요하지만 그 주소가 가리키는 내용에 큰 의미가 있으며 그 주소만 알면 해당 내용을 가져오거나 변경을 할 수가 있다. 그리고 그 주소의 대상이 어떤 타입인지를 알리기 위해 포인터 선언 시 데이터 타입을 명기한다. 타입이 따로 없을 때에는 **void**로 지정한다. 하기는 선언 방식이다.

데이터타입* 변수이름 [N]_{옵션};

데이터 타입:
 기본 또는 사용자 정의 타입, 함수 타입

예제에서 일반 변수와 포인터 변수는 전역 변수의 주소를 저장하고 있다. 두 개의 변수값은 같다. 일반 변수는 선언된 데이터 타입의 크기에 부합하는 값을 가지기 때문에 값에 따라 데이터 타입을 달리한다. 그런데 포인터 변수의 값은 메모리 주소를 저장하는 것이기 때문에 이미 시스템적으로 크기가 정해져 있다(보통 4 또는 8바이트). 그래서 포인터도 하나의 변수이기 때문에 포인터를 선언하면 주소를 저장하는 메모리만 확보된다. 포인터 선언 시에 데이터 타입은 포인터에 저장된 주소가 가리키는 대상의 타입이 된다. 포인터 변수에서 가리키는 대상을 가져오려면 포인터 변수 앞에 별표 *를 사용한다. 이때 별표는 간접 참조 연산자가 된다. 클래스 타입을 가지는 포인터일 경우에 해당 멤버를 가져올 때 별표를 사용하고 돗트 연산자를 이용해 클래스 멤버에 접근한다. 더 쉬운 접근 방법은 화살표 -> 연산자를 사용하는 방식이다.

[예제 7.2-B]

```cpp
#include <iostream>

struct st {
        int x;
        int y;
};
```

```cpp
int var = 10;
int main()
{
        // 단순히 var 변수의 주소를 저장. 주소 크기가 8바이트. 그래서 long long 선언
        long long a = (long long) &var;

        // var 변수의 주소 저장. var 변수의 타입 = int
        int * p = &var;

        std::printf("0x%X\n", a);   // 일정 주소값 출력
        std::printf("0x%X\n", p);   // 위와 같은 주소 출력

        // 포인터 선언 시 데이터 타입은 가리키는 대상의 타입. 포인터 선언 시 주소를
        // 저장하는 일정 크기만 확보함. 일반 변수는 데이터 타입의 의존하여 크기가
        // 확보되지만 포인터 변수는 주소의 크기가 이미 확정되어 있음
        char* pt1;
        st* pt2;

        // 저장된 주소에서 해당 값을 가져옴. 포인터 변수에 별표 * 사용
        std::cout <<*p <<"\n";      // 출력 10
        *p =100;                    // 해당 주소의 변수값 변경

        st s;
        st* ptr = &s;

        // 클래스 멤버 접근 돗트 및 화살표 연산자를 사용
        (*ptr).x = 1;
        ptr->y = 10;

        return 0;
}
```

포인터 선언 시 **const** 키워드에 위치에 따라 포인터 동작방식이 달라진다. 데이터 타입 앞에 **const**가 있으면, 포인터가 가리키는 내용을 변경할 수 없고 포인터 변수 앞에 선언되면 포인터 변수를 변경할 수 없다. 하기의 예제에서 ①은 포인터 변수의 가리키는 대상을 상수화시켜서 이후 값의 변경이 되지 않는다. ②은 포인터의 대상과 아울러 포인터 변수를 상수화하게 되어 초기화 시 대입한 주소만 저장되고 이후 대상의 값을 변경할 수 없게 된다. ③의 경우에는 포인터 변수는 상수라 변경은 안 되지만 가리키는 대상은 변경 가능하다.

```cpp
const int ci = 10;
const int* pc = &ci;                    ----- ①
const int* const cpc = &ci;             ----- ②
```

```
int i;
int* const cp = &i;                  ----- ③

*cp = ci;            // cp 포인터는 상수이지만 가리키는 대상은 변수이기 때문에 대입 가능
pc++;                // pc 포인터는 변수이기 때문에 변경 가능
pc = cpc;

*pc = 2;             // 에러 발생 : 포인터 대상은 const이기 때문에 변경 안 됨
cpc++;               // 에러 발생 : 포인터 변수가 const이기 때문에 변경 안 됨
cp = &ci;            // 에러 발생 : 포인터 변수가 const이기 때문에 변경 안 됨
```

포인터 선언을 배열 형태로 하려면 첨자에 크기를 설정하고 선언을 하면 된다. 그런데 이와 유사하게 보이지만 괄호의 사용 여부에 따라 포인터 타입이 달라진다. 괄호 연산자가 항상 우선이기 때문에 하기처럼 별표 *에 괄호를 하게 되면 포인터가 우선이 되어 지정 대상이 달라진다. 이것은 함수 포인터에도 동일하게 적용된다. 그런데 참조형 타입은 포인터의 대상이 되지 않는다.

```
int *p;              // int* 포인터 타입
int *p [5];          // int* 포인터 타입을 배열로 선언
int (*p) [5];        // int 타입 배열 5개를 가리키는 포인터 . 2차원 배열을 가리킴
int&* p;             // 에러 발생. 참조형 타입은 포인터의 대상이 되지 않음

int (*f)();          // 인자를 가지지 않고 반환 타입이 int를 가지는 함수 포인터
int *f();            // 반환 타입이 int* 포인터를 가지는 일반 함수
int (*pf)(int);      // int 인자 한 개를 가지고 반환 타입이 int를 가지는 함수 포인터
int (*pf[5])(int) ;  // 함수 포인터를 배열로 선언
```

7.2.1 포인터 연산

포인터 변수의 값은 메모리의 주소이다. 저장된 내용이 메모리 주소이기 때문에 단순히 산술 연산하는 것과는 다르게 동작한다. 일반 변수의 값에 증가(++) 연산을 하면 1이 늘어나지만 포인터를 증가하면 메모리 주소가 포인터의 데이터 타입에 따라 다음의 메모리 주소가 된다. 메모리 주소는 일정 크기를 가지고 연속적으로 주소가 배치되어 있다. 여기서 기준 주소에서 일정 값을 더하게 되면 상위 주소로 이동하게 되고 반대고 값을 빼게 되면 하위 주소로 가게 된다. 그리고 1을 더하는 것이 현재 위치에서 바로 다음 옆 주소를 가리키는 것은 아니다. 그것은 데이터 타입의 크기에 따라 정해진다.

char 타입에 1이 증가하면 이때는 바로 다음의 주소가 되겠지만, int 타입이면 보통 4바이트 다음의 주소가 연산의 결과가 된다. 클래스 타입이면 클래스 크기에 맞게 증가한 다음의 자리가 주소 증가 연산의 결과이다. 말하자면, 주소에 1을 증가하면 다음의 데이터를 가리키는 주소가 되는 것이고 단순히 숫

자 값에 1을 더하는 것이 아니다. 일반 데이터 연산은 연산의 결과에 의미가 있지만 포인터 연산은 연산을 통해 주소의 값이 중요한 것이 아니라 **다음의 대상을 지정하는 것이 주요 목적이다.** 포인터 연산은 주소라는 어떻게 보면 위치가 정해지는 특수한 형태의 값을 처리하는 것으로 증가 및 가감 연산만 가능하고 곱하거나 나누는 연산 및 기타 다른 연산은 허용되지 않는다.

[그림 7.4]

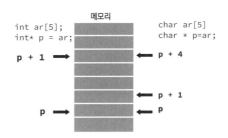

7.2.2 배열과 포인터 관계

배열을 선언하면 **연속적인 메모리**가 할당된다. 배열의 각 요소는 첨자를 통해서 접근할 수 있다. 또한 포인터를 이용해 배열의 시작 주소에서 주소를 증가시켜 각 요소에 접근이 가능하다. 이것은 내부적으로 배열이 포인터 타입으로 변환되기 때문이다. 배열의 연속적인 메모리 할당 특성으로 배열과 포인터는 밀접한 연관성을 갖는다.

[예제 7.2-C]

```
#include <iostream>
int main()
{
        char ch[5] = { 'a' , 'b', 'c', 'd' ,'e' };
        char* po = ch;   // 배열 주소를 포인터 변수에 대입

        std::cout << ch[1];       // 출력 b
        std::cout << *(po+1);     // 출력 b : ch[1]와 같음
        std::cout << po[1] ;      // 출력 b

        // 하기는 동일한 표현
        // ch[1] = *(ch +1) = *(po+1) = po[1]
        return 0;
}
```

[그림 7.5]

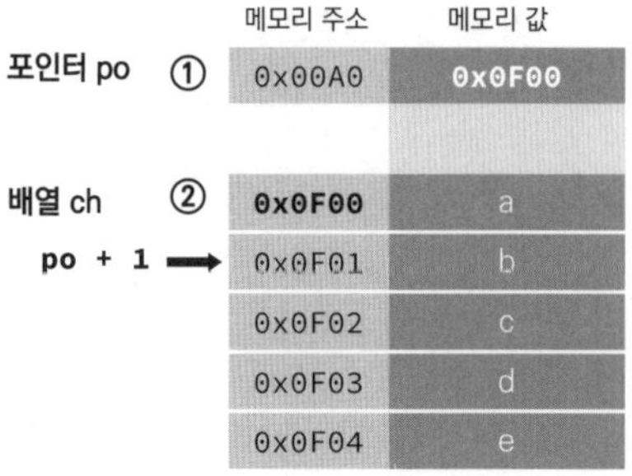

포인터 변수의 메모리 주소는 그림 7.5에서 ①로 할당되고 배열 주소는 ②로 할당된다. (주소는 임의적으로 설정함) 포인터 변수는 배열 주소를 저장하고 있다. 포인터 변수에 저장되는 주소는 시스템에 따라 4바이트 또는 8바이트에 맞게 주소가 저장된다. 포인터 연산에서 기술된 것처럼 포인터에 1을 더하면 다음의 주소를 가리키게 된다. 그리고 해당 주소의 값을 간접 참조를 통해서 가져온다. 이런 방법으로 배열의 각각의 요소에 접근이 가능하다.

위에서 기술된 포인터 변수에 주소를 증가시켜 배열 요소에 접근하는 방법과 아울러, 포인터 변수를 배열 첨자의 형태로 사용하여 배열 요소에 접근할 수 있다. 이것은 포인터 변수에서 첨자의 크기만큼 이동한 후 포인터 주소에 저장된 값을 반환한다. 배열의 첨자는 기준 시작점이 배열의 첫 번째로 정해져 있다. 포인터 변수의 첨자 사용은 설정된 기준 포인터에서 첨자의 크기만큼 포인터에 저장된 주소에 접근하고 해당 값을 가져온다. 이런 포인터의 첨자 접근 방식은 간접 참조 연산자(*)를 사용해 주소의 저장된 값을 불러오는 방법보다는 사용이 편리하다.

[예제 7.2-D]

```cpp
#include <iostream>
int main()
{
        int ar[5] = { 1 , 2, 3, 4 ,5 };

        // 배열 시작 주소에서 2만큼 증가하여 포인터 주소 저장
        // ar[2]의 주소가 저장됨
        int* pt = ar + 2;

        // 포인터 변수의 첨자 방식. 첨자는 정수식 가능함. 이것은 배열 크기 내에 있음
        std::cout << pt[-2]<<"\n";          // 출력 1. *(pt-2)와 동일
        std::cout << pt[0]<<"\n";           // 출력 3. *(pt)와 동일
```

```
        std::cout << pt[2]<<"\n";            // 출력 5. *(pt+2)와 동일
        return 0;
    }
```

예제에서 포인터에 배열의 시작 주소를 설정하는 것이 아니라 배열의 시작에서 2만큼 떨어져 있는 주소를 저장한다. 첨자에는 정수식이 이용될 수 있기 때문에 마이너스 부호를 사용하면 저장된 기준 주소에서 크기만큼 주소가 작아지는 쪽으로 이동 후 그 주소에 저장된 값을 가져온다.

지금까지 1차원 배열과 포인터의 관계를 설명했는데, 2차원 배열과의 관계를 알아보자. 2차원 배열은 행과 열의 크기에 맞게 메모리가 연속적으로 할당이 된다. 연속적인 할당이라는 특성으로 인해 2차원 배열을 포인터로 처리하기 위해서 1차원 배열처럼 시작 주소를 저장하고 데이터를 처리하게 되면 예상과는 다르게 동작한다. 하기의 예제를 보면 2차원 배열 주소를 포인터로 저장하고 1차원 형태로 값을 출력하는 모습을 가진다. 행과 열의 구분은 논리적으로 나누는 것이고 실제 2차원 배열의 메모리 할당은 행과 열의 크기에 맞게 연속적으로 할당된다. 따라서 예제와 같이 한 번에 출력이 가능하다. 다만 포인터 변수를 행과 열로 구분하여 첨자 방식으로 처리할 수가 없는데 이것은 1차원 형태의 포인터 타입을 가지고 있기 때문이다. 결국 다른 방식으로 포인터를 선언해야 된다.

[예제 7.2-E]
```
    #include <iostream>
    int main()
    {
        // 2차원 배열 선언 및 초기화
        char ar[2][3] = { {'a','b','c'} , {'d','e','f'} };

        // 배열을 그대로 대입하면 에러가 발생함. 배열은 ar[][3] 형태로 가지기 때문
        // 별도로 캐스팅을 해야 함
        char* po = (char*) ar;

        const int col = sizeof(ar[0]) / sizeof(char);
        const int row = sizeof(ar) / sizeof(ar[0]);

        // 만약에 po[0][1] 2차원 형태로 접근하면 에러 발생
        for (int i = 0; i < row * col; i++)
            std::cout << po[i];   // 출력 abcdef

        return 0;
    }
```

1차원 배열과 달리 2차원 배열에서 포인터를 통해 각 요소에 접근을 위해서는 2차원 배열을 1차원 형태로 처리하는 방식과 아울러 2차원 형식과 동일하게 첨자 방식의 접근을 위해서는 포인터의 대상 타입이 달라야 한다. 2차원 이상부터는 주소를 증가하면 행 단위로 증가한다. 그림에서 **배열 ar**은 배열이름이면서 배열의 시작 주소이다. 배열 **ar[i]**은 *(ar +i)와 같고, 여기서 i는 배열 첨자이다. 1차원 배열에서는 1을 증가하면 바로 다음으로 넘어가지만 2차원부터는 행에 속한 열의 개수만큼 증가한 주소로 이동한다. 포인터 연산에서 기술된 것처럼 포인터 증가는 자신이 가리키는 타입의 크기만큼 증가한다. 2차원 배열 포인터는 열의 개수를 가리키는 포인터 타입이 된다. 예제에서 po 타입은 **char(*)[3]** 되어야 한다.

[그림 7.6]

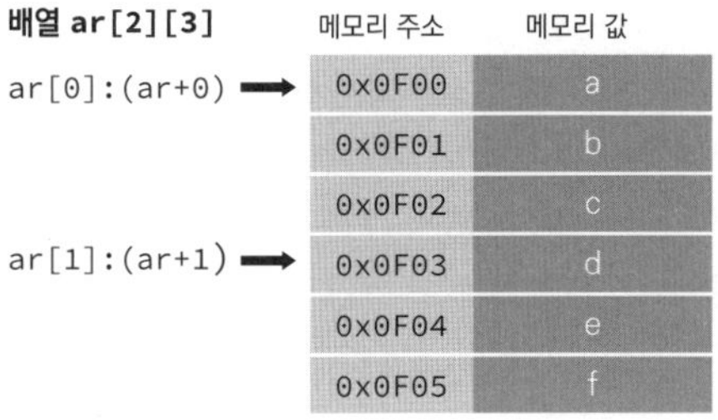

배열 ar[2][3]

ar[0]:(ar+0) ➡	0x0F00	a
	0x0F01	b
	0x0F02	c
ar[1]:(ar+1) ➡	0x0F03	d
	0x0F04	e
	0x0F05	f

메모리 주소   메모리 값

다차원 배열을 포함하여 배열과 포인터 관계를 일반화시켜 보면, **n 차원**의 **i x j x k x . . . x m** 크기를 가지는 배열을 E라고 하면, **char E[i][j][k]...[m]** 된다. 여기서 E는 배열의 시작 포인터이면서 (n-1) 차원의 **j x k x . . . x m** 크기를 가지는 **배열 포인터**가 된다. 그래서 E의 시작 주소에서 1을 증가하면 j x k x . . . x m 크기만큼 증가한 주소를 가리키게 된다. 그리고 다음 차원은 **E[0]**의 (n-2) 차원의 k x . . . x m 크기를 가지는 **배열 포인터**가 된다. 위 방법과 동일하게 적용하면서 마지막 차원까지 진행된다. 마지막 1차원 배열은 시작 주소에서 다음 차원이 존재하지 않기 때문에 주소를 증가하면 바로 다음의 배열 요소를 가리키게 된다. 그림은 배열 E[i][j][k]...[m] 선언 후 할당된 메모리 주소를 포인터 형태로 나타내었다. 시작 주소 E에서 시작해 i 개수의 j x k x . . . x m 크기만큼 메모리가 할당되고 한 차원은 낮아진 E[0]은 j 개수의 k x . . . x m 크기를 가지는 행과 열의 크기만큼 메모리가 할당되어 있다. 이렇게 같은 방법으로 다음 차원의 행과 열에 반복적으로 적용된다.

일반화된 n차원 배열을 기준으로 2차원 배열을 대입해 보면 **3 x 5(i x j)** 크기를 가지는 배열은 **char E_2D[3][5]**이 된다. 배열의 시작 주소인 **E_2D**은 **1차원의 5개 배열의 개수를 가지는 포인터**가 된다. **E_2D** 포인터는 일반 포인터 변수와 다르게 일정 개수를 가지는 배열을 가리키고 있다. 여기서는 5개의 열을 지정하고 있다. 분명 주소를 저장하는 포인터이면서, 내부적으로는 E_2D은 **char (*)[5]** 형태로 **배열 포인터**

(pointer to array) 타입을 가진다. 포인터는 분명 메모리 주소를 저장하지만, 단순히 저장에 그치는 것이 아니라 저장된 주소가 가지는 데이터 타입에 따라 주소에 저장된 데이터를 가져오는 게 달라진다. 일반적으로 생각해 보면, E_2D는 char 타입의 5개 데이터를 **하나의 타입으로 가지고 있는 포인터 변수**라고 간주해도 될 것이다. 그리고 포인터 변수에 주소를 대입을 하는 경우, 가져오는 데이터 타입이 동일하지 않으면 에러가 발생한다. 에러 방지를 위해 타입을 캐스트하게 되면 예상과는 다른 결과를 불러오게 온다.

[그림 7.7]

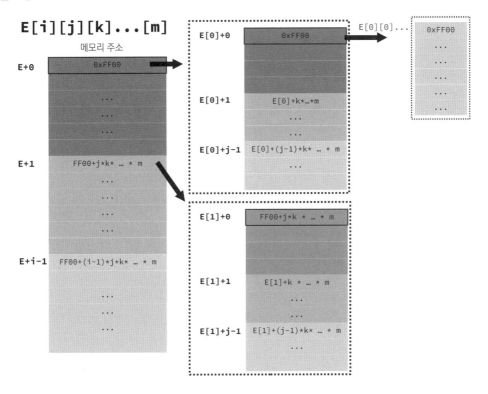

예제에서 2차원 배열을 포인터로 저장하기 위해서는 포인터 변수 선언은 **배열을 가리키는 타입을 가져야 하고 배열 크기도 같아야 된다.** 그리고 포인터 선언 시 해당 포인터가 배열을 가리키는 포인터로 역할을 하기 위해서 반드시 포인터 변수에 괄호를 사용해야 된다.

[예제 7.2-F]

```
#include <iostream>
int main()
{
    char ar[2][3] = { {'a','b','c'} , {'d','e','f'} };
```

```
// 배열 포인터
char(*po)[3] = ar;

for(int i=0; i < 2 ; i++)
{
        for (int j = 0; j < 3; j++)
                        std::cout << po[i][j]<<" ";        // 출력 a b c d e f

}
return 0;
}
```

1차원 배열을 포인터 주소로 받고 데이터를 가져오려면 포인터 주소에 간접 참조 연산자 *를 사용해 주소의 저장된 값을 불러올 수 있다. 2차원 배열 E_2D에서 *(E_2D+0) 이렇게 하게 되면 E_2D이 가리키는 대상을 가져오는 것인데, 배열의 저장된 값을 가져오는 것이 아니라 해당 포인터 주소를 불러온다. 이것은 2차원 배열이기 때문에 1차원과 다른 결과를 가져온다. 이것을 어떤 직관적인 이해를 하기보다 n 차원 배열의 모형을 가지고 기계적으로 이해하는 것이 좋을 것이다. 위에 설명된 **n차원 배열 모델 E**를 다시 상기하면, **E는 n-1 차원**의 일정 크기를 가리키는 포인터이고, **E[i]는 n-2 차원**의 일정 크기를 지정하는 포인터가 되며, 차원이 내려갈수록 위와 같이 적용된다.

이미 설명된 포인터의 첨자 방식에 따라 *(E_2D+0)와 E_2D[0]와 같으며, E_2D[0]은 위 배열 모델에 따라 아래 차원이 더 이상 존재하지 않고 바로 배열 요소를 가리키는 포인터가 된다. 즉 **char* 포인터**가 된다. 따라서 배열의 첫 번째 요소의 값을 가져 오려면 간접 참조 연산자 *를 사용해서 이런 형태로 *E_2D[0] 같이 사용하면 된다. (이것은 **(E_2D+0) 같음)

[그림 7.8]

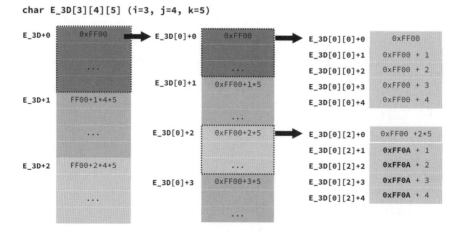

좀 더 이해를 돕기 위해 3차원 배열을 n차원 배열 모델에 대입해 보면, **3 x 4 x 5(i x j x k)** 크기를 가지는 3차원 배열 char **E_3D[3][4][5]**을 선언하면, **E_3D**는 **2차원의 4 x 5** 크기의 배열을 가리키게 되고, 타입으로 표현하면 **char(*) [4][5]**가 된다. 그리고 한 차원을 내리는 **E_3D[0]**은 **1차원의 5개**의 크기를 가지는 배열을 가리키며 **char(*)[5]** 타입을 가지는 포인터가 된다. 다시 한 차원을 내리는 **E_3D[0][0]**은 마지막 차원으로 각각의 배열 요소를 가리키는 포인터가 된다. 이것은 *E_3D[0]와 같은 표현이 된다. **E_3D**에서 []의 개수가 변화하면 차원이 변경이 되는 것은 직관적으로 알 수 있을 것이고 또한 포인터 변수에 간접 참조 연산자 *을 붙이면 배열의 한 차원이 낮아지는 특성을 갖고, 주소 연산자 **&**을 사용하면 배열의 한 차원을 높이는 결과를 가져온다.

배열과 포인터 관계를 예제로 살펴보았는데, 보통 배열을 선언하면 그 배열 변수를 사용해 연산을 하게 된다. 예제처럼 다시 포인터를 선언해서 배열 주소를 저장하고 포인터를 통해 연산을 하지 않는다.

위의 예제들은 포인터의 관계성을 설명하기 위해 만든 것으로 굳이 이렇게 배열과 포인터를 각각 선언해서 사용할 필요가 없다. 다음 장에서 기술될 함수 파라미터를 사용 시 배열과 포인터의 관계의 이해를 위해서 예제들이 사용된 것이다.

7.2.3 함수의 포인터 타입 파라미터

함수를 호출하는 경우에 함수 인자를 함수에 선언된 파라미터 타입에 맞게 넘겨준다. 함수의 파라미터 타입은 기본 타입에서 열거형, 클래스 및 포인터 타입 등 여러 타입이 될 수 있다. 그중 포인터 타입인 경우에 어떤 형태로 전달하는지에 대해 알아보고 또한 사용 시 주의사항 그리고 포인터 타입의 파라미터를 왜 사용하는지에 대해 살펴보자.

함수 호출 시에는 인자가 있는 경우에 함수의 선언 시 정의된 파라미터 타입에 맞는 함수 인자를 사용해야 한다. 타입이 다르면 오류가 발생한다. 그래서 포인터 타입이 경우에 일반 포인터 타입인지 아니면 배열을 지정하는 포인터인지 또는 함수를 가리키는 포인터 타입인지에 따라 해당 타입을 일치시킨다. 예제에서 보면 함수의 각각 파라미터 타입별로 해당 인자를 넘겨서 함수를 호출한다. 배열과 포인터에서 기술된 것처럼, 배열 타입을 인자로 넘기는 경우에 선언된 배열과 일치하는 타입을 넘기거나 배열 포인터를 전달해야 된다. 각 파라미터들이 보기에는 비슷해 보여도 정해진 타입이 있기 때문에 정확한 타입이 어떻게 되는지 확인하고 함수를 호출해야 한다.

[예제 7.2-G]

```cpp
int foo(int n)
{
        return 0;
}

void func1( int* p, int ar[], int* ap[]) {}
void func2( int ar[][5], int(*pa)[10]) {}
void func3( int(*pf)(int) ) {}

int main()
{
        int i = 0;
        int a[5];
        int* p[5];

        // 함수 인자 : 일반포인터, 배열, 포인터 배열
        func1(&i, a, p);

        int ar1[3][5];
        int ar2[3][10];
        // 함수 인자 : 2차원 배열, 배열 포인터
        func2(ar1, ar2);

        // 함수 인자 : 함수 포인터
        func3(foo);
}
```

포인터 타입을 함수 인자로 사용될 때 함수는 해당 인자의 포인터를 통해 연산을 하게 되는데 넘겨진 포인터가 주소가 확정되지 않은 임의의 주소를 가지게 되면 함수 본체에서 연산을 진행할 때 오동작이 발생한다. 특히 포인터가 **nullptr**을 가지고 있으면 프로그램이 실행 중에 멈추는 치명적인 결과가 생길 수 있다. 물론 함수 내에서 넘겨받은 포인터 인자가 nullptr인지 확인한다. 그래도 포인터 타입을 함수 인자로 넘기는 경우에는 포인터의 주소를 반드시 체크하여 함수 호출이 되도록 한다.

예제 7.2-H에서 함수 호출 시 포인터 인자에 대해 이미 선언된 변수의 주소가 포인터 인자로 전달되기 때문에 포인터 인자가 확정된 주소를 가지는지 쉽게 알 수가 있다. 그런데 그다음의 함수인 메모리를 할당 받은 함수(예제에서 1번 함수)를 호출하는 경우에는 상당한 주의가 필요하다. 함수 파라미터의 이름과 메인에서 선언한 포인터 변수의 이름(ptr)은 같다. 그리고 포인터 타입의 인자가 함수로 전달되면 함수 동작 이후에 넘겨진 변수에 영향을 받는 것을 알고 있기 때문에 예제처럼 해도 문제가 없다고 생각할 수 있다. 다시 한번 이야기하지만 함수 인자로 포인터 타입이 사용되면 해당 인자는 확정된 주소를 가져야 되고 절대로 nullptr을 가져서는 안 된다. 코드에서 이런 원칙을 위반하고 있다. 이런 혼동이 일어나는 이유는 아마도 중요한 포인터 역할 중에 포인터는 주소를 저장한다는 것을 잊고 있기 때문인 것 같다. 나중에 다시 언급하겠지만, 포인터 타입이 함수 인자로 사용될 때 중요한 것은 함수 실행 시에 넘겨받은 포인터의 주소만 복사하고 자신의 본체를 실행하게 된다. 그리고 함수 인자로 포인터가 넘겨지면 포인터가 저장되어 있는 주소를 가지고 연산을 하게 된다.

여기 예제에서는 함수로 넘겨준 인자가 nullptr로 이것은 함수의 파라미터 변수에 저장되고 또한 함수 안에서 메모리를 할당 받은 주소도 함수의 파라미터 변수에 저장된다. 넘겨준 인자의 이름과 함수의 파라미터 이름이 같고 포인터 타입이라고 해서 함수로 넘겨준 포인터 변수에 할당된 메모리 주소가 같이 저장된다고 혼동해서는 안 된다. 이런 경우에는 함수로 넘겨준 인자에 어떤 값이 있더라고 할당된 메모리의 주소를 가져올 수 없다. 그 다음의 코드에서처럼 포인터를 반환하는 형태로 처리되어야 한다.

함수 인자가 포인터 타입인 경우와 함께 함수의 반환 타입이 포인터 타입인 경우에 반환되는 주소가 당연히 확정된 주소가 되어야 하는데, 그것은 메모리를 할당하거나 전역 변수같이 프로그램이 끝날 때까지 유지되는 주소가 되어야 한다. 함수 내의 로컬 변수같이 임시적인 주소를 가지는 변수의 주소가 반환되면 함수 동작 이후에 그 주소는 사라지기 때문에 예상할 수 없는 오동작이 나올 수 있다. 한편, 반환되는 포인터가 nullptr일 때는 함수 동작에 에러가 발생하여 오동작이 일어난 것을 알릴 때 일반적으로 사용된다.

[예제 7.2-H]

```
void func(int* p)
{
        *p = 100;
}
// (1) 메모리 할당 함수
void allotmemory(int* ptr)
{
        ptr = new int;
}
// (2) 메모리 할당 함수
auto allotmemory()
{
        auto ptr = new int;
        return ptr;
}
```

```
int main()
{
        int i = 0;
        int* p = &i;

        // 포인터 p는 이미 선언된 변수의 주소를 가짐. 포인터 주소가 명확함
        // 함수 후출 후 *p = 100을 가지게 됨
        func(p);

        // 아래는 임의의 주소를 가진 포인터가 전달되면 함수 실행 시 오동작 발생
        p = (int*) 0x10;
        //func1(p);

        // 아래는 생각보다 의외로 실수 할 수 있는 코드
        // 선언된 포인터에 메모리를 할당하여 반환된 주소를 저장하는 함수 호출
        // 함수 호출 시 포인터 인자로 nullptr를 넘겨주게 되면 오동작 발생
        int* ptr = nullptr;
        allotmemory(ptr);

        // ptr는 nullptr를 가지고 있음. 여기에 값을 쓰게 되면 오동작 발생
        *ptr = 1;

        // 포인터를 반환하는 함수를 사용함. 정상 동작
        ptr = allotmemory();
        if( ptr != nullptr)
                *ptr = 1;
        return 0;
}
```

함수 인자로 값을 전달하여 호출할 때(call by value)와 포인터 같은 참조 형태(call by reference)로 전달하는 경우로 나누어진다. 포인터 인자로 호출하면 해당 인자의 값을 함수에서 변경하면 함수 호출 시 인자로 넘겨준 변수의 값도 동시에 변하게 된다. 함수에서 연산이 일어나지만 결국 넘겨준 포인터의 변수를 가지고 연산이 진행되는 것으로 함수 동작 완료 후 넘겨준 변수에 영향을 주는 것은 당연한 것이다. 함수 호출 시 값을 전달하거나 포인터 타입의 참조로 넘겨주거나 함수 입장에서는 해당 값을 함수 실행 전에 넘겨받은 인자의 데이터 타입에 따라 값을 복사하고 시작하다. 여기서 포인터 타입은 주소를 저장하기에 시스템에 의해 정해진 일정 크기의 바이트에 주소가 저장된다. 예제를 보면 단순히 값을 전달하면 함수는 그 값에 맞게 동작을 하고 함수 실행이 완료된다. 그런데 포인터 타입의 함수는 넘겨받은 주소에 연산 결과가 들어가면서 함수 실행이 끝내게 된다. 따라서 인자로 사용된 변수의 값이 변경된다.

[예제 7.2-I]

```cpp
#include <iostream>
int foo(int n)
{
        n++;
        return 0;
}

void swap(int *pa, int *pb)
{
        int temp = *pa;
        *pa = *pb;
        *pb = temp;
}

int main()
{
        int a = 0 , b=10 ;

        foo(a);

        // Before Swap
        std::cout << a << " " << b<<"\n";    // 출력 0 10

        swap(&a, &b);
        // After Swap
        std::cout << a << " " << b;          // 출력 10 0

        return 0;
}
```

예제를 보면 함수에 대해 값에 의한 호출을 하게 되면 함수 내부에서 해당 값을 같은 데이터 타입에 맞게 선언된 변수에 대입된다. 그런데 포인터의 참조에 의한 호출은 전달받는 주소를 각각 내부에서 선언된 포인터 변수에 대입된다. 따라서 함수에서 연산이 진행되면 넘겨받은 변수가 영향을 받아 변경되는 것을 알 수 있다.

함수 인자로 포인터 타입을 사용하게 되면 위의 예제에서 같이 연산과 동시에 변수의 값이 바로 반영되어 다음의 일을 실행하는데 수월하게 되는 이점이 있다. 이것이 포인터 타입을 함수의 파라미터로 사용하는 이유 중에 하니이고 사실 더 중요한 이유가 있다. 그것은 함수의 인자를 복사하는 비용의 최소화를 통해 성능의 높은 효율을 얻기 위함에 있다. 전술한 바와 같이 포인터가 아닌 타입은 선언된 데이터 타입의 크기만큼 데이터 크기가 설정되지만, 포인터는 데이터 타입과 상관없이 주소를 저장하는 일정 바이트만 확보하게 된다. 예를 들면 어떤 구조체가 크기가 상당한 배열의 멤버를 가지고 있거나 규모가 매우 큰 클래스 타입의 데이터가 있을 경우에 이런 타입이 함수의 인자로 사용되면 함수 호출 시 해당 데이터를 복사하는데 데이터 타입의 크기에 비례하여 증가하게 된다. 그런데 포인터 타입으로 전달하면 주소만 저장해도 되기 때문에 시간 소요가 거의 걸리지 않는다. 만약에 포인터로 함수에 전달하면서 데이터 변경을 원하지 않는 경우에는 상수로 설정하여 즉 **const** 키워드를 같이 사용해 함수 파라미터를 설정하면 된다. 이런 형태는 함수에서 자주 볼 수 있는 경우이다.

```cpp
struct st {
        int x[10000];
        int y[10000];
};

void fn(st n) {}
void fp(st* p) {}
void func(const st* p) {}

int main()
{
        st a , b;

        fn(a);          // 전달 받은 데이터 전체 복사
        fp(&a);         // 전단 받은 포인터만 복사

        // const 포인터 타입으로 함수 내부에서 해당 데이터 변경이 안 됨
        func(&b);
        return 0;
}
```

7.2.4 포인터와 문자열

문자열은 상수 타입이고 선언 시 일정 주소를 가지고 있으며 **const char*** 타입이 된다. 그래서 해당 문자열의 주소를 포인터로 저장하여 문자열 연산이 가능하다. C 언어에서는 문자열의 처리를 포인터 타입으로 사용하여 수행하는 경우가 많이 있다. 그런데 C++에서는 문자열 관련해서는 별도의 표준 라이브러리에서 제공되는 것이 있기 때문에 대부분의 경우에 있어 해당 클래스를 사용한다. 그래서 여기서는 간략히 언급만 하고 다음으로 넘어간다. 문자열 클래스는 STL절을 참조한다. 예제는 문자열에서 특정 문자를 검색하는 코드이다. 문자열을 포인터로 받아서 문자열 끝나는 부분까지 진행하여 검색한다. 문자열의 마지막은 개행문자(\n)로 끝난다.

[예제 7.2-J]

```cpp
#include <iostream>
int main()
{
        const char* str = "Hello ! Strings !!!";

        int index = 0;
        int count = 0;
        while(true)
        {
            if (str[index] == '\n')
                    break;

            if (str[index] == '!')
                    count++;
            index++;
        }

        std::cout << count;        // 출력 4

        return 0;
}
```

7.2.5 이중 포인터

포인터 타입의 변수는 주소를 저장한다고 이미 기술되었다. 이것은 보통 단일 포인터 타입이(ex: int*)
된다. 그럼 주소에 주소를 저장하는 포인터 타입은 이중 포인터(int**)가 되고 이렇게 진행되면 삼중
(int***) 그리고 다중 포인터 타입이 가능해진다. 단일 포인터는 주소를 저장하고 해당 주소로 간접 참조
를 할 수 있는 기능을 가지고 있음을 어느 정도 쉽게 이해가 된다. 이것을 이중 포인터에 적용하면 이중
포인터 변수는 일단 주소를 저장하고 간접 참조하면 그곳에 주소가 저장되어 있고 다시 간접 참조하게
되면 해당 데이터 타입의 맞는 값을 가져오게 된다. 다른 다중 포인터도 이런 형태로 이해를 하면 된다.
그런데 이렇게 이야기를 해도 막상 이중 포인터를 생각해 보면 개념적으로 머리에 떠오르지 않는다. 삼
중 및 다중 포인터는 말할 것도 없다.

[그림 7.9]

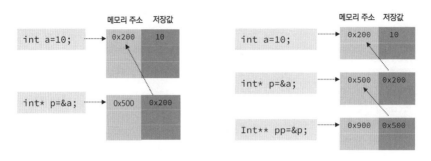

그림은 **기능 중심적**으로 포인터 개념을 설명하고 있다. 포인터는 기본적으로 주소를 저장하고 있으며 필요에 따라 간접 참조를 통해 주소에 저장된 값을 가져온다. 이중 포인터도 주소를 저장하고 있고 간접 참조를 통해 주소를 가져오고 다시 간접 참조를 통해 해당 데이터를 가져온다. 그림은 우리가 알고 있는 기능적 측면에서 기술된 것을 나타낸다. 그림에서 이중 포인터가 사용되는 예는 사실 실제 코드에서 찾아보기가 힘들다. 군이 한 번에 처리할 수 있는 것을 두 번 돌아가면서 접근하는 것은 일반적인 경우라 볼 수 없다. 그래서 이중 포인터의 사용의 예는 **논리적인 측면**으로 접근하여 두 번 간접 참조하여 해당 데이터에 접근하는 경우가 될 수 있는데, x축으로 한 번 이동하고 다시 y축으로 이동하여 해당 지점에 접근하는 좌표 평면이 하나의 예가 되고 또한 행과 열을 구분하여 처리하는 2차원 배열의 형태를 가진 데이터도 하나의 예가 된다. 여기서 중요한 것은 **두 번을 참조**해야만 해당 데이터에 접근이 된다는 것이다.

배열과 포인터 관계를 설명하면서 다중 포인터 개념을 서술하는 경우가 많이 있다. 그래서 일차원 배열이 char ar[5]라고 하면 배열 시작 주소인 ar은 char* 타입의 단일 포인터가 된다. 그런데 문제는 2차원 배열이 이중 포인터가 될 수 없음 이미 배열과 포인터에서 설명되었다. 즉 char ar[3][5]는 시작 주소인 ar은 char** 타입의 **이중 포인터가 아니다**. 그것은 char(*)[5]이 된다. 이렇다고 해서 다차원 배열과 다중 포인터가 상관이 없다는 이야기는 아니다. 개념적으로 이해하고 논리적으로 데이터 처리를 하기 위해서는 배열과 포인터의 연관성은 매우 중요하다. 위에서 배열과 포인터 관계에서 중요한 것은 배열은 크기가 이미 설정되어 있고 포인터 타입으로 전환을 위해서는 일정 크기를 가리키는 배열 포인터가 필요하다는 것이다.

그런데 **이중 포인터**는 배열의 크기가 정해져 있지 않고 동적으로 크기가 변할 때 해당 데이터를 행과 열로 논리적으로 나누어진 2차원 배열 형태로 데이터를 처리할 때 사용이 된다. 달리 말하면 2차원 배열은 처음의 요소부터 마지막 요소가 연속적으로 메모리가 할당되어 있지만 이중 포인터의 배열은 부분적으로 연속적으로 메모리가 할당된다. 그래서 행과 열을 따로 구분하여 주소를 저장하는 작업이 수행된다. 이런 형태로 이중 포인터를 개념적으로 접근해 보면 여러 영역에서 적용이 가능하다. 대표적으로 크기가 가변적인 x, y 좌표 평면 및 오목 또는 체스 같은 게임 그리고 다중 언어 지원을 위한 문자열을 처리하는 경우 등에 이중 포인터를 사용할 수 있다. 결국, 크기가 가변적인 2차원 배열 형태를 가진 데이터 처리는 곧 이중 포인터가 연상되어야 한다. 더 나아가 3차원에 적용이 필요한 것은 삼중 포인터가 이용된다. 한 가지 더 이중 포인터를 문법적인 측면에서 살펴보자. 우리는 포인터 선언을 할 때 반드시 별표와 포인터가 가리키는 타입을 지정한다. 아래 코드를 보면 포인터 선언을 위해 별표를 달고 포인터의 대상에 대해 데이터 타입을 지정했다. 여기서 말하고 싶은 것은 이중 포인터가 특별하다는 것이 아니라 그냥 포인터 선언을 했고 가리키는 대상이 마침 포인터 타입이라는 것이다. 그래서 간접 참조 [*p]를 통해 해당 값을 가져왔는데 그것이 포인터 타입이기 때문에 다시 간접 참조[*(*p)]가 가능하다.

```
char *p;        // p는 포인터, 가리키는 데이터 타입 : char
char* *p;       // p는 포인터, 가리키는 데이터 타입 : char*
```

예제 7.2-K에서 2차원 배열과 이중 포인터 관계를 나타낸다. 기존의 배열과 포인터 관계와는 조금 다르다. 이중 포인터의 사용이 크기가 변하는 2차원 배열에 적용하는 경우를 설명하기 전에 좀 더 이해를 돕기 위해 예를 만들었다. 선언된 이중 포인터는 2차원 배열의 행의 주소를 저장하고 있다. 그래서 배열이 연속적으로 메모리가 할당되어 있기 때문에 이중 포인터를 2차원 배열의 첨자 형태로 각 배열 요소를 접근이 가능하다. 간접 참조와 첨자의 관계는 이미 배열과 포인터에서 설명된 것처럼 서로 동일한 접근 방법이 된다. 예제는 이중 포인터 타입이 2차원 배열과 어떤 관계를 가지는지를 살펴보는 것에 의미가 있다.

[예제 7.2-K]

```cpp
#include <iostream>
int main()
{

        int ar[3][5] = {{1,2,3,4,5}, {10,20,30,40,50}, {100,200,300,400,500}};
        int* row[3]= {ar[0],ar[1],ar[2]};

        // 포인터 배열이 이중 포인터에 대입
        int** ptr = row;

        // 출력 1 20 300
        std::cout << ptr[0][0]<<" "<<ptr[1][1]<<" "<<ptr[2][2];
```

```
        return 0;
    }
```

예제에서 보듯이 이중 포인터는 분명 2차원 배열과 밀접한 연관성이 있음을 알 수 있다. 이제는 크기가 가변적인 배열을 가지고 이중 포인터의 사용의 예를 알아보자. 예제에서 크기가 가변적인 오목 게임이 있을 때 오목 좌표는 2차원 형태의 평면이 된다. 크기가 정해지면 행과 열의 크기에 맞게 동적으로 메모리 할당하여 오목 좌표를 설정한다. 우선 배열 중에서 행의 포인터를 저장하기 위해 이중 포인터 변수에 행의 크기에 맞게 포인터 타입으로 할당된 주소를 저장한다. 이후 각 행의 포인터 변수에 열의 크기만큼 할당된 주소를 각각 저장한다.

[예제 7.2-L]

```cpp
#include <iostream>
int main()
{
        // 행과 열의 크기를 임의적으로 설정
        int width = 3, height = 5;

        char** OmokCell;

        // 각각 행의 포인터를 저장하기 위해 메모리 할당
        // new 연산자의 데이터 타입 : char*
        // new 연산자 반환 타입은 데이터 타입에 대한 포인터 : char**
        OmokCell = new char* [width] ;

        // 열의 크기에 따른 메모리 할당하고 주소를 저장함
        for (int i = 0; i < width; i++) {
                OmokCell[i] = new char [height];
        }

        //OmokCell 메모리 할당된 주소 출력
        for (int i = 0; i < width; i++)
                std::printf("0x%X ", OmokCell+i);

        std::cout << "\n";

        //OmokCell : 열의 크기에 할당된 주소 출력
        for (int i = 0; i < width; i++)
                std::printf("0x%X ", OmokCell[i]);

        // 각각의 해당 지점을 초기화를 수행
        for (int i = 0; i < width; i++)
```

```
              for (int j = 0; j < height; j++)
                      OmokCell[i][j]= 1;

          return 0;
   }
```

예제에서 행과 열의 크기를 임의적으로 설정했지만, 실제는 크기가 가변되도록 할 수 있을 것이다. 여기서 이중 포인터에 주소를 저장할 때 **new** 연산자로 통해서 수행하는데 new의 데이터 타입은 포인터 타입이 된다. 즉 데이터 타입의 크기는 시스템이 정하는 주소가 저장되는 크기의 바이트(4 또는 8바이트)가 되고 배열로 설정했기 때문에 시작 주소에서 저장된 값의 주소에서 일정 크기만큼 증가한 주소가 저장된다. char*라고 되어 있어서 char의 크기라고 생각하면 안 된다. 다시 한번 이야기하지만 주소가 저장되는 크기는 이미 정해진 크기를 가지고 있다.

[그림 7.10]

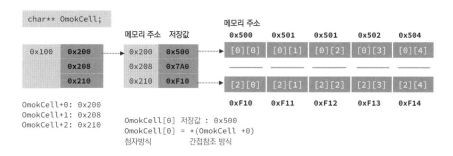

배열과 포인터 관계를 그림으로 살펴보면 이중 포인터에 행에 대한 메모리를 할당하는데 할당 시 포인터 타입이며 배열을 가지고 있기 때문에 시작 주소에서 주소 크기의 바이트 즉 여기서는 8바이트씩 증가하면서 주소가 저장된다. 그리고 각 행의 대한 열의 데이터를 위해 루프문을 실행되면서 각각 메모리가 할당되는 주소를 저장한다. 각 행의 대한 주소는 일정할 수 없다. 이것은 루프문에서 각각 **new** 연산자가 실행되는 것으로 일정한 간격으로 할당되지는 않는다. 물론 이런 주소가 어떤 값을 갖는지는 중요한 사항은 아니다. 크기가 변동되는 2차원 배열을 위한 데이터 설정을 위해서 우리가 이중 포인터를 어떻게 활용하는지를 아는 게 중요하다.

다음의 예제는 다중 언어 지원을 위한 언어를 선택하는 경우에 이중 포인터가 어떻게 사용되는지 보여준다. 여기서는 두 개 언어만 표현하고 있지만 다수 언어가 사용될 수 있다. 각각의 인어는 여러 문자열을 포인터 배열로 저장하고 있다. 그리고 하나의 언어가 선택되면 이중 포인터 변수에 저장되고 변수의 첨자에 따라 해당 문자열이 출력된다. 물론 이 예제는 x, y 좌표 평면과 유사한 2차원 배열과 다르게 보일 수 있는데 중요한 것은 논리적으로 행과 열로 나누어져 있는 데이터를 고려해 보면 어느 정도 속성이 동일하다고 간주할 수 있다.

[예제 7.2-M]

```cpp
#include <iostream>
const char* kor[] =
{
        /* index */ /*string*/
        /* 0 */ "안녕",
        /* 1 */ "좋은 아침",
        /* 2 */ "잘 가",
};

const char* eng[] =
{
        /* index */ /*string*/
        /* 0 */ "Hi",
        /* 1 */ "Good Morning",
        /* 2 */ "Good Bye",
};

// 선택된 언어의 포인터를 저장하는 이중 포인터
const char** language;

void DefaultLangauge()
{
        language = kor;
}

int main()
{
        DefaultLangauge();

        std::cout << language[0]<<"\n";     // 출력 : 안녕
        std::cout << language[1];           // 출력 : 좋은 아침
        return 0;
}
```

7.3 참조형 타입

& 연산자는 비트 연산자로 사용되고 또한 어드레스 연산자로 이용된다. 이것과 별도로 변수 선언 시, 포인터 역할을 하게 하는 **참조형(reference) 타입**으로 중요한 기능을 가진다. 참조형 타입은 기존 선언된 것에 대한 하나의 **별칭**(alias)으로 역할을 하게 되어 초기화 작업은 필수이다. 참조형 타입의 주요 기능은 **초기화 시 설정된 변수와 같은 메모리 주소**를 가지게 되어 값을 변경 시 동시에 같이 반영된다. 일반 변수로 사용할 수 있고, 함수의 파라미터 또는 함수의 반환 타입에도 사용이 가능하다. 참조형 타입은 초기화를 하는 대상에 따라 두 가지 종류를 가진다.

> **참조형 타입**
> 데이터타입 & 변수이름;   // lvalue 참조
> 데이터타입 && 변수이름;   // rvalue 참조

일반 변수 및 포인터 변수를 선언하면 값을 저장하기 위해 메모리가 할당되면서 자신의 주소를 갖게 된다. 이것을 달리 말하면 객체가 만들어졌다고 한다. 그런데 참조형 타입은 별도로 할당이 되는 것이 아니라 선언 시 자신의 분신이 되는 초기화 대상의 주소를 가지며 원본의 대상과 주소를 같이 하는 하나의 개체가 된다.

[그림 7.11]

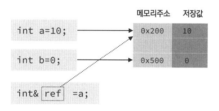

7.3.1 lvalue 참조형

예제에서 참조형 타입을 선언하면서 이미 선언된 변수로 초기화를 하였다. 이후 참조형 변수는 초기화된 대상과 동일한 방식으로 처리되어 연산이 이루어진다. 초기화 이후에는 다른 변수로 참조형 타입의 대상을 변경할 수는 없다. 참조형 타입은 초기화의 대상과 같이 태어나고 그 대상과 운명을 같이한다.

```
int a=10, b=0;
int& ref = a;        // a 변수를 사용해 참조형 타입 ref 변수 초기화. ref 값 : 10
a++;                 // ref 값 : 11
```

```
ref = b;                    // ref 값 : 0 . a 값 0
b++;                        // ref 값 : 0 . ref는 a 변수만 참조함. 초기화 이후 변경이 안 됨
```

참조형 타입은 반드시 선언과 동시에 초기화를 수행해야 된다고 언급했는데 다만, 클래스 데이터 멤버로 선언될 경우에는 초기화를 하지 않고 생성자에서 진행한다. 그리고 함수의 파라미터 또는 반환형으로 참조형 타입이 선언될 때에도 별도로 초기화를 하지 않아도 된다. **const** 또는 **volatile** 지정자가 사용된 타입은 참조 대상으로 허용되지 않는다. **참조형 타입(lvalue 참조)**에 대한 초기화의 대상은 숫자와 같이 상수값으로는 초기화할 수 없다. 그런데 const 지정자를 함께 사용하면 가능하다.

```
const int a=0;
int& b=a;                   // 에러 발생. 참조 대상이 const 지정자가 사용되었음

int& c=10;                  // 에러 발생. 초기화 대상에서 상수는 허용되지 않음
const int& con=10;          // OK

int i=0;
double& ref =i;             // 에러 발생. 타입이 일치해야 함. 내부적인 변환이 일어나지 않음
```

참조형 타입은 포인터 역할을 하면서 사용법은 초기화된 대상과 완전히 동일하여 편리하다. 이런 측면에서 보면, 포인터 타입은 대상의 주소를 변경하면서 사용할 수 있는 이점이 있지만 사용할 때에 포인터 타입의 특성에 따라 간접 참조를 통해서 대상을 가져올 수 있기 때문에 사용 용이성은 참조형 타입과 비교하여 떨어진다. 뿐만 아니라 사용의 안전성을 고려해 보면 포인터의 대상이 항상 유효한 주소를 가지고 있다고 보증할 수 없기 때문에 사용 전에 포인터 타입을 체크해야 되는 추가 작업이 요구된다.

```
int a=10,b=0;
int* ptr = &b;              // 포인터 타입
int& ref = a;               // 참조형 타입
ref++;                      // 참조형 타입은 초기화 대상과 사용법이 동일함
(*ptr)++;                   // 포인터 타입은 간접 참조를 통해 대상에 접근함
```

사용된 예제에서 바로 선언된 변수를 대상으로 하는 참조형 타입의 변수로 사용하고 있는데 실제로 이런 형태로 이용되지는 않는다. 굳이 이렇게 번거롭게 할 필요가 없기 때문이다. 이런 경우보다는 기존에 선언된 변수를 간략한 이름으로 대체할 때 사용되거나, 함수에 파라미터 또는 반환 타입으로 참조형 타입이 주로 사용된다. 함수의 파라미터 타입을 포인터로 선언하는 경우와 달리 참조형 타입은 참조된 대상과 동일하게 접근하기 때문에 코드의 가독성이 좋아진다. 이와 아울러 더 중요한 이유는 규모가 큰 클래스나 구조체의 파라미터를 함수에 전달할 때 전달된 파라미터를 복사하는 시간이 오래 걸릴 수 있는데, 참조형 타입으로 넘겨주면 해당 포인터만 인자로 전달된다. 이런 특징은 포인터 타입으로 함수의

인자를 넘기는 것과 유사하고 함수의 인자를 복사하는 비용의 최소화를 통해 성능의 높은 효율을 얻는다. 참조형 타입은 함수의 인자로 사용하여 효율성과 코드의 용이성의 두 가지 장점을 가지고 있다. 또한 함수 인자가 변경되지 않을 때는 **const** 키워드를 사용한다. 이런 경우는 표준 클래스 템플릿의 멤버 함수에서 매우 자주 볼 수 있는 형태가 된다.

```
struct st{
        int x[100];
        int y[100];
};
// 아래는 포인터 및 참조형 타입의 파라미터가 사용된 함수
// 공통적으로 함수 인자의 복사비용이 최소화가 됨
// 참조형 타입은 원본 대상과 사용법이 동일함
```

```
//참조형 타입
void func( st& ref)
{
        ref.x[0];
        ref.y[0];
}
```

```
// 포인터 타입
void func( st* ptr)
{
        ptr->x[0];
        (*ptr).y[0];
}
```

```
// const 참조형 타입
void func( const st& ref)
{
        // 내용 생략
}
```

```
int main()
{
        st a ;

        // 선언된 변수의 이름을 간략히 하는 데 사용
        auto& x0 = a.x[0];
        auto& y0 = a.y[0];

        // 참조형 타입 함수 호출
        func(a);
        return 0;
}
```

참조형 타입으로 선언된 변수는 기존 선언된 변수의 어드레스를 같이 공유하기 때문에 값을 대입할 수 있는 **lvalue** 유형에 속한다. 따라서 참조형 타입의 변수에 연산식 결과를 저장할 수 있는 것뿐만 아니라,

함수의 반환 타입이 참조형을 가지면 함수 반환 후에 값을 대입할 수 있다. 이런 형태는 클래스의 멤버 함수에서 자주 사용되는데 클래스의 데이터 멤버를 가져오거나 변경할 때 주로 이용된다. 물론 함수 앞에 **const** 지정자를 사용하면 반환되는 값을 변경할 수 없게 된다. 이것은 참조형 타입을 함수의 파라미터로 사용해 복사 비용을 줄이고 인자를 변경되지 못할 때 사용하는 것처럼, 반환 시에도 복사 비용을 줄이고 반환값을 그대로 유지하려고 할 때 사용된다. 참조형 반환 타입을 사용하는 경우에 알아두어야 할 것은 반환되는 변수가 로컬 변수가 사용되면 함수 호출이 완료되는 시점에 사용된 메모리가 해제되기 때문에 주의가 필요하다는 것이다. 따라서 참조형 반환 타입은 전역 변수를 이용하거나 동적으로 할당된 변수가 대상이 되어야 한다.

[예제 7.3-N]

```cpp
struct st{
    int ar[10]={0};

    // 참조형 반환 타입. 전역 변수인 배열 ar의 한 원소가 반환됨
    int& ChangeArray(int index)
    {
        return ar[index];
    }

    // 하기는 로컬 변수가 사용된 참조형 반환 타입으로 함수 호출 시 오동작 발생할
    // 수 있음
    int& GetValue()
    {
        int a=10;
        return a;
    }
};

int main()
{
    st mydata;

    int a = mydata.ChangeArray(0);

    // 하기 함수 호출은 배열 ar[1] = 10와 같음
    mydata.ChangeArray(1) = 10;
    return 0;
}
```

7.3.2 rvalue 참조형

임시 객체 또는 연산 후 결과 식을 참조형 타입의 초기화 대상으로 사용하기 위해서는 참조형 타입의
기호 **&&** 두 개를 사용하는 **rvalue 참조형**이 이용된다. 이전에 기술된 lvalue 참조형 타입에서 상수 및
연산 결과는 초기화 대상이 되지 않는다. 그런데 rvalue 참조형 타입에서 이것이 가능하다. 즉 &의 사용
개수에 따라 초기화 대상이 서로 달라진다.

[예제 7.3-0]

```
int func()
{
        return 10;
}

int main()
{
        int a = 0;
        int& refL = a;              // lvalue 참조형

        int&& refR1 = a ;           // 에러 발생. 변수는 rvalue 참조형의 대상이 될 수 없음
        int&& refR2 = a + 1;        // OK. 연산 결과는 rvalue 참조형의 대상
        int&& refR3 = func();       // OK. 함수 반환 값 rvalue 참조형
        return 0;
}
```

예제는 각각의 참조형 타입이 어떤 대상을 취하는지를 보여 주고 서로 분명히 다른 참조형 타입을 가지
는 것을 나타낸다. 이렇게 서로 다른 두 가지 참조형 타입의 실제 사용의 예는 함수의 파라미터로 이용될
때이다. 함수의 오버로딩을 하는 경우에 (오버로딩은 함수 절을 참조) 함수의 파라미터 타입을 각각 참조
형 타입으로 나누어서 처리 방식을 다르게 하여 효율적인 작업을 하기 위해서이다. 참조형 타입이 함수
의 파라미터로 사용되면 복사비용의 최소화로 인한 장점이 있기 때문에 이것이 주된 사용의 이유라고 기
술했다. 그런데 참조형 타입은 두 가지로 나누어져 있어서 lvalue 참조형 타입을 가지는 함수만 있으면 다
른 rvalue 참조형 타입으로 함수 호출이 되지 않아 두 가지 종류에 각각 함수 오버로딩을 해야 한다. 그리
고 이런 형태는 표준 클래스 라이브러리의 멤버 함수에서 매우 자주 볼 수 있는 경우가 되겠다.

```
struct st{
        // 내용생략
};

st koo() { return st() ; }
```

```
// lvalue 참조형 타입의 파라미터 함수. lvalue 참조형 타입의 인자만 호출 가능
//void foo(st& a) {}

// 아래의 두 종류의 참조형 타입 함수 없이 일반 타입의 함수만 단독으로 선언을 해도 정상
// 동작함. 다만 함수 인자의 복사비용 관련해서 상황에 따른 간접적인 비용이 발생함
// void foo(st a) {}

void foo(st& a) {}         // lvalue 참조형 타입
void foo(st&& a) {}        // rvalue 참조형 타입

int main()
{
        st a ;

        foo(a);            // lvalue 참조형 타입 함수 호출
        foo(koo());        // rvalue 참조형 타입 함수 호출

        return 0;
}
```

8

변수 초기화

변수를 선언과 함께 값을 설정하는 것을 **초기화(initializer)**라고 한다. 변수를 초기화하는 여러 방식 중에 보통 **대입 수식**을 통하는 것이 직관적이고 여러 코드에서 쉽게 볼 수 있다. 또한 **중괄호 {}** 사용 방식을 통해 배열 및 클래스 객체를 초기화를 한다. 다른 방법으로 함수 호출 방식과 유사한 **괄호 ()**를 사용하는 방법이 있다. 이런 방식들은 변수 및 클래스 객체를 초기화에 사용되고 **생성자 초기화 리스트**에도 이용이 된다. 하기는 사용 방법이다.

초기화
    대입수식
    괄호초기화
    중괄호초기화

대입 수식 :
    = 초기화식

괄호 초기화 :
    (초기화_리스트)

중괄호 초기화 :
    { 초기화_리스트_옵션 } 또는 = { 초기화_리스트_옵션 }
    { 지정_초기화_리스트, _옵션 } (since C++20)

```
int a = 10;         // 대입 수식 초기화
int a1 (10);        // 괄호 초기화 : 하나의 수식 사용, 여기서는 상수값
int a2 { 10 };      // 중괄호 초기화
int a3 = { 10 };    // 대입 중괄호 초기화

int b = a;          // 선언된 변수를 대입하여 초기화
int c(a+10) ;       // 괄호에 수식을 넣어 초기화
```

위의 예제에서 변수 초기화는 대입 방식을 취하거나 **한 개의 수식**을 갖는 **중괄호** 또는 **괄호** 방법을 사용하고 있다. 중괄호 초기화는 **대입연산자와 같이 사용이 가능하다.** 기본 타입의 변수인 경우에 중괄호나 괄호에 초기화를 하려는 한 개의 값을 넣게 되면 결과는 같아서 어는 것을 사용해도 문제가 없다. 하지만 괄호 또는 중괄호 초기화는 여러 조건에 따라서 동일하게 적용이 안 되고, 각각의 사용 방식이 요구되는 상황이 생길 수 있으니 주의 깊게 살펴봐야 된다. 초기화 방식이 여러 형태를 가지면서 다양한 조합이 생길 수 있다 보니 조금은 복잡해 보일 수 있다. 그런 상황에 맞게 컴파일러가 어떻게 동작할 지를 규격에서 정의하고 각각에 부합하는 초기화 관련 용어를 만들었다. 그런데 이것은 내부적으로 시스템이 처리하는 것으로 우리가 정확하게 알아야 할 것은 선언된 변수를 사용 전에 일정 값을 가져야 하기 때문에 초기화가 선행되어야 한다는 것이다. 위에서 기술된 여러 방식 중에 어떤 것을 사용하든 일

정 값으로 초기화를 하면 문제없이 해당 값으로 변수가 초기화 값을 가진다는 것이다.

8.1 기본 및 값 초기화

변수 선언할 때 초기화식이 생략되면 내부적으로 **기본 초기화**(default initialize)를 실행하며 다음의 역할을 하게 된다. **static 지속 기간**의 특성을 가지는 전역 변수나 static 변수는 기본 초기화를 0으로 실행하고 포인터 형태의 변수일 경우 **nullptr**로 문자열은 '\0'로 초기화되고 배열 형태를 가지면 모든 요소를 0으로 설정한다. 클래스 타입은 파라미터를 가지지 않는 **기본 생성자**가 호출되는 형태로 기본 초기화를 수행한다. 로컬 변수 또는 동적으로 할당된 것은 임의에 중간값을 가진다.

[예제 8.1-A]

```cpp
#include <iostream>
struct Point
{
        int x;
        int y;
};

int a;    // 전역 변수 0으로 초기화됨

int main()
{
        int b; // 임의의 값을 가짐

        std::cout << "a = "<<a ;    // a = 0 출력됨

        Point p;                    // 기본 생성자가 호출됨

        return 0;
}
```

괄호나 중괄호에 수식 없이 공란으로 두고 진행할 때 각각 방식이 틀려진다. 먼저, **중괄호**에 어떤 수식도 없을 경우에는 다음처럼 실행된다. 기본 타입, 열거형 타입, 포인터 타입 등의 변수는 0으로 초기화를 하고, 클래스 타입인 경우에는 기본 생성자가 있으면 해당 생성자를 호출하고, 별도의 기본 생성자가 없고 기본 생성자를 **default**로 설정하거나 내부적으로 만들어지는 경우에는, 클래스의 모든 멤버들은 0으로 초기화된다. 이것을 **값 초기화**(value initialize)라고 한다.

그다음, **괄호**의 경우에는 위에 사용 방식에 기술된 것 같이 **괄호 안에 필요한 수식이 반드시 들어가야 한다.** 공란으로 두면 **함수 선언으로 인식되어 변수로 사용할 수가 없다.** 그런데, 괄호 안의 공란은 함수로 인식되는 것으로 결론을 내고 집에 가면 좋겠는데, 다른 예외 사항들이 있어 집에 가다가 돌아오는 상황이 생겨서 문제가 된다. **명시적 타입 변환, new 연산자, 클래스 생성자 초기화 리스트**에서는 괄호에 공란으로 두게 되면 위에 설명된 **값 초기화**를 하게 된다. 상세 내용은 해당 장을 참조한다.

[예제 8.1-B]

```
#include <iostream>
struct Point
{
        int x;
        int y;
};

struct A
{
        int x;
};

int main()
{
        int a{};           // 빈 중괄호 초기화
        std::cout << "a = " << a << "\n";                    // 출력 a = 0

        A x{};// 빈 중괄호 초기화

        // 출력          Class A member x= 0
        std::cout << " Class A member x= "<< x.x <<"\n";

        // 하기는 초기화가 아니라 함수 선언으로 인식됨. 괄호 안에 반드시 수식이 있어야함
        int b();
        Point p();

        b = 10;                                              // 에러 발생.

        // 명시적 타입 변환 : 0으로 초기화됨
        int c = int();

        // 명시적 타입 변환 : Point의 멤버들은 0으로 초기화됨
        Point p1 = Point();
        std::cout << "p1.x = "<<p1.x << "\n" ;       // 출력 p.x = 0
        return 0;
}
```

8.2 배열 형태의 초기화

중괄호 또는 괄호 방식에서 여러 수식을 나열하여 초기화를 할 수 있는데, 먼저 **중괄호** 방식을 살펴보자. 배열 같은 변수에 중괄호를 사용해 배열 크기 내에 맞게 초기화를 하는 것은 전형적인 방법이다. 중괄호 내에 선언된 수식의 순서에 맞게 배열 요소에 차례대로 설정이 되고 배열 크기보다 작게 수식이 있으면 그 나머지는 0으로 초기화된다. 그리고 초기화식이 배열 크기를 넘어서면 에러가 발생한다. 한편, 배열 크기를 설정하지 않고 중괄호 초기화를 하게 되면, 중괄호 안에 수식의 개수가 배열 크기가 된다. 이때는 중괄호 안에 반드시 하나 이상의 수식이 들어가야 된다. 2차원 배열의 초기화는 중괄호 안에 다시 중괄호를 넣어 값을 설정할 수 있다. 여기서 안의 중괄호를 생략하면 배열의 순서에 따라 값이 지정이 되고 순서에 없는 것은 0으로 값이 설정된다. 이런 방식은 **new** 연산자를 사용할 때 배열을 지정하고 값을 초기화할 때도 같이 적용된다.

[예제 8.2-C]

```cpp
#include <iostream>
int main()
{
        int a[5] = { 1,2,3,4,5 };
        // 배열의 첫 번째, 두 번째의 요소에 각각 초기화 값이 차례대로 설정되고
        // 나머지는 0으로 됨
        int b[5] = { 1,2 };

        for (int i=0; i < 5; i++) {
                std::cout << b[i] << " ";        // 출력 : 1 2 0 0 0
        }

        // 에러 발생 : 배열 크기를 넘어선 초기화는 안 됨
        int c[5] = { 1,2,3,4,5,6 };

        // 배열은 6개의 크기를 가짐
        int d[] = { 1,2,3,4,5,6 };

        // 에러 발생. 크기를 설정하지 않은 배열은 중괄호 안에 하나 이상의 수식이 필요함
        // gcc에서는 정상 동작
        int e[] = { };

        // ar[0][0] = 1 , ar[0][1]=2 ... ar[1]2]=6
        int ar[2][3] = { {1,2,3},{4,5,6} };

        // 중괄호 안의 중괄호를 생략함.
        // ar1[0][0]에서 시작하여 값을 차례대로 각각의 배열들이 값을 가지게 됨
```

```
                int ar1[2][3] = { 1,2,3,4,5,6 };

                // new 연산자 사용. 다섯 개의 배열 중에 두 개만 초기화되고 나머지는 0을 가짐
                auto ptr= new int [5] {1,2};
                return 0;
        }
```

배열이 아닌 클래스 타입에도 배열처럼 **중괄호**를 사용해 초기화를 할 수 있다. 이때는 특정한 형태의 클래스가 되어야 가능하다.

- 사용자가 정의한 생성자 또는 상속 받는 생성자가 없어야 됨
- 항상 접근 가능한 멤버가 사용되어야 함
- 가상함수가 없어야 됨
- 부모 클래스에 항상 접근 가능한 형태를 가져야 됨

위 특성을 가진 클래스는 보통 **C 언어**에서 자주 사용되는 구조체가 하나의 예가 될 것이다. C++에서는 **클래스**(class)와 **구조체**(struct)가 하나로 통합되어 처리되고 있다. 멤버에 대한 접근 권한이 틀린 것을 제외하고는 기능은 같다. **구조체**는 멤버의 접근 권한이 기본적으로 어디에서나 사용 가능하다. 반면, **클래스**는 기본권한이 클래스 내부에서만 사용할 수 있다. (자세한 것은 관련 장을 참조한다.) 중괄호 안에 선언된 순서대로 해당 클래스의 멤버가 초기화가 된다. 생략하면 나머지는 0으로 값이 설정된다.

배열은 순서가 명확하게 보이지만 클래스 타입은 여러 멤버들이 선언되다 보면, 중괄호 초기화 시 어떤 멤버가 값이 어떻게 설정되는지 확인하기 어려울 때가 있다. 그래서 초기화 시 도트 연산자 .와 해당 멤버이름과 같이 설정을 하게 되는데 이것을 **지정 초기화 리스트**(designated initializer list)라고 한다. (since C++20) 이것은 위에 언급한 특수한 형태의 클래스에서만 적용된다.

[예제 8.2-D]

```
        #include <iostream>

        struct Member{
                int age;
                bool man;

                // C++11까지
                // 어떤 데이터 멤버라도 초기화를 하게 되면 아래의 중괄호 초기화 방식에 에러가
                // 발생
```

```
            // C++14 이후
            // 멤버 초기화를 하여도 아래의 중괄호 초기화 방식이 가능함
            int phone=0;

            // 일반 함수
            void f();
    };
    int main()
    {
            // 중괄호 초기화 방식
            // 클래스 초기화 m.age= 30 , m.man = true , m.phone = 123456
            Member m = {30, true, 123456};

            // 멤버 age = 30 설정, 나머지는 0의 값을 가짐
            Member m1 = {30};

            // since C++20
            // 멤버 지정화를 통한 초기화. 이때 선언된 멤버 순서대로 진행해야 함
            // 대입을 통해서도 가능하고 중괄호도 가능. [ex] . age {30}
            Member m2 = {.age= 30, .man= true, .phone=123456};

            // 순서대로 초기화가 되어야 함
            // Member m2 = {.man= true, .age= 30, .phone=123456};

            // 지정 초기화와 일반 중괄호 초기화가 혼합돼서는 안 됨
            // Member m2= {.age= 30, .man= true, 123456};
            return 0;
    }
```

배열과 위에 기술된 구조체형태의 클래스 타입에 대해 **C++20 이전까지는** 괄호 초기화를 할 수 없었다. 그러나 **C++20 이후부터** 괄호 초기화가 가능하다. 사용 방식은 동일하고 중괄호 대신에 괄호로 대체 된다. 다만 **지정 초기화 리스트는 허용되지 않는다.**

[예제 8.2-E]

```
    #include <iostream>

    struct Member{
            int age;
            bool man;
            int phone;

            // 일반 함수. 생성자 함수를 만들게 되면 중괄호 초기화가 되지 않음
            void f();
```

```cpp
};
int main()
{
    // since C++20
    // 배열 및 구조체 형태의 클래스 : 괄호 방식의 초기화
    int a[5] ( 1,2,3,4,5 );
    int b[5] ( 1,2 );

    for (int i=0; i < 5; i++)
    {
        std::cout << b[i] << " ";              // 출력 : 1 2 0 0 0
    }

    Member m (30,true,123456);
    // 멤버 age = 30 설정, 나머지는 0의 값을 가짐
    Member m1 (30);

    return 0;
}
```

일반 형태의 클래스에 대한 중괄호 및 괄호 초기화를 살펴보자. 보통 클래스에서는 생성자를 통해 데이터 멤버들의 초기화가 실행이 되며 생성자도 함수이기 때문에 파라미터가 다른 여러 생성자를 가진다. 따라서 클래스를 생성 시 초기화를 하는 경우, 함수를 호출하는 것처럼, **클래스에 정의한 생성자에 맞는 파라미터에 맞게** 중괄호 또는 괄호에 넣어 초기화를 수행하면 된다. 이 형태의 초기화는 생성자 중에 하나가 선택되도록 그에 맞는 초기화식을 괄호나 중괄호에 나열하는 것이 중요하다. 하기는 생성자의 파라미터에 일치하는 초기화식을 넣어 클래스 타입의 변수를 선언하고 있다. 모양만 보면, 위에 언급한 특정한 형태의 클래스의 초기화와 비슷해 보이지만, 여기서는 **클래스의 멤버와 상관없이 생성자가 호출되기 때문에,** 초기화를 하는 식이 그에 부합한 생성자가 있어야 에러 없이 진행이 된다. 생성자의 파라미터 목록과 다르게 중괄호 또는 괄호 초기화를 하게 되면 일치하는 생성자를 찾을 수 없다는 에러가 발생한다.

[예제 8.2-F]

```cpp
struct Member {
    int age;
    bool man;
    int phone ;

    // 여러 생성자들
    Member(int a) {}
    Member(int a, bool m, int p) {}
```

```
        };

        int main()
        {
                Member m1 {30};                // Member(int a) 호출됨
                Member m2 (30);                // Member(int a) 호출됨
                Member m3= {30,true,123456};   // Member(int a, bool m, int p) 호출됨
                Member m4 (30,true,123456);    // Member(int a, bool m, int p) 호출됨

                // 명시적 타입 변환의 초기화
                Member m5 = Member(30);

                // 클래스 배열 : 초기화식을 중괄호 안에 넣어 사용하면 됨
                Member mm[] = { {30,true,123}, {20}, {10} };

                // 에러 발생 : 일치하는 생성자가 없음
                Member m5 (30,true);

                return 0;
        }
```

여기서, 중괄호나 괄호 초기화 방식은 서로 같은 결과를 가져온다. 괄호 초기화는 함수 호출과 유사하여 클래스 타입의 변수를 선언하는 경우, 생성자 함수를 부르는 것 같아 사용성에서 일관성을 가져온다. 한편, **중괄호 초기화**는 괄호 방식과 같지만 초기화시 데이터 타입에 관해서 내부적인 처리가 되는 타입 변환의 제한을 두고 있기에 초기화식이 선언된 변수 타입에 맞게 설정해야 한다.

하기처럼 데이터 타입의 크기가 작아지는 **축소 변환**(narrowing conversion)은 **중괄호 초기화**를 할 때 에러가 발생한다.

- float 타입에서 정수(int) 타입
- long double에서 double 타입
- 정수 타입에서 float 타입 (상수식을 가지며 변환 시 크기에 문제가 없으면 가능)
- signed 정수에서 unsigned 정수 타입 (상수식을 가지며 변환 시 크기에 문제가 없으면 가능)
- 포인터 타입에서 bool 타입

```
        struct Point
        {
                int x;
                int y;
```

```cpp
    };

    int main()
    {
        int a {1.0};              // 에러 발생. float to int 변환
        int a1 (1.0);             // OK

        char b { 200 };           // 에러 발생. 크기가 char 타입(-128~128) 범위를 벗어남
        unsigned int c{ -1 };     // 에러 발생. unsigned to signed 변환

        float d { 10 };           // OK. 상수식이며, 변환을 해도 크기가 축소되지 않음
        int x = 10;

        // 에러 발생. x는 상수식 아님 const int x = 10이면 OK
        // gcc 에서는 경고로 처리함
        float d1 { x };

        // 에러 발생. 컴파일러별로 경고로 처리하는 경우가 있음
        int aa[2] = { 1, 2.0};
        Point p { 1, 2.0 };

        return 0;
    }
```

9

함수

함수란 어떤 정해진 기능을 수행하는 하나의 프로그램 단위이다. 현재 시간을 알려 주는 간단한 함수부터 연산이 복잡한 기능을 가지는 함수도 있다. 여러 기능을 담당하는 부분을 각각 나누어 함수로 만들어 사용하게 되면 코드의 가독성도 높이고 각 기능에 맞게 재사용이 가능하여 편리한 점이 많이 있다. **함수는 선언과 정의를 나누어서 하게 된다.** 물론 함수 선언과 동시에 정의하는 경우도 있다. 함수를 호출하는 시점에 함수가 미리 선언되어야 한다.

9.1   선언 및 정의

하기는 일반적인 함수 선언 및 정의하는 형식이다. 하기 형식은 클래스의 멤버 함수에도 동일하게 적용되며 클래스의 **멤버 함수**에서는 몇 가지 지정자가 추가된다. 관련 사항은 클래스의 멤버 함수 절을 참조한다.

함수 선언
함수특성_지정자_{옵션} **반환타입 함수이름(파라미터_리스트**_{옵션}**) 예외처리_지정자**_{옵션}**;**

함수 정의
함수특성_지정자_{옵션} **반환타입 함수이름(파라미터_리스트**_{옵션}**) 예외처리_지정자**_{옵션} **함수본체**

함수특성 지정자:
  inline, static, constexpr, consteval (since C++20)

반환 타입:
  데이터 타입(아래에서 기술됨)

예외처리 지정자:
  noexcept(수식)
  noexcept

함수 본체:
  { // 구현 내용 }

아래의 예제에서 **int**는 함수의 반환 타입이 되고, **max**(int a, int b)는 함수 원형으로 각각 함수이름과 파라미터 리스트로 나누어진다. 그리고 중괄호 블록 ⦃⦄은 **함수 본체**(function body)가 된다. 함수의 반환 타입은 필수적으로 선언되어야 한다. 그런데 함수가 값을 반환하지 않는 경우에는 **void**로 설정한다. 그리고 함수가 파라미터를 갖지 않으면 괄호 안을 비워두거나 **void**로 지정할 수 있다. 한편, 함수가 가지

는 의미를 달리 이야기해 보면 함수는 일정 기능을 수행하는 것을 하나의 단위로 만들어 결과를 만들어 내는 **정형화** 특성을 가진다. 그리고 함수 본체에서 연산 작업이 있는 경우에 함수의 파라미터를 사용해 **일반화** 특징도 갖는다. 이것은 다음에 이야기할 함수 타입을 결정하는 요소가 된다.

```
// 함수 선언
int max(int a, int b);

// 함수 정의
int max(int a, int b)
{
        return a>b ? a : b ;
}

void func();   // void 반환 타입
```

여기서 함수의 **반환 타입, 파라미터 리스트 및 예외 처리 지정자**는 **함수 타입**(function type)을 결정한다. 이 말은 함수 선언과 함수 정의하는 부분의 함수 타입이 일치해야 된다는 것이다. 여러 함수 중에서 어느 하나라도 다르게 되면 함수 타입도 서로 같지 않다고 볼 수 있다. 함수 이름이 서로 다르고 동일한 반환 및 파라미터 리스트를 가지고 있으면 서로 같은 함수 타입을 가진다고 본다. 우리가 함수 타입을 직접적으로 다루기보다는 함수를 가리키는 포인터로 만들어서 해당 함수를 연산에 이용한다. 또한 내부적으로 일정의 함수 타입을 가진 함수는 함수 포인터로 변환이 되고 서로 호환되면서 수식에 이용된다. 중요한 것은 함수 타입과 함수 포인터는 서로 엄연히 다른 타입으로 분류되고 편의상 연산이 수행될 때 변환되면서 사용되는 것이다. 이와 관련된 것은 다음에 설명된다.

함수의 형식은 매우 간단하다. 그래서 사용하는 데 있어 매우 자유롭다. 함수의 형태보다는 사실 어떻게 함수의 반환 타입 및 파라미터를 구성하고 함수의 실제 내용을 구현할지가 중요하다. 파라미터 리스트는 상황에 따라 없을 수도 있고 여러 리스트를 가질 수 있다. 이것은 순전히 구현 방향에 따라 정해진다. 그리고 구현 시 내용이 길어지면 다른 곳에서 재사용할 수 있도록 일정 부분을 함수로 만드는 것이 더 좋은 코딩 방식이라고 생각된다. 함수의 형식에 대해서는 쉽게 이해할 수 있을 거라 본다. 다만 함수의 반환 및 파라미터 타입의 설정 관련해서, 사용상 약간의 주의를 해야 될 경우에 대해 기술하겠다.

함수의 **반환 타입**은 기본, 클래스, 열거형, 포인터 및 참조형 타입이 가능하다. 그러나 배열 타입은 허용되지 않는다. 반환 타입으로 타입을 유추하는 **auto** 키워드가 사용될 수 있으며 반환문인 **return**을 통해서 해당 타입이 결정이 된다. 조건문이 사용되어 여러 반환문이 있을 경우에는 반드시 동일 타입이 반환되도록 해야 한다. 또한 auto가 사용된 함수에서 반환 타입을 명시적으로 나타내기 위해 함수 원형

다음에 화살표 기호 **->**와 데이터 타입을 선언하여, 반환 타입을 명시적으로 나타내는 **후행 반환 타입** (trailing return type) 구문이 사용될 수 있다. 이 구문은 **auto** 반환 타입의 함수에서만 허용된다.

```
int func1();                    // int 타입 반환
int* func2();                   // 포인터 타입 반환
int& func3();                   // 참조형 타입 반환

int x=0;
double pi=3.14;

auto func1() { return x;}        // int 타입 반환
auto func2() ->double            // 후행 반환 타입 구문이 사용됨. 구문을 생략해도 문제는 없음
{
        return pi;
}
auto func3() {}                  // 반환문이 없는 경우에는 void 타입 반환
```

함수의 **반환 타입**으로 일반 객체 형태의 포인터도 가능하지만 **함수 포인터 타입**도 허용된다. 함수 포인터 타입은 일반 포인터 타입의 선언과 다른 형태를 가지기 때문에 포인터에 괄호를 사용하여 이런 선언이 함수 선언이 아니라 포인터 타입이라고 명시적으로 나타낸다. 함수 포인터는 조건에 따라 각각 기능이 다른 함수들 중에 하나가 연결되어 작업을 수행할 때 이용된다. 함수 포인터를 통해서 자신의 정해진 루틴을 독립적으로 처리를 하면서 상황에 맞게 필요한 함수들을 연결해 주는 인터페이스 역할을 한다. 우선 함수 포인터 타입을 변수로 선언하여 동작하는 예제를 살펴보자. 함수 포인터를 선언하고 선언된 함수 중에 하나를 저장하고 해당 함수를 호출한다.

```
// 함수 타입을 가리키는 포인터 변수 선언. 반드시 괄호를 사용해야함
int (*pf)(int cm);
int *func(int cm);              // 이것은 int* 반환 타입을 가지는 함수 선언

int op_one(int cm) { return 0;}
int op_two(int cm);
int op_three(int cm);

int main()
{
        // 포인터 타입 변수에 함수 주소를 대입하고 해당 함수 호출
        // 함수이름이 내부적으로 포인터로 변환됨(function to pointer 변환)
        // 대입하는 함수는 반드시 함수 포인터 타입에 맞게 반환 및 파라미터가 일치해야 함
        pf = op_one;     // pf = &op_one와 같이 함수 이름에 주소 연산자를 사용해도 됨
        pf(0);           // pf(0)와 (*pf)(0) 동일함. 간접 참조를 통한 함수 호출
```

```
        // pf = func;      // 에러 발생. 반환 타입이 맞지 않음
        return 0;
}
```

이번에는 함수 포인터를 함수의 반환 타입으로 사용하는 경우를 알아보자. 이런 타입을 가지는 함수 선언은 조금 복잡해 보인다. 괄호 안에 함수 이름과 해당 파라미터를 가지는 함수 원형이 들어간다. 그리고 반환 타입이 함수 포인터가 되는데 그것은 괄호 앞과 뒤에 필요한 반환 타입과 함수 파라미터 리스트가 놓이게 된다. 사용하기가 어려워 보일 수 있어 좀 더 용이한 방식이 있다. 함수 포인터 타입을 typedef 키워드를 사용하면 간단하게 선언할 수 있고 코드 가독성도 좋아진다. 이때 동일한 기능을 가진 using 선언을 사용해도 같은 결과를 얻는다. 또한 반환 타입을 auto로 설정하여 함수 포인터 타입을 반환할 수 있으며 이때는 후행 반환 타입 구문을 명시하는 것이 가독성 측면에서 도움이 될 것이다.

[예제 9.1-A]

```
int op_one(int cm) { return 0; }
int op_two(int cm);
int op_three(int cm);

// 반환 타입: int (*)(int), 함수 원형: ChooseFunc(char , int)
int (*ChooseFunc(char i, int j)) (int cm)
{
        return op_one;
}
// using 선언. 함수 포인터 타입 재정의
using MyFunPtr = int(*)(int);

// typedef 구문. 함수 포인터 타입 재정의
typedef int (*MyFunPtr)(int cm);

MyFunPtr DecideFunc(char i, int j)
{
        return op_one;
}

// auto 키워드를 사용해 함수 포인터 타입 반환. 후행 반환 타입 사용. 생략가능
auto SelectFunc(char i, int j) -> int(*)(int)
{
        return op_one;
}

int main()
{
```

```
// 함수 포인터 타입 반환.
auto fptr = ChooseFunc(0,1);
fptr(0);

MyFunPtr pfun = DecideFunc(0,1);
pfun(0);

auto ap = SelectFunc(0, 1);
ap(0);

return 0;
}
```

함수 선언을 할 때 **typedef** 키워드를 사용하여 이름을 간단하게 하거나 의미 있는 이름으로 변경하려고 할 때 이용이 된다. 그런데 함수를 정의할 때는 선언된 함수반환 타입을 명확히 나타낸 상태에서 함수 정의가 되어야 한다.

```
typedef int Func(int);
Func MyFunction;              // 함수 선언 : int MyFunction(int);
Func MyFunction {}            // 에러 발생
int MyFunction(int) {}        // 함수 정의
```

함수의 파라미터 리스트는 함수 호출 시 여러 인자로 넘겨줄 때 인자의 타입을 지정하는 역할을 하게 된다. 따라서 함수 호출 시 넘겨주는 인자가 설정된 파라미터 타입과 다르게 되면 에러가 발생할 수 있다. 함수가 호출 되면 해당 인자를 파라미터 타입의 맞게 변수를 생성하여 복사하게 되며 따라서 함수 본체 내에서 해당 파라미터 변수와 같은 이름을 가지는 변수의 선언은 허용되지 않으며, 그런 파라미터 변수는 함수 본체에서만 사용 범위를 갖는다. 함수의 파라미터가 가지는 데이터 타입은 기본, 클래스 및 포인터 타입 등 거의 모든 타입들이 사용 가능하다. 일반적인 파라미터 타입에 대해 함수 선언을 할 때 문제없이 진행되는데, 함수 호출 형태의 **명시적 타입 변환** 방법을 사용하여 함수의 파라미터로 사용하게 되면 그것이 함수 선언인지 아니면 변수 선언이 된 것인지 혼동의 소지가 있어 주의가 필요하다. 그래서 명시적 타입 변환을 통해 변수 초기화를 하려면 중괄호 또는 대입 방식으로 하는 것이 함수 선언과 확실한 구별을 위한 좋은 방법이 된다.

```
int var1 = int();             // 변수 선언. int()을 대입 형태로 초기화
int var2 {int()};             // 변수 선언. int()을 중괄호 형태로 초기화
int var3(int(10));            // 변수 선언.
int var4((int()));            // 변수 선언. 괄호를 두 번 사용.
```

```
int x;
int func1(int());          // 함수 선언. 함수 파라미터 = int(*)() 함수 포인터 타입
int func2(int(x));         // 함수 선언. 함수 파라미터 = int 타입
int func3(int(int));       // 함수 선언. 함수 파라미터 = int(*)(int) 함수 포인터 타입

typedef int (*FunPtr)();
using MyFunPtr = int(*)(int);

FunPtr fp;
MyFunPtr myfp;

func1(fp);                 // 함수 인자 : int(*)() 함수 포인터 타입
func2(0);                  // 함수 인자 : int 타입
func3(myfp);               // 함수 인자 : int(*)(int) 함수 포인터 타입
```

9.2 함수 호출

함수 호출은 해당 함수이름 또는 함수 포인터와 함께 함수의 파라미터 타입과 일치하는 인수를 파라미터 리스트의 수에 맞게 괄호에 넣으면 수행이 된다. 여기서 괄호 ()은 함수 호출 연산자로 괄호 안의 인자를 함수로 넘겨주고 함수가 반환문(return)을 가지고 있으면 해당 결과를 가져오는 역할을 하게 된다. 호출되는 함수는 호출 시점 이전에 선언돼 있어야 한다. 함수를 호출하는 코드에서, 컴파일러는 우선 해당 함수의 이름을 일정 범위 내에서 검색하고 그 함수를 찾게 되면 전달된 인자에 가장 부합하는 함수를 연결한다. 이때 파라미터 타입 또는 파라미터 리스트의 개수가 맞지 않게 되면 함수 호출하는 코드에서 에러가 발생한다. 해당 함수를 찾는 범위는 변환 소스 파일 내에서 찾는다. 특히 네임스페이스 안에 있는 함수는 함수 호출 시 해당 네임스페이스와 범위 지정자 ::을 사용하여 함수를 지정해야 호출 시 문제가 없다. 다른 방법으로는 using 구문을 선언하여 네임스페이스의 안에 있는 전체가 접근되도록 할 수 있다. 이때 같은 함수 원형이 파일 범위 안에 및 네임스페이스 내에 선언되면 함수의 모호성 문제로 함수 호출 시 에러가 발생할 수 있어 이 부분은 약간의 주의가 필요하다.

```
void fun1(int);
void fun2(int, int);

namespace NS{
        void nfun();
        void fun1(int);
};
using namespace NS;
```

```
// 함수 호출
fun1(0);                    // 에러 발생. using 구문으로 모호함 문제
fun2(0, 2);                 // OK
nfun();                     // OK . NS::nfun() : 직접 namespace을 지정해도 문제없음
```

위 예제와는 상황이 다른 **인자 의존**(argument-dependent)하여 함수를 검색하는 경우를 살펴보자. 함수 검색은 파일의 전역 범위 내에서 실행이 되는데 함수 인자에 따라 using 구문으로 네임스페이스를 지정하지 않아도 함수 인자가 해당 네임스페이스와 연관이 되면 그 네임스페이스 있는 함수를 검색하게 된다. 따라서 함수이름 앞에 네임스페이스와 범위 지정자를 사용하지 않아도 정상적으로 해당 함수가 연결되어 사용 측면에서 용이하다. 이 규칙은 함수 템플릿 포함하여 일반 함수에 적용되지만 클래스의 멤버 함수에는 적용되지 않는다.

```
namespace NS {
        struct S { };
        enum em {e1};

        void func1(S s) {}
        void func2(em e){}
}

int main()
{
        NS::S st;
        func1(st);              // OK. NS::func1 호출됨

        NS::em e=NS::e1;
        func2(e);               // OK. NS::func2 호출됨

        return 0;
}
```

예제에서 구조체 S 타입을 인자로 func1()을 호출하면 해당 네임스페이스 안에 관련 구조체가 정의되어 있고 해당 함수가 그런 파라미터 타입을 가지고 있기 때문에 원하는 함수가 검색되고 연결된다. 열거형 타입의 인자도 해당 함수로 검색이 정상적으로 이루어진다. 함수 인자에 의존한 검색의 기준은 함수의 파라미터 타입이 해당 네임스페이스 내에 사용자가 정의하는 타입을 가지고 있을 때 적용된다. 그래서 기본 타입은 시스템이 정하는 타입이기 때문에 이 규칙이 적용될 수 없다. 또한 함수의 파라미터 타입이 다른 네임스페이스에 정의되어 있으면 이때에도 규칙에서 벗어난다.

```
namespace Other
{
        struct A { };
}

namespace NS
{
        void func(Other::A a);
}

Other::A a;
// 에러 발생. 함수 인자의 정의된 타입과 함수가 선언된 네임스페이스의 범위가 다름
func(a);
```

함수 호출 시 인자 관련해서 한 가지 더 알아두어야 할 사항은 함수 호출 시 함수의 인자는 내부적으로 타입 변환이 발생한다. 배열 to 포인터, 함수 to 포인터, 정수 승격 및 소수 to 정수 타입 변환은 자동적으로 이루어지면서 해당 함수를 검색한다.

```
// 하기는 함수의 파라미터 타입이 동일한 형태를 가짐
void func1(int*);
void func1(int []);
void func1(int [5]);

int func2(int);
int funcptr(int(*)(int));

int ar[5];
func1(ar);              // 배열 to 포인터 변환
func2(0.2);             // 소수 to 정수 변환
funcptr(func2);         // 함수 to 포인터 변환
```

9.3   파라미터 기본값

함수 선언 시에 함수 파라미터에 대해 초기화를 통한 **기본값 인자**(default argument)를 설정할 수 있다. 함수 호출 시 인자를 넘겨주지 않으면 기본값으로 대체되어 함수가 실행되어 함수 호출 시 인자의 개수가 맞지 않아도 된다. 기본값 인자 설정은 함수 사용에 있어 편리함을 제공하며 또한 여러 파라미터 중에 특별히 값을 지정하지 않고 기본값으로 주로 이용되는 경우에 기본값 인자가 사용된다. 함수 호출 시 인자가 생략되었을 때 이용되는 것으로 인자 리스트에서 오른쪽의 마지막에 위치해서 시작해서 필

요한 인자를 하나씩 차례대로 왼쪽으로 진행되면서 기본값을 설정해야 한다. 파라미터 리스트에서 중간에 어느 하나의 파라미터에 대해 기본값을 설정할 수는 없다. 여러 초기화 방식 중에서 기본값 인자의 초기화는 대입 형태만 가능하다. 중괄호 및 괄호 방식은 허용되지 않는다.

```
void point(int x= 0, int y= 0);
```

여기서 파라미터 없이 point()를 호출하면 point(0,0) 이런 형태로 대체되어 함수가 호출된다. 또한 point(1)은 point(1,0)와 같다.

```
// 에러 발생. 오른쪽 맨 뒤에서부터 기본값 인자를 설정해야 됨
void point(int a= 3, int b);
// 에러 발생
void point(int a, int b=0, int c);
// 에러 발생
void point(int a=0, int b, int c=0);
```

기본값 인자의 설정을 함수 선언 시에 하게 되면 함수 정의 시에는 하지 않는다. 또한 함수 선언 시에 하지 않고 함수 정의 시에 하는 것은 가능하다. 즉 중복으로 기본값 인자 설정을 할 수 없다.

```
void point(int a= 3, int b= 4);
// 에러 발생. 함수 정의 시에는 파라미터 중복 초기화
void point(int a, int b=4) { }

// 하기는 기본값 설정이 중복이 안 되어 이상 없음
void point(int a, int b= 4);
// 이것은 void point(int a= 3, int b= 4) 동등
void point(int a=3, int b) {}
```

기본값 인자를 설정할 때 함수의 반환값이 사용될 수 있고 외부에서 선언된 변수를 넣어 설정을 할 수 있다. 이때 이 변수는 지역 변수가 아닌 **전역 변수**이거나 **static 변수**이어야 한다. 또한 기본값 인자를 설정할 때 함수의 인자 리스트에 사용되는 인자를 이용하여 기본값 인자를 설정할 수 없다. 함수의 인자는 지역 변수로 처리된다.

```
int getY();
int X =1;

// 기본값 설정
int point(int x = X , int y = getY() );
```

```
// 에러 발생, 파라미터 a는 지역 변수
void point(int a=0, int b= a);
```

9.4   오버로딩

보통 유사한 기능을 가진 함수 선언을 같은 함수이름에 파라미터 타입이나 파라미터 개수를 달리하여 함수를 정의하는 것을 **오버로딩(overloading)**이라고 한다. 오버로딩은 함수 사용하는 측면에서 유연성을 제공하는 기능을 가진다. 이런 기법은 일반 함수에서 많이 사용되고 있고 특히 클래스 생성 시 기본값 설정을 맡고 있는 생성자 함수에서 오버로딩을 많이 볼 수 있다. 기존 **C 언어**에서는 함수 이름이 같게 되면 컴파일 에러가 발생하여 같은 기능을 수행하지만 이름을 변경해서 사용 하였는데 오버로딩을 통해 여러 함수 파라미터 리스트를 다르게 해서 이용할 수가 있다. 하기 함수는 파라미터 타입이 다른 함수로 함수 호출 시 파라미터에 따라 그에 맞는 함수가 호출된다.

```
double set(double a);
int set(int a);

set(1);                    // set(int a) 호출
set(1.0);                  // set(double a) 호출

class MyData {
public:
        MyData();
        MyData(int);
        MyData(int, int);
        MyData(int, int, double);
};

MyData();                  // MyData() 호출됨
MyData(0);                 // MyData(int) 호출됨
MyData(0,1,2.0);           // MyData(int, int, double) 호출됨
```

함수의 오버로딩을 하게 될 때 몇 가지 제한 사항이 있다. 아래와 같은 경우는 함수 오버로딩이 허용되지 않는다.

(1) 함수 반환 타입이 다르다고 오버로딩이 되지 않는다. 함수의 파라미터 리스트가 달라야 오버로딩이 가능하다.

```
// 반환 타입만 다르고 파라미터 리스트가 동일하기 때문에 에러 발생
double set(int a);
int set(int a);
```

(2) 별도로 타입을 정의해서 사용하는 **typedef** 키워드를 사용해 함수 파라미터 리스트에 사용하는 경우에도 결국에 타입은 같기 때문에 오버로딩이 되지 않는다.

```
typedef int Int         ;          // 타입을 재정의 함

void f(int i);
void f(Int i);                     // 함수 선언하는 것은 문제가 없음
void f(int i) { /* ... */ }
void f(Int i) { /* ... */ }        // 여기서 컴파일 에러가 발생
```

한편, 열거형 타입을 사용하는 경우, 그 요소가 int 데이터 타입의 형태를 가지고 있어도 내부적으로 구별이 되기 때문에 오버로딩이 가능하다.

```
enum em {a=1};
void f(int i);           // int 타입 파라미터
void f(em i);            // 열거형 타입 파라미터
```

(3) 함수 파라미터가 포인터 또는 배열인 경우에는 배열 자체가 포인터를 포함하고 있기 때문에 함수 오버로딩이 되지 않는다. 배열 크기는 상관이 없다.

```
void f(char*);
void f(char[]);          // f(char*) 동일
void f(char[5]);         // f(char*) 동일
```

한편, 포인터 절에서 기술된 것처럼 2차원 배열을 가리키는 포인터는 가리키는 대상에 따라 서로 다른 타입이 된다. 따라서 배열 크기를 다르게 하여 파라미터를 설정하면 함수 오버로딩이 가능하다.

```
// 배열 크기가 다르기 때문에 오버로딩 가능
int g(char(*)[10]);
int g(char(*)[5]);

// 배열 크기가 같아서 오버로딩 안됨
int g(char(*)[10]);
int g(char[10][10]);
```

(4) 함수 파라미터 타입에 const 또는 volatile 타입 지정자 사용 여부에 따라 함수 파라미터 리스트 구별에 영향을 주지 않기 때문에 오버로딩이 되지 않는다.

```
// 오버로딩 안됨
void f(int a) {};
void f(const int a){};
```

(5) 함수의 기본값 인자를 가진 함수 호출 시, 함수 파라미터가 맞지 않으면 기본값 인자로 대체되어 처리가 되는데, 하기처럼 오버로딩 함수에서는 함수 호출이 분명치 않아 에러가 발생한다.

```
// 함수 오버로딩
void fun(int a=0, int b=0);
void fun();

int main()
{
        fun(1);          // 정상 호출됨
        fun(1,2);        // 정상 호출됨

        // 함수 호출 모호함으로 에러 발생
        // fun( int a, int b=0 ) 경우라면 정상 함수 호출됨
        fun();

        return;
}
```

(6) 함수 파라미터 타입이 함수 포인터인 경우에는 함수 포인터의 대상이 같지 않아야 오버로딩이 허용된다. 함수 포인터의 이름을 다르게 한다고 해서 가리키는 대상이 같게 되면 오버로딩은 안 된다.

```
// 하기는 함수 인자가 동일함. 함수 인자 : int(*)() 함수 포인터 타입
void func(int()) {}
void func(int f()) {}              // 에러 발생
void func(int(*pf)()) {}           // 에러 발생

// 함수 포인터 대상이 다르기 때문에 오버로딩 가능
void func(int(*)(int)) {}
```

(7) 클래스의 멤버 함수에 대해서도 오버로딩이 가능하다. 그런데 **static** 멤버 함수의 파라미터 리스트와 같은 것을 가진 함수 오버로딩은 허용되지 않는다. **const** 또는 **volatile** 타입 지정자를 클래스의 멤버 함수 원형 뒤에 설정하여 멤버 함수 구현 내용에 제한을 두는데 함수의 파라미터가 같아도 지

정자에 따라 오버로딩이 가능하다. 이것은 클래스의 멤버 함수만 적용된다. 더 자세한 사항은 클래스의 멤버 함수 절을 참조한다.

```
class Myclass
{
    static void create();

    void create();                  // 에러 발생
    void create() const;            // 에러 발생
    void create(int);               // OK. 파라미터가 다르기 때문에 오버로딩 가능

    void get();                     // 클래스의 일반 멤버 함수
    void get() const;               // OK
    void get() volatile;            // OK
    void get() const volatile;      // OK
};
```

함수 호출 시 해당 함수이름을 검색하여 함수를 찾게 되면 이후 오버로딩 함수가 있으면 함수 인자에 가장 적합한 함수를 선택하게 된다. 가장 기본적인 기준은 무엇보다도 파라미터의 개수가 넘겨준 인자와 일치하는지 확인하는 것이고 그리고 파라미터 타입이 인자와 맞는지 확인하면서 최종 해당 함수를 고르게 된다. 가장 일치하는 함수가 선택되는 것이 기준이지만 이전에 언급한 함수 인자에 내부적인 변환이 고려되기 때문에 파라미터 타입이 일치하지 않아도 함수 호출 시 인자에 적합한 함수가 연결이 된다.

9.5 람다(lambda) 함수

보통 함수는 선언과 정의를 하게 되면 함수 호출 시 관련 코드로 이동하고 함수 본체가 실행되는 구조로 되어 있다. 그런데 함수코드 자체를 하나의 변수 또는 객체처럼 사용하여 수식 또는 함수의 인자로 만들어 주는 것이 **람다 수식**이라고 한다. 또한 **람다 함수**라고 부르거나 간단히 **람다**라고 칭하기도 한다. 람다 함수는 수식으로 역할을 하기 때문에 기본적으로 inline 함수의 특징을 가진다. 사용 형식을 다음과 같다. 람다 함수의 지정자라고 할 수 있는 **대괄호 []**부터 시작된다.

람다 함수
람다지정자 람다선언자_{옵션} 함수본체

람다지정자 <템플릿 파라미터> require구문_{옵션} 람다선언자_{옵션} 함수본체 (since C++20)

람다 지정자:
　[람다캡처_{옵션}]

람다 캡처:
　아래에 설명됨

람다 선언자 :
　(파라미터_리스트_{옵션}) 특성_지정자_{옵션} 예외처리_지정자_{옵션} 후행_반환_타입_{옵션}

특성 지정자:
　mutable, constexpr(**since C++17**), consteval(**since C++20**)

함수 본체:
　{ // 구현 내용 }

람다 함수는 수식처럼 처리되기 때문에 일반 함수같이 선언 및 정의를 하지 않고 수식에 바로 사용할 수 있어 코드의 작업 용이성과 가독성의 이점을 가지고 있다. 람다 함수는 별도의 이름을 가지고 있지 않기 때문에 한 번 사용되고 사용 범위를 벗어나면 재사용할 수 없다. 재사용을 위해서는 람다 함수를 변수 형태로 별도로 저장해야 가능하다.

```
[] { std::cout<< "lambda function";}();        // 출력: lambda function

int fn;
fn(0);          // 에러 발생. 여기서 fn은 단순 변수. 따라서 함수 호출 연산자가 동작하지 않음

auto lm = [](int id) { std::cout<< "lambda function = "<< id;};
lm(12);         // 출력: lambda function = 12
```

람다 함수를 정의하고 수식으로 사용하기 위해서는 함수 호출 연산자인 괄호 ()을 사용하여 해당 수식이 수행되도록 한다. 또한 람다 함수의 정의한 것을 변수 형태로 저장하고 실행을 위해서는 람다 함수에서 정의한 파라미터에 맞게 함수를 호출하는 것처럼 괄호에 해당 인자를 넣게 되면 수행된다. 사실 람다 함수 관련해서 중요한 내용은 **함수 호출 연산자가 어떻게 작용하는지를 정의하는 것이다.** 일반 함수는 함수 원형을 만들고 정의하면 자연스럽게 해당 함수에 대한 () 연산자가 연결이 된다. 이런 원리가 람다 함수에 적용되면 람다 함수의 수식이 바로 () 연산자가 작동할 수 있도록 만든 것이다. 이것을 클

래스에 적용하여 동일하게 작동하도록 함수 호출 **연산자 오버로딩**이 그런 기능을 하게 된다. 이런 것을 보통 함수 객체라고 불리기도 한다. 관련 사항은 연산자 오버로딩에 기술되어 있다.

람다 함수는 함수 포인터 타입을 가지는 함수의 인자로 사용이 가능하다. 내부적으로 함수 포인터로 변환이 된다. 그런데 이때는 반드시 람다 지정자 안이 비어 있어야 된다. 그리고 인자로 넘겨줄 때 함수 포인터의 반환 타입과 파라미터 리스트가 일치해야 한다.

```
void func1(int(*pf)()) {}            // 함수 파라미터 타입 : int(*)(void)
void func2(int(*pf)(int)) {}         // 함수 파라미터 타입 : int(*)(int)

auto lm1 = []()->int { return 0; };  // 후행 반환 타입 구문 추가
auto lm2 = [](int a) { return a; };

func1(lm1); // 함수 인자에 직접 람다 함수를 넣어도 됨 func1( []()->int { return 0; })
func2(lm2);
```

파라미터 리스트는 함수를 정의할 때와 같이 필요에 따라 데이터 타입에 맞게 파라미터를 선언하면 된다. **C++14** 이후부터 **auto** 타입이 적용되어 인자 타입의 선택이 다양하게 되어 사용 측면에서 더 편해졌다.

```
auto myLam = [](auto fir) { return fir ; };

myLam(2000);                  // 정수 타입
myLam("My Lambda");           // 문자열 타입
```

9.5.1 람다 캡처(lambda capture)

람다 함수의 본체에서 기능을 구현할 때 외부에 선언된 전역 변수나 함수를 이용하여 내용을 만들어 갈 수 있다. 이때 람다 함수가 수식이기 때문에 일정 블록 내에서 사용될 수 있는데, 람다 함수의 수식이 **사용된 블록에 선언된 로컬 변수**를 람다 함수의 본체에서 사용하기 위해서는 일정의 설정이 필요하다. 이렇게 해당의 로컬 변수를 람다 함수 본체로 가져와 값을 읽거나 수정할 수 있는 것을 **람다 캡처**라고 부른다. 형식은 아래와 같다.

람다 캡처
기본캡처
캡처리스트

기본 캡처:
  = 또는 &

캡처 리스트:
  변수, &변수, this, *this(**since C++17**), 변수 초기화식(**since C++14**)
  ...옵션 변수 초기화식(**since C++20**)

예제를 보면 람다 함수에서 로컬로 선언된 변수를 람다 함수의 본체에서 이용하는 것을 보여 준다. =, &
중 하나의 선택에 따라 로컬 변수의 값만 가져올 수 있거나 로컬 변수를 수정을 할 수 있는 기능을 가진
다. 이렇게 기본 캡처로 설정하게 되면 람다 함수의 사용 시점에서 외부 바깥으로 선언된 모든 로컬 변
수에 접근이 가능하지만 다른 블록에 있는 변수는 접근이 되지 않는다.

[예제 9.5-B]

```
#include <iostream>

void func(int my)
{
        {
                int nested=0;
        }

        int a = 1, b = 1;

        // = 값 캡처: 모든 로컬 변수 읽기 접근 가능. 다른 블록에 있는 nested 변수는
        // 안 됨
        [=] { int lm = my + a; }();

        // & 참조 캡처: 모든 로컬 변수 읽기 쓰기 가능. 수식 이후에 변경된 값이 유지됨
        [&]() { a=10, b=10; int lm = my + b; }();

        // 위에서 a, b를 변경했기 때문에 a=10, b=10 유지됨
        // 변수 캡처 리스트 : 해당 변수만 읽기 가능. 그러나 mutable 통해서 함수 본체에서
        // 변경 가능. 그런데 변경된 값은 함수 본체에서만 영향을 받게 됨
        // 다른 로컬 변수 b 또는 my는 접근이 안 됨
        [a]() mutable { a = 200; int var = a; }();

        // a: 읽기 허용 b: 읽기, 쓰기 가능
```

```
        [a,&b]() { int i= a ; b=100; }();

        // 여기에서 a 값은 10으로 유지됨. 각각의 변수 캡처 리스트를 하게 됨. 변경 가능하고
        // 람다 함수 실행 이후 변경된 값이 유지됨. &변수 이것이 우선. mutable 기능은
        // 사라짐
        [&a, &b, &my]() mutable { a = 100, b = 100; my = 100; }();

        std::cout << a << b << my;          // 출력 100 100 100
}

int main()
{
        func(0);
}
```

기본 캡처의 방식 대신에 로컬 변수 중에서 일부만 접근할 수 있도록 변수를 나열하여 설정할 수 있다. 이때 해당 변수를 읽기만 하는 경우에는 변수이름을 설정하고 변경을 하기 위해서는 &와 함께 변수이름을 나열하면 된다. 여기서 **mutable** 키워드를 사용하고 읽기만 하는 경우로 설정하면, 람다 함수의 내부에서 해당 변수를 수정을 할 수 있지만 람다 함수가 수행되고 난 후에는 그 변경된 변수의 값은 유지되지 않는다. 다음은 클래스의 멤버 함수 내에서 람다 함수의 동작을 살펴보자.

```
class MyLambda
{
        int _m;                     // 클래스의 멤버 변수

        void g(int my)
        {
                int a=1, b=1;        // 함수의 로컬 변수
                // 클래스의 데이터 멤버에 접근을 위해 this 사용
                // 로컬 변수 a, b는 접근이 허용되지 않음
                // *this : 읽기 접근 , this : 쓰기 가능
                [*this]() { int i = _m; };
                [this]() { _m = 10; };

                // 아래는 같은 기능.
                // = : 모든 로컬 변수 읽기, 클래스 멤버 변수 읽기, 쓰기 가능
                [=]() { _m = 10; int i = a; };
                [=,this]() { _m = 10; int i = a; };// this을 같이 사용하는 것이 정석

                // & : 모든 로컬 변수, 클래스 멤버 변수 읽기, 쓰기 가능
                [&]{ _m=10 ; a=10 ,b= 10; my = 10;};
```

```
                    // & : 로컬 변수 쓰기 , 클래스 멤버 변수 읽기 가능
                    [&,*this]{ int i = _m ; a=10 ,b= 10; };

                    // 로컬 변수를 나열 형태로 설정.
                    [&a,&b,*this]{ int i = _m ; a=10 ,b= 10; };
            }
        };
```

클래스의 멤버 함수에서 람다 함수의 캡처 설정은 일반 함수에서 하는 것과 유사하다. 기본적으로 기본 캡처의 동작은 동일하고 로컬 변수 및 클래스의 멤버 변수에 대해 각각 읽기 및 쓰기 기능을 설정할 수 있다. 이와 별도로 클래스의 멤버 변수에 대해서는 클래스 자신을 지정하는 **this** 포인터 키워드를 사용하여 멤버 변수의 읽기 및 쓰기 기능을 제어할 수 있다. 그리고 로컬 변수는 리스트 형태로 각각 변수에 대해 읽기 및 쓰기의 기능이 제어된다.

이와 별도로 람다 캡처의 기능 중에 **C++14** 이후부터 캡처하는 변수를 초기화할 수 있는 방법이 제공된다. 이때 로컬 변수에 대해 임의의 값으로 초기화를 할 수 있고 람다 함수의 본체에서만 사용되는 별도의 변수를 생성하여 초기화를 진행할 수 있다. 사실 기존의 방식대로 값을 가져오거나 쓰는 형식으로도 충분히 가능하다. 그런데 캡처의 변수 초기화 방법이 약간은 코딩을 좀 더 편하게 해 주는 측면이 있다.

[예제 9.5-C]

```
        #include <iostream>

        void func(void)
        {
                int a = 1, b = 1;

                // 로컬 변수 a, b를 캡처하여 람다 함수의 본체에서 사용함
                [a , b]() { int myid = a+b; myid++; }();

                // 람다 함수에서만 사용하도록 별도의 변수를 생성함.
                // 캡처 내용 : int id = a+b;와 같음. 변수 id는 람다 함수에 사용됨
                [id = a + b]() { int myid = id; myid++; }();

                // 로컬 변수에 대해 별도의 참조형 타입으로 변수 생성함
                // 캡처 내용 : int& ref = a;
                [&ref = a] { int myid = ref; ref = 123; }();

                std::cout << a;              // 출력 123
        }
```

```
int main()
{
        func();
}
```

람다 함수가 실제 사용되는 경우를 살펴보자. 이미 언급한 것처럼 람다 함수는 함수 포인터 타입을 내부적으로 가지고 있다. 그래서 람다 함수를 함수 포인터로 넘겨주면, 해당 함수에서 작업을 처리하고 결과를 인자로 넘겨준 람다 함수를 통해서 알려 주는 콜백(callback) 형태로 주로 이용된다. 네트워크 연결을 통해 데이터를 요청하는 작업처럼 바로 응답을 받을 수 없고 일정 시간이 걸리는 경우에는 계속 기다릴 수도 있지만 이것보다는 요청 후 자신이 일을 하면서 작업 완료가 되면 별도로 알려 주는 형태가 더 효율적이다. 이럴 때 콜백 함수가 이용된다. 이것은 일반 함수를 함수 포인터로 인자로 넘겨주어도 가능하고 람다 함수로도 가능하다. 일반적으로 네트워크에서 가져오는 부분은 별도의 태스크의 형태의 쓰레드로 구성하여 처리된다. 예제에서는 그런 부분은 생략되고 바로 데이터를 넘겨주는 식으로 진행된다.

[예제 9.5-D]
```cpp
#include <iostream>

void GetDataFromNetwork(void (*pf)(char *data))
{
        auto p = new char[10];
        pf(p);
}

void MyCallback(char *data)
{
        std::cout << "MyCallback function\n";
}

int main()
{
        // 일반 함수를 콜백 함수로 사용
        GetDataFromNetwork(MyCallback);              // 출력 MyCallback function

        // 람다 함수 사용. 주의사항 : 반드시 람다 지정자가 비워 있어야 됨
        auto lm = [](char* data) { std::cout << "Lambda Callback \n"; };
        GetDataFromNetwork( lm );                    // 출력 Lambda Callback

        auto lm_cap = [&](char* data) { std::cout << "Lambda Capture Callback \n";};
        // 에러 발생 : 람다 함수가 캡처를 가지고 있음
```

```
        GetDataFromNetwork(lm_cap);

        return 0;
}
```

예제에서 람다 함수가 콜백으로 사용되는 것을 보여 준다. 여기서 람다 함수가 내부적으로 함수 포인터로 변환되는 것은 반드시 **람다 캡처**를 가지고 있지 않을 때이다. 만약에 람다 캡처가 있게 되면 함수 포인터로 변환이 허용되지 않는다. 그럼 람다 캡처의 존재와 상관없이 일반적인 람다 함수를 받기 위해서는 다른 타입의 콜백이 설정되어야 한다. 따라서 타입을 변수로 처리하여 클래스 및 함수를 구성하는 템플릿이 필요하다. 일반 함수 및 포인터 타입의 함수를 받아 콜백 기능이 들어간 클래스 템플릿인 **std::function**이 규격에서 제공된다. 물론 함수 템플릿을 자체적으로 만들어 사용할 수 있다. 예제에서는 제공되는 클래스 템플릿을 활용하여 일반 함수 및 람다 함수를 콜백 함수로 다루는 것을 보여 준다.

[예제 9.5-E]

```cpp
#include <iostream>
#include <functional>

void GetDataFromNetwork( std::function<void (char *data)> pf)
{
        auto p = new char[10];
        pf(p);
}
void MyCallback(char *data)
{
        std::cout << "MyCallback function\n";
}

void (*pfn)(char*);

int main()
{
        // 일반 함수를 콜백 함수로 사용
        GetDataFromNetwork( MyCallback);              // 출력 MyCallback function

        // 람다 함수를 콜백 함수로 사용
        auto lm_cap = [&](char* data) {
                        std::cout << "Lambda Capture Callback \n";};

        GetDataFromNetwork(lm_cap);                   // 출력 Lambda Capture Callback

        // 함수 포인터를 이용하여 콜백 함수로 사용
```

```
        pfn = MyCallback;
        GetDataFromNetwork(pfn);

        return 0;
    }
```

예제에서는 네트워크에서 데이터를 가져오는 함수를 사용할 때 함수 인자로 일반 함수, 람다 함수, 함수 포인터 등 여러 타입의 인자가 사용될 수 있다. 해당 함수의 파라미터 타입을 함수 포인터 대신에 **std::function** 클래스 타입으로 변경을 했기 때문에 여러 타입을 다 받아 줄 수 있었다. 다만 이 클래스 템플릿을 이용할 때 꺾쇠 <> 안에 템플릿 파라미터 타입을 설정하는데 예제에서는 함수 타입(void (char* data))으로 지정했다. 여기서 함수 타입 대신에 함수 포인터로 타입으로 설정하면 해당 클래스 템플릿에서 내부적으로 에러가 발생한다. 함수 타입은 내부적으로 함수 포인터로 타입이 변환되어 사용되지만 서로 다른 타입이다. 해당 클래스 템플릿은 단지 함수 타입만을 요구한다. 물론 서로 타입을 호환되도록 규격에서 제공하는 클래스와 별도로 자체적으로 템플릿을 만들어 사용할 수 있다. 여기서는 제공되는 클래스 템플릿을 이용하여 예제로 설명하고 있다.

9.6 코루틴 (since C++20)

보통 함수가 호출되면 그 함수 본체가 실행되고 반환문을 만나게 되면 함수가 호출된 곳으로 다시 가는 구조를 가진다. 중간에 멈추지 않고 호출된 함수가 다 실행되고 나서 다음 동작을 수행하게 된다. 이것은 순차적으로 실행되는 과정에서 자연스러운 일이다. 그런데 사용하는 함수가 내부적으로 일정 시간이 소요되면 함수가 끝날 때까지 대기를 해야 되기 때문에 다른 일을 하는데 어려움이 생긴다. 이것은 성능 측면에서 분명히 취약점이 된다. 이런 문제를 해소하기 위해 독립적으로 일정 작업이 다중으로 이루어지도록 OS별로 쓰레드 기능을 제공하고 있다. 어떤 쓰레드가 선점하여 실행할지를 정하는 스케줄링 기능은 전적으로 OS가 관리하고 있으며 사용자가 하는 것은 쓰레드를 생성하고 서로 동기화를 하거나 쓰레드별로 데이터를 공유하여 처리하도록 하는 것이다. 이런 멀티 쓰레드 개념은 프로그래밍 분야에서 널리 사용되고 있고 대부분의 애플리케이션은 하나 이상의 쓰레드를 가지고 자신의 일을 처리한다.

여기서 쓰레드를 언급하는 이유는 코루틴과 밀접한 연관성이 있기 때문이다. 쓰레드의 실행이 곧 독립적으로 함수의 기능이 수행되는 것을 의미하는데 여러 쓰레드가 있을 때 OS는 내부적으로 대기하는 쓰레드를 멈추고 우선권이 있거나 신호를 받은 쓰레드를 실행한다. 그리고 해당 쓰레드가 대기하게 되면 이전 쓰레드로 돌아가 나머지 일을 시작하게 된다. 이것은 완전히 OS가 담당하는 것으로 사용자가 임의적으로 관여할 수가 없다. 이에 반해 **코루틴(coroutine) 함수**는 사용자가 직접적으로 함수 중간에 대기를 하도록 하고 다른 함수를 실행하고 다시 해당 코루틴 함수를 재개하여 나머지 부분이 수행되도록 할 수 있다. 동작 중심으로 보면 사용자가 임의적으로 여러 함수를 쓰레드처럼 기능하도록 만든 것이다.

우선 코루틴에 대해 자세히 알아보기 전에 쓰레드 관련하여 몇 가지 알아보고 이후 코루틴 함수를 살펴보자. 코루틴 함수의 반환 타입은 규격에서 정의하는 특정 형태의 클래스 타입이 된다. 따라서 클래스 관련 문법을 어느 정도는 미리 알고 있어야 되기 때문에 클래스 장을 먼저 보고 이 절을 보는 것이 좋을 것이다. 그리고 쓰레드 관련된 기본동작은 참고자료를 통해서 익히거나 기타 검색을 통해서 내용을 미리 숙지하길 바란다.

9.6.1 순차 및 쓰레드 루틴

디스크에서 파일을 읽어 오거나 네트워크를 연결하여 데이터 받는 작업들은 원하는 결과를 바로 얻을 수 없고 실행되는 과정에서 피할 수 없는 일정 부분의 대기 시간이 소요된다. 그래서 이런 함수를 사용을 할 때는 순차적으로 작업을 하기보다는 병렬형태로 나누어 각각 작업이 이루어지도록 쓰레드 기능을 사용한다. 다음의 예제에서는 순차 작업과 쓰레드 작업을 비교하여 작업의 성능이 어떻게 되는지 보여 준다. 다만 데이터를 얻는 과정에서 실질적으로 생기는 시간 소요 부분을 간략히 일정 시간으로 대기하는 것으로 대체했다. 개념을 이해하는 차원해서 보길 바란다.

[예제 9.6-F]

```
#include <iostream>
#include <chrono>
#include <thread>

int ReadFind(std::string file, int checkno)
{
        int count = 5;
        // 일정 부분의 소요되는 부분을 대기시간 설정으로 대체함
        std::this_thread::sleep_for(std::chrono::milliseconds(1000));
        return count;
}
// 파일에서 특정 숫자를 검색하는 함수
int SearchFile(int id, int search)
{
        std::string name="file" + std::to_string(id)+".txt";
```

```
        return ReadFind(name, search);
}

int main()
{
        int cn = 0;

        auto start = std::chrono::steady_clock::now();

        // 순차적으로 파일을 읽고 숫자를 검색함
        cn += SearchFile(1,10);
        cn += SearchFile(2,10);

        auto end = std::chrono::steady_clock::now();
        std::chrono::duration<double> elapsed_seconds = end-start;

        // 출력 : elapsed time: 2.00853s
        std::cout << "elapsed time: " << elapsed_seconds.count() << "s\n" ;

        return 0;
}
```

예제에서 파일을 읽고 특정 숫자를 검색하는 일을 순차적으로 하고 있다. 시간 소요는 당연히 해당 작업을 담당하는 함수의 소요되는 시간에 비례하여 증가하게 된다. 이렇게 시간이 많이 걸리는 것을 예상하고 있는 경우에 순차적으로 작업이 진행되는 동안 어떤 이벤트가 발생하게 되면 그에 맞는 일에 대응이 바로 안 될 수 있다. 즉 응답성이 떨어질 가능성이 생긴다. 예를 들면 사용자가 버튼을 누르거나 화면을 터치해서 메뉴를 불러오는 경우에 응답성 문제로 메뉴가 늦게 보여질 수 있다. 이런 순차적인 작업은 보통 여러 일들이 순서를 가지고 진행되는 것을 의미한다. 이것을 용어로 보면 동기적으로 수행된다고 이야기할 수 있다. 지금의 예제에서 파일을 읽는 일은 다른 형태인 쓰레드 방식으로 관리해야 어느 하나의 작업이 일정 시간을 선점하여 제어권을 잡고 다른 일을 처리하는 데 지연이 생기는 문제를 해결할 수가 있다.

[예제 9.6-G]

```
#include <iostream>
#include <chrono>
#include <thread>
#include <string>

// 데이터 경합문제로 atomic 사용
std::atomic<int> sum = 0;
```

```cpp
std::atomic<int> countdone = 0;

void ReadFind(std::string file, int checkno)
{
        int count = 5;
        std::this_thread::sleep_for(std::chrono::milliseconds(1000));
        sum += count;
        countdone++;

}

void SearchFile(int id, int search)
{
        std::string name="file" + std::to_string(id)+".txt";
        ReadFind(name, search);

}

void DisplayMenu()
{
        while(true)
        {
            std::cout << "Display Menu\n";
            std::this_thread::sleep_for(std::chrono::milliseconds(500));
            if (countdone == 2)
                    break;
        }
}

int main()
{
        auto start = std::chrono::steady_clock::now();
        std::thread t1(SearchFile, 1, 10);
        std::thread t2(SearchFile, 2, 10);
        std::thread tmenu(DisplayMenu);

        while(true)
        {
            if (countdone == 2)
                    break;
        }

        auto end = std::chrono::steady_clock::now();
        std::chrono::duration<double> elapsed_seconds = end-start;
```

```
// 출력: elapsed time: 1.01688s
std::cout << "elapsed time: " << elapsed_seconds.count() << "s\n";

std::cout << "sum =" << sum<<"\n";          // 출력 10

t1.join();
t2.join();
tmenu.join();

return 0;
}
```

예제에서 기존의 순차 작업 대신에 쓰레드로 변경하여 같은 결과를 얻으면서 시간 소요는 거의 반으로 줄어들었다. 그리고 메뉴를 처리하는 작업이 있는 경우에도 지연 문제없이 수행되도록 하였다. 쓰레드는 C++에서 제공하는 **클래스(std::thread)**를 이용하여 생성된다. 기존과 달리 쓰레드가 이용되면 각각의 함수가 독립적이면서 비동기적으로 실행이 되기 때문에 해당 작업이 끝나는 시점을 확인하기 위해 별도의 변수를 추가했다. 이 변수는 쓰레드에서 공용으로 사용된다. 이것은 여러 쓰레드가 동시에 해당 변수에 접근을 하는 데이터 경합이라는 문제가 발생할 수가 있다. 사용자가 일부 쓰레드별로 서로 동기화를 설정할 수 있지만 대기 중인 여러 쓰레드가 있을 때 동시에 다 같이 활성화가 될 때 어떤 것이 먼저 동작할지는 OS가 결정한다. 그래서 데이터를 공유하는 쓰레드가 있을 때 각각의 쓰레드가 동시에 데이터를 서로 접근하게 되면 해당 데이터의 일관성에서 큰 문제가 발생한다. 따라서 데이터에 접근을 배타적으로 설정하여 하나의 쓰레드가 접근하면 다른 쓰레드를 대기하도록 일정의 **록(lock)**을 지정할 수 있다. C++에서는 **뮤텍스**(mutex) 방식을 제공하고 있으며 좀 더 가볍게 동작하는 **std::atomic** 기능도 같이 지원한다. 여기서는 간단히 작업이 완료된 것을 확인하는 용도로 atomic을 사용하여 데이터 경합에 대응하도록 하였다. 이렇게 순차적인 작업과 쓰레드를 이용한 형태를 살펴보았는데 다음은 코루틴 관련 내용을 보자.

9.6.2 코루틴 함수
코루틴 함수는 코루틴관련 키워드가 함수 본체에서 사용된다. 해당 키워드는 다음과 같다.

□ **co_await** : 실행을 멈추고 재개될 때가지 기다림
□ **co_yield** : 일정 값을 반환하고 실행을 멈추고 재개될 때가지 기다림
□ **co_return** : 값을 반환하고 코루틴을 완료함

코루틴 함수는 일반 함수와 다르게 위에 언급된 키워드를 만나게 되면 그 자리에서 실행을 멈추고 함수에서 나와 해당 함수를 호출한 곳으로 돌아간다. 그리고 함수의 실행이 멈춘 곳에서 다시 실행을 위해

서는 재개 신호를 주어야 한다. 그림에서 보면 일반 함수를 호출을 하게 되면 함수 본체의 내용이 다 실행되고 나서 반환이 된 후에 함수 호출한 다음 코드가 실행이 된다. 그런데 코루틴 함수를 호출하면 함수 본체에서 코루틴 관련 키워드 만나게 되면 그 자리에서 대기하고 실행 제어권이 함수를 호출 한곳으로 넘어간다. 그리고 함수 호출한 다음 코드가 실행된다. 대기하고 있는 코루틴 함수를 시작하기 위해서는 별도로 재개 신호를 주어야만 대기 이후의 작업이 실행된다.

[그림 9.1]

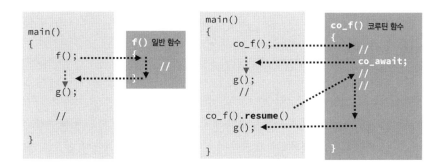

이렇게 코루틴 함수가 멈추고 다시 실행을 위해서는 이와 관련된 정보에 대해 컴파일러가 별도로 저장해야 된다. 이를 위해서는 코루틴 함수를 정의할 때, 규격에서 정의한 일정 클래스 타입을 만들어야 하고 컴파일러가 내부적으로 코루틴 처리를 위한 몇 가지 멤버 함수도 같이 정의를 해주어야 한다. 이것은 사용하는 데 있어 몇 가지 해야 될 것이 선행되어야 함을 의미한다. 요구되는 것이 하나라도 빠지게 되면 코드에서 에러가 발생한다. **코루틴 함수의 반환 타입**은 일반 함수가 반환하는 것과 다르고 **코루틴의 처리를 위한 데이터로 사용된다**. 코루틴의 반환 타입에 위치한 특정 클래스는 컴파일러가 실행을 멈추고 재개하는 코루틴의 정보를 처리하기 위해 사용자가 반드시 정의를 해야 한다. 그 클래스 안에는 **promise_type**라는 클래스를 만들고 그 안에 필요한 멤버 함수를 정의해야 한다. 사용자가 코루틴 함수 본체의 어떤 곳에서 임의로 실행을 멈추는 것을 정하고 재개를 할 수 있지만 이것이 전적으로 사용자의 의해 모두 제어되는 것은 아니라 전해 받은 클래스를 통해 컴파일러는 실행 흐름의 제어를 관리하게 된다. 물론 쓰레드처럼 독립적인 스택을 가지고 OS가 관리하는 것과 비교를 해보면 규모가 작은 하나의 클래스를 통해 코루틴은 실행과 재개를 하기 때문에 매우 가볍게 동작한다고 볼 수 있다.

[그림 9.2]

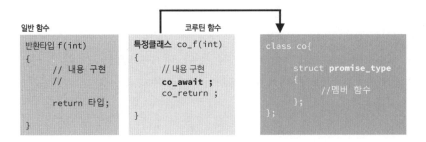

9.6.3 코루틴 함수의 반환 클래스

컴파일러는 코루틴 함수에서 반환 타입을 받아 해당 클래스에서 **promise_type**을 찾고 그리고 이미 정의해 놓은 멤버 함수도 검색한다. 코루틴 함수를 만나면 컴파일러는 그림처럼 코루틴의 반환 타입을 받아서 구조를 다시 구성한다. 그래서 코루틴 함수에서 반환 타입의 역할을 하는 특정 클래스는 규격에서 정의한 것을 그대로 따라야 하고 컴파일러가 코루틴 함수를 재구성하는 과정에 필요한 멤버 함수도 같이 정의해야 한다. 관련 함수는 다음과 같다.

[표 9.1 promise_type 클래스의 멤버]

promise_type 클래스의 멤버 함수 소개		
반환 타입	**멤버 함수**	**내용**
코루틴반환 클래스	get_return_object()	코루틴의 반환 타입을 컴파일러가 가져감
await_타입	initial_suspend()	반환값에 따라 코루틴 시작 여부를 정함
await_타입	final_suspend()	코루틴이 완료되면 컴파일러가 호출함
void	unhandled_exception()	예외 발생 시 컴파일러가 호출
void	return_void()	코루틴에서 co_return이 값이 없을 때 정의
void	return_value(데이터 타입)	코루틴에서 co_return으로 값을 전달할 때 사용함. return_void()와 동시에 사용이 안 됨
await_타입	yield_value(데이터 타입)	co_yield에서 값을 전달할 때 사용

생각보다 많은 멤버 함수가 소개되고 있는데 차근차근 상세히 살펴보자. 그림 9.3은 관련된 함수가 사용되는 순서를 보여 준다. 기본적으로 코루틴 함수가 정의되면 컴파일러는 정보 공유를 위한 코루틴의 반환 타입을 **get_return_object()**를 통해 가져오고 또한 이 데이터를 가지고 컴파일러가 코루틴을 관리할 수 있고 사용자가 재개 여부를 정하는 공통의 매개변수인 **핸들**이 설정된다. 이 핸들은 규격에서 별도의 클래스로 정의되어 있다. 이것이 없으면 함수 재개를 진행할 수가 없다. 아래 예제로 보자.

[예제 9.6-H]

```
#include <iostream>
#include <coroutine>

struct MyCo {

        struct promise_type {
                MyCo get_return_object() { return {}; }
                auto initial_suspend() { return std::suspend_never(); }
                auto final_suspend() noexcept { return std::suspend_always(); }
                void unhandled_exception() {}
                void return_void() {}
                auto yield_value(int v)
                {
                        value = v;
                        return std::suspend_always{};
                }

                int value;
        };

};

MyCo co_f()
{
        // int 타입을 전달하기 때문에 promise_type에서 yield_value(int v) 정의함
        // 전달하는 타입에 따라 yield_value() 함수의 파라미터 타입을 설정하면 됨
        std::cout<<"co routine Start\n";
        co_yield 10;
        std::cout<<"co routine End\n";
}

int main()
{
        co_f();                 // 출력 : co routine Start
        for (;;);
}
```

예제는 코루틴 함수를 위한 특정 클래스를 정의했다. 요구되는 클래스 타입과 관련된 멤버 함수를 구현하고 코루틴 함수를 만들어 해당 클래스를 반환 타입으로 설정하면 컴파일 에러 없이 코딩이 된다. 일단 코루틴 함수에서 시작 전에 그림에서 언급된 것처럼 코루틴 함수의 반환 타입의 클래스를 가져오는 것이(get_return_object() 함수가 사용됨) 먼저 시작된다. 이후 함수 시작여부를 정하는 함수가 호출된다. 여기의 설정에 따라 함수가 전혀 시작을 하지 않고 계속 대기할 수가 있다. 이것은 initial_ suspend() 함수가 넘겨준 타입에 따라 동작이 결정된다. 이것은 뒤에서 다시 이야기하겠다. 코루틴 함수에서 **co_yield** 통해 값을 전달하기 위해서는 별도의 함수를 정의하고 값을 저장해야 한다. 그리고 예제에서 만든 해당 함수에서 별도의 co_return 문이 없기 때문에 **return_void()** 함수를 정의하고 있다. 만약에 co_return 통해 값을 전달하기 위해서는 관련 함수인 **return_value()**을 정의해야 한다. 그런데 이들 둘 중에 하나만 정의해야 에러가 없이 정상으로 동작한다. 그리고 함수가 함수의 끝에 도달하게 되면 컴파일러는 final_suspend()을 호출하여 해당 코루틴 함수가 종료된다. 이런 흐름은 그림을 보면 이해가 될 것이다.

[그림 9.3]

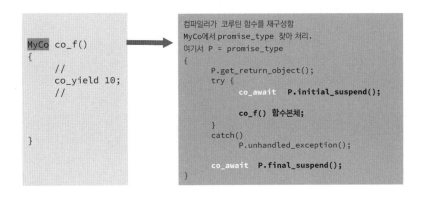

9.6.4 await_타입 및 co_await 연산자

코루틴 함수 본체가 실행될 지 여부는 클래스를 정의하면서 initial_suspend()의 반환값에 따라 정해진다. 해당 함수가 가지는 의미를 보면 반환값에 따라 멈추거나 진행을 할지를 정하는 기능을 하고 있다고 볼 수 있기 때문에 이 함수의 반환 타입이 bool 타입으로 생각될 수 있다. 그런데 규격에서 정한 클래스 타입을 가진다. 여기서 해당 타입을 **await_타입**이라고 칭하겠다. 단순히 멈추는 것을 정하는 거면 bool 타입으로 가능하지만 멈추고 난 후에 다시 시작을 위해서 다른 멤버 함수가 필요하다. 실제로 함수의 시작 여부는 해당 타입을 받아서 그 안에 **await_ready()** 함수의 반환값이 true 또는 false에 따라 결정된다. 그런데 단순히 이런 타입을 가지고 있다고 해서 함수가 실행 중에 멈추고 재개하는 기능을 가지는 것이 아니다. **중요한 것은 co_await 연산자가 사용되고 있기 때문이다.** 이것은 코루틴 함수의 키워드의 하나로써 이 연산자가 사용된 곳에서 멈출지 아니면 계속 이어 나갈지가 정해진다.

[그림 9.3]을 보면 함수의 시작 여부는 컴파일러가 co_await 연산자를 사용해 재구성된다. 그래서 사용자가 선택해야 한다. 해당 연산자는 코루틴 함수에서 사용자가 필요에 따라 수식을 넣어 해당 라인에서

멈추거나 재개하는 것을 구현할 때 사용된다. 관련 예제는 뒤에 다시 언급된다. 이 연산자가 사용되면 반드시 await_타입을 만들어 반환해야 한다. 예제에서는 이 클래스 타입을 따로 만들지 않고 규격에서 만들어 놓은 클래스 타입을 사용하고 있다. 사용자가 별도로 만들어 이용할 수 있다. 그럼 코루틴 함수 관련해서 사용자가 만들어야 할 클래스를 다시 한번 이야기하겠다.

[1] 코루틴의 반환 타입에 해당하는 특정 클래스
- **promise_type**의 이름으로 클래스를 정의하고 필요한 멤버 함수들을 정의함
- **[표 9.1]**에 기술됨

[2] await_타입 : co_await 연산자가 가지는 수식 타입
- 클래스 타입을 가짐. 정해진 이름은 없고 임의로 지정 가능
- 관련 멤버 함수

[표 9.2 await_타입]

반환 타입	멤버 함수	내용
bool	await_ready (void)	반환값에 따라 동작함 **true** : 계속 진행함 **false** : 해당 라인에서 멈춤
void, bool	await_suspend (std::coroutine_handle<>h)	- await_ready()가 **false**일 때 컴파일러가 호출 - **bool** 타입을 가지는 경우에 반환값이 **false**이면 멈추지 않고 루틴이 이어짐
void, 데이터타입	await_resume (void)	하기 상황에 컴파일러가 호출 - await_ready()가 **true**일 때 - 핸들을 통해 재개를 요청하는 경우 * 보통은 void 타입을 가지는데 원하는 데이터 타입을 반환 타입으로 설정할 수 있음

위에서 언급된 예제에서 코루틴 함수의 사용을 위해 정의한 클래스를 다시 살펴보자. 코루틴 함수가 호출되면 바로 시작하기 위해서 initial_suspend()의 반환 타입으로 라이브러리에서 제공하는 클래스를 명시적 타입 변환 방식으로 반환하고 있다. 해당 클래스에서는 await_ready()의 반환값은 true이다. 그래서 코루틴 함수가 호출되면 바로 시작을 하게 된다.

```
struct MyCo {
    struct promise_type {
        MyCo get_return_object() { return {}; }
```

```
                    auto initial_suspend() { return std::suspend_never(); }
                    // 일부 생략

            };
    };

    // 라이브러리에서 하기 클래스 제공
    struct suspend_never {
            bool await_ready() noexcept { return true; }
            // 일부 생략
    };
```

예제의 클래스에서 코루틴 함수가 호출되면 컴파일러가 클래스를 가져오기 위한 함수가 호출된다고
(get_return_object()) 이미 언급하였다. 이 함수는 단순히 해당 클래스를 가져가서 참조하는 것이 주요
목적이 아니다. 컴파일러가 코루틴을 관리할 수 있고 사용자가 재개 여부를 정하는 공통의 매개변수인
핸들을 설정하는 것이 이 함수의 핵심이 된다. 그래서 예제를 다시 수정을 하면 다음과 같다. 코루틴을
위해 정의한 클래스를 넘겨주고 코루틴 함수를 멈추고 재개하는 핸들을 가져와 클래스의 멤버 변수에
저장을 하게 된다. 또한 이런 핸들을 통해 컴파일러가 사용하는 **promise_type**에 접근하여 클래스 내에
사용되는 멤버변수를 가져올 수 있다.

[예제 9.6-I]

```
    #include <iostream>
    #include <coroutine>

    struct MyCo {
            struct promise_type;
            using cor_Handle = std::coroutine_handle<promise_type>;

            struct promise_type {
                MyCo get_return_object()
                {
                        return MyCo{ cor_Handle::from_promise(*this) };
                }

                // 내용 일부 생략

                auto yield_value(int v)
                {
                        value = v;
                        return std::suspend_always{};
                }
```

```cpp
        int value;
    };
    cor_Handle myHandle;
    MyCo(cor_Handle h) : myHandle(h) {}

    // 코루틴 함수에서 멈추고 있을 때 루틴을 재개하는 함수. 핸들을 이용함
    void resumeRoutine() { return myHandle.resume(); }

    // 핸들을 이용해 promise_type의 멤버 변수를 접근함
    int getYieldValue() { return myHandle.promise().value; }
};

MyCo co_f()
{
    std::cout<<"co routine Start\n";
    co_yield 10;
    std::cout<<"co routine End\n";
}

int main()
{
    auto my= co_f();
    std::cout << "Get Value= " << my.getYieldValue() << "\n";
    // 출력 Get Value= 10
    my.resumeRoutine();

    return 0;
}
```

예제에서 코루틴 함수를 호출하고 함수 내에서 일정 라인에서 멈추고 하나의 값을 가져오고 그리고 나서 다시 함수를 재개하는 작업을 보여 주고 있다. 이 예제는 코루틴의 사용법을 익히기 위한 것이다. 실제로 코루틴 함수를 호출하고 나서 바로 재개하지 않는다. 코루틴 함수의 목적이 함수 실행 중에 멈추고 다른 일을 하도록 하는 비동기 방법을 제공하는 것이다. 그리고 보통 멈추는 해당 라인에서는 일정 시간이 소요될 수 있는 부분을 가지고 있다고 생각할 수 있다. 또한 그 작업 부분이 끝나는 것을 알아야 다음 코드 라인으로 넘어가 계속 실행을 하는 것이 타당해 보인다. 그래서 코루틴 함수의 이용 목적을 좀 더 상세히 익히기 위해 이전에 기술된 파일을 읽는 작업을 쓰레드 방식 대신에 코루틴 함수로 처리하는 실용적인 예를 살펴보자.

[예제 9.6-J]

```cpp
#include <iostream>
#include <chrono>
#include <coroutine>
#include <queue>
#include <functional>
#include <thread>

struct MyCo { // 내용 생략 . 위 예제와 동일함
};

// 람다 함수 저장을 위한 컨테이너 queue 클래스 사용
std::queue<std::function<bool()>> wait_queue;

using namespace std::chrono;

struct MyWaitRead {

        bool await_ready() { return false; }
        void await_suspend(std::coroutine_handle<void> h)
        {
                auto start = std::chrono::steady_clock::now();
                wait_queue.push( [start, h, out = time_out]
                {
                        // 여기서는 실제 읽는 과정을 생략하고 시간 소요로 대체함
                        // 실제 파일을 읽고 진행여부를 체크하는 루틴을 넣어 처리 가능함
                        // [ex] if ( CheckReadingFinshed() == true )
                        if ( std::chrono::steady_clock::now() - start > out )
                        {
                                h.resume();
                                return true;
                        }
                        else
                                return false;

                });

        }
        void await_resume() { }

        std::chrono::milliseconds time_out = 1000ms;
};

MyCo ReadFind(std::string file, int checkno)
{
```

```
        int count = 0;
        co_await MyWaitRead();
}

void SearchFile(int id, int search)
{
        std::string name="file" + std::to_string(id)+".txt";
        ReadFind(name, search);
}

int main()
{
        int cn = 0;

        auto start = std::chrono::steady_clock::now();

        SearchFile(1,10);
        SearchFile(2,10);

        while (!wait_queue.empty()) {
            auto lm = wait_queue.front();

            // queue에서 람다 함수를 가져와서 호출함
            if (! lm() ) {
                    wait_queue.push(lm); // 람다 함수 저장
            }
            wait_queue.pop();             // 가져온 람다 함수를 queue에서 삭제

            std::this_thread::sleep_for(std::chrono::milliseconds(1));
        }
        auto end = std::chrono::steady_clock::now();
        std::chrono::duration<double> elapsed_seconds = end-start;

        // 출력 elapsed time: 1.03454s
        std::cout << "elapsed time: " << elapsed_seconds.count() << "s\n" ;

        return 0;
}
```

예제에서 파일을 읽는 함수를 코루틴 함수로 대체하였다. **co_await** 수식을 위해 별도로 클래스 (MyWaitRead)를 정의하고 해당 멤버 함수를 구현했다. 해당 클래스의 await_ready()의 반환되는 값을 false로 설정했기 때문에 컴파일러는 바로 **await_suspend()** 함수를 호출하는데 특히 이 함수가 중요하다. 여기서 파일을 읽는 과정 관련해서 계속 기다리는 코드를 함수 내에 구현을 하면 그 자체가 순차적

으로 작업이 진행되고 계속 그 부분을 잡고 있게 된다. 따라서 다른 식으로 구현을 해야 한다. 읽는 과정을 포함하여 타임아웃이 발생하는지를 확인하는 코드는 별도의 람다 함수로 만들어 지속적으로 해당 부분을 체크하면은 가능하다. 그런데 계속 확인하는 과정을 실행해야 한다고 생각해서 자칫 파일을 읽는 함수를 호출할 때마다 일정의 쓰레드처럼 일정 루틴이 수행된다고 오해하면 안 된다. 람다 함수에서는 필요한 변수의 값을 **람다 캡처**로 처리하고 람다 함수 차제를 저장한다. 예제에서는 메인에서 해당 람다 함수를 계속 호출하면서 상황을 체크하고 결과를 가져온다. 람다 함수가 이렇게 수식의 변수처럼 역할을 하면서 함수기능을 하기 때문에 매우 편리하다. 사실 이 부분은 메인에서 수행해도 되지만 별도로 쓰레드로 생성하여 처리하는 것도 좋아 보인다.

코루틴 함수를 사용하여 비동기식으로 파일을 읽는 과정을 다루었다. 그런데 기존의 예제에서는 파일을 읽고 특정값을 찾아 검색된 횟수를 가져오는 작업이 빠져 있다. 이것을 클래스에서 정의한 **await_resume()**를 사용하여 처리할 것이다. 이 함수는 코루틴이 재개되면 컴파일러가 반드시 호출하게 된다. 보통 이 함수는 **void** 타입을 가지고 있는데 코루틴 함수가 재개하면서 이 함수의 반환값을 **co_await** 수식을 통해 가져올 수 있다.

[예제 9.6-K]

```cpp
#include <iostream>
#include <chrono>
#include <coroutine>
#include <queue>
#include <functional>
#include <thread>

struct MyWaitRead{

        // 일부 생략
        int read_count = 0;
        void await_suspend(std::coroutine_handle<void> h)
        {
                auto start = std::chrono::steady_clock::now();
                wait_queue.push( [start, h, out = time_out, this]
                {
                        if ( std::chrono::steady_clock::now() - start > out )
                        {
                                read_count=5;
                                h.resume();
                                return true;
                        }
```

```
                else
                        return false;

                });

        }
        int await_resume() { return read_count; }

}

int sum=0;

MyCo ReadFind(std::string file, int checkno)
{
        int count = 0;
        count= co_await MyWaitRead();
        sum += count;

}
int main()
{
        // 일부 생략
        std::cout << "Sum ="<<sum;          // 출력 10
        return 0;
}
```

예제에서 사용된 co_await 연산자에 대해 조금 더 알아보자. 이것은 코루틴 함수에 사용되는 키워드 중에 하나이고 또한 단항 연산자에 속한다. 그리고 이 수식의 타입은 이전에 언급한 것처럼 일정의 멤버 함수를 갖는 **await_타입**을 가진다. 코루틴 함수에서 해당 연산자가 사용되면 컴파일러는 co_await의 피연산자에서 await_타입을 가져와서 사용된 곳에서 멈출지 아니면 다음으로 넘어갈지를 await_ready()의 반환값으로 정하게 된다. 사실 코루틴 함수의 동작에 이 연산자가 핵심적인 역할을 하게 된다. 위의 예제에서는 임시 객체형태로 수식을 전달했다. 이 방법 이외에 함수의 반환값을 await_타입으로 전달해도 되고 클래스 타입인 경우에는 별도로 연산자 오버로딩을 만들어 주어야 한다.

```
struct waittype{
        bool await_ready() { return false; }
        void await_suspend(std::coroutine_handle<> h) {}
        void await_resume() {}
};
```

```
// 함수 반환값으로 await_타입 반환          MyCo fun1()
waittype f()                              {
{                                                 // 함수반환 타입을 수식으로 사용
        return waittype();                        co_await f();
}                                         }


// co_await 연산자 오버로딩 함수 구현      MyCo fun2()
struct WaitClass{                         {
        struct MyWait{                            WaitClass w;
                bool await_ready();               co_await w;
                // 내용 생략                      // 클래스 변수를 수식으로 사용
        };                                }
        auto operator co_await()
        {
                return MyWait();
        }
};
```

co_await 수식이 코루틴 함수의 핵심이라고 이미 언급했는데 동작 방식을 그림을 통해서 다시 한번 살펴보자. co_await 수식을 컴파일러는 await_ready() 함수의 반환값에 따라 **if** 문처럼 분기를 만든다. 그리고 각각의 분기 안에 아래의 해당 함수를 호출하며 다음 코드로 갈 수 있고 아니면 해당 라인에서 나가게 되는데 사용자 입장에서 await_suspend() 함수를 이해하자면 해당 지점에서 **return 문을 만나서 반환하는 것과 유사하다.** 중단이라는 개념에 치우치기보다는 중단은 컴파일러 입장에서는 내부적으로 다음에 할 일을 저장하는 것이고 사용자 입장에서는 그 위치에서 함수가 빠져나오고 다음 코드가 실행되고 이후에 재개하는 것을 별도로 진행한다고 이해하는 것이 중요하다. 이것이 co_await 수식의 동작을 파악하는 핵심이 된다. 이 개념은 코루틴 함수의 다른 키워드에도 같이 적용되고 또한 코루틴 함수의 반환 타입이 가지는 멤버 함수 중에 **await_타입**을 반환 타입으로 가지는 함수에도 동일하게 적용된다. 해당 라인에서 계속 멈추고 있으면 핸들을 통해서 재개하게 되면 다음 코드로 이동하여 코루틴 함수가 실행이 된다. 이전에 기술된 것처럼 코루틴 함수가 시작될 때 설정되는 매개변수인 핸들은 함수가 중단되면 await_suspend(핸들) 함수가 호출되는데 이 함수의 인자가 된다. 코루틴 함수를 위한 반환 타입을 만들고 또한 co_await 수식 타입을 위한 클래스를 별도로 만들어도 co_await 수식은 해당 코루틴 함수에서 사용되기 때문에 당연히 하나의 핸들로 관리가 된다.

[그림 9.4]

9.6.5 co_yield 수식

co_yield 수식은 이와 연관된 함수인 yield_value()을 호출하고 필요한 값을 저장한다. 그리고 해당 함수의 반환값은 **await_타입**을 가진다. 아래 co_yield 수식의 정의된 걸 보면 알겠지만 위에 기술된 co_await 수식의 연장선에 있고 이 수식을 이해하는 데 큰 어려움이 없을 것이다.

> **co_yield 수식**
> **co_await** yield_value();

co_yield 수식은 중단이 발생되고 해당 라인에서 나갈 때 yield_value() 통해 일정 값을 저장한다. 반면에 co_await 수식은 별도로 값을 저장하는 정해진 멤버 함수가 따로 없고 해당 라인에서 빠져나간다. 그래서 co_yield 수식은 코루틴 함수의 상태를 확인할 때 사용될 수 있다. 그리고 반복적으로 함수에서 실행되면서 일정 값을 가져올 때 보통 이용된다. 하기 예제를 보자. 코루틴 반환 타입 관련하여 클래스를 정의하였다. co_await에서 정의한 것과 거의 유사하고 코루틴 재개를 위해 별도의 연산자 오버로딩을 구현하였다.

[예제 9.6-L]

```cpp
#include <iostream>
#include <chrono>
#include <coroutine>

struct MyYield {
        struct promise_type;
        using handle_type = std::coroutine_handle<promise_type>;

        struct promise_type {
        MyYield get_return_object()
        {
```

```
                        return MyYield{ handle_type::from_promise(*this)};
        }
        auto initial_suspend() { return std::suspend_always(); }
        auto final_suspend() noexcept { return std::suspend_never(); }
        void unhandled_exception() {}
        void return_void() {}
        auto yield_value(unsigned long long int v)
        {
                value = v;
                return std::suspend_always{};
        }
        unsigned long long int value;
    };

    MyYield(handle_type h) : myHandle(h) {}
    handle_type myHandle;

    // 함수 호출 연산자 : 함수를 재개하거나 co_yield 값을 가져오는 함수를 대체할 수
    // 있음
    auto operator()()
    {
        unsigned long long int val = myHandle.promise().value;
        // 이것은 myHandle.resume() 동일함
        myHandle();

        return val;
    }

};


    // 코루틴 함수                              // 일반 함수
    MyYield CreateID()                         int CreateID_Other()
    {                                          {
        int id = 0;                                    static int id = 0;
        while (true)                                   return ++id;
        {                                      }
            co_yield ++id;
        }
    }

int main()
{
        int sum=0;
        auto my = CreateID();
```

```
        for (int j = 0; j <= 10000; j++)
        {
                sum +=my();
        }

        std::cout<<"sum ="<<sum;          // 출력 sum =50005000
        return 0;
}
```

예제에서 co_yield 수식을 사용하여 일정하게 증가되는 값을 가져오고 있다. 이 예제를 보면 군이 코루
틴 함수를 사용하는 이점을 얻기가 어려워 보인다. 왜냐하면 일반 함수를 사용하여 함수에서 값을 저장
하려면 static 변수를 사용해도 충분히 코루틴 함수와 같은 결과를 만든다. 그리고 처리 속도도 코루틴
함수 대비하여 빠르게 수행된다. 이런 것을 고려했을 때 지금의 코루틴 함수의 사용은 의미가 없어 보
인다. 그런데 다른 방향으로 생각해 보자. 함수 구현 시 연산 결과를 함수 내에서 여러 변수로 저장하고
반복하는 경우에는 이야기가 달라진다. 대표적으로 일정 수에서 차례로 값을 더해 가는 피보나치수열
함수를 통해 co_yield 수식의 이점을 확인해 보자.

[예제 9.6-M]
```
#include <iostream>
#include <chrono>
#include <coroutine>
#include <vector>

struct MyYield { // 내용 생략
};

// 코루틴 함수
MyYield fibo(unsigned int n)
{
        if (n == 0)
                co_return

        co_yield 0;
        co_yield 1;

        unsigned long long a = 0;
        unsigned long long b = 1;

        for (unsigned i = 2; i < n; i++)
        {
                unsigned long long s = a + b;
```

```cpp
            co_yield s;
            a = b;
            b = s;
        }
    }


    // 일반 함수
    auto fibo_other(int n)
    {
        std::vector<unsigned long long int> arr(n+2, 0);

        arr[0] = 0;
        arr[1] = 1;

        for(int i = 2; i <= n; i++)
        {
            arr[i] = arr[i - 1]+arr[i - 2];
        }
        return arr[n];
    }


    // 재귀 함수 형태
    auto fibonacci(unsigned long long int num)
    {
        if (num <= 1) return num;
        else return fibonacci(num - 1) + fibonacci(num - 2);
    }


    int main()
    {
        const unsigned int num = 40;
        auto my = fibo(num);
        unsigned long long sum = 0;

        auto start = std::chrono::steady_clock::now();

        for (int j = 1; j <= num; j++)
        {
            if (j == (num-1) || j == num)
            {
                sum += my();
            }
            else
                    my();
```

```
        }
        auto end = std::chrono::steady_clock::now();
        std::chrono::duration<double> elapsed_seconds = end-start;
        std::cout << "elapsed time: " << elapsed_seconds.count() << "s\n" ;

        std::cout << "sum = " << sum<<"\n";
        std::cout << "sum = " << fibonacci(num);
        return 0;
    }
```

예제에서 피보나치수열을 사용하여 값을 더하는 것을 보여 준다. 코루틴 함수에서 이전의 수열값이 함
수 내에서 저장되기 때문에 다음 수에서 수열값을 계산할 때 매우 빠르게 진행될 수 있다. 그런데 일반
함수는 매번 수열값을 반복하고 연산하기 때문에 시간이 코루틴 함수보다 더 오래 걸린다. 여기서는 피
보나치수열의 함수 구현을 배열 형태의 컨테이너를 구현했는데 만약에 재귀 호출하는 방식으로 값을
구해 보면 이때는 시간 소요가 코루틴 대비 비교할 수 없을 정도로 오래 걸린다. 이렇게 함수 내에서 연
산값이 저장되고 다음 연산에 이용되는 경우에 co_yield 수식은 효율적인 도구를 제공한다.

9.6.6 co_return 문

코루틴 함수가 완료되고 반환될 때 이 구문이 사용된다. 이것은 일반 return 구문과는 다르다. 이 키워
드가 사용되면 co_return과 함께 선언하는 수식에 따라 호출되는 함수가 결정된다. 수식이 없을 경우
에는 코루틴 함수의 반환 타입인 클래스에서 정의한 return_void()가 호출되고 수식이 있으면 return_
value()가 호출된다. 여기서 끝이 아니다. 하나의 기능이 더 수행된다. 코루틴 함수의 끝을 알리는 final_
suspend()가 불려진다. 이 함수의 반환값은 **await_타입**을 가지고 있어서 코루틴 함수가 내부적으로 완
전한 종료가 되는지가 결정이 된다. 이 함수는 co_return 구문이 없어도 함수의 끝에 도달하게 되면 호
출된다. final_suspend()의 반환값 설정에 따라 어떻게 동작하는지를 예제를 통해 살펴보자.

[예제 9.6-N]

```
    #include <iostream>
    #include <coroutine>

    struct MyCo {
        struct promise_type;
        using cor_Handle = std::coroutine_handle<promise_type>;

        struct promise_type {
            MyCo get_return_object()
```

```cpp
                {
                        return MyCo{ cor_Handle::from_promise(*this) };
                }
                auto initial_suspend() { return std::suspend_never(); }
                auto final_suspend() noexcept { return std::suspend_never(); }
                void unhandled_exception() {}

                void return_value(int i) { retValue = i; }
                int retValue;

                auto yield_value(int v)
                {
                        value = v ;
                        return std::suspend_always{};
                }
                int value;
        };

        cor_Handle myHandle;
        MyCo(cor_Handle h) : myHandle(h) {}

        void resumeRoutine() { return myHandle.resume(); }
        int getYieldValue() { return myHandle.promise().value; }
        int getRetValue() { return myHandle.promise().retValue; }
};

MyCo fun()
{
        co_yield 0;
        co_return 123;                  // return_value() 호출되고 final_suspend() 이동
}

int main()
{
        auto my = fun();
        my.resumeRoutine();

        // Retured Value = -45178 쓰레기 값 출력됨
        // gcc에서는 정상 출력됨
        std::cout << "Retured Value =" << my.getRetValue() <<"\n";
        return 0;
}
```

예제에서 코루틴 함수의 반환 타입 관련해서 **final_suspend()**의 반환값을 유심히 보길 바란다. 이 함수는 코루틴 함수에서 반환구문을 만나거나 또는 마지막에 도달할 때 호출된다. 여기서 반환값 설정을 suspend_never으로 하였고 이 클래스의 멤버 함수인 await_ready() 함수의 반환값은 true이다. 함수의 마지막에 위치하기 때문에 더 이상 진행할 것이 없어서 코루틴 함수에서 완전히 나가게 된다. 그리고 중요한 것이 하나가 더 있다. 컴파일러가 사용한 핸들에 대해 **내부적으로 할당된 메모리를 해제한다.** 이것은 더 이상 핸들을 통해서 관련 작업을 할 수 없게 된다는 것을 의미한다. 그래서 예제에서 반환값을 가져오는 경우에 이미 핸들 자체가 유효한 메모리의 주소를 가리키고 있지 않기 때문에 이상한 쓰레기 값이 발생한 것이다. 그리고 핸들을 이용한 재개함수를 호출하게 되면 프로그램이 멈추거나 오동작이 발생한다.

그럼 예제에서 반환되는 값을 가져오기 위해서는 final_suspend()를 멈추는 상태로 두어야 한다. 이를 위해 반환값을 설정 시 마지막에서 대기 상태로 가도록 suspend_always으로 지정했다. 예제를 살펴보자.

[예제 9.6-0]

```
#include <iostream>
#include <coroutine>

struct MyCo {

        // 내용 생략
        struct promise_type {
            // 내용 생략
            auto final_suspend() noexcept { return std::suspend_always(); }
        };

        // 내용 생략

        void HandleDestroy()
        {
            myHandle.destroy();
            myHandle = nullptr;
        }

        ~MyCo() {

            if( myHandle)
            myHandle.destroy();
        }
    };
```

```
MyCo fun()
{
        co_yield 0;
        co_return 123;
}

int main()
{
        auto my = fun();
        my.resumeRoutine();

        // 코루틴 함수가 완료되면 핸들의 done() 함수는 true을 반환함
        if ( my.myHandle.done())
        {
            // Retured Value = 123 출력됨
            std::cout << "Retured Value =" << my.getRetValue() <<"\n";

            // 코루틴 핸들의 메모리를 해제함
            my.HandleDestroy();
        }

        return 0;
}
```

예제에서 코루틴 반환값을 가져오기 전에 코루틴 함수의 루틴이 완료가 되었는지를 확인하고 반환값을 가져오고 있다. 그리고 코루틴 함수를 그대로 두면 핸들의 메모리는 계속 유지된다. 그래서 코루틴 핸들을 통해 메모리를 해제하는 함수를 호출했다. 물론 코루틴 함수의 호출이 블록을 벗어나게 되면 자동적으로 코루틴 핸들이 해제가 된다. 코루틴 함수에서 반환값을 가져오는 것이 없으면 자동으로 핸들의 메모리가 해제되도록 final_suspend()가 멈추는 것 없이 바로 진행하도록 설정하는 것이 좋아 보인다. 이와 별도로 코루틴 반환 타입의 클래스에도 코루틴 소멸자를 추가하고 그 안에 코루틴 핸들이 해제되도록 하였다.

지금까지 코루틴 함수가 일반 함수와는 다르게 중간에 멈추고 다시 재개하는 동작을 살펴봤고 또한 코루틴 관련 키워드를 통해 구체적인 기능을 알아보았다. 코루틴 함수는 전통적인 함수의 실행방식에서 벗어나 비동기식으로 동작하면서 성능 향상을 가져온다. 코루틴 함수가 사용되는 예는 여러 가지가 가능한데 특히 시간 소요가 일어날 수 있는 부분을 제공되는 도구를 이용해 쓰레드가 동작하는 것처럼 효율적으로 처리할 수 있게 되었다. 물론 이런 부분은 사용자가 함수를 구현 시에 어디가 병목현상이 생기는지를 미리 알 수 있어야 가능하다. 이것은 사용자의 관리에 따라 충분히 이점을 활용할 수 있다는 이야기이다.

사실 코루틴 함수 대신에 쓰레드를 생성하여 원하는 기능을 구현할 수 있다. 그런데 OS가 쓰레드 관리를 하게 되면 필수적으로 각 쓰레드별로 자원이 할당된다. 해당 쓰레드에서 하는 일이 없어도 기본적으로 쓰레드를 위한 스택 메모리는 할당된다. 즉 자원 사용의 효율성에 문제가 발생할 수 있다. 이런 측면에서 보면 하나의 클래스 타입으로 매우 적은 비용으로 쓰레드처럼 동작할 수 있는 코루틴 함수는 분명히 장점을 가지고 있다. 이 특징은 C++20에 처음 도입되었는데 아직은 사용법이나 동작 개념에 있어서 어렵게 느껴지는 게 사실이다. 그런데 앞으로 버전이 증가하면서 코루틴 관련하여 여러 상황에서 사용 가능한 클래스들이 제공될 예정이기 때문에 좀 더 어떻게 변화가 생기는지 지켜보자.

10

메모리 관리

C++에서 메모리를 관리한다는 것은 필요시에 따라 동적으로 메모리를 할당하고 해제하는 일련의 과정을 의미한다. 일반적으로 데이터의 크기가 가변적인 경우에 동적으로 메모리를 할당하여 해당 작업을 처리한다. 이와는 별도로 메인 함수를 포함하여 함수의 블록 안에 선언된 로컬 변수 및 전역 변수, **static** 변수 및 상수 데이터 관련해서는 사용자가 해당 데이터에 대해서는 따로 메모리 관리를 하지는 않는다. 이것은 내부적으로 시스템이 해당 작업을 담당하고 있다. 여기서 동적 메모리를 할당하고 해제하는 연산자를 알아보기 전에 OS가 어떻게 실행파일을 시스템에서 동작시키고 로컬 변수나 전역 변수를 관리하는지를 살펴보자.

10.1 메모리 매핑

[그림 10.1]

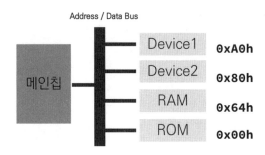

그림에서 보면 메인칩과 **RAM**과 **ROM** 및 주변 디바이스 연결은 어드레스와 데이터 버스를 공용하는 형태를 가진 메모리 맵을 보여 준다. 물론 메모리와 디바이스를 분리하여 별도로 연결되는 구조를 가지는 시스템이 있다. 여기서는 실행파일과 관련되어 자주 언급되는 **메모리 맵**의 설명을 위해서 위 그림의 연결구성을 가지고 이야기를 하겠다. 위의 연결구조의 특징은 일정 구획을 나누어 각 장치가 구별되고 메인칩 입장에서는 주소만 설정해서 필요한 데이터를 가져올 수 있다는 것이다. 예를 들면, RAM은 100번에서 시작하고 ROM은 0번지에서 시작한다고 미리 설정하면 주소에 따라 자연스럽게 장치가 구분되어 처리되기 때문에 메인칩은 장치 구분 없이 실행코드에 있는 명령어에 따라 주소를 변경하면서 코드를 수행하면 된다. 이것을 실행파일이 수행되는 과정에 적용하여 생각해 보자.

실행파일은 메인함수, 일반 함수를 처리하는 코드, 전역 변수 및 상수 데이터를 포함한다. 이것을 메인칩이 처리하기 위해서는 메인코드가 어디에 위치하고 사용되는 변수들의 주소의 위치를 알아야 된다. 이것과 별도로 중요한 한 가지는 메인칩이 실행파일의 코드와 관련 데이터를 어떻게 가져오냐 하는 것이다. 단순히 실행파일을 열어서 필요한 코드를 찾아 실행하고 다시 관련 코드와 데이터를 찾는 작업을 반복하는 것은 성능 측면에서 매우 비효율적이라 것은 직관적으로 알 수 있다. 그래서 메인칩 입장에서 보면 위의 그림처럼 실행파일이 일정 부분의 주소대로 나누어지고 주소를 지정하는 위치로 가서 필요한 데이터를 가져오고 명령어 코드를 실행하는 것이 구조적인 관리가 용이할 수 있다. 먼저 이를 위해서는 실행파일이 코드와 데이터의 역영이 나누어진 일정 형식을 가져야 될 것이다. 이런 구조를 보통 **실행연결**(Executable Linkable) 또는 **포터블 실행**(Portable Executable)파일이라고 부른다. 이런 실행파일의 구조는 **OS**별로 틀린데 여기서는 공통적으로 가지는 특성에 대해 언급하겠다.

일단 크게 나누어서 보면 코드와 데이터가 각각 나누어지고 데이터는 전역 변수 및 **static** 변수가 포함되고 상수 데이터 영역도 별도로 분리된다. 그리고 이와 관련된 크기 및 위치 정보를 담고 있는 헤더를 가진다. 그림은 간략히 실행파일 구조를 나타낸다. 여기서는 실행파일을 처리하는 과정을 통해서 해당 변수의 메모리가 어떻게 처리되는지를 이해하는 게 주요 목적이기 때문에 해당 상세 내용은 별도로 찾아보길 바란다.

[그림 10.2]

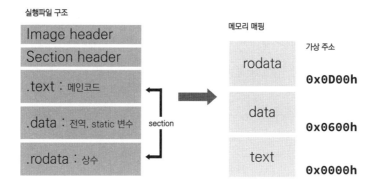

실행파일을 만드는 과정에서 위 그림처럼 각 영역이 부분으로 나누어져 파일이 만들어진다. **OS**가 실행파일에 대해 해당 데이터의 크기와 위치를 기준으로 메인칩이 주소별로 각각의 영역을 메모리 주소로 접근할 수 있도록 가상으로 주소를 할당하게 된다. 이것을 **메모리 매핑(mapping)**이라고 한다. 가상으로 주소가 매핑된 것이 **물리적인 메모리 즉 RAM에 올라간 것을 의미하는 것은 아니다.** 가상 주소는 메인칩이 명령어 코드를 수행하는 과정에서 접근하는 주소가 된다. 그림에서 메모리 매핑 시 가상 주소를 임의적으로 할당을 했다. 이것은 하드웨어 및 OS에 따라 일정 범위가 주어지고 또한 각 실행파일별로 섹션 크기에 따라 정해진다. 여기서는 실행파일의 영역을 전체로 풀어 헤쳐서 메인칩이 가상 주소에 따라 동작할 수 있도록 하는 것이 메모리 매핑의 목적이라는 것을 알면 된다. 비유적으로 설명하면, 상자 안에 물건들을 바로 구별하여 찾을 수 있도록 미리 번호가 달린 태그를 붙이는 작업을 하는 것이다.

OS가 메모리 매핑을 시작하면서 각 영역의 대해 부여될 메모리 주소를 정하는 작업을 수행하고 실행파일에서 메인코드의 진입 지점인 text 영역의 일정 부분을 가져오는데 이때 한 번에 가져오는 크기가 시스템별로 정해져 있고(보통 16KB, 64KB) 이것을 페이지 영역이라고 부른다. 이 페이지에 관련 텍스트 영역이 메모리 매핑을 한 가상 주소에 맞게 펼쳐 배치되고 이 페이지는 물리적인 메모리 **RAM**과 내부적으로 연결된다. 메모리 매핑을 하면서 각 섹션의 크기에 맞게 바로 RAM을 사용하는 것이 아니라 사용될 때 페이지가 만들어지면서 RAM을 점유하게 되고 그전에는 섹션 크기에 맞게 RAM 사용의 예약을 할 뿐이다. 실제 사용하는 것은 아니다. 코드에 전역 변수를 선언하고 어느 코드에서 사용치 않으면 페이지를 추가하여 가져올 일이 없게 되어 RAM에 올라갈 일이 없다. 이런 일련의 과정은 당연히 시스템이 내부적으로 처리하기 때문에 사용자가 제어할 수 있는 부분이 아니다.

[그림 10.3]

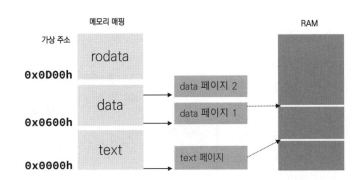

실행파일이 수행되면서 메인 함수의 진입지점 관련 텍스트를 가져오는 페이지가 만들어지고 명령어 수행 중에 데이터 영역의 전역 변수가 필요하게 되면 페이지를 추가하여 해당 내용을 가져온다. 그리고 하나의 페이지 크기를 넘어서고 다시 데이터 영역이 필요한 경우가 발생하면 페이지를 추가하게 된다. (그림에서 **data 페이지 2**) 만약에 데이터 영역 전체가 명령어 수행 중에 필요하게 되면 그때 전체의 영역에 맞는 페이지가 만들어진다. 그리고 전역 변수의 특성상 프로그램이 종료 시까지 유지되기 때문에 메모리에 계속 상주하게 된다. 이것은 텍스트 영역도 마찬가지이다. 한 번에 텍스트 영역을 다 가져오는 것이 아니라 명령어 실행 중에 연관되어 필요할 때마다 페이지를 추가하여 가져온다. **static** 변수 및 상수 데이터 처리 방식도 이런 과정을 통해서 메모리 관리가 OS의 의해서 이루어진다.

전술한 것처럼 실행파일은 코드 및 전역 변수에 대한 데이터 정보를 가지고 있는데 함수 안에서 사용되는 로컬 변수 관련해서는 정보를 가지고 있지 않다. 로컬 변수는 사용되고 따로 해당 데이터를 유지할 필요가 없기 때문에 별도의 저장 정보가 있어야 될 이유가 없다. 저장 정보뿐만 아니라 로컬 변수의 전체 크기관련 정보가 없기 때문에 로컬 변수가 사용하는 메모리 영역은 시스템별로 정해진 크기로 할당된다. 로컬 변수 관련해서는 실행파일 시작 시 별도의 일정 크기가 확보된 영역에서 사용되고 이곳을 보통 **스택**(stack)이라고 부른다.

실행파일이 메모리 매핑이 되면서 스택 영역도 별도로 메모리 매핑이 되어 독립적인 스택 베이스 포인터를 갖게 되고 OS가 일정 메모리를 확보한다. 이것은 해당 실행의 고유의 영역이기 때문에 같은 실행파일을 여러 번 실행해도 당연히 해당 영역이 다르게 된다. 스택 크기는 시스템별로 기본 크기가 정해져 있고 해당 크기의 변경도 가능하다. 스택 동작에 대해 간단한 코드를 작성하고 컴파일된 명령어 코드를 통해 상세히 살펴보자. 스택의 설명을 위해 컴파일된 기계어 코드를 같이 보여 주고 있다. 구체적인 동작을 이해하기보다는 스택 처리 부분을 이해하는 차원에서 보면 될 것이다.

소스 코드	기계어 코드(x86-64 gcc 12.2)

```
void func()                    func():
{                                      push rbp
        char br[10];                   mov  rbp, rsp
        br[0] =100;                    mov  BYTE PTR [rbp-10], 100
}                                      nop
                                       pop  rbp
                                       ret
int main()                     main:
{                                      push rbp
        int a=0;                       mov  rbp, rsp
        int ar[10];                    sub  rsp, 48
                                       mov  DWORD PTR [rbp-4], 0
        a = ar[0];                     mov  eax, DWORD PTR [rbp-48]
        func();                        mov  DWORD PTR [rbp-4], eax
        // f();                        call func()
        return 0;                      mov  eax, 0
}                                      leave
                                       ret
```

기계어 코드에서 배열 변수 처리를 위해 스택 포인터(코드에서 **rsp**)에서 일정 크기를 빼는 형태로 해당 변수의 크기를 확보한다. 이것을 쉽게 설명하면 일반 포인터 변수에 일정 크기를 더하거나 빼면 포인터 변수가 이동하여 해당 데이터에 접근을 하는 방법을 생각해 보면 어느 정도 이해가 될 것이다. 코드가 실행되면서 해당 로컬 변수가 사용되면 로컬 변수에 크기에 맞게 스택 페이지가 만들어지고 실제 RAM과 연결된다. 스택 페이지도 로컬 변수가 커질수록 페이지도 추가가 된다.

그림 10.4에서 스택 페이지는 스택 크기의 맨 위 주소에서 시작한다. 그림에서 보면 스택 포인터 시작은 0x2000이 된다. 설명을 위해서 스택 크기를 임의적으로 설정했다. 스택 포인터는 보통 위에서 아래로 내려가는 형태를 가진다. 그림에서 메인 코드의 로컬 변수의 a는 4바이트를 가지고 있어서 스택 포인터 시작에서 4를 빼는 위치에 있다. 그리고 배열은 각 원소별로 위치를 가지는데 순서는 마지막부터해서 각 데이터 크기별로 내려가면서 자신의 위치를 가지게 된다. 언급한 것처럼 포인터 변수에 가감을 하여 데이터에 접근하는 형태와 유사하다. 예제에서 스택 포인터에서 일정 숫자를 빼고 있는데 이 숫자는 타입이나 메인칩의 코어가 어떻게 동작하는 것에 따라 틀리기 때문에 일정 숫자보다는 스택의 동작 과정을 중점으로 해서 보면 된다. 한편 메인 소스코드에서 함수가 호출되면 메인의 로컬 변수들의 위치는 스택 포인터에 이미 확보되어 있고 그다음부터 기준하여 함수 내에 로컬 변수는 자신의 위치를 갖고 함수의 내용이 수행된다. 함수가 일을 마치고 반환되면 다시 메인으로 돌아오고 만약에 다른 함수가 호출되면 다시 스택을 사용하기 때문에 이전 함수 안의 있었던 로컬 변수의 내용은 유지되지 않는다.

[그림 10.4]

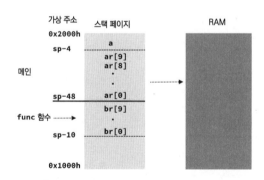

스택을 좀 더 쉽게 기능 중심으로 설명을 하자면 스택이라는 일정 크기의 배열이 만들어지고 로컬 변수를 사용할 때마다 기준이 되는 첨차에서 일정 부분을 가감하여 데이터를 처리하고 원소의 값은 임시적인 것으로 항상 값이 변한다고 생각하면 스택의 개념이 쉬울 것이다. 또한 배열 크기를 넘어서게 되면 오동작이 일어나는 것처럼, 스택 크기를 벗어나면 예상치 않은 동작으로 프로그램이 멈추는 현상이 나올 수 있다. 컴파일러에 따라 컴파일 과정에서 스택 크기가 넘어선다는 경고를 하는 경우도 있는데 로컬 변수의 크기가 어는 정도 커질 거라 생각되면 동적으로 메모리를 확보하는 방법으로 가는 것이 스택 오버플로를 피하는 대안이 될 수 있다.

실행파일이 수행되면서 전역 변수 및 로컬 변수가 내부적으로 메모리 관리가 어떻게 진행되는지 살펴보았다. 다음은 사용자가 필요에 따른 메모리를 동적으로 할당하는 연산자를 알아볼 것이다. 그전에 동적으로 할당되는 영역도 스택과 유사하게 실행파일이 매핑되면서 해당 영역에 가상의 주소가 지정이 된다. 이것을 힙(heap)이라고 한다. 힙의 최대 크기는 따로 지정되어 있지 않고 보통 사용될 때마다 크기에 맞게 힙 페이지가 증가하고 이것이 물리적인 RAM과 연결된다. 그리고 최대 크기는 시스템에 장착되어 있는 RAM 크기가 될 수 있는데 최대 크기를 벗어나면 OS별로 디스크의 메모리 일부가 RAM의 형태로 동작하도록 스왑하는 기능을 통해 메모리가 늘어나는 효과를 가져올 수 있다.

10.2 new 연산자

new 연산자는 사용 객체에 대해 동적으로 메모리를 할당할 때 이용된다. 할당된 메모리는 해제하기 전까지 프로그램이 실행되는 동안 유지된다. 정상적으로 동작하면 연산 결과는 생성된 객체의 **데이터 타입에 대한 포인터 타입**이 된다. 실패하면 **nullptr**을 반환하거나 예외 동작을 발생시킨다. 하기의 형태를 가진다.

::옵션 new 추가인자옵션 데이터타입 초기화옵션;

데이터 타입
  타입 [상수식]옵션

초기화
  {수식리스트옵션} or (수식리스트옵션)

추가 인자
  (수식리스트)

위에서 기술된 **new** 형식이 약간 복잡해 보이는데 쉽게 생각해 보면, **new**는 연산자에 속하는 것으로 필수적인 피연산자인 해당 타입과 선택적으로 초기화의 필요 여부를 정하여 사용하면 된다. new에서 사용된 피연산자를 통해 본연의 기능을 하게 된다. **new의 역할**은 메모리를 할당해 주는 함수를 호출하면서 해당 타입의 크기를 넘겨주며, 이때 규격에서 정의된 전역 함수인 할당된 주소를 반환하는 **operator new()** 함수가 사용되며 타입의 크기가 이 함수의 파라미터가 된다. 참고로 데이터 타입의 다음에 배열을 설정하게 되면 **operator new[]** 함수가 사용된다. 그다음 중요한 작업으로 해당 타입이 클래스 타입이면 **생성자를 호출**하여 할당된 메모리에 올리는 것이다. 이때 초기화 여부를 설정할 수 있는데, 초기화 방식은 일반 변수의 초기화 방법과 거의 유사하고 초기화식이 생략되면 **기본 초기화**의 방식을 따라 간다.

그런데 변수의 초기화 방식과 중요한 차이점이 있다. **변수 선언**할 때의 초기화 방법에는 중괄호와 괄호 방식이 있는데, 괄호 방식을 사용하는 경우에는 괄호 안을 비워서는 안 된다. 비우게 되면 함수 선언으로 처리되기 때문이다. 하지만 **new**의 초기화 방식에서는 괄호 안을 비워도 문제없이 진행이 된다. new는 연산자로 자신의 역할을 수행하며 초기화 관련 식은 하나의 부가적인 역할을 할 뿐이다. 이것의 존재 여부가 연산 작업에 문제의 소지가 되지 않고 또한 new는 수식으로 함수 선언하는 것과 확연히 차이가 발생하여 컴파일러가 구분할 수가 있다. 그런데 변수의 초기화식은 선언과 관련되어 있기 때문에 함수 선언하는 부분과 겹치는 부분이 있어서 약간의 제한 사항을 둔 것이다.

new 수식을 사용할 때 :: 범위 지정자와 함께 사용을 하게 되면 기본적으로 전역 함수가 검색된다. 범위 지정자를 생략할 경우 데이터 타입이 클래스이면 해당 클래스의 내부에서 메모리 할당 함수를 찾는다. 나중에 연산자 오버로딩에서 기술되는데 별도로 new 연산자 오버로딩을 구현하여 이용할 때 이렇게 해당 클래스에 구현된 것이 사용된다. 그런데 일반적으로 따로 구현하는 경우는 흔하지 않다. 그래서 범위 지정자가 생략되어도 클래스에 해당 연산자 오버로딩이 없으면 결국 전역 함수를 찾아서 연결된다.

[예제 10.2-A]

```
#include <iostream>

struct A{
        A() {};
};

int main()
{
        // 기본 타입 int의 메모리 할당 및 초기화식 사용
        auto ptr1 = new int;              // new int () : 괄호를 비우게 되면 0으로 초기화
        auto ptr2 = new int (10);         // new int {10} :중괄호를 사용해도 결과는 같음

        // 배열로 int 타입 할당
        int* ptr3 = new int [10];

        // 클래스 타입에 대해 메모리 할당
        A* ps = new A;
```

```
        return 0;
    }
```

new 연산자를 이용할 때 데이터 타입은 필수적인 것으로 메모리 할당의 크기가 결정이 된다고 이미 언급 했는데 이때 명확한 데이터 타입 대신에 초기화를 통해 타입을 유추하는 **auto** 키워드가 사용될 수 있다. new 연산자에는 일반적으로 초기화식이 선택사항이지만 이 경우에는 초기화식이 반드시 필요하다. 이를 통해 타입을 유추하여 데이터 타입이 정해지기 때문이다. 또한 new 수식에서 배열로 선언할 때 크기를 확정하지 않는 형태로 되어 있으면 초기화식을 통해 크기를 정하기 때문에 이 경우에도 초기화식은 생략해서는 안 된다.

```
// 하기는 반드시 초기화식이 선언되어야 함
auto i = new auto(10);          // int 타입
auto c = new auto('a');         // char 타입
auto ar = new int[] {1, 2, 3};  // 배열 크기는 3으로 정해짐
```

데이터 타입 관련해서 타입이 명확하게 정해지는 경우에는, 예를 들면 기본 타입 및 클래스 타입이라면 해당 타입의 크기를 결정하는 것이 명확하기 때문에 별도로 데이터 타입을 괄호에 넣어 new 수식을 선언할 필요가 없다. 그런데 포인터 타입을 선언할 때 선언의 중심이 포인터가 되도록 괄호가 사용되는 경우가 있다. 이때 new 연산에서는 이것의 구별에 문제가 될 수 있다. 그래서 특히 배열 포인터 또는 함수 포인터가 데이터 타입이 된다면 타입의 명확성을 위해서 괄호를 사용해야 된다.

```
int (*p)[5]; // 배열 포인터
auto aa = new ( int (*)[5] );     // 배열 크기 5를 가리키는 배열 포인터 : 데이터 타입
auto f = new ( int (*)(double) ); // int (*pf)(double) 함수 포인터 : 데이터 타입
```

new 수식이 정상적으로 동작하면 반환값으로 데이터 타입의 포인터를 넘겨준다. 예를 들면 int 타입이면 반환값은 int*가 된다. 또한 데이터 타입이 int* 포인터 타입이면 결과는 int**이 된다. 클래스 타입이면 해당타입의 포인터가 반환값이다. 그런데 배열 타입이 되면 해당 타입 배열의 첫 번째 인자를 가리키는 포인터를 반환한다. int 타입 배열인 경우 int [10] 이런 형태가 데이터 타입이면 반환값은 int*이 된다. int [5][5]일 경우라면 배열 포인터 즉 int (*)[5]가 반환된다. 이와 관련 사항은 배열과 포인터 절을 참조한다.

new 수식을 사용할 때 데이터 타입과 그리고 필요에 따라 초기화식을 설정하는 것이 일반적인 선언 방식이다. 이미 기술한 바와 같이 데이터 타입은 **operator new()** 함수의 **첫 번째 인자**가 된다. 따라서 기본적으로 추가 인자를 사용할 필요가 없다. 경우에 따라서 실제는 많지 않지만 별도로 **operator new()**

를 구현하면서 파라미터가 추가가 되면 이때 해당 파라미터를 넘겨주기 위해서 별도의 방식이 필요하다. 이때 사용되는 것이 **추가 인자** 옵션이 되겠다. 결국은 **operator new()**의 여러 함수가 오버로딩 형태로 만들어지는 것이다. 그리고 new 수식에서 추가 인자에 따라 해당 함수가 연결된다. 사실 별도의 추가 인자를 설정하여 new 수식을 사용하는 경우는 드물다. 그런데 동적으로 배열을 저장하는 컨테이너 스탠더드 라이브러리에서 추가 인자를 사용하는 예제가 있어서 여기서 일부를 설명하겠다. 그리고 이해를 돕기 위해 여러 추가 인자가 되는 경우도 기술하겠다. 이렇게 사용되는 것은 거의 없을 것이다.

[예제 10.2-B]

```cpp
#include <iostream>

struct A{
        A() {};
};

// 테스트용으로 new 연산자 함수를 구현함
void* operator new(size_t _Size, int, int) noexcept
{
        return (void*)0;
}

int main()
{
        size_t size = sizeof (A);

        // new 연산자 오버로딩 함수를 직접 호출. 이 함수는 한 개의 인자를 가짐
        // 함수 원형 : void* operator new( size_t Size )
        // A 클래스 타입 크기를 인자로 넘김
        auto ptr = ::operator new (size);

        // 메모리가 할당되어 해당 클래스 생성자가 호출되게 함
        // 아래의 new 수식은 void* operator new(size_t size, void* ptr) 이 함수가
        // 호출되고 추가 인자가 해당 함수로 전달됨
        // 이 함수는 별도로 메모리를 할당하지 않고 전달받은 포인터를 다시 반환하도록
        // 구현됨
        new (ptr) A;

        // 추가 인자와 부합하는 위에서 만든 new 연산자 함수가 호출됨
        new (1, 2) A;

        return 0;
}
```

10.3 delete 연산자

할당된 객체에 대해 메모리 해지를 할 때 사용되는 연산자이다. 수식의 결과는 void 타입을 가진다. 사용 형식은 다음과 같다.

```
::옵션 delete 수식;          --- (1)
::옵션 delete [] 수식;       --- (2)
```

배열이 아닌 단일 데이터 타입으로 new 연산자를 수행하여 얻은 해당 메모리를 해제할 때 위에서 (1)이 사용되고 배열이면 (2)를 이용한다. **delete** 연산자의 수식, 즉 피연산자는 반드시 객체에 대한 포인터가 되어야 하고 **new** 연산의 반환되는 포인터가 그 대상이 되어야 한다. 하지만 임의의 포인터 값이 피연산자로 사용되면 오동작이 발생한다. delete 수식의 역할은 포인터로 인자를 받을 것을 규격에서 정의된 operator delete() 함수로 넘겨준다. 그리고 클래스 타입의 포인터인 경우에는 해당 클래스의 **소멸자**를 호출하게 된다. :: 범위 지정자와 delete 연산자가 같이 사용되면 규격에서 정의한 전역 함수인 **operator delete()**를 검색한다. 이 지정자가 생략되면 관련 함수를 오버로딩되어 있는 함수에서 찾아보고 따로 없으면 전역 함수를 지정한다.

[예제 10.3-C]

```cpp
#include <iostream>
struct A{
        A() {};
};
int main()
{
        // new와 delete는 항상 쌍으로 움직여야 함
        auto pi = new int;
        delete pi;

        // 배열로 할당하면 항상 배열관련 delete [] 사용
        auto pa = new int [10];
        delete[] pa;
        // 클래스를 생성하고 클래스 해제 시 소멸자가 호출됨
        auto pr = new A;
        delete pr;

        return 0;
}
```

11

모듈
(since C++20)

모듈은 C++20에서 처음으로 소개된다. 사실 모듈이라는 용어는 프로그래밍 관련하여 구현할 기능들을 특징별로 독립적으로 나누어 처리하는 방법을 의미하고 구체적으로 기능별로 파일을 나누어 관리하는 작업에 모듈이라는 개념이 사용되었다. 이런 일련의 과정을 모듈화 프로그래밍이라고 부른다. 방법적인 측면에서 모듈이라는 개념이 사용된 것이다. 이것을 더 확장해서 보면, 하나의 기능을 담당하는 클래스 타입을 정의하거나 여러 기능을 구현하는 함수들을 모아서 라이브러리를 만드는 것도 모듈 개념에 들어갈 수 있다. 그런데 이번에 도입된 모듈은 이런 방법 관련 추상적인 개념이 아니라 실제적인 목적을 가지고 기능이 구현되었다. 모듈이 필요한 배경을 살펴보자.

소스 파일을 컴파일하기 전에, 전처리 지시문 #include가 있으면 관련 파일을 복사하여 붙이고 나서 **변환 소스 파일**(translation unit)로 컴파일이 진행된다. 지시문이 많으면 많을수록 일명 카피 앤 페이스트(copy & paste) 권법이 난무하게 된다. 그러면서 변환 소스 파일의 크기도 같이 늘어난다. 이것은 컴파일 시간이 늘어나는 것을 의미한다. 사실 기존에 만들어진 코드를 이용하기 이해서는 관련 파일을 가져오는 것은 필요한 작업이지만, 그 파일들이 변경 사항이 있는 것도 아닌데 매번 컴파일을 다시 하는 것은 분명 비효율적이다.

물론, 관련 파일을 라이브러리 형태로 미리 컴파일 해서 사용하면 이런 비효율 문제를 어는 정도는 피해 갈 수 있다. 또한 크기가 큰 헤더 파일을 미리 컴파일하여 사용하는 옵션을 통해서도 시간을 줄이는 효과를 가진다. 그리고 관련 파일을 기능별로 세분화하게 되면 필요한 것만 선택해서 사용하면 컴파일 시간을 많이 단축할 수 있을 것이다. 이런 방법도 있지만 모듈은 별도로 나누거나 미리 컴파일할 필요가 없다. **해당 모듈파일**(module unit : module 선언된 파일)의 변경이 발생하면 자동으로 컴파일이 되고 컴파일된 이후 최종 실행파일을 만들 때 연결된다. 프로젝트를 구성한 파일들이 모듈파일과 소스 파일로 구성되면, 소스 파일을 컴파일하면서 모듈파일이 결합되도록 컴파일러는 내부적으로 모듈파일과 연관된 파일을 별도로 구성한다. 컴파일러별로 여기서는 **MSVC**와 **GCC**의 모듈파일 처리 방식이 달라진다. 컴파일러별로 내부적인 관리 방법은 우리가 알 필요는 없지만 모듈을 사용하기 위한 설정은 알아두어야 한다.

우선 모듈을 사용하기 위해서는 Visual Studio를 최근 버전으로 설치하면 컴파일러는 자동적으로 상위 버전이 설치된다. **MSVC** 버전확인은 **도구 메뉴→명령줄→개발자 명령 프롬프트**로 이동 후, **cl.exe**을 입력하면 설치된 컴파일러 버전이 나타난다. MS문서에 따르면 Visual Studio는 Visual Studio 2022 17.1.0 이상으로 설치되어야 전체적인 C++20 모듈 기능이 지원된다. 그리고 **MSVC**의 프로젝트의 솔루션 탐색기에서 해당 프로젝트를 클릭하고 오른쪽 마우스 버튼을 눌러 메뉴에서 속성으로 이동한다. 구성속성의 일반에서 C++ 언어표준을 **C++20** 또는 **latest**로 선택한다.

11.1 모듈 선언 및 구현파일

전체적인 모듈 기능을 살펴보기 전에 일단 기존 소스 파일에서 어떻게 모듈을 만드는지 알아보면서 모듈 기능을 배워보자. 아래는 간단한 시간 관련 함수 코드이다. 관련 함수를 다른 곳에서 사용하기 위해서는 헤더 파일을 포함시키면 된다. 이 과정은 우리에게 익숙한 방식이다. 비주얼 스튜디오를 실행 후 빈 프로젝트를 만들고 하기 형태로 소스 파일과 헤더 파일을 추가하고 실행을 하여 이상 없이 동작하는 것을 확인한다.

[예제 11.1-A]

■ 헤더 파일 time.h
```
struct TimeData{
        int month;
        int date;

        int hour;
        int second;
};

void GetTime(TimeData& t);
void GetDate(TimeData& d);
void CheckData();
```

■ 소스 파일 time.cpp
```
#include "time.h"

void GetTime(TimeData &t)
{
        // 내용 생략
}
void GetDate(TimeData &d)
{
        // 내용 생략
        CheckData();
}
void CheckData()
{
        // 내용 생략
}
```

■ 메인 파일 main.cpp
```
#include "time.h"
int main()
{
        TimeData t;
        GetTime(t);
        return 0;
}
```

모듈을 만들 때 기존과 같이 헤더 파일의 선언부(**[1] 모듈 선언파일**)와 소스 파일(**[2] 모듈 구현파일**)의 구현부를 각각 나누어 구성할 수 있다. 물론 모듈 선언파일에 선언과 구현을 같이 하여 모듈을 만들 수도 있다. 여기서 모듈 선언을 하는 파일의 확장자는 헤더 파일(*.h)과 다르다. 일반적으로 헤더 파일은 **#include** 지시문을 통해서 관련 소스 파일에서 이용되기 때문에 모듈 선언파일과 구분을 위해서도 필요하며, 헤더 파일과 달리 컴파일이 되어야 하고 또한 기존의 헤더 파일을 모듈같이 동작하도록 가져오는 기능을 모듈에서 지원하고 있어서 모듈 선언파일은 별도의 확장자를 가져야 한다. MSVC에서는 모듈 선언파일의 확장자는 .ixx를 가진다. 모듈 구현파일은 소스 파일 형태이기 때문에 확장자를 그대로 유지한다.

11.1.1 모듈 선언파일(module interface unit)

모듈 선언파일을 만들기 위해서는 **프로젝트**→모듈추가로 이동하고 **C++ 모듈 인터페이스 단위**를 선택해 파일을 추가하고 이름을 Time으로 설정한다. 모듈 선언을 위해서는 모듈이름이 필요하다. module 키워드와 모듈이름을 해당 파일에 선언한다. 모듈을 만드는 이유가 외부에서 이용할 수 있도록 하는 것이기에 모듈 선언 시에 **export** 키워드를 사용한다. 이렇게 export와 module 키워드 및 모듈이름을 선언하는 파일을 **모듈 선언파일**이라고 한다. 여기서 중요한 것은 **모듈 선언을 하게 되면 이후부터 파일이 끝나는 지점까지 영향을 준다.** 모듈 선언 이후부터는 모듈 자체적으로 **모듈 영역(purview)**을 가지게 되고 선언된 변수, 함수 또는 클래스는 선언된 모듈에 속하기 때문에 모듈구현 시에 이용할 수 있게 된다. 그리고 이것은 해당 모듈에만 속해 있어서 다른 모듈에 같은 이름의 함수가 있어도 독립적으로 존재한다. 모듈 선언 후 이렇게 제한된 범위를 갖기 때문에 파일 안에서 모듈 선언은 한 번만 가능하다.

모듈 선언파일에서 선택적으로 클래스, 변수 및 함수 등을 외부에서 사용 가능하도록 설정할 수 있는데, 이것은 **export** 키워드를 통해서 가능하다. 개별적으로 사용해도 되고 블록으로 묶어서 한 번에 export을 할 수가 있다. 내부적으로 모듈에서만 접근하는 것은 export 키워드를 사용하지 않는다. 그리고 export 키워드는 **모듈 선언파일**에서만 사용될 수 있다. 그런데 export 키워드는 기본적으로 외부 연결성을 갖는 것을 의미한다. 그래서 static 키워드를 통해 내부 연결성을 가지는 변수 및 함수에는 export 키워드를 같이 사용할 수 없다. 이것은 서로 연결성 특성이 충돌하기 때문이다. 그리고 클래스 내부의 함수나 변수 멤버에 대해 별도로 export를 할 수 없다. 이것은 클래스의 접근 제한자(public, private 제한자)를 통해서 외부 접근에 제한을 두기 때문이다.

11.1.2 모듈 구현파일(module implementation unit)

모듈 구현파일에서는 해당 내용이 모듈을 구성한다는 것을 알리기 위해 module 키워드와 모듈이름을 함께 선언한다. 이때는 **export** 키워드를 생략한다. 만약에 같이 사용하면 같은 모듈을 다시 선언하게 되어 중복문제로 에러가 발생한다(컴파일러에 따라 경고로 처리할 수 있음). 모듈 구현파일 time.cpp에 해당 모듈을 선언하면 모듈 선언파일에 있는 내용을 제한 없이 이용할 수 있게 된다. 이것은 헤더 관련된 소스 파일에서 헤더 파일을 include하는 것과 유사하다. 한편, 메인 파일에서 해당 모듈을 가져오기 위해서는 **import** 키워드와 모듈이름을 선언하면 된다. 그런데 모듈을 가져왔다고 해서 모듈 선언파일에 있는 함수 또는 클래스를 무조건 사용할 수 있는 것은 아니다. 모듈 선언파일에서 export 키워드로 선언된 것만 이용할 수 있다.

[예제 11.1-B]

■ 모듈 선언파일 Time.ixx
```
// 모듈 선언
export module Time;

export struct TimeData{
        // 내용 생략
};
export void GetTime(TimeData& t);
export void GetDate(TimeData& d);

// 블록으로 export 가능
export {
        void GetTime(TimeData& t);
        void GetDate(TimeData& d);
}

// 모듈 내에서만 사용
void CheckData();
```

■ 모듈 구현파일 time.cpp
```
// 모듈 구현
module Time;

void GetTime(TimeData &t)
{ /*세부 구현 생략*/ }

void GetDate(TimeData &d)
{
        /*세부 구현 생략*/
        CheckData();
}
void CheckData()
{ /*세부 구현 생략*/ }
```

■ 메인 파일 main.cpp
```
// 모듈 가져오기
import Time;

int main()
{
        TimeData t;
        GetTime(t);

        // 에러 발생. 해당함수는 export 되어 있지 않음
        CheckData();

        return 0;
}
```

11.2 import 구문

해당 모듈을 가져올 때 사용되는 키워드이다. import 키워드를 통해 예제의 메인 파일에서 모듈을 가져와 모듈 내에 선언된 클래스 및 함수를 이용할 수 있게 된다. 이 키워드는 일반 소스 파일뿐만 아니라 모듈 파일에서도 사용 가능하다. 모듈 구현 시에 이미 만들어진 모듈을 가져와서 필요한 기능을 활용한다. 하기 예제를 보자.

```
export module Time;    // Time 모듈 선언파일

import Date;           // 해당 모듈이 이미 만들어져 있다고 가정함
import Year;           // 해당 모듈이 이미 만들어져 있다고 가정함
```

Time 모듈 선언파일에 다른 모듈을 import하여 모듈 구현 시에 해당 모듈이 사용된다. 그런데 import된 모듈의 내용은 모듈 구현파일에서만 쓸 수 있고 해당 Time 모듈을 가져오는 메인 파일에서는 사용이 안된다. 그러기 위해서는 해당 import된 모듈을 외부에서 사용할 수 있게 **export** 키워드가 들어가야 된다. 하나의 모듈에 여러 다른 모듈이 외부에서 이용되도록 하기처럼 모듈을 선언을 하는 경우가 있다.

```
export module Time;    // Time 모듈 선언파일

export import Date;
export import Year;
export import Mod_A;
export import Mod_B;
```

11.2.1 헤더 단위(header unit)

import 구문은 단지 기존 모듈을 가져올 때만 사용하는 것이 아니라 이미 정의한 헤더 파일을 불러올 때도 사용될 수 있다. 특히 이런 헤더 파일을 **헤더 단위**라고 부른다. 기존 헤더 파일을 헤더 단위로 처리하여 import를 하기 위해서는 별도의 컴파일 옵션이 필요하다. 이것은 내부적으로 헤더 파일이 모듈처럼 동작하도록 컴파일러가 관리하기 위해 그에 상응하는 파일이 필요하기 때문이다.

헤더 단위는 일반적으로 파일을 #include하는 것과 비슷해 보이기 때문에 큰 차이가 없다고 생각할 수가 있다. 그런데 이렇게 헤더 단위로 만들게 되면 해당 헤더 자체를 모듈과 유사한 방식으로 처리하여 단순히 파일을 포함하는 경우와 대비하여 컴파일 속도가 확연히 달라진다. 스탠더드 라이브러리의 헤더 파일을 포함하여 기존 헤더 파일의 컴파일 속도 향상을 가져오기 위해 모듈 기능의의 가교 역할을 하도록 규격에서 헤더 단위의 기능을 제공하는 것이다. MSVC에서 헤더 단위를 만드는 여러 방법들이 있다. 개별적으로 기존의 헤더 파일의 속성을 헤더 단위로 변경하는 방식으로 해당 헤더 파일만 헤

더 단위로 만들기에 다른 것에 영향을 주지 않지만 헤더 파일이 많으면 일일이 빠지지 않고 모두 설정을 해야 하는 약간의 수고스러움이 발생한다. 다른 방법으로 프로젝트의 속성에서 C/C++의 고급에서 자동으로 모듈 관련 파일을 찾고 헤더 단위를 만들어 주도록 지정하는 것이다. 이것은 컴파일 시 의존된 파일을 모두 찾고 컴파일을 하기 때문에 별도의 시간이 소요되는 문제도 있다. 이와 관련된 내용은 MSVC의 문서 중에서 모듈 절에 자세히 나와 있으니 참조하길 바란다.

헤더 단위를 만들기 위해 조금은 다른 방식으로 여기서는 진행을 하겠다. 어차피 이것은 사용하는 측면에서 하나의 방편으로 얻으려는 결과는 동일하다. 별도로 모듈 선언파일을 만들어 여기에 사용하려는 헤더 파일을 import하여 내부적으로 헤더 파일이 생성되도록 한다. **프로젝트→모듈추가**로 이동하고 **C++ 모듈 인터페이스 단위**를 선택해 파일을 추가하고 이름은 **UnitHeader**으로 설정한다. 이전 예제에서 time.h 대해 모듈 개념을 익히기 위해서 모듈 파일로 변경을 하였는데 원래대로 파일을 두고 헤더 단위로 변환하여 사용하겠다.

[예제 11.2-C]

■ 모듈 선언파일 UnitHeader.ixx

```cpp
export module UnitHeader;

// 일반 헤더 파일
import "time.h";
// 스탠더드 헤더 파일
import <iostream>;

//export import "time.h";
//export import <iostream>;
```

■ 소스 파일 main.cpp

```cpp
import "time.h";
import <iostream>;

//import UnitHeader;
int main()
{
        TimeData t;
        GetTime(t);
        std::cout << "Module Test";
        return 0;
}
```

■ 소스 파일 time.cpp

```cpp
import "time.h";

void GetTime(TimeData &t)
{
        // 내용 생략
}
void GetDate(TimeData &d)
{
        // 내용 생략
        //CheckData();
}
void CheckData()
{
        // 내용 생략
}
```

모듈 선언파일에서 해당 헤더 파일들을 import하게 되면 헤더 유닛 파일들이 만들어져 메인 소스 파일 및 다른 소스 파일에서 헤더 파일들을 직접 import하여 사용할 수 있게 된다. 메인 소스에서 헤더 단위가 아닌 UnitHeader 모듈을 import하게 되면 해당 모듈에서 필요한 것을 가져오기 위해서는 export 키워드가 사용되어야 한다. 예제의 모듈 선언파일에서는 헤더 단위를 가져올 때 해당 키워드를 생략했다. export를 지정하면 범용성에서 더 좋을 것이다.

기존의 헤더 파일을 헤더 단위로 사용하게 되면 헤더 파일 안에 있는 모든 내용들은 암묵적으로 export가 되어 제한 없이 이용 가능하다. 해당 헤더 파일을 기존처럼 #include 키워드를 사용하여 파일을 포함할 수 있다. 이 둘의 차이는 컴파일이 된 후 main 소스 파일의 오브젝트 파일의 크기가 상이하다는 것이다. 이런 차이는 당연히 컴파일 속도에 영향을 줄 것이다. 기존의 헤더 파일 대신에 C++의 스탠더드 라이브러리의 헤더 파일을 import하게 되면 그 차이는 비교할 수 없을 정도로 매우 크다. 이런 경우의 모듈 특성이 잘 들어난다. 모듈은 분명히 기존에 파일을 포함하는 지시문처럼 단순 복사하는 것이 아니다. 별도로 모듈 파일을 관리하고 최종 실행파일을 링크할 때 관련 내용들이 연결된다. 자주 사용되는 라이브러리의 헤더 파일들은 하나의 예제처럼 만들어 import하여 처리하면 확실하게 모듈의 이점을 최대한으로 활용하는 것이 된다.

11.3 전역 모듈 조각

모듈을 만드는 경우 다른 모듈 또는 헤더 파일이 필요한 경우에는 모듈 선언파일에서 모듈을 선언한 이후에 해당 파일을 import하여 사용한다. 이것은 이미 기술된 사항들이다. 이것과 별도로 해당 모듈만 관련된 설정 또는 상수 매크로를 처리하는 헤더 파일 같은 경우에는 기존과는 다르게 가져와 사용해야 된다. 이때 모듈 선언 이전에 이런 헤더 파일을 #include하게 되는데 이런 지시문 등은 오직 해당 모듈 내에서만 범위를 갖고 외부에서 사용이 안 된다. 이것을 **전역 모듈 조각**(global module fragment)이라고 부르고 전처리 지시문만 포함될 수 있다. 모듈 선언 이전에 **module** 키워드를 선언하고 그 사이에 사용할 지시문을 넣으면 된다. 아래의 모듈 선언파일에서 사용된 전역 모듈 조각은 해당 모듈 선언파일에만 적용된다. 해당 모듈 구현파일에서도 전역 모듈 조각을 이용할 수가 없다.

□ **모듈 선언파일 Mod.ixx**

```
module;
// 전역 모듈 조각 : 해당 모듈 선언파일에서만 적용됨
---------------------------------------
// 설정 관련 헤더 파일이 있으면 include 함.
//#include "config.h"
#define Version 1.0
---------------------------------------
export module Mod;

auto GetVersion() { return Version; }
void f();
```

11.4 모듈이름

모듈이름은 일반 변수의 식별자처럼 문자와 숫자로 구성된다. 그런데 특별히 모듈이름에는 서로의 모듈이 연관성의 의미를 전달하기 위해 점(.)을 사용할 수 있다. 이것은 보통 클래스에서 멤버를 접근할 때 이용된다. 모듈이름에서 점은 문법적으로 특별한 기능을 가지지 않고 단지 이름을 만들 때 점이 사용된 것뿐이다. 따라서 모듈이름의 편의상 목적으로 활용된다. 예제에서 각각의 모듈을 만들고 하나의 모듈 내에서 다른 모듈을 import하여 사용자가 쉽게 사용하도록 할 수 있다. 물론 개별적으로 사용하려는 모듈만 가져와 이용해도 가능하다. 다시 이야기하지만 모듈이름에 사용된 점(.)은 단순히 사용자에게 서로 관련된 모듈이 있는 것을 알려 주는 데 있다. 여러 파일이름에 숫자가 들어가면 각각 파일의 연속성을 사용자에 의미를 전달하는 것처럼 모듈이름에 점을 사용하는 것도 마찬가지이다. 그러나 컴파

일러는 모듈을 하나의 독립된 이름으로 구분하고 해당 이름에 의미를 부여하지 않는다.

□ **모듈 선언파일 basic_math.ixx**
```
export module basic_math;

export import basic_math.Add;          // Add 연산 모듈
export import basic_math.Sub;          // Sub 연산 모듈
```

□ **모듈 선언파일 add.ixx**
```
export module basic_math.Add;
export auto add(int a, int b) { return a+b;}
```

□ **모듈 선언파일 sub.ixx**
```
export module basic_math.Sub;
export auto sub(int a, int b) { return a-b;}
```

□ **메인 소스 main.cpp**
```
// 이 모듈에 여러 모듈이 들어가기 때문에 이것만 import 해도 가능함
import basic_math;

// 개별적으로 import도 가능
import basic_math.Add;

int main()
{
        add(10,50);
}
```

11.5 모듈 분할

하나의 모듈을 구현할 때 모듈 전체에 필요한 기능을 다 넣어 구현할 수 있다. 그런데 작업의 편리성과 유지 보수차원에서 내부적으로 작업을 여러 개 나누어 모듈 구현을 할 수 있는 **모듈 분할**(module partition) 기능이 제공된다. 각각의 분할 모듈은 **하나의 독립된 모듈이 아니고 기본 모듈에 속하는 하위 모듈로서 역할을 가진다.** 외부에서 분할 모듈을 import할 수 있는 그런 종류의 것이 아니다. 예를 들면 여러 도표를 보여 주는 모듈이 있을 경우에 원, 삼각형, 사각형을 그리는 모듈을 분할 모듈로 처리하여 각각 작업이 이루어지면 도표 모듈을 관리하고 구현할 때 좀 더 수월하게 진행될 것이다. 여기서 도표 모듈 자체는 **기본 모듈**(primary module interface unit)로서 기능을 한다. 분할 모듈이 있다는 것은 하나의 기본 모듈이 존재하는 것을 의미한다. 분할 모듈 선언은 기본 모듈이름 옆에 **콜론(:)**을 붙이고 분할

모듈이름을 적으면 된다.

□ **기본 모듈 선언파일 diagram.ixx**
```
export module Diagram;

// import할 때 분할 모듈이름 앞에 콜론 사용. 이때 컴파일러는 기본 모듈 기준으로 Diagram
// 이름으로 분할될 모듈을 검색하게 됨
// import 시 외부에서 사용하도록 export 함

export import :circle;
export import :triangle;
export import :rectangle;
```

□ **모듈 선언파일 circle.ixx**
```
export module Diagram:circle;
export void DrawCircle() {}

// 다른 분할 모듈 생략
```

□ **메인 소스 main.cpp**
```
import Diagram;
// 하기처럼 분할 모듈을 외부에서 import할 수 없음
//import circle;

int main()
{
        DrawCircle();
}
```

11.6 모듈 : gcc 사용

이번 절에서는 **gcc** 컴파일러를 사용하여 모듈을 만드는 방법을 살펴보자. gcc가 설치된 리눅스 환경에서 테스트가 되기 위해서는 기본적인 사용법을 알고 있어야 문서를 편집하고 필요한 커맨드를 실행 할 수 있다. MSVC에서는 모듈 선언파일은 특별한 확장자(.ixx)를 가지고 있는데 gcc에서는 별도의 확장자를 규정하고 있지 않다. 우선 테스트를 위해 기존 time.ixx 파일을 다름 이름(time.cxx)으로 변경할 것이다. 그리고 모듈 구현파일은 그대로 사용하고 메인 파일도 동일하게 사용된다.

[예제 11.6-D]

■ 모듈 선언파일 time.cxx
```
// 모듈 선언
export module Time;

export struct TimeData{
        // 내용 생략
};
export void GetTime(TimeData& t);
export void GetDate(TimeData& d);

// 블록으로 export 가능
export {
        void GetTime(TimeData& t);
        void GetDate(TimeData& d);
}

// 모듈 내에서만 사용
void CheckData();
```

■ 모듈 구현파일 time.cpp
```
// 모듈 구현
module Time;

void GetTime(TimeData &t)
{ /*세부 구현 생략*/ }

void GetDate(TimeData &d)
{
        /*세부 구현 생략*/
        CheckData();
}
void CheckData()
{ /*세부 구현 생략*/ }
```

■ 메인 파일 main.cpp
```
import Time;

int main()
{
        TimeData t;
        GetTime(t);
        return 0;
}
```

하기는 커맨드 형태로 모듈 처리를 위한 컴파일 옵션(-fmodules-ts)을 넣어 컴파일을 수행하면 실행파일과 함께 모듈을 관리하는 별도의 디렉터리가 생성된다. gcc에서는 모듈 연관파일을 Time.gcm 이런 방식으로 저장하고 관리한다.

```
g++ -std=c++20 -fmodules-ts time.cxx time.cpp main.cpp –o mod
```

다음으로 헤더 단위 관련돼서 테스트할 것이다. gcc에서는 헤더 파일을 헤더 단위로 변경을 위해서 별도의 컴파일 옵션(-fmodule-header)이 사용된다. 테스트를 위해 임의에 헤더 파일을 만들고 나서 헤더 단위 변경을 위한 컴파일을 진행하겠다.

11.6.1 일반 헤더 단위

[예제 11.6-E]

□ 헤더 파일 ex.h
```
struct Ex {};
void fun();
```

□ 헤더 단위 컴파일 : 헤더 단위 관련하여 ex.h.gcm 파일이 생성됨

```
g++ -std=c++20 -fmodule-header ex.h
```

□ 메인 파일 main.cpp
```
import Time;
import "ex.h";

int main()
{

        TimeData t;
        GetTime(t);

        Ex e;

        return 0;
}
```

□ 전체 빌드

```
g++ -std=c++20 -fmodules-ts time.cxx time.cpp main.cpp -o mod
```

우선 해당 헤더 파일에 헤더 단위를 위한 옵션을 주고 컴파일을 해야 한다. 그 이후 메인 파일을 포함하여 전체 빌드를 해야 문제없이 헤더 단위가 import가 된다. 한 번에 컴파일을 하게 되면 소스 파일 자체도 헤더 단위로 변경되어 모듈 간에 문제가 생기게 되어 에러가 나오게 된다. 이미 언급한 것처럼 gcc에서는 별도의 모듈 관리파일을 통해 모듈 동작을 처리한다. 그런데 헤더 파일은 보통 컴파일 되지 않고 사용되는데 이것을 모듈 형식으로 처리하기 위해서는 먼저 관리 파일(여기서는 gcm)이 준비되어야 다른 소스 파일에서 import가 가능해지기 때문에 gcc에서는 나누어서 컴파일을 진행한다.

물론 이렇게 나누어서 컴파일을 하는 방법도 있지만 아래처럼 한 번에 처리하는 것도 가능하다. 보통 컴파일을 할 때 헤더 파일을 넣지 않지만 헤더 단위가 만들어지도록 해당 헤더 파일을 명시해야 된다.

그리고 모듈 옵션(-fmodules-ts)에는 헤더 단위 관련한 옵션이 포함되어 별도로 헤더 단위 옵션을 설정
할 필요가 없다.

```
g++ -std=c++20 -fmodules-ts ex.h time.cxx time.cpp main.cpp -o mod
```

11.6.2 스탠더드 라이브러리 헤더 단위

일반 헤더 파일의 헤더 단위를 알아보았다. 그럼 스탠더드 헤더 파일의 헤더 단위를 살펴보자. 이를 이
해서는 별도의 컴파일 옵션을 사용해야 한다. 해당 옵션은 -x c++-system-header이고 그 뒤에 스탠더
드 헤더 파일 이름을 넣으면 된다.

[예제 11.6-F]

  ☐ 메인 파일 main.cpp

```
import <iostream>;

import Time;
import "ex.h";

int main()
{

        TimeData t;
        GetTime(t);

        Ex e;

        return 0;
}
```

☐ 스탠더드 헤더 단위 빌드

```
g++ -std=c++20 -fmodules-ts -x c++-system-header iostream
```

☐ 전체 빌드

```
g++ -std=c++20 -fmodules-ts ex.h time.cxx time.cpp main.cpp -o mod
```

스탠더드 라이브러리 헤더 파일을 import하기 위해서는 먼저 헤더 단위가 생성되어야 한다. 그리고 나
서 전체 빌드를 진행해야 한다. 일반 헤더 단위와 다르게 한 번에 컴파일이 되지 않아 이렇게 나누어서

수행을 해야 한다. 헤더 단위 관련 파일이 만들어졌기 때문에 다른 소스에서 어디에서도 해당 헤더 단위를 import할 수 있게 된다. 하기는 생성된 모듈 관리 디렉터리의 트리이다.

```
gcm.cache/
├── ,
│   └── ex.h.gcm
├── Time.gcm
└── usr
    └── local
        └── include
            └── c++
                └── 12.2.0
                    └── iostream.gcm
```

스탠더드 라이브러리 헤더 파일은 여러 소스 파일에서 자주 사용되기 때문에 미리 일괄적으로 한 번에 관련 헤더 단위를 생성하는 것도 좋은 방법으로 보인다. 하기 여러 헤더 파일을 나열하여 컴파일을 하면 된다. 컴파일 시 옵션 **-c**을 같이 사용하여 헤더 단위만 생성하도록 하였다.

```
g++ -std=c++20 -fmodules-ts -c -x c++-system-header iostream string vector utility
```

11.6.3 모듈 분할
모듈 분할 방식은 이전에 기술된 내용과 동일하여 기존 코드를 그대로 가져가 파일 이름을 변경하고 테스트를 할 것이다. 다만 컴파일하는 방법이 MSVC와는 다르기 때문에 이것에 대해 살펴보자. 아래는 예제 소스 파일이다.

[예제 11.6-G]
□ 기본 모듈 선언파일 diagram.cxx
export module Diagram;

export import :circle;
export import :triangle;

□ 모듈 선언파일 circle.cxx
export module Diagram:circle;
export void DrawCircle() {}

□ 모듈 선언파일 triangle.cxx
export module Diagram:triangle;

```
export void DrawTriangle() {}
```

□ 메인 소스 main.cpp
```
import Diagram;

int main()
{
        DrawCircle();
        DrawTriangle();
}
```

기본 모듈에는 두 개의 분할 모듈을 가진다. gcc에서는 기본 모듈의 컴파일이 진행될 때 하위 모듈을 찾게 된다. 그래서 컴파일 시에 해당 하위 모듈이 먼저 컴파일이 되도록 파일의 순서에 신경을 써서 빌드가 되도록 해야 한다. 즉 기본 모듈 이전에(여기서는 diagram) 하위 모듈파일이 먼저 위치해야 한다. 하위 모듈의 순서는 상관없다.

```
g++ -std=c++20 -fmodules-ts circle.cxx triangle.cxx diagram.cxx -o mod main.cpp
```

그런데 이런 컴파일 순서는 여기 모듈 분할에서만 적용되는 것이 아니라 모듈 관련해서 사용되는 곳이 있으면 모듈이 먼저 컴파일이 될 수 있도록 순서를 지켜야 된다. 이전에 기술된 아래의 빌드 순서에서도 main 앞에 모듈 파일이 먼저 컴파일이 되어야 한다. 아니면 미리 모듈을 컴파일하여 모듈 관련 파일이 생성되고 나면 소스 파일 순서 상관없이 빌드가 가능하다.

```
g++ -std=c++20 -fmodules-ts time.cxx time.cpp main.cpp -o mod
```

지금까지 모듈 기능에 대해서 살펴보았다. 모듈 사용법이 컴파일별로 상이하다 보니 기능을 활용하는 측면에서 어려움이 있는 것이 사실이다. 하지만 사용하는 데 있어 약간의 번거로움이 모듈이 주는 장점을 가릴 수는 없다. 기존 헤더 파일을 이용하는 데 있어 컴파일 비용을 생각해 보면 모듈이 이런 문제를 분명하게 해결하고 있고 또한 필요한 부분만 사용자에게 노출할 수 있고 부분적으로 나누어 모듈 개발을 하게 되어 소스 관리 및 유시 보수 측면에서도 많은 이점을 가지고 있다. 한편, 여기서 언급하지는 않았지만 현재 테스트 한 컴파일러별로 모듈을 처리하는 데 있어 조금 다른 결과를 가져오는 것도 있다. 이것은 아직 컴파일러별로 모듈 기능이 완전히 탑재되어 있지 않고 계속 진행 중이라고 생각된다. 그런데 이런 것은 일정 시간이 지나면 해결될 수 있는 거라 당장 모듈 사용을 못 하는 것이 아니기 때문에 적어도 스탠더드 헤더 파일을 헤더 단위로 변경하여 사용하는 것은 바람직한 것으로 보인다.

12

클래스

클래스(class)는 기본 타입과 달리 사용자 정의형 타입이다. 또한 **구조체(struct)**와 **공용체(union)**도 클래스와 같이 사용자 정의 타입이 된다. 이런 신규 타입들은 접근 제어 등 일부 다른 점이 있을 뿐 사용방식에 차이가 거의 없다. 이름이나 주소, 전화번호를 묶어서 저장하는 간단한 자료구조 데이터를 만드는데 클래스나 구조체를 사용할 수 있지만, 기능 구현하는 설계 측면에서 어떻게 클래스를 정의할지가 중요한 요소가 된다. 전체 구현하려는 목표에서 기능별로 세분화하여 각각의 작업을 만드는 절차 형태의 프로그램은 **C 언어**에서 사용되는 방식이다. 이와는 달리 객체 지향 형태는 기본이 되는 속성과 동작별로 구분하여 모델링하여 설계하는 방법이다. 이런 기법은 **상속(derived)**이라는 가장 중요한 특징을 가지고 있어서 코드의 재사용성과 유연성, 추상화 등의 장점을 최대 활용할 수가 있다.

C 언어의 구조체는 연관성 있는 속성과 기능을 한데 모아 처리하는 기능을 가진다. 그래서 데이터를 하나로 묶는 특성을 기준하면 C의 구조체와 C++의 클래스를 만드는 것에 차이가 없어 클래스의 사용 필요성에 의문점을 가질 수 있다. 그러나 이것은 왜 설계 단계에서 기능을 구현할 때, 공통되는 **속성과 동작**을 나누는 근본적인 이유를 인지하지 못해 생기는 문제이다. 위에 언급하였지만, 클래스의 필요성은 상속을 통해 기존 것을 그대로 가져가면서 부가 기능을 추가하여 확장을 통한 활용성에 주요 목적을 두는 것에 기인한다.

12.1 클래스 정의

이와 관련해서, 격투 대전게임을 예로 들어 **클래스**를 어떻게 설계할지에 대한 설명이 기술될 것이다. 격투 게임을 구성하는 여러 요소들이 있지만, 그중에서 중요한 위치를 차지하는 캐릭터에 대해 살펴보면, 우리가 알고 있는 격투 게임은 캐릭터별로 각각의 고유 기술을 가지며 또한 공통적인 특성도 가지고 있다. 고유 공격 기술이 각 캐릭터별로 틀리기 때문에 개별적으로 캐릭터에 대한 기능을 구현하는 방식을 채택하여 진행할 수 있지만, 여기서 각 캐릭터가 기본적으로 가지는 필요한 속성과 동작을 중심으로 공통된 특성을 모으는 작업을 통해, 각 캐릭터가 이용할 수 있는 기본 클래스를 만들어 본다. 이후이 기본 클래스를 상속 받아 각 캐릭터를 만들어 가는 것은 클래스 상속 절에서 기술된다. 하기는 클래스 정의 형식이다.

```
클래스_키 클래스이름 부모클래스옵션 { 클래스_멤버옵션 };

클래스 키(class key)
 class
 struct
 union

클래스 멤버
   [1] 데이터 멤버: 기본 및 사용자 정의 타입의 객체 선언
   [2] 멤버 함수: 함수 형식의 멤버 선언 또는 정의
   [3] 열거형 타입의 열거 리스트
   [4] 중첩(Nested) 타입:
       클래스 타입 정의
       열거형 타입 정의
       타입 재정의(typedef, using)
```

일단 캐릭터가 가지는 기본적인 파워를 생각해 보면 생명력과 공격력, 방어력 등은 공통적인 속성이 될 것이다. 물론 이외 각각의 캐릭터를 나타내는 이미지를 저장하는 속성 또는 대전 시 획득한 점수 등 다른 공통적인 특성이 더 있을 수 있는데 예제를 설명하는 측면에서 파워 **관련된 속성만**을 고려한다. 그리고 동작하는 특성을 살펴보면, 방향키 조작으로 앞으로 또는 뒤로 움직이는 함수와 공격키를 작동하면 생기는 주먹 및 발로 공격하는 함수는 각 캐릭터의 공통적인 동작이 될 것이다. 이것을 토대로 하여 클래스를 정의 할 것이다.

[예제 12.1-A]
Character.h 파일

```cpp
class Character
{
public:
        // 데이터 멤버(data member)
        int LifePower;
        int AttackPower;
        int DefensePower;

        // 멤버 함수(member function)
        int GetLifePower() { return LifePower; }; // 클래스 내에서 함수 선언 및 정의
        void MoveForward();
        void MoveBackward();
        void AttackWithFist();
        void AttackWithFoot();
};
```

위 예제는 언급한 속성과 동작을 중심으로 해서 **class** 키워드를 이용해 **Character**라는 클래스이름을 가지는 클래스를 정의하였고 이것은 기본 클래스가 되기 때문에 부모 클래스는 생략되고 파워 관련된 속성에 대해 int 타입의 변수를 선언했다.

클래스의 동작 관련해서 앞뒤로 움직이는 함수와 주먹, 발차기 공격함수를 클래스 내에서 선언했다. 여기서는 클래스 내에서 함수 선언만 하고 실제 함수 내용을 구현하는 정의부는 클래스 외부에 별도로 만들게 된다. 일반적으로 **클래스이름.cpp** 형태의 파일을 만들어 멤버 함수를 구현한다. 한편, 멤버 함수 중에서 단순히 데이터 멤버 변수 값을 리턴하는 경우에는 클래스 내에서 함수 본체를 구성하는 경우도 있다. 이것은 함수에 **inline** 지정자를 사용한 효과를 가져와서 해당 함수 호출 지점에 함수 본체가 소스 코드로 대체된다. 클래스에서 선언한 멤버 함수를 구현하는 경우에 **클래스이름**과 **범위 지정자 ::**을 함수 이름과 같이 사용하여 함수를 구현한다. 이것이 생략되면 일반 함수를 정의하는 형태가 되고 이 함수는 멤버 함수와 이름이 같을 뿐, 클래스의 멤버 함수가 되지 않고 일반 함수의 역할을 하게 된다. 클래스를 정의할 때 멤버 함수를 선언하지 않고, 클래스를 구현하는 소스 파일에서 함수를 구현하는 경우에는 클래스의 멤버 함수가 되지 않기 때문에 에러가 발생한다. 선언과 정의가 같이 진행되어야 한다. 아니면 사용된 클래스 내에서 선언과 동시에 구현하는 방법을 사용해야 한다.

[예제 12.1-A]

Character.cpp 파일

```
// 보통 게임에서 캐릭터의 움직임을 처리하는 것을 애니메이션이라고 부름. 이를 위해 여러
// 그림을 연속적으로 보여 주는 방식도 있고 전체를 부분으로 나누어 뼈대를 형성하여 여러
// 동작을 계산하여 동작시키는 방식도 있음. 이런 기능은 개발하는 게임 엔진에 따라 해당
// 기능이 제공됨. 여기서는 클래스의 이해 목적이 중심이기 때문에 구현 내용은 생략됨

#include "Character.h"

void Character::MoveForward()
{ /* 구현 내용 생략 */ }

void Character::MoveBackward()
{ /* 구현 내용 생략 */ }

void Character::AttackWithFist()
{ /* 구현 내용 생략 */ }

void Character::AttackWithFoot()
{ /* 구현 내용 생략 */ }
```

```
// 일반 함수 정의. 클래스의 멤버 함수가 아님.
void MoveForward()
{}
```

12.1.1 클래스 멤버(Class Member)

클래스의 선언되는 멤버에 대해 더 알아보자. 클래스에서 선언된 변수들은 기본 타입의 변수를 포함하여 사용자가 정의하는 클래스, 열거형 타입으로 선언이 가능하고 또한 클래스 내에 다시 클래스 정의하는 중첩된 클래스(nested class)의 타입으로 선언할 수 있다. 클래스 멤버로 기본 또는 사용자 정의 타입으로 객체를 선언한 것을 **[1] 데이터 멤버**라고 부른다. 그런데 데이터 멤버는 auto 타입으로 변수를 선언할 수 없다. 데이터 멤버는 일반 변수처럼 클래스 내에서 선언할 때 초기화가 가능한데 **중괄호와 대입 방식**만 허용되고 괄호 방식은 사용할 수 없다. 이때 빈 괄호를 사용하면 데이터 멤버가 아니라 함수 선언으로 인식되기 때문에 주의해야 한다. 클래스 멤버 중에 함수 형식을 가진 것을 **[2] 멤버 함수**라고 한다. 데이터 멤버와 멤버 함수는 **static** 지정자와 함께 사용될 수 있다. 이런 경우 멤버의 특성이 변경되는데 이것은 다른 절에서 기술된다.

static이 아닌 데이터 멤버와 멤버 함수의 접근은 반드시 클래스를 생성 이후 생성된 변수 이름과 함께 . 연산자 또는 -> 연산자로만 가능하다. static 멤버에 대해서는 위 두 가지 방식과 더불어 클래스이름과 범위 지정자(::)로도 접근이 된다. static 멤버는 보통 이런 형태의 방식으로 많이 사용된다. static이 아닌 데이터 멤버와 멤버 함수에 대해 클래스이름과 범위 지정자(::)로 접근하면 에러가 발생한다.

[예제 12.1-B]

```
enum Color {Red, Green, Blue};
struct A {};
class MyClass{
public:
        int a = 10;        // 기본 타입 데이터 멤버 초기화
        int b {10};        // 기본 타입 데이터 멤버 괄호 방식 초기화
        int c = {1};

        static const int MyID = 10;

        int m1(0);        // 에러 발생. 괄호 방식의 초기화는 허용되지 않음
        int m();          // 함수 선언

        A* ch;            // 클래스 타입 데이터 멤버
        Color color;      // 열거형 타입 데이터 멤버

        // 중첩 클래스 정의
```

```
class Nest{
        // 클래스 내에 데이터 멤버. 위에 선언된 데이터 멤버와 이름은 같지만
        // 사용 가능
        int a;
    };
    Nest n;          // 클래스 타입 데이터 멤버

    void func(){}    // 멤버 함수
};

int main()
{
    MyClass my;
    int var = my.a;
    my.func();

    int data = MyClass::a;      // 에러 발생. 데이터 멤버는 생성된 객체를 통해서만 가능
    int id = MyClass::MyID;     // OK. static 데이터 멤버 접근
}
```

클래스 멤버 중에 주의할 것은 **[3] 열거형 타입의 열거 리스트**도 클래스 멤버에 속한다는 것이다. 여기서 범위확정이 아닌 일반 열거형 타입의 열거 리스트는 문법적으로 보면 선언된 일반 상수처럼 범위 내에 있으면 언제든지 접근이 가능하다. 그래서 클래스 입장에서 보면 데이터 멤버처럼 생성된 클래스의 변수와 같이 . 연산자 또는 -> 연산자로 접근할 수 있다. 또한 클래스이름과 범위 지정자(::)를 사용해 열거 리스트에 직접 접근이 된다.

[예제 12.1-C]

```
class MyClass{
public:
        int m = 10;
        // 일반 열거형 타입 정의 : 해당 열거 리스트는 클래스 멤버가 됨
        enum Color {Red, Green, Blue};
};

int main()
{
    MyClass my;
    int b = my.Blue;

    MyClass* pmy = new MyClass;
    int g = pmy->Green;
```

```
        int r = MyClass::Red; // MyClass::Color::Red 이런 형태도 가능함
}
```

클래스 멤버 중에 중첩 타입에 대해서 살펴보자. **[4] 중첩 타입**은 데이터 멤버와 달리 사용자가 필요에 의해 정의한 타입이 된다. 즉 객체가 아니다. 여기서 다시 이야기해 보면 데이터 멤버는 객체로서 역할을 한다. 그래서 해당 클래스를 생성해야 데이터 멤버도 같이 생성된다. 그리고 멤버 함수는 이런 데이터 멤버를 가지고 기능을 구현하기 때문에 데이터 멤버가 생성되어야 비로소 멤버 함수를 호출하는 데 문제가 없어진다. 따라서 클래스 객체가 생성된 이후에만 static이 아닌 데이터 멤버와 멤버 함수에 멤버 접근 연산자를 통해 접근이 된다. 그러나 중첩 타입은 멤버 접근 연산자의 사용이 허용되지 않고 클래스이름과 범위 지정자(::)를 통해서만 외부에서 사용할 수 있다. 여기서 열거형 타입은 중첩 타입에 속한다. 다만 범위확정 열거형 타입 같은 경우에는 문법적으로 보면 해당 열거 리스트의 접근은 열거형 이름과 범위 지정자를 통해서만 하게 된다. 그리고 이 타입은 중첩 타입에 속한다. 따라서 범위확정 열거형 타입은 중첩 타입에 포함되는 특성도 있고 접근성에 대한 문법 규칙을 따라 가야 되기 때문에 클래스이름과 범위 지정자를 통해서만 해당 열거 리스트에 접근이 가능하다.

```
class MyClass{
public:
        int a = 10;

        // 아래의 클래스 멤버는 중첩 타입에 속함
        class Nest{

        };

        // 타입 재정의
        typedef Nest NestedClass;
        using Type = int;

        // 범위확정 열거형 타입
        enum class ScopedColor {Red , Green , Blue};
};

Nest n;                                          // 에러 발생
MyClass::Nest ne;                                // OK
MyClass::Type i;                                 // OK
MyClass::ScopedColor s = MyClass::ScopedColor::Blue;   // OK
```

데이터 멤버와 멤버 함수 관련하여 한 가지 더 언급하겠다. 해당 멤버들은 위에 기술한 것처럼 객체를 생성한 후 해당 멤버에 접근이 되는데 sizeof, typeid의 연산자의 피연산자로 사용될 때에는 클래스이름

과 범위 지정자로 이용해 접근할 수 있다. 이때는 해당 멤버의 값을 가져오는 것이 아니라 멤버의 선언된 타입을 확인하는 것이기 때문에 이런 형태의 접근 방식은 허용된다. 또한 클래스의 데이터 멤버 또는 멤버 함수를 지칭하는 포인터 형태로 이용할 때도 같은 방식으로 접근 한다. 이 부분은 다른 절에서 상세히 기술된다. (멤버 지칭 포인터 12.10절 참조)

```
struct X {
        int m;
        void func(int);
};

int size = sizeof(X::m);   // sizeof 피연산자로 사용될 때 데이터 멤버 접근

int X::* pm = &X::m;       // 아래의 멤버 지칭 포인터 선언 시 멤버 접근
void (X::* pmf)(int) = &X::func;
```

클래스 멤버를 선언할 때 extern과 register 지정자와 같이 사용될 수 없다. 그리고 이미 선언된 멤버에 대해 다시 선언하는 것은 허용되지 않는다. 다만 클래스 내에서 중첩 클래스 또는 열거형 타입 정의하기 전에 미리 전방 선언을 하는 경우는 여러 번 다시 선언해도 된다. 이런 경우는 많이 있지 않을 것이다.

```
struct X {
        void f();
        void f();              // 에러 발생. 함수 재선언

        class my;              // OK
        class my;              // OK
        class my{};

        enum em;               // OK. gcc에서는 에러로 처리함
        enum em;               // OK. gcc에서는 에러로 처리함
        enum em { a,b,c};
};
```

12.2 클래스 사용

클래스를 신규 타입으로 정의하면 클래스 사용을 위해서는 변수를 선언해야 한다. 이것을 클래스의 객체의 생성이라고 부른다. 클래스 정의는 어떤 기능에 대해 속성과 동작을 규정한 것으로 **클래스 자체가 객체가 되는 것은 아니다.** 객체를 생성하면 선언된 데이터 멤버들도 각각 생성이 된다. 다르게 이야

기하면 각각의 클래스 객체 생성은 고유의 메모리를 가지게 되고 다른 객체에 영향을 받지 않는다. 그런데 static 멤버는 다르다. 이것은 클래스마다 생성되지 않고 클래스가 공유하는 형태를 가지고 있어서 한 번만 메모리에 올라간다. 다음 절에 기술된다. 포인터 타입이 아닌 클래스 객체의 데이터 멤버 접근은 . **도트(dot) 연산자**를 적용한다. 또한 멤버 함수를 호출하는 경우에도 해당 연산자를 이용한다.

[예제 12.2-D]

```
// Character 클래스를 포함시킴
#include "Character.h"

int main()
{
        // int 타입 변수 선언
        int power;

        // Character 클래스 타입 변수 선언
        Character c;

        // 데이터 멤버에 값을 대입
        c.AttackPower = 100;

        // 멤버 함수 호출
        power = c.GetLifePower();

        // 멤버 함수 호출
        c.MoveForward();

        return 0;
}
```

위의 예제에서 데이터 멤버에 원하는 값을 대입하여 사용하고 다른 멤버 함수를 호출하였다. 이것은 **Character** 클래스에서 정의한 멤버들에 대해 **public** 접근 제한자 키워드를 명시하였기 때문에 가능한 것이다. 클래스에서 내부적으로만 데이터 변수들이 연산되거나 멤버 함수들이 이용되는 경우, 클래스 사용 시 접근하지 못하도록 하기 위해 **private** 접근 제한자를 명시하고 클래스 멤버들을 선언하면 된다. 접근 제한자를 명시할 때 순서는 상관이 없고 멤버 하나하나에 대해서도 지정이 가능하다. 클래스의 기본 접근 제한자는 private 제한자이다. 그래서 클래스 정의 시 접근 제한자를 명시하지 않으면 이것으로 설정된다. class 키워드 대신에 struct 또는 union 키워드를 사용한다면, 기본적인 제한자는 public 접근 제한자로 지정된다. class와 struct는 이 차이를 제외하고는 기능이 동일하다.

[예제 12.2-E]

□ **파일** Character.h

```cpp
class Character
{
private:
        int LifePower;

public:
        int AttackPower;
        int DefensePower;

public:
        // private 데이터 멤버에 대해서는 멤버 함수를 통해서 접근하도록 함
        // 이것을 데이터 멤버에 대한 Get / Set 함수라고 함
        int GetLifePower() { return LifePower; };
        void SetLifePower( int Power) { LifePower = Power; };

        // 일부 멤버 함수 생략
};
```

□ **파일** main.cpp

```cpp
#include "Character.h"

int main()
{
        // int 타입 변수 선언
        int power;

        // Character 클래스 타입 변수 선언
        Character c;

        // 에러 발생. private 데이터 멤버의 접근 에러
        c.LifePower = 100;

        c.SetLifePower(100);
        // 멤버 함수로 통해 데이터 멤버 값을 가져옴
        power = c.GetLifePower();

        return 0;
}
```

위의 예제에서 메인 함수 내에 로컬 변수로 클래스 객체를 생성했다. 함수처럼 블록의 범위가 있는 곳에서는 기본 타입 변수를 포함하여 클래스 객체는 **스택(stack)**의 메모리에 위치하게 되어 블록에서 벗

어나면 사용된 메모리에서 지워지게 된다. 스택 영역은 시스템에 의해 정해지고 크기도 제한을 가진다. 로컬 객체는 함수 범위를 벗어나면 메모리에서 해제되어 메모리에 일정 기간 유지하기 위한 객체 생성 은 동적 메모리를 할당하는 **new** 연산자를 이용한다. 메모리가 정상적으로 할당되면 포인터 타입을 가 진 유효한 메모리 번지를 반환하고, 실패 시 널포인터 또는 예외 처리 이벤트가 발생한다.

```
// 동적으로 객체 생성
Character* c1 = new Character;

// -> 연산자를 사용해 데이터 멤버 접근
c1->AttackPower = 100;

int power = c1->GetLifePower();

// 메모리 사용 후 해제함.
delete c1;
```

Character 객체를 **new**로 이용해 동적으로 할당한 예제이다. 멤버 접근은 로컬 변수와 다르게 포인터 타입의 객체의 멤버에 대해서는 -> 연산자를 사용해 접근한다. 메모리를 할당한 것은 사용 후 다시 메 모리 해제를 위해 **delete** 연산자를 이용하여 **메모리 누수**(memory leak)를 방지한다.

12.3 생성자

보통 변수를 선언과 함께 초기화를 한다. 이와 비슷하게 클래스의 데이터 멤버를 정의할 때 동시에 초 기값을 설정할 수 있다. **static** 지정자가 없는 데이터 멤버의 초기화 설정은 일반 변수의 초기화 방식과 유사하다. 대입 또는 중괄호 방식을 이용한다. static 데이터 멤버의 초기화 관련 설명은 다른 절에서 기 술될 것이다. 클래스를 생성 시에 초기값을 가진 데이터 멤버가 사용되기도 하지만, Character 클래스 의 경우에 각 캐릭터별로 파워값이 다르게 설정되기 때문에 클래스 객체의 생성 시에 별도로 관련 데이 터 멤버에 대한 초기화를 해야 된다. 이것은 **생성자**(constructor)를 통해 진행된다. 생성자는 일반 함수 와는 다르게 **반환 타입**을 가지지 않고 이름은 반드시 **클래스이름**과 동일해야 한다.

생성자는 일반 함수처럼 호출이 되지 않는다. 클래스 객체 생성 시에만 이용된다. 객체 생성 후 호출 하게 되면 컴파일 에러가 발생한다. 생성자는 다양한 초기화 방법을 제공하기 위해 파라미터 리스트 를 다르게 하여 여러 생성자를 가지는 **함수 오버로딩**이 가능하다. 특히, 파라미터 리스트를 갖지 않는 생성자를 **디폴트 생성자**(default constructor)라고 부르고 해당 클래스에서 하나의 생성자도 만들지 않으면 내부적으로 컴파일러가 **inline public** 형태의 디폴트 생성자를 만들어 준다. 일단 파라미터를 가진 생성자를 만들면 디폴트 생성자는 자동으로 만들어지지 않는다. 따라서 파라미터가 없는 클래스 객체 생성 시 또는 클래스를 배열로 선언하는 경우에 에러가 날 수 있어서 다른 생성자를 만들면서 디폴트 생성자도 같이 만들어야 한다. 생성자는 선언과 함께 일부 지정자를 설정할 수 있는데 **inline, friend, constexpr, explicit**이 사용 가능하다. friend와 explicit 지정지는 다른 절에서 기술될 것이다. 생성자는 클래스의 특수함수에 속하기 때문에 return 문을 사용할 수 있으나 반환 타입이 없어서 값을 전달할 수 없고 코루틴 함수가 될 수 없다.

하기 예제는 Character 객체가 다양하게 생성되는 방법을 보여 주고 있다. 변수를 초기화하는 방식과 유사하게 생성자를 함수 형태에 호출하는 구조를 가지며, 정의된 생성자와 일치하는 형식대로 객체를 생성해야 한다. 생성자의 파라미터에 대해 기본값 인자를 설정하게 되면 객체 생성 시에 파라미터에 대응하여 처리가 된다. 객체 생성 시 함수 호출하는 형식도 있고, 초기화 방식 중에 하나인 중괄호 {}를 이용해 객체를 생성하는 경우도 있다. 그리고 객체의 초기화를 함수 호출 형태의 명시적 타입 변환을 통해 수행하는 방식도 사용될 수 있다. 명시적 타입 변환을 이용하는 경우에 설정하는 파라미터에 해당하는 생성자가 구현되어 있어야 문제없이 사용 가능하다.

[예제 12.3-F]

```
□ 파일 Character.h
class Character
{
private:
        // 데이터 멤버 초기화 :
        // 대입 방식 or 중괄호 방식 가능.
        int LifePower = 100;                    // int LifePower {100}; OK

        int AttackPower;
        int DefensePower;

public:
        // 다수의 생성자. 선언과 정의를 같이 함
        Character() {};                         // 디폴트 생성자
        Character(int l)
        {
            LifePower =l ;
        };
        Character(int l, int a , int d=100)     // 기본값 인자 설정
        {
            LifePower =l ;
```

```
                AttackPower = a;
                DefensePower = d;
        };

        // 다른 멤버 함수는 생략됨

};


□ 파일 main.cpp
#include "Character.h"
int main()
{
        // 파라미터 없는 생성자를 호출하게 됨으로 반드시 디폴트 생성자를 만들어야 함
        Character c;

        // * 주의 사항 : 기본 생성자가 호출되도록 아래처럼 선언하면
        // 이것은 Character 반환 타입을 가지는 함수 선언이 되어 멤버 접근이 되지 않음
        //Character c();

        Character c1(500);                      // Character(int) 호출됨
        Character c2(500,100,100);              // Character(int,int,int) 호출됨

        // Character(int, int, int) 호출. 생성자에서 기본값 인자가 설정됨
        // 기본값 인자가 설정되지 않으면, 일치하는 생성자가 없어 에러가 발생됨
        Character c3(500 , 100);

        // 에러 발생 . 생성자를 직접 호출할 수가 없음
        c.Character(500);

        // 중괄호를 사용한 객체 생성
        Character ch{};                         // Character() 호출됨
        Character ch1{ 500 };                   // Character(int) 호출됨
        Character ch2{ 500,100,200 };           // Character(int,int,int) 호출됨

        // 명시적 타입 변환 사용하여 객체 생성
        Character c4 = Character(100);
        Character c5 = Character(100,200,300);

        return 0;
}
```

클래스 객체를 로컬 변수로 생성하는 형태와 아울러 동적으로 할당하는 방식은 **new** 연산자와 해당 타입을 사용한다. 그리고 괄호 또는 중괄호를 통해 초기화를 같이 할 수 있다. 여기서, 인수가 있는 생성자는 함수 호출 형태를 이용해서 클래스를 만드는 모습은 로컬 방식이나 동적 방식이 동일하다. 그러나

파라미터가 없는 기본 생성자를 사용할 때는 로컬 변수로 객체 생성 시에는 빈 괄호를 붙이지 않는다. 빈 괄호를 사용하면 **함수 선언과 같아서** 생성된 클래스를 이용하여 멤버들을 접근할 수 없다. 그런데 new 연산자로 동적으로 객체를 생성할 때는 괄호 사용 여부는 선택 사항이 된다. 이런 차이는 **변수 초기화 방법**과 new 연산자 사용 방식에서 **괄호(parenthesis) 이용 방식이 상이**하기 때문이다. 자세한 사항은 메모리 관리 10장을 참조한다.

[예제 12.3-G]

```
#include "Character.h"

int main()
{
        // 디폴트 생성자 Character() 호출됨
        // 괄호를 사용하지 않아도 문제없음. ex) new Character;
        Character *c = new Character();

        Character *c1 = new Character(500);             // Character(int) 호출됨

        // Character(int,int,int) 호출됨
        Character *c2 = new Character(500,100,200);

        // 중괄호를 이용 초기화 객체 생성
        Character* ch = new Character {};
        Character* ch1 = new Character {500};
        Character* ch2 = new Character { 500,100,200 };

        return 0;
}
```

12.3.1 변환 생성자(converting constructor)

일반 변수에 대입 연산자를 통한 초기화하는 방법을 클래스 객체 생성 시에도 적용할 수 있다. 이것은 암묵적으로 해당 생성자를 호출하여 객체를 만드는 형태를 가진다. 이것을 **변환 생성자**라고 부른다. 문자열을 처리하는 스탠더드 라이브러리 중에 대표적인 **std::string** 클래스를 사용해 문자열을 초기화할 때 이런 방식을 많이 사용한다. 이것은 문자열 다루는 클래스인지 알고 있어서, 문자열 대신에 정수형 타입을 대입하지는 않는다. 이 방식은 일반 변수 대입과 유사하여, 클래스의 내용을 확실히 인지하지 않는 상태라면 사용된 코드로 오해의 소지가 생길 수 있다.

```
#include "Character.h"
```

```
int main()
{
        Character c = 500;                   // 1. c = Character(500) 동일
        Character c1 = { 500,100 };          // 2. c = Character(500,100,100) 동일

        // 3. c = Character(500,100,200) 동일
        Character c2 = { 500,100,200 };

        return 0;
}
```

예제의 1번 객체 생성은 int 타입을 대입하여 초기화를 하였는데, 이것은 자칫 Character 타입이 새롭게
정의된 클래스 타입이라는 것을 알지 못하면 int 타입과 비슷한 모습을 가질 수 있다고 생각할 수 있다.
그래서 타입을 명시적으로 지정해야 변환 되도록 생성자 앞에 explicit 키워드를 사용하여 이런 오해의
소지를 차단한다. C++20 이후부터는 이 키워드 옆에 괄호를 사용하여 그 안에 상수식을 넣어 이 키워
드가 조건에 따라 동작하도록 설정할 수 있다. 보통은 괄호를 추가하지 않고 사용하는데 그럴 경우에
explicit(true) 형태로 동작한다. 상수식이 false가 되면 이 키워드의 특성이 나타나지 않아 지정자가 없
는 것과 같아진다.

[예제 12.3-H]

```
class Character
{
private:
        // 데이터 변수 생략
public:
        // explicit 키워드를 사용한 생성자
        explicit Character();
        explicit Character(int l);
        explicit Character(int l, int a , int d=100);

        // 다른 멤버 함수는 생략됨

};

int main()
{
        Character c = 500;                  // 에러 발생. 타입이 맞지 않음
        Character c1 = Character(500);      // OK. 직접 초기화. Character c1(500) 동일함
        Character c2 = (Character)500;      // OK. 타입 캐스트(cast)
        Character c3(500);                  // OK. 직접 초기화 가능
```

```
Character ch = { 500,100,200 };          // 에러 발생. 타입이 맞지 않음
Character ch1 = Character{ 500,100,200 };  // OK. 직접 초기화

return 0;
}
```

12.3.2 복사(copy) 생성자 및 이동(move) 생성자

클래스 생성을 할 때 보통 생성자를 통해 관련 데이터 멤버에 대해 초기화를 하게 된다. 이런 방식과 아울러 이미 선언된 객체의 복사를 통해 초기화하는 경우도 있다. 같은 클래스 타입으로 복사가 되도록 하는 생성자를 **복사 생성자**라고 한다. 그리고 이것은 특별한 파라미터 타입을 갖는다. 즉 **lvalue 참조형** 타입의 파라미터를 취하게 된다. 추가적으로 다른 파라미터가 있으면 복사 생성자가 되지 않는다. 물론 그 파라미터가 기본값 설정이 되어 있으면 복사 생성자가 된다.

```
struct A {
    A();                    // 기본 생성자
    A(A&);                  // 복사 생성자
    A(const A&);            // 복사 생성자
    A(const A&, int i = 0);  // 복사 생성자
};

A a;
A b = a;                    // 복사 생성자가 호출됨
b = a;                      // 이것은 대입 연산. 선언을 하면서 초기화가 될 때 복사 생성자가 호출됨
```

복사 생성자를 별도로 정의하지 않으면 내부적으로 만들어진다[X::X(X&)]. 그런데 해당 클래스가 상속 받는 클래스가 있고 그 클래스의 복사 생성자의 파라미터 타입이 const 참조형이 되면 이때는 해당 클래스의 복사 생성자는 const 참조형 타입을 가진다. 한편 이동 생성자 또는 이동 대입 연산자를 사용자가 정의하게 되면 복사 생성자는 자동으로 생기지 않는다. 이런 경우에 반드시 사용자가 별도로 구현을 해야 한다. 또한 부모 클래스가 복사 생성자를 사용하지 않겠다고 delete로 선언하면 해당 클래스에서 복사 생성자를 만들어야 한다.

그럼 우리가 프로그래밍에서 객체를 복사한다는 의미를 살펴보자. C++ 창시자로 알려진 비야네 스트롭스트룹의 저서인 **C++ 프로그래밍 언어** 책에서는 복사에 대해서 두 가지 특성을 이야기하고 있다. 첫 번째로 등가성이다. 복사 대상과 복사 원본이 같아야 되는 것은 매우 당연하다. 예를 들면, x=y라고 하면 두 개의 변수의 값은 동일해진다. 그리고 두 번째 특성으로는 독립성이다. 서로 변수에 대해 값을 복사하면 각각의 변수는 다른 변수에 영향을 주어서는 안 된다. 하기 예제를 보자.

```
class Point
{
public:
        float _x;
        float _y;

        Point(float x, float y) { _x = x; _y = y; }
        // 복사 생성자 구현
        Point(Point& p) { _x = p._x; _y = p._y; }
};

int main()
{
        Point basic(1,1), other(1,0);
        Point my = basic;
        my = other;     // my 값의 변경이 basic 값에 영향을 주지 않음
}
```

예제의 클래스에서 복사 생성자를 구현하였다. 클래스의 속성을 고려하여 복사 생성자를 만들 때 복사 원본을 각각의 x, y 좌표 데이터 멤버에 대입을 하는 것이 자연스러운 과정이라고 보인다. 그리고 복사의 특성을 살펴보아도 서로 데이터가 동일하며 각각의 객체는 의존성이 없이 독립적이라고 말할 수 있을 것이다. 사실 별도로 복사 생성자를 구현하지 않아도 내부적으로 만들어진 것이 사용되어도 복사의 특성을 다 만족시킨다. 다음은 배열을 만드는 클래스이다. 물론 라이브러리에서 별도로 배열 관련 클래스 템플릿이 제공되는데 여기서는 이해 차원에서 만들었다.

[예제 12.3-I]

```
#include <iostream>
class ArrayInt
{
public:
        // 배열 크기와 초기값을 설정하는 생성자
        ArrayInt(int n, int val)
        {
                size = n;
                ptr = new int [n];
                for (int i = 0; i < n; i++)
                        ptr[i] = val;
        }
        // 복사 생성자
        ArrayInt(ArrayInt& src)
        {
```

```
                size = src.size;
                ptr = src.ptr;
        }

        void SetValue(int pos, int val) { ptr[pos] = val; }
        int GetValue(int pos) { return ptr[pos]; }

private:
        int size;
        int* ptr;
};

int main()
{
        ArrayInt a(5,1);
        std::cout << " a : " << a.GetValue(0)<<"\n"";         // 출력 a : 1
        ArrayInt b = a;
        std::cout <<" b : "<< b.GetValue(0)<<"\n";            // 출력 b : 1
        a.SetValue(0, 10);

        // a 변수가 값을 변경하게 되면 b 변수의 값도 변경됨
        std::cout <<" b : "<< b.GetValue(0)<<"\n";            // 출력 b : 10
}
```

예제에서 별도로 복사 생성자를 구현했다. 각각의 데이터 멤버에 복사 대상의 값을 대입하여 값이 서로 같아지도록 하였다. 이것은 자연스러운 과정으로 보이고 크게 문제가 없다고 생각할 수가 있다. 그래서 복사의 특성을 다시 돌아보면, 위 예제는 데이터 멤버가 서로 같아지기 때문에 등가성을 만족한다. 그런데 데이터 멤버인 포인터를 서로 복사하는 것이 과연 타당한 것인지 생각해 볼 필요가 있다. 클래스 객체는 각각 자신의 메모리를 가지며 독립적으로 동작하고, 데이터 멤버가 기본 타입이든 포인터 타입이든 각각 고유의 메모리를 사용한다. 포인터 변수 사용 시 동적 할당으로 고유의 주소를 가지고, 필요한 변수 역할을 하게 된다. 예제에서 복사 생성자를 구현 시 다른 객체의 데이터 멤버의 포인터 주소를 현재의 포인터에 대입을 하고 있다. 이렇게 되면 두 개의 객체가 하나의 포인터를 가지고 있기 때문에 각각의 변경 사항이 서로에 영향을 주게 된다. 복사의 특성인 독립성을 훼손하게 된다. 우리는 객체 생성 시에 다른 객체로 복사할 때 서로의 값이 같아지는 것을 기대하고 또한 서로 자신의 길을 간다고 간주한다. 그런데 서로 하나의 포인터를 공유하면서 의존하게 되었다. 결국은 예제의 복사 생성자를 다시 만들어야 된다.

[예제 12.3-J]
```
#include <iostream>
```

```cpp
#include <cstring>

class ArrayInt
{
public:
        ArrayInt(ArrayInt& src)
        {
                int n = src.size;
                size = n;
                ptr = new int[n];

                // 데이터 복사
                std::memcpy(ptr, src.ptr, n * sizeof(int));
        }
        // 이하 생략
};

int main()
{
        ArrayInt a(5,1);
        std::cout << " a : " << a.GetValue(0)<<"\n";    // 출력 a : 1
        ArrayInt b = a;
        std::cout <<" b : "<< b.GetValue(0)<<"\n";      // 출력 b : 1
        a.SetValue(0, 10);

        // a 변수가 값을 변경하여도 b 변수의 값은 유지됨
        std::cout <<" b : "<< b.GetValue(0)<<"\n";      // 출력 b : 1
}
```

기존에 단순히 데이터 멤버를 복사(보통 **얕은 복사 shallow copy**라고 함)하는 기능에서 지금의 복사 생성자에서는 포인터 타입의 데이터 멤버에 대해 독립성 특성을 지키기 위해 별도로 메모리를 할당하고 해당 데이터를 복사한다. 이렇게 되면 복사 대상의 값을 동일하게 유지하면서 서로가 영향을 주지 못한다. 이것은 얕은 복사와 달리 분명히 일정 시간이 소요가 되는 부분을 가지고 있고 복사 생성자를 구현할 때 고려 대상이 된다. 그래서 클래스에서 메모리를 할당하는 작업이 들어가는 경우에는 반드시 복사 생성자를 따로 만들어야 된다는 것을 잊으면 안 될 것이다.

□ 이동 생성자

복사 생성자는 lvalue 참조형 타입을 가진다고 이미 언급했다. 그런데 임시 객체나 상수 타입이 인자로 전달될 때에는, 임시 객체나 연산 결과 또는 함수 반환값은 모두 rvalue 타입을 가지고 있어서 lvalue 참조형 타입의 파라미터를 취하는 복사 생성자와 타입이 다르기 때문에 생성자를 찾을 수 없다는 에러 메

시지가 나오게 된다. 이렇게 되면 클래스 사용에 있어 제한이 생긴다. 그래서 **rvalue 참조형** 타입을 가지는 생성자를 정의해야 하는데 이것을 **이동 생성자**라고 한다. 이동 생성자를 별도로 구현하지 않으면 내부적으로 만들어진다[X::X(X&&)]. 그런데 복사 생성자 또는 이동 대입 연산자를 사용자가 선언하면 이동 생성자는 자동으로 만들어지지 않기 때문에 이동 생성자를 만들어야 한다. 부모 클래스가 이동 생성자를 사용하지 않겠다고 delete로 선언하면 해당 클래스에서 이동 생성자를 만들어야 한다. 뒤에서 기술하겠지만 보통 이동 생성자로 호출되는 경우에 최적화 차원에서 복사 생성자가 호출되어 이동 생성자를 만들지 않아도 될 때가 있다. 그러나 명시적으로 이동 생성자가 호출되도록 타입이 캐스팅이 되면 이동 생성자를 구현해야 된다.

사실 이동이라는 의미에는 복사라는 개념이 포함된다고 생각될 수 있다. 값의 이동이나 복사나 모두 동일한 기능을 수행한다고 생각해도 크게 무리가 없어 보인다. 그런데 서로 다른 타입의 참조형 파라미터를 가지는 생성자를 규격에서 정의한 것은 어떻게 보면 비슷해 보이지만 다른 기능을 가진다고 간주할 수 있다. 이동이라는 단어의 의미에 치중하기보다는 이동 생성자의 rvalue 참조형 타입에 주목해야 될 것이다. 임시 객체나 연산 결과는 내부적으로 데이터를 연산하고 사용이 끝나면 소멸하게 된다. 그런데 임시 객체도 일반 객체처럼 생성자를 호출하고 해당 클래스의 기능을 다 가지고 있다. 다만 계속 가지고 있을 필요가 없는 것이다. 이동 생성자는 이 부분에 초점을 맞추고 있는데 다시 말하면 객체의 생성된 내용을 활용 하지만 굳이 서로 독립되어 있을 이유가 없다는 것이다. 이렇게 보면 복사 생성자에서 논의된 독립성과 상반된 것처럼 보인다. 이동 생성자는 복사 대상이 곧 사라질 것을 알기 때문에 적극적으로 **얕은 복사**를 충분히 이용하여 복사에서 생길 수 있는 시간 소요의 문제를 피해가는 효율적인 방법을 제시하고 있다.

이동 생성자는 특별한 기능을 한다기보다는 복사 생성자처럼 서로 독립성 유지를 위해 포인터 타입의 데이터 멤버에 각각 메모리 할당을 할 필요 없이 한 번 할당된 메모리를 적극적으로 다시 활용하자는 것이다.

```cpp
#include <iostream>

class ArrayInt
{
public:
        ArrayInt(int n, int val) { /* 내용 생략 */ }          // 일반 생성자
        ArrayInt(ArrayInt& src) { /* 내용 생략 */ }           // 복사 생성자
        ArrayInt(ArrayInt&& src) { /* 내용 생략 */ }          // 이동 생성자

        // 내용 생략
```

```
    };
    int main()
    {
            ArrayInt a(5,1);                    // (1)일반 생성자 호출됨
            ArrayInt b = a;                     // (2)복사 생성자 호출됨

            ArrayInt c = ArrayInt(5,1);         // (3)일반 생성자 호출됨
    }
```

예제의 (1)에서 일반 생성자가 호출되면서 메모리가 할당되고 (2)에서 복사 생성자가 호출되면서 메모리가 할당된다. 그리고 세 번째 객체를 생성할 때 예상과는 달리 일반 생성자가 호출되고 메모리도 할당된다. 임시 객체에 대해 일반 생성자가 호출되고 이후에 이동 생성자가 호출되는 흐름으로 가는 것이 정상이라고 생각할 수 있다. 그런데 여기서 두 번의 작업이 이루어지지 않고 한 번으로 마무리가 되었다. 이것은 내부적으로 최적화 과정에 따라 사용자의 의도하고 상관없이 발생한 것이다. 보통 이런 것을 **복사 생략**(copy elision)이라고 한다. 임시 객체 또는 함수 반환으로 초기화를 하게 되면 이런 것이 일어난다. 의도하고 상관없지만 어쨌든 작업은 효율적으로 수행되었다. 이것이 이동 생성자가 필요 없다는 것을 의미하는 것이 아니다. 객체 생성 시에 rvalue값으로 초기화하는 경우가 있기 때문에 복사 생성자를 만들게 되면 반드시 이동 생성자도 같이 만들어야 한다. 여기서는 초기화할 때 이동 생성자가 호출되도록 복사 대상을 변환하면 이동 생성자가 호출된다. 타입 변환을 위해 여기서 규격에서 제공하는 **std::move** 함수를 이용할 것이다.

```
    class ArrayInt
    {
    public:
            // 내용 생략

            ArrayInt(ArrayInt& src) { /* 내용 생략 */ }      // 복사 생성자
            ArrayInt(ArrayInt&& src) { /* 내용 생략 */ }     // 이동 생성자

            // 내용 생략
    };
    int main()
    {
            ArrayInt a(5,1);  // (1)일반 생성자 호출됨
            ArrayInt b = a;   // (2)복사 생성자 호출됨

            // (3) 명시적 타입 변환 ArrayInt(5,1) 임시객체 생성. 이후 이동 생성자 호출됨
            ArrayInt c = std::move(ArrayInt(5,1));
    }
```

설명이 좀 길어졌는데 이제 이동 생성자를 구현해 보자. 여기서 다시 한번 알아야 될 것은 일반 및 복사 생성자에는 메모리를 할당하는 코드가 들어가 있다는 것이다. 이것은 기능 구현 시 반드시 필요한 부분이다. 세 번째의 객체 생성의 수식에서 먼저 임시 객체에 대해 일반 생성자가 호출된다. 그다음으로 이동 생성자가 호출되는데 여기서 복사 대상을 그대로 데이터 멤버에 복사한다. 여기까지만 보면 이전 절에서 복사 생성자를 구현할 때 서로의 독립성을 훼손하기 때문에 이렇게 하면 안 된다는 코드와 동일하다. 그런데 이동 생성자에서는 이렇게 해야 한다. 임시 객체는 곧 없어지기 때문에 복사 대상에 영향을 주지 않는다. 그리고 임시 객체가 생성되면서 메모리가 할당된 것을 굳이 버릴 필요 없이 지금 생성되는 객체에 그대로 다시 사용하는 것이다.

[예제 12.3-K]

```cpp
#include <iostream>
#include <cstring>

class ArrayInt
{
public:
        // 내용 생략
        ArrayInt(ArrayInt&& src)
        {
                size = src.size;
                ptr = src.ptr;                          // 복사 대상의 포인터를 대입

                src.ptr = nullptr;                      // 복사 원본의 포인터를 nullptr로 처리함
        }

        ~ArrayInt()
        {
                if(ptr != nullptr)
                        delete ptr;
        }

        // 내용 생략
};

int main()
{
        ArrayInt a(5,1);
        ArrayInt b = a;

        ArrayInt c = std::move(ArrayInt(5,1));
}
```

물론 군이 복사 생성자처럼 메모리를 할당하고 데이터를 복사하는 작업을 이동 생성자에서 할 수 있다. 그런데 복사 생성자에서처럼 서로 독립성을 지켜 줄 의무가 없고 억지로 나서서 시간이 많이 소요되는 작업을 가져갈 필요가 없다. 그리고 이동 생성자에서 중요한 작업이 하나 더 있다. 복사 원본의 포인터에 nullptr를 대입한다. 이렇게 하면 임시 객체가 수명을 다할 때 소멸자가 호출이 되고 여기서 메모리를 해제하는 코드가 들어간다. 해제할 때 nullptr를 확인하고 수행하기 때문에 nullptr로 변경하여 실제로 메모리가 해제되지 않도록 한다. 복사 원본의 할당된 메모리는 복사 대상에서 재사용되기 때문이다. 이 동 생성자를 이해하는 데 걸림돌은 아마도 이 부분일 것이다. 임시 객체는 소멸되는데 어떻게 재사용할 수 있는지 의문을 가질 것이다. 임시 객체는 반드시 소멸되고 클래스의 소멸자를 통해 데이터 멤버가 점유하는 메모리는 모두 해제된다. 해당 클래스의 소멸자에서는 클래스 생성 시에 사용자가 동적으로 할당한 메모리를 바로 바로 해제하는 것이 아니라 할당된 포인터 변수가 nullptr인지 확인하고 해제한 다. 만약에 소멸자에서 무조건 메모리를 해제하면 이동 생성자에서 할당된 메모리의 주소를 복사해도 그 메모리에 있는 내용은 곧 사라지게 된다. 이것 때문에 이동 생성자에서 임시 객체의 포인터를 nullptr 로 변경하고 소멸자에서는 이런 부분을 확인하는 코드가 들어간 것이다.

이 부분을 잘 읽어 보면 이동 생성자의 개념은 쉽게 이해될 것이다. 사실 이동 생성자의 이름을 본인이 하는 일의 핵심 위주로 다시 만들어 보면 아마도 재빠르게 처리하는 재사용 생성자가 더 기능을 잘 표현하는 이름이라고 생각된다.

12.4 생성자의 초기화 리스트

이전 예제에서 Character 클래스의 데이터 멤버 변수 초기화를 생성자 함수 본체의 안에서 수행했다. 이와 달리 주로 사용하는 방식은 생성자의 초기화 리스트 통해 데이터 멤버를 초기화하는 것이다. **생성자 초기화 리스트**(constructor-initializer)는 생성자 옆에 **콜론 :**을 사용하고 각각의 데이터 멤버에 **괄호 ()** 또는 **중괄호 {}**를 사용해 값을 초기화한다. 괄호 또는 중괄호 안에 내용은 생략 가능하다. 이것은 이미 설명된 변수 초기화하는 방법과 유사하다. 다만 일반 변수의 괄호 초기화를 할 때 괄호 안에 반드시 수식이 들어가야 된다. 생략되면 컴파일러는 함수 선언으로 판단하여 사용자의 의도하고 달라진다. 그런데 생성자 초기화 리스트에서는 괄호 안을 생략하면 **값 초기화** 방식을 따라간다. 여기서는 명확하게 생성자에서 변수 초기화가 진행되는 것을 알기 때문에 컴파일러는 함수 선언으로 판단하지 않는다. 한편 초기화 리스트에서 데이터 멤버를 중복으로 초기화해서는 안 된다.

멤버 초기화
　데이터멤버 (수식$_{옵션}$) or {수식$_{옵션}$}
　부모클래스 (수식$_{옵션}$) or {수식$_{옵션}$}

```
// Character 생성사 구현
Character::Character(int l, int k, int d) : LifePower(l), AttackPower(k), DefensePower(d) { }

// Character 클래스 객체 생성
Character c(500,100,100);
```

클래스 객체 생성 시점에 생성자의 **초기화 리스트를 먼저 처리하고** 이후 생성자 함수 본체를 실행한다. 위의 예제에서 생성자 초기화 리스트를 이용하거나, 생성자 함수 본체에서 데이터 멤버에 값을 대입하는 형태의 결과는 동일하지만 반드시 생성자 초기화 리스트를 사용해야 하는 경우가 있다. 우리는 참조형 타입 또는 **const** 타입은 선언과 동시에 초기화를 해야 되는 것을 알고 있다. 그런데 이런 타입을 클래스 정의할 때 반드시 초기화를 할 필요는 없다. 그렇다고 함수처럼 블록 내에서 초기화를 하게 되면 이것은 기본 규칙에 서로 상충하게 되기 때문에 반드시 **생성자 초기화 리스트**에서 초기화를 수행해야 한다. 그리고 부모 클래스의 초기화도 생성자 초기화 리스트에서 해야 된다. 생성자 함수 본체에서 초기화는 허용되지 않는다.

```
class X{
public:
        int ma = 0;      // 클래스 내에서 초기화
        const int mcon;
        int& mref;

        // const 및 참조 데이터 멤버 초기화
        X() : ma(0), mcon(0), mref(ma) {}
        X(int i) : ma(0), mcon(0), mref(ma) {}
};
```

예제에서 참조형 및 const 타입의 데이터 멤버에 대해 생성자 초기화 리스트를 통해 수행했다. 이런 타입은 모든 생성자에서 빠지지 않고 다 설정해 주어야 한다. 이런 수고스러움을 덜기 위해서 생성자의 초기화 리스트에서 생성자를 호출하는 방법이 있다. 이렇게 되면 초기화 리스트의 생성자가 실행되고 이후 자신의 생성자의 본체가 수행된다. 이런 생성자의 역할을 **위임(delegating) 생성자**라고 부른다. 그런데 위임 생성자는 초기화 리스트에 단독으로만 사용되어야 한다. 위임 생성자와 함께 다른 멤버 변수 초기화를 같이할 수 없다.

```
class X{
public:
        int ma = 0;                    // 클래스 내에서 초기화
        const int mcon;
        int& mref;

        // const 및 참조 데이터 멤버 초기화
        X() : ma(10), mcon(0), mref(ma) {}
        X(int i) : X() {}              // 위임 생성자 사용

        // 함수 본체에서 위임 생성자의 역할을 할 수 없음. 명시적 타입 변환으로
        // 단순히 임시 객체가 생성됨
        //X(int i) : X() { X();}
        //X(int i) : X(), ma(0) {}     // 에러 발생. 위임 생성자는 단독으로만 사용
};
```

초기화 리스트에 위임 생성자를 사용해 코드의 가독성이 좋아졌다. 가끔 위임 생성자를 생성자 본체에서 호출하게 되면 같은 결과를 얻을 수 있다고 잘못 생각하는 경우가 있다. 그것은 단순히 임시 객체가 생성되고 다른 데이터 멤버에 영향을 주지 않는다. 한편 생성자 초기화 리스트 대신에 다른 일반 데이터 멤버 변수의 초기화 관련해서 함수를 만들어 구현하면 해당 함수를 생성자 본체에서 호출하여 멤버 변수를 초기화하는 경우도 있다. 이것은 함수 내에서 초기화하는 코드를 함수로 묶어서 여러 생성자에서 사용하도록 만든 것이다. 이것은 크게 특별한 사항은 아니다. 또 다른 방법으로는 데이터 멤버에 대해 클래스 정의 시 값을 바로 초기화하는 것이다. 클래스가 변경 사항이 생겨 데이터 멤버가 추가될 때 여러 생성자의 초기화 리스트에 올리는 것보다는 클래스 내에서 초기화를 하는 것이 더 나아 보인다.

다음은 부모 클래스를 초기화 리스트에서 진행하는 예제이다. 부모 클래스도 데이터 멤버처럼 괄호 또는 중괄호를 통해 초기화하게 된다. 부모 클래스의 초기화 리스트 진행은 클래스 정의 시에 상속 받는 클래스 선언의 순서에 따른다. 초기화 리스트에서의 순서와는 상관없다. 또한 데이터 멤버에 대해서도 초기화 리스트 순서와는 상관없이 클래스에서 정의한 데이터 멤버 선언의 순서에 따른다.

[예제 12.4-L]

```
#include <iostream>

class A{
public :
        A() { std::cout << "class A\n"; }
};
```

```cpp
class B{
public :
        B() { std::cout << "class B\n"; }
};

class C : public A, public B
{
public :

        int m1 = 0;
        int m2 = 0;
        // 데이터 멤버 선언 순서는 m1, m2
        // m2는 m1 초기화 이후 값이 설정됨. 선언 순서가 변경되면 m2는 임시적인
        // 값을 가짐

        // 부모 클래스 선언 순서는 A, B
        // 따라서 초기화 리스트 순서 상관없이 A -> B 순서대로 초기화됨
        C() : m2(m1), m1(10), B(), A() {}

};

int main()
{
        C c;                                   // 출력 class A class B
        std::cout << "m1 value =" << c.m1;     // 출력 m1 value =10
}
```

예제에서 생성자 초기화 리스트의 순서보다는 데이터 멤버가 클래스에서 선언된 순서에 따라 초기화가 수행되는 것을 보여 준다. 사실 이렇게 데이터 멤버가 서로 의존성을 가지며 초기화가 되도록 데이터 멤버를 구성하는 것이 일반적이지는 않지만 이런 경우도 생길 수 있기 때문에 내용을 알아 둘 필요는 있다. 또 한 가지 알아둘 것은 데이터 멤버를 선언과 동시에 초기화를 하여도 생성자에서 초기화를 하게 되면 이것이 실제 그 데이터 멤버에 반영된다. 물론 초기화 리스트에 빠져 있으면 당연히 원래 초기화된 값을 가지게 된다. 예제에서는 데이터 멤버(m1, m2)를 선언할 때 0으로 멤버 초기화를 하고 초기화 리스트에서도 작업이 같이 수행되면 멤버 초기화는 무시되고 초기화 리스트에 실행된 것이 우선된다.

12.5 멤버 함수 및 this 포인터

클래스의 멤버 함수는 일반적인 함수의 형식을 기본적으로 가진다. 그리고 멤버 함수만이 가지는 별도의 특성이 있다. 여기서 논의되는 멤버 함수는 static 지정자가 없는 함수이다. 그리고 생성자, 소멸자 및 템플릿 함수를 포함한다. static 멤버 함수는 다음 절에서 기술된다.

멤버 함수 정의
virtual_지정자_옵션 **함수기본** cv_한정자_옵션 참조형_지정자_옵션 예외처리_지정자_옵션 virtual_관련_지정자_옵션 함수본체

함수기본:
 함수특성_지정자_옵션 반환타입 함수이름(파라미터_리스트_옵션)

virtual 지정자:
 virtual (클래스 상속 장에서 기술됨)

cv 한정자:
 const, volatile

참조형 지정자:
 &, &&

virtual 관련 지정자:
 override, final (클래스 상속 장에서 기술됨)

함수 본체:
 {// 내용 구현 }
 = default;
 = delete;
 = 0; (virtual 지정자가 사용될 때 적용됨)

멤버 함수 정의의 형식을 보면 일반 함수의 형식을 그대로 가져가면서 멤버 함수만의 특성을 지정하는 별도의 옵션들이 들어간다. 지정자들이 많아서 조금 복잡해 보인다. 주로 이런 옵션들은 나중에 기술될 클래스 상속과 연관된 것들이다. 이것은 다른 장에서 기술될 것이다.

여기서 약간 생소해 보일 수 있는 것은 **cv 한정자**와 **참조형 지정자**가 함수 뒤에서 사용되는 경우이다. 이런 지정자는 보통 함수 앞에 위치하게 되는데 특히 const 지정자가 앞에 있으면 반환값을 수정할 수 없게 된다. 그리고 참조형 타입이 반환 타입에 사용되면 반환값이 수정이 되는데 이때 const가 같이 있으면 수정이 되지 않는다. 이런 특성은 우리가 어는 정도 알고 있는 것들이다. 그런데 이 지정자가 함수

뒤에 놓이게 되면 반환 타입에는 전혀 영향을 주지 않는다. 그래서 굳이 이런 지정자가 사용될 이유가 있을지 의문이 들 수 있다. 그런데 이것은 멤버 함수에서 원래 없는 보이지 않는 **객체 파라미터**(implicit object parameter)에 영향을 주게 된다. 클래스의 멤버 함수가 호출될 때 해당 함수가 가지는 파라미터와 함께 내부적인 객체의 파라미터가 자동적으로 추가되어 함수가 호출된다. 이것은 생성자, 소멸자, static 멤버 함수에는 적용되지 않고 컴파일러가 오버로딩 멤버 함수를 검색하는데 내부적으로 사용된다. 사용자는 이런 특성이 있다는 것을 알면 된다.

```
struct A{

        // 명시적으로 하나의 파라미터 가지는 함수
        void fun(int a);            // 내부적으로는 fun(A& , int a) 처리
        void fun(int a) const;      // 내부적으로는 fun(const A& , int a) 처리
};
```

예제의 멤버 함수를 보면 해당 함수가 호출될 때 내부적으로 파라미터가 추가되어 처리된다. 그런데 멤버 함수의 원형으로 보아서는 사실 오버로딩이 안 된다고 생각할 수 있지만 cv 한정자에 따라 내부적인 객체 파라미터 타입이 변경이 되기 때문에 해당 멤버 함수가 구별이 되어 **오버로딩이 가능하다. const 지정자**가 사용되면 한 가지 더 알아둘 것이 있다. 객체 파라미터 타입이 상수로 설정이 되기 때문에 해당 함수 안에서는 데이터 멤버를 수정할 수 없다. 읽기만 가능하다. 그리고 클래스로 객체를 생성할 때, const 함께 사용이 되면 멤버 함수를 호출할 때 내부적인 객체 파라미터가 **const 타입을 가지는 함수만** 검색한다.

```
class st{
public:
        int GetValue() { return _m++; }      // GetValue(st&)
        int GetValue() const { return _m; }  // GetValue(const st&)

        void SetValue(int v) { _m = v; }        // SetValue(st&, int v)

private:
        int _m = 1;

};

int main()
{
        const st s1;
        st s2;
```

```
                s1.GetValue();    // int GetValue() const 호출
                s2.GetValue();    // int GetValue() 호출

                s1.SetValue(0); // 에러 발생. 해당 함수가 검색이 안 됨.
        }
```

const 지정자가 있어서 데이터 멤버에 변경을 할 수 없지만 상황에 따라서 일부 데이터 멤버는 변경이 필요할 때가 있다. 이런 경우에 해당 데이터 멤버에 **mutable** 키워드를 사용하면 데이터 멤버 변경이 가능하다. 기본적으로 **static 데이터 멤버**는 수정이 가능하다.

```
        class Members {
        public:

                int Number=1;
                int Age;
                mutable int Phone;
                static int m ;

                int GetNumber() const;
        };
        int Members::m = 1;

        // 선언부와 정의부에 각각 const 키워드를 사용
        int Members::GetNumber() const
        {
                // static 데이터 멤버의 변경 가능
                m =1;

                // 에러 발생. 데이터 멤버는 변경이 안 됨
                Age = 10;

                // mutable 키워드 사용 멤버 변경 가능
                Phone = 1234;

                return Number;
        }
```

참조형 지정자가 함수 뒤에서 사용되는 것도 cv 한정자와 유사하다. 기본적으로 내부적인 객체 파라미터는 lvalue 참조형(&)을 가지고 있어서 따로 참조형 지정자를 사용할 필요는 없다. rvalue 참조형 지정자를 사용하면 객체 파라미터는 rvalue 참조형 타입으로 변경된다. 그래서 객체 파라미터가 타입이 서로 달라지면 오버로딩이 가능해진다.

```
struct Ref{
        void fun(int a) &;          //내부적으로는 fun( Ref& , int a) 처리
        void fun(int a) &&;         //내부적으로는 fun( Ref&& , int a) 처리
};

Ref r;

r.fun(0);                          // fun(int a) & 호출
Ref().fun(0);  /                   / 임시 객체이기 때문에 fun(int a) && 호출
```

일반적으로 함수 타입은 반환 타입과 파라미터 리스트로 결정되지만 내부적인 객체 파라미터가 사용되기 때문에 멤버 함수인 경우에는 cv 한정자 및 참조형 지정자도 함수 타입의 요소가 된다.

12.5.1 default 함수

클래스의 멤버 함수 중에 컴파일러가 내부적으로 생성해 주는 함수들이 있다. 이런 함수를 클래스 정의 시에 명시적으로 나타낼 때 함수 본체를 = **default**; 이렇게 선언한다. 이런 선언을 하지 않아도 조건에 따라 자동으로 만들어진다. 이렇게 선언할 수 있는 함수는 클래스의 **특별 멤버 함수**로 다음과 같다.

□ 기본 생성자

□ 복사 생성자

□ 이동 생성자

□ 복사 대입 연산자

□ 이동 대입 연산자

□ 소멸자

기본 생성자는 인자가 없는 함수로 클래스에서 생성자가 없을 때 자동으로 만들어진다. 그러나 사용자가 생성자를 하나라도 만들면 기본 생성자는 내부적으로 생성되지 않는다. 이럴 경우 별도로 기본 생성자를 정의할 수 있고 또는 명시적으로 기본 생성자를 선언할 수 있다.

```
class st{
public:
        st() = default;            // 기본 생성자 명시적 default 선언
        st(int v) : _m(v) {}

private:
        int _m = 1;
```

```
};
```

그런데 static이 아닌 데이터 멤버가 참조형 타입 또는 const 지정자가 있는 타입이면서 초기화가 되어 있지 않는 경우에는 기본 생성자를 명시적으로 선언해도 기본 생성자는 만들어지지 않는다. 객체 생성 시에 해당 데이터 멤버의 값을 확정할 수 없기 때문이다.

```
struct A{
    // 참조형 데이터 멤버가 초기화가 되지 않아 default 선언해도 내부적으로
    // 생성되지 않음
    A() = default;

    int& ref;
};

A a;    // 객체 생성 시에 에러 발생. 삭제된 함수를 사용하는 메시지가 나옴
```

참고로 초기화 없이 객체를 생성할 때, new 연산자로 동적으로 할당 시 초기화식이 생략될 때, 명시적 타입 변환 사용 시에 초기화 수식이 없을 경우에 기본 생성자가 호출된다. 그리고 클래스를 배열로 선언할 때도 기본 생성자가 호출된다.

```
class St {};;

St s1;              // 초기화 없이 클래스 생성
auto s2 = new St;   // 동적 할당. new St (), new St {} : 기본 생성자 호출
St();               // 명시적 타입 변환 St{}; 기본 생성자 호출
St s[5];            // 배열 생성
```

복사 생성자 및 이동 생성자는 클래스 특성상 필요한 경우가 아니면 내부적으로 만들어지는 것을 사용하는 것이 좋다. 굳이 명시적으로 선언할 필요는 없어 보인다. 그리고 복사 대입 및 이동 대입 연산자는 다른 장에서 기술될 것인데 이것은 복사 및 대입 생성자와 같은 기능을 가지고 있어서 별도로 만들지 않으면 자동으로 생성되는 것을 이용한다.

12.5.2 delete 함수

함수 본체에 = delete; 이렇게 선언하게 되면 해당 함수는 명시적으로 사용할 수 없음을 알린다. 코드에서 해당 함수를 호출하게 되면 삭제된 함수를 참조한다는 에러 메시지가 나오게 된다. 사실 이런 선언은 멤버 함수에만 적용되는 것이 아니라 모든 일반 함수에도 적용된다. 우선 특별 멤버 함수에 이렇게 선언하면 해당 함수는 자동으로 만들어지지 않는다. 이렇게 하는 이유는 사용자에게 클래스 사용 시 해

당 함수를 사용하지 못하도록 제한을 두어 오동작이 일어날 수 있는 것을 미연에 방지하고자 함이다.

```
struct OnlyDouble {
        OnlyDouble() = delete;
        OnlyDouble(int) = delete;
        OnlyDouble(double){}
};

OnlyDouble d1;                  // 에러 발생
OnlyDouble d2(0);               // 에러 발생
OnlyDouble d3(1.0);             // OK
```

예제에서 클래스 생성할 때 생성자 인자가 정수에서 소수로 내부적인 변환이 일어나지 않도록 해당 함수를 사용하지 못하도록 선언하고 있다. 그리고 기본 생성자가 자동으로 만들어지지 않도록 delete로 지정하였다. 물론 이렇게 선언하지 않아도 사용자가 생성자를 정의했기 때문에 기본 생성자는 내부적으로 만들어지지 않는다.

이전에 기술된 것처럼 보통 복사 생성자를 만들면 이동 생성자를 같이 정의해 준다. 그런데 상황에 따라 이동 생성자만 이용할 수 있고 복사 생성자 및 복사 대입 연산자의 사용을 적극적으로 막는 경우가 있다. 복사 생성자에서 하는 일을 생각해 보면 포인터 타입의 데이터 멤버가 있는 경우에 원본의 내용을 복사하면 정상적인 작업을 완료했다고 볼 수 있다. 이것이 단순히 기본 타입의 데이터 또는 하나의 클래스 타입이라면 쉽게 진행될 것이다. 그런데 여러 클래스를 상속 받거나 OS 자원과 관련이 깊은 타입일 경우에는 복사할 때 고려할 대상이 많아지게 되고 접근에 제한이 생길 수 있어 복사 자체가 정상적으로 이루어지지 않을 수 있어서 해당 클래스 내에서 명시적으로 복사 생성자를 사용치 못하게 한다. 대표적으로 C++ 라이브러리에서 제공하는 멀티태스킹을 위한 쓰레드 및 뮤텍스 클래스는 복사 생성자 및 복사 대입 생성자를 delete로 선언하고 있다. 사실 이동 생성자 또는 이동 대입 연산자를 사용자가 정의하면 복사 생성자와 복사 대입 연산자는 내부적으로 delete가 된다.

```
struct uncopying
{
        uncopying() = default;

        uncopying(uncopying&&) = default;
        uncopying& operator=(uncopying&&) = default;

        uncopying(uncopying&) = delete;
        uncopying& operator=(uncopying&) = delete;
```

```
        };

        uncopying u;
        uncopying c = u;          // 에러 발생. 복사 생성자 delete 되어 있음

        uncopying d;
        d = uncopying();          // OK. 임시 객체로 대입.
```

일반 함수도 해당 함수의 사용을 막기 위해 delete로 선언하는 경우가 있다. 사실 이것은 함수를 정의하지 않을 때와 유사하다. 그런데 명시적인 delete 선언은 컴파일러가 해당 함수 호출 시 바로 에러로 처리한다. 반면 함수가 정의되어 있지 않을 때에는 해당 함수 호출 시 컴파일러는 인자를 내부적으로 변환하면서 적극적으로 함수를 검색한다. 또한 특별 멤버 함수인 경우에는 자동으로 만들어서 해당 함수를 연결한다. 위의 예제에서 정수에서 소수를 변경되는 함수를 delete로 선언하지 않으면 컴파일러는 인자의 타입을 암묵적으로 변환하여 해당 함수를 찾는다. 그리고 복사 생성자만 정의되어 있는 경우에 이동 생성자의 호출이 필요한 상황일 때 이동 생성자가 정의되어 있지 않으면 복사 생성자를 호출하게 된다.

12.5.3 this 포인터

클래스의 멤버 함수에서 데이터 멤버를 사용하여 연산하는 작업이 들어갈 수 있는데 여기서 해당 데이터 멤버를 명시적으로 자신의 클래스 멤버가 이용되고 있음을 **this** 키워드로 나타낼 수 있다. 이 키워드는 클래스 객체를 가리키는 포인터이다. 그래서 클래스의 static이 아닌 멤버 함수에서 사용이 가능하다. 또한 데이터 멤버를 초기화하거나 생성자의 초기화 리스트 그리고 람다 함수의 캡처 리스트에서 사용된다.

```
        struct st{

                const int id = 0;
                int m;
                int m1 = this->m;            // 데이터 멤버 초기화

                st() : m( this->id) {}       // 초기화 리스트애서 this 사용

                void f(int m)
                {
                        this->m = m;               // 함수 인자와 구별을 위해 명시적 this 이용
                        auto lm = [this] { m1; };  // 람다 함수의 캡처 리스트
                }
        };
```

12.6 static 데이터 멤버 및 함수

클래스의 데이터 멤버 및 멤버 함수 선언 시 **static** 키워드와 같이 사용될 수 있다. static 데이터 멤버는 정의된 클래스와는 개별적으로 존재한다. 클래스에서 선언되지만 해당 클래스 생성과 상관없이 전역 변수처럼 동작하고 한 번만 초기화가 진행된다. 따라서 클래스 객체를 생성하지 않아도 바로 접근이 가능하고 해당 멤버 접근 시 클래스이름과 범위 지정자 ::를 사용하면 된다. 물론 생성된 객체에서도 접근할 수 있다. static 데이터 멤버는 클래스에 속해 있어 접근 지정자에 따른 접근 제한을 가지고 있고, 이 것은 static 멤버 함수에도 같이 적용된다. 클래스의 일반 데이터 멤버를 초기화는 것처럼 클래스 내에서 static 데이터 멤버를 초기화를 하게 되면 에러가 발생한다. static 데이터 멤버는 클래스에서 선언만 하고 초기화는 클래스 외부에서 설정되어야 한다. static 데이터 멤버는 해당 클래스와 연관성으로 클래스 내부에서 선언되지만, 클래스 생성과 상관없이 개별적으로 존재하는 **전역 변수**의 특성을 갖기 때문에 클래스 외부에서 초기화가 이루어진다. 외부에서 초기화를 할 때 static 키워드는 사용치 않는다.

[예제 12.6-M]

```
#include <iostream>

class Member {
public:
        static auto CreateMember(int age, bool man)
        {
                id++;        // static 데이터 멤버
                auto ret = new Member;

                // static 함수에서 직접 데이터 멤버를 가져올 수 없고 생성된 객체로 접근
                ret->age = age;
                ret->isMale = man;

                return ret;
        }

        int age;
        bool isMale;

        int getID() { return id; };

private:
        static int id;
};
```

```cpp
// static 데이터 멤버 초기화. 이때 static 키워드를 다시 지정하지 않음
// 클래스이름과 범위 지정자를 사용함
int Member::id = 0;

int main()
{
        // 범위 지정자를 사용해 해당 클래스 static 멤버 함수 접근
        // 클래스 생성을 static 멤버 함수 사용

        Member* m1 = Member::CreateMember(20,true);
        std::cout << "Member ID =" << m1->getID() <<"\n";
        std::cout << "Age =" << m1->age << " Male = " << m1->isMale <<"\n";

        // 출력
        // Member ID =1
        // Age =20 Male = 1

        Member* m2 = Member::CreateMember(33,false);
        std::cout << "Member ID =" << m2->getID() <<"\n" ;
        std::cout << "Age =" << m2->age << " Male = " << m2->isMale <<"\n";

        // 출력
        // Member ID =2
        // Age =33 Male = 0

        return 0;
}
```

예제에서 보여 주는 것처럼 클래스의 일반 데이터 멤버는 클래스가 생성되면 각각의 해당 객체에 속하여 독립적으로 존재한다. 그러나 static 데이터 멤버는 클래스의 전역 변수처럼 클래스 내에서 하나의 공용 변수 역할을 하게 된다. 그리고 static 특성을 가지고 있기 때문에 객체가 생성되어 있지 않아도 접근 제한이 없으면 외부에서 바로 접근할 수 있다. 물론 static 멤버 함수도 마찬가지이다.

static 데이터 멤버에 **inline** 없이 **const** 지정자가 사용되고 데이터 타입이 **정수형** 또는 **열거형** 타입이라면, **클래스 내에서** 초기화가 가능하고 또한 클래스 외부에서도 가능하다. 한편 C++17 이후부터는 클래스 내부에서 static 데이터 멤버에 **inline** 키워드와 같이 사용하면 데이터 타입 상관없이 클래스 내부에서 초기화를 할 수 있다.

```cpp
struct Members
{
```

```
            const static int n = 1;      // 선언과 동시에 초기화
            const static int m {2};      // 중괄호 사용 가능
            const static int k;

            // static inline C++17)
            static inline int number=0;

            const static double d =0.1; // 에러 발생. inline이 사용되면 가능함
        };

        const int Members::k = 3;        // 클래스 외부에서 초기화
```

static 멤버 함수는 클래스이름과 범위 지정자를 사용해 함수를 정의한다. 그러나 멤버 함수와 달리 static 멤버 함수에서는 클래스의 일반 데이터 멤버를 함수 내에서 사용할 수 없고 static 데이터 멤버만 사용이 가능하다. static 멤버 함수는 클래스와는 독립적으로 존재하고 일반 함수를 외부에서 정의하는 것과 같은 특성을 갖고 있다. 그런데 클래스의 데이터 멤버는 클래스 객체가 생성되어야 자신의 생명을 갖기 때문에 static 멤버 함수에서 일반 데이터 멤버를 이용할 수 없는 것이다. 또한 생성된 객체를 가리키는 this 키워드를 함수 내에서 사용할 수 없다. 이와 별도로 이전에 기술된 멤버 함수의 형식에 사용되는 virtual 지정자를 포함하여 cv 한정자 및 참조형 지정자는 static 멤버 함수를 선언할 때 허용되지 않는다.

```
        class S {
        public:
            int a;
            static inline int m=0 ;

            // static 멤버 함수 선언. virtual, cv 한정자, 참조형 지정자는 허용 안 됨
            static void fun();
        };
```

12.7 소멸자

로컬 변수로 생성된 클래스가 사용 범위를 벗어나 사용 수명이 다하면 자동으로 소멸자가 호출된다. 클래스에서 기능을 구현할 때 메모리를 할당하거나 파일을 열거나 네트워크 관련하여 자원을 가져오면 소멸자에 해당 자원을 돌려주는 작업이 실행되는 코드가 들어가야 된다. 사용한 자원을 환원하는 것이 소멸자의 주된 목적이다. **소멸자**(destructor)는 클래스의 특수함수로 클래스이름과 같아야 하고 이름 앞에 ~ 기호가 붙는다. 소멸자는 함수 파라미터를 가질 수 없고 반환 타입을 취할 수 없다. friend, inline, virtual 지정자가 사용 가능하고 C++20 이후부터는 constexpr, consteval 지정자도 가능하다. 보통 소멸자는 virtual 지정자를 설정한 가상 소멸자로 이용되며 해당 내용은 클래스 상속에서 기술된다. 그런데 멤버 함수 뒤에 붙는 cv 한정자, 참조형 지정자를 소멸자에 설정할 수 없다. 소멸자를 클래스에서 만들지 않으면 내부적으로 컴파일러가 inline public 형태의 디폴트 소멸자를 생성해 준다.

```cpp
class ArrayInt {
public:
        ArrayInt(int n,int val);      // 내용 생략
        ArrayInt(ArrayInt& lhs);     // 내용 생략

        ~ArrayInt()
        {
                if(ptr != nullptr)
                        delete ptr;
        }

private:
        int size;
        int* ptr;
};
```

이전에 복사 및 이동 생성자를 설명할 때 사용된 예제이다. 생성자에서 메모리를 할당하는 코드가 들어가 있기 때문에 소멸자에서 반드시 해당 자원을 해제한다. 예제에서 보면 알겠지만 자원을 획득하는 부분이 있으면 이것은 생성자, 기본 및 이동 생성자와 소멸자에 전부 영향을 주게 되어 클래스 정의 시에 고려할 대상이 된다.

객체의 수명 주기가 다하여 자동으로 소멸자가 호출되고 프로그램이 종료될 때도 메모리에 남아 있는 클래스 객체들의 소멸자가 자동으로 호출되고 또한 new 수식으로 동적으로 생성된 클래스에서 생성자가 호출되는 것처럼 메모리를 delete 수식으로 해제하게 되면 소멸자가 호출되어 별도로 소멸자를 호출하는 경우는 많지 않다. 일반적인 경우는 아니지만 직접 해당 클래스의 소멸자를 호출하는 것도 가능하다. 이런 예는 C++에서 제공하는 동적으로 데이터를 저장하는 vector 컨테이너의 코드에서 볼 수 있다. 여기서는 간략히 내용을 기술할 것이다. 관련 사항은 해당 STL을 참조한다. 그리고 공용체에서 소멸자를 직접 호출하는 경우가 있다.

vector에서는 클래스를 저장하고 생성할 때 바로 new 연산자를 사용하지 않고 new 연산자가 호출하는 연산자 오버로딩 함수를 통해서 메모리를 확보하고 나서 그 주소를 기반으로 new 연산자를 호출하여

클래스 타입인 경우에 생성자가 호출되게 한다. 그리고 데이터가 일정 크기가 넘게 되면 다시 메모리를 다시 할당할 때 기존 메모리를 삭제를 delete 연산자를 이용하지 않고 delete 연산자 오버로딩 함수를 직접 호출한다. 이후 클래스 타입을 대비하여 해당 소멸자를 부른다. vector에서 메모리 할당을 단계로 나누지 않고 바로 new 연산자를 이용하고 해제할 때는 delete을 통해서 수행할 수도 있다. 다만 vector 에서는 메모리 할당하는 기능을 사용자가 선택하여 처리할 수 있도록 하다 보니 이렇게 별도로 메모리 할당과 해제를 한다.

12.8 공용체

공용체(union)는 데이터 멤버 중에 가장 큰 크기를 가진 데이터의 하나의 메모리를 공유하는 형태를 가진다. 따라서 데이터 멤버 중에 하나의 데이터의 값만 유지할 수 있다. 데이터 멤버의 값을 변경하며 이전에 데이터 멤버의 값은 변경이 된다. 그래서 공용체를 사용할 때 어떤 데이터 멤버를 사용할지 정해야 된다. 공용체를 사용하는 분명한 이유는 메모리를 줄이고 하나의 데이터 멤버만 처리되기 때문에 성능 향상도 기대하는 것이다. 그런데 사용자가 구조체처럼 공용체의 각각의 데이터 멤버에 접근하여 연산을 하게 되면 전혀 엉뚱한 결과가 나올 수 있는 문제도 가지고 있다. 공용체를 단독으로 사용하기보다는 클래스 내에서 공용체를 정의하고 공용체의 어떤 데이터 멤버가 사용되는지를 저장하는 데이터와 같이 이용되는 것이 공용체가 잘못 이용되는 것을 막을 수 있을 것이다.

[예제 12.8-N]

```
#include <iostream>
#include <cstring>

struct VarData
{
    static constexpr int BUF_SIZE = 256;

    enum Type { FromChar, FromInt, FromLongLong } type;

    union _Value
    {
        char ch[BUF_SIZE];
        int it[BUF_SIZE];
        long long ll[BUF_SIZE];
    } value;

    VarData(Type t) { type = t ;}
```

```cpp
// 여러 데이터 타입을 대응하기 위해 템플릿 함수 선언
template<typename T>
void SetValue(T v,int count)
{
        if( type == FromChar)
                std::memcpy(value.ch, v,count);

        else if( type == FromInt )
                std::memcpy(value.it, v, count*sizeof(int));

        else if ( type == FromLongLong)
                std::memcpy(value.ll, v, count*sizeof(long long));
    }
};

int main()
{
        VarData var(VarData::FromInt);

        const int count = 16;
        int in[count];

        for (int i=0; i < count; i++)
                in[i] = i;

        var.SetValue(in, count);
}
```

예제에서 공용체를 이용할 때 어떤 데이터 타입이 선택되는지를 저장하고 해당 공용체를 사용하고 있다. 이렇게 함으로써 공용체의 데이터 중에 하나만 이용하게 하여 문제의 소지를 줄이고 사용 데이터의 메모리도 같이 절약하게 되었다. 값을 복사하는 멤버 함수에서 여러 타입을 처리하기 위해 템플릿을 사용했다. 템플릿 관련된 내용은 나중에 기술될 것인데 여기서 코드를 간략하게 구현하려다 보니 템플릿 함수를 넣을 수밖에 없었다. 세세하게 코드를 보기보다는 공용체 사용하는 방식을 이해하는 차원에서 코드를 보길 바란다.

공용체의 데이터 멤버의 타입은 참조형을 제외하고는 기본 및 클래스 타입이 될 수 있다. 그런데 공용체에서 데이터 멤버가 하기의 **단순 클래스** 타입이 아닌 클래스 타입으로 선언되면 자동으로 가지는 클래스의 특별 함수가 모두 사용할 수 없는 delete로 처리되어진다. 그래서 별도로 생성자 및 소멸자와 그 외 필요한 특별 함수를 만들어야 사용할 수 있다.

□ 단순(trivial) 클래스

- 사용자가 정의한 기본 생성자, 복사 및 이동 생성자, 복사 및 이동 대입 연산자, 소멸자가 없음
- 데이터 멤버 선언 시 초기화를 하지 않음
- 가상(virtual) 함수 및 가상 부모 클래스가 없음
- 참조형 타입 및 const 타입의 데이터 멤버 없음

```
union U
{
        U(){}
        ~U(){}
        int i;
        double db;

        // 해당 클래스는 단순 클래스 타입이 아님. 클래스 내에 사용자가 정의한 생성자가
        // 선언되어 있음
        std::string str;

};

U u;                    // OK . 공용체에서 생성자와 소멸자를 반드시 정의해야 사용 가능
u.i = 10;               // OK
u.str = "union";        // 에러 발생. 프로그램 예외 발생
```

예제의 공용체에서 라이브러리에서 제공하는 string 클래스 타입의 데이터 멤버를 가지고 있다. 이 클래스는 단순 클래스가 아니기 때문에 공용체는 생성자를 만들어야 한다. 이것은 그냥 예제처럼 아무런 작업 코드가 없는 생성자와 소멸자를 정의하라는 말이 아니다. 분명한 이유가 있다. 이미 언급한 것처럼 공용체는 데이터 멤버 중에 가장 큰 메모리를 가지 멤버에 맞게 메모리가 할당된다. 메모리 할당이 곧 해당 클래스 타입의 멤버의 생성자를 호출하는 것은 아니다. 어떤 멤버가 사용될 지 바로 정할 수 없기 때문이다. 여기서 공용체의 string 클래스 타입의 멤버를 접근 시 에러가 발생하는 것은 해당 멤버가 생성되어 있지 않기 때문이다. 그래서 생성자에서 해당 클래스가 생성되도록 new 연산자를 통해 수행해야 해당 멤버를 사용할 수 있고 또한 공용체의 단순 클래스 타입이 아닌 멤버가 여러 개 있으면 모두 이렇게 생성자가 호출되도록 한다.

```
union U
{
        // new 연산자의 추가 인자를 통해 멤버 str의 메모리 위치에 해당 생성자가
        // 호출되게 함. new 관련 사항은 메모리 관리 장을 참조
        U(){ new (&str) std::string; }
```

```
        ~U() { str.~basic_string(); }

        int i;
        double db;
        std::string str;
};
```

예제의 공용체 선언과 달리 클래스 내에서 공용체를 이름 없이 선언을 할 수 있다. 이런 익명 공용체는
클래스 내에서 일반 데이터 멤버처럼 접근할 수 있는 이점이 있다. 익명 공용체는 일반 공용체와 다르
게 멤버 함수를 가질 수 없다. 그리고 익명 공동체의 데이터 멤버가 단순 클래스 타입이 아닌 일반 클래
스 타입을 가지게 되면 해당 클래스는 기본 생성자 및 소멸자는 내부적으로 delete가 되어 반드시 사용
자가 만들어야 한다. 그리고 공용체의 해당 클래스 타입이 생성되도록 new 연산자를 사용한다.

[예제 12.8-0]

```cpp
#include <string>
#include <iostream>

struct MyData
{
        enum Type {IntData, DoubleData, StringData } type;

        // 익명(anonymous) 공용체 선언
        union
        {
                int i;
                double db;
                std::string str ="";    // 공용체에서는 최대 한 개 멤버는 초기화 가능
        };

        void SetValue(double value)
        {
                if (type == IntData)
                        i =(int) value;

                else if (type == DoubleData)
                        db = value;
        }

        void SetString(std::string value)
        {
                if ( type == StringData)
                        str = value;
```

```
        }

        MyData(Type t)
        {
            type = t;
            new (&str) std::string;
        }
        ~MyData() {}
};

int main()
{
        MyData my(MyData::StringData);
        my.SetString("Hello");
}
```

예제에서 익명 공용체를 이용해 클래스 내에서 일반 데이터 멤버처럼 사용하여 코드가 전체적으로 가독성이 좋아졌다. 해당 공용체에 단순 클래스 타입이 아닌 클래스 타입이 있기 때문에 사실 MyData 클래스의 생성자에서 해당 클래스를 생성해야 되는데 여기서는 공용체 내에서 초기화를 통해 그 일을 대신하였다. 만약에 공용체 내에 여러 일반 클래스 타입이 있으면 생성자에서 모두 해당 생성자가 호출되도록 new 연산자를 사용해야 한다.

12.9   비트-필드

클래스 생성 시 선언된 데이터 멤버가 char 타입을 가지면 1바이트가 설정되고 int 타입이면 시스템이 정한 크기에 맞는 메모리가 확보된다. 이렇게 개별적으로 데이터 멤버에 대해 각각 메모리가 할당되는 것과 다른 방식으로 하나의 데이터 타입이 가지는 메모리를 비트별로 크기를 지정하여 저장 공간을 효율적으로 사용할 수 있는 기능이 있다. 클래스의 데이터 멤버를 설정할 때 멤버 변수 이름 옆에 **콜론 :**과 사용 비트를 설정해서 이용하는 것을 **비트 필드**(bit-fields)라고 부른다. 이것은 할당되는 메모리 크기를 줄이는 효과를 가진다.

```
struct DeviceCheck {
        char HD_Support : 1 = 0x00;
        char Network_Support : 1;
        char USB_Support : 1;
        char CD_Support : 1;
        char Wifi_Support : 1;
        char Card_Support : 1;
        char Reserved : 2;
};

#define HD_DEVICE_ENABLE              true
#define NETWORK_DEVICE_ENABLE         true
#define USB_DEVICE_ENABLE             true
#define CD_DEVICE_ENABLE              true
#define WIFI_DEVICE_ENABLE            true

DeviceCheck dc;

void SetDevice()
{
        dc.HD_Support = HD_DEVICE_ENABLE;
        dc.USB_Support = USB_DEVICE_ENABLE;
        dc.Wifi_Support = WIFI_DEVICE_ENABLE;
}

void CheckDevice()
{
        SetDevice();
        if(dc.HD_Support) {
                // 내용 구현
        }
}
```

예제에서 char 타입의 하나의 바이트에 여러 필드로 나누어 한 개 비트의 정보가 저장되도록 설정했다.

비트 필드 대신에 일반 bool 타입으로 해당 변수로 지정을 하게 되면 7바이트의 메모리를 사용하게 된다. bool 타입처럼 true 또는 false값을 가지는 변수를 이렇게 비트 필드로 나누어 설정하게 되면 확실히 메모리를 줄이는 효과를 가진다. 비트 필드를 선언과 동시에 초기화는 C++20부터는 가능하다. 비트 필드를 선언 시 필드의 이름 없이 비트만 설정을 하는 경우가 있다. 이때 해당 비트만큼 값을 채우는 역할을 하게 된다. 또한 0으로 설정하면 현재 필드에서 비트가 남아 있어도 다음 필드에서 메모리를 할당하고 새로 시작하게 된다.

```
struct SetBit{

        char config : 3;
        char : 5;                    // 해당 비트만큼 보통 일정 값으로 채움

        char setflag1 : 1;
        char setflag2 : 2;
        char : 0;                    // 다음 필드에서 새로 시작함

        char otherconfig : 3;
};
```

12.10 멤버 지칭 포인터

보통 포인터 변수는 할당된 메모리 주소를 저장할 때나 또는 기존에 선언된 변수의 메모리를 저장할 때 사용된다. 이와 다르게 클래스의 데이터 멤버 또는 멤버 함수를 지칭하는 포인터 형태로 이용되기도 한다. 우선 선언 방식을 살펴보자. 멤버를 가리키는 포인터(pointer to member)이기 때문에 포인터 선언을 할 때 해당 클래스이름으로 범위를 지정하고 사용할 이름과 함께 선언한다. 일반적인 포인터 선언과 비교해서 클래스이름으로 범위를 확정하는 것만 다르고 멤버 지칭 포인터의 형식은 일반 포인터 선언과 동일하다.

> **멤버 지칭 포인터**
> 데이터타입 클래스이름::* 식별자;   // 멤버 포인터
> 데이터타입 (클래스이름::* 식별자)(파라미터_리스트_{옵션});   // 멤버 함수 포인터

```
struct X {
        void func(int) {};
        int m;
};
```

```
int* p;                          // 포인터 변수
void (*pf)(int);                 // 함수 포인터

int X::* pm = &X::m;             // 데이터 멤버에 대한 포인터
void (X::* pmf)(int) = &X::func; // 멤버 함수에 대한 포인터

X obj;

obj.*pm = 10;
(obj.*pmf)(0);
```

예제를 보면 멤버 포인터를 선언하여 어떻게 사용하는지 보여 준다. 그런데 코드에서처럼 군이 포인터
를 이용하여 간접적으로 접근할 필요가 없다. 멤버 포인터가 사용되는 실제의 예제는 다음과 같다. 클
래스의 멤버 함수를 인자로 넘기는 경우이다. 일반 함수 포인터와 멤버 함수 포인터는 함수 타입을 가
리키는 것은 분명하지만 내부적으로 서로 다른 타입으로 간주한다. 그래서 클래스에서 멤버 함수를 콜
백 형태로 함수의 인자로 인식하기 위해서는 파라미터 타입을 멤버 함수 포인터로 선언해야 한다.

```
struct X;

void callbackFn(void (X::* pf)(int), X* th)
{
        (th->*pf)(0);
}

void callbackFn(void (*pf)(int), int v)
{
        (*pf)(v);
}

struct X {
        X();
        int m;
        void myFunc(int) {};
        static void sfun(int) { };
};

X::X()
{
        callbackFn(&X::myFunc, this);//생성자에서 자신의 객체와 멤버 함수를 인자로 전달
}

void my(int v) {}
```

```
// static 멤버는 일반 함수로 분류됨. 일정 값과 함께 인자로 전달
callbackFn(&X::sfun, 10);
callbackFn(my, 1);
```

예제에는 멤버 함수에 대한 포인터를 인자로 그리고 일반 함수 포인터를 받은 함수가 각각 정의되어 있다. 이미 언급한 대로 서로 타입이 다르게 처리되기 때문에 관련 함수를 오버로딩으로 구현한 것이다. 여기서 클래스의 static 멤버 함수는 일반 함수로 인식이 된다. 결국 멤버 포인터는 일반 포인터와 사용법이 유사하고 범위 지정하는 것이 추가되어 클래스에서 사용된다는 것이다. 예제에서 보면 콜백 함수를 사용에 있어서 하나의 클래스만 허용하고 있어서 범용성에 문제가 있을 수 있다. 그래서 이런 형태보다는 베이스 클래스를 상속받는 클래스에서 일정의 멤버 함수를 콜백 함수로 설정하여 처리하는 것이 실제로 많이 쓰인다.

```
#include <functional>

struct Base;

typedef void (Base::*BaseCallBack)(int);

struct Base{
        void SetTickByCallBack(BaseCallBack callback) { (this->*callback)(0);}
        void SetTickByCallBack(std::function<void(int)> callback)
        {
                callback(0);
        }
};

struct MyActor : Base {
        MyActor()
        {
            this->SetTickByCallBack((BaseCallBack)&MyActor::MyTick);
            //this->SetTickByCallBack([](int){});
        }

        void MyTick(int) {}
};
```

예제에서 베이스 클래스를 상속 받아 콜백 함수를 등록하여 일정 기능을 수행하게 된다. 멤버 함수를 인자로 넘겨줄 때 여기서는 캐스팅이 필요하다. 베이스 클래스에서는 사용의 편리성을 위해 클래스의 멤버 함수를 인자로 받은 함수와 람다 함수를 인자로 받을 수 있게 함수 오버로딩을 구현하였다.

12.11 중첩 클래스 및 로컬 클래스

클래스 안에 다른 클래스를 정의를 하게 되면 해당 클래스를 **중첩(nested) 클래스**라고 부른다. 클래스 안에서 중첩 클래스는 로컬 특성을 가진다. 다르게 이야기하면 중첩 클래스는 외부 클래스의 멤버에 접근할 수 없다는 것이다. 중첩 클래스의 정의는 클래스 멤버 중에 중첩 타입에 속한다. 따라서 중첩 클래스를 외부에서 사용하기 위해서는 클래스이름과 범위 지정자로 지정해야 해당 중첩 클래스 생성이 가능하다. 보통 여러 클래스에서 사용되고 공통적인 특성을 가지게 되면 별도로 클래스를 만들어 사용하는데 중첩 클래스는 클래스 안에서만 필요한 데이터 타입을 정의할 때 일반적으로 적용된다. 중첩 클래스의 멤버 함수를 정의할 때는 외부클래스와 중첩클래스를 범위 지정자와 같이 지정하여 함수를 정의한다.

```cpp
#include <string>

int today;

class File{
public:
        int size;

        struct Info{
                std::string name;
                int date = today;        // OK. 전역 변수 접근 가능
                int s = size;            // 에러 발생. 외부 클래스의 멤버 접근 안 됨
                std::string GetName();
        };

        void Check(Info i);
};

// 중첩 클래스의 객체 생성
File::Info info;

// 중첩 클래스 멤버 함수 정의
std::string File::Info::GetName() { /*...*/}
```

중첩 클래스와 비슷한 특성을 가진 다른 클래스로 함수 내에서 정의되는 **로컬(local) 클래스**가 있다. 함수 내에서 정의되다 보니 함수의 로컬 변수는 스택 메모리에 올라가기 때문에 로컬 클래스 내에서는 해당 로컬 변수에 접근이 되지 않는다. 그런데 함수 내에서 static 변수는 전역 변수의 메모리에 위치함으로 로컬 클래스에서 접근이 허용된다. 특히 함수 내에 상수를 선언하게 되면 해당 값을 가져올 수 있

지만 해당 변수의 주소는 함수 내에 있는 스택 메모리에 있기 때문에 가져올 수 없다.

```cpp
int global;

void f()
{
        static int s;
        int x;
        constexpr int ref = 0;

        struct local{
                int m = s;          // OK. static 변수 접근 가능
                int y = global;     // OK. 전역 변수 접근 가능
                int z = x ;         // 에러 발생. 로컬 변수 접근 안 됨

                int r = ref;        // OK
                int* p = &ref;      // 에러 발생. 변수의 메모리는 스택에 있음
        };
}
```

12.12 프렌드 지정자

클래스 멤버들의 접근 제한자에 따라 멤버 사용에 제한이 따른다. **protected, private** 제한자가 붙은 멤버들은 외부에서 접근이 허용되지 않아 일부 데이터 멤버들에 대해 간접적인 형태로 해당 멤버들을 **get / set** 함수로 이용해 접근한다. 그런데 상황에 따라서 모든 멤버들에 접근이 필요한 경우가 있다. 예를 들면, 클래스의 전체적인 기능 테스트를 위한 함수를 만드는 경우에 여기서는 모든 멤버에 접근할 수 있어야 문제없이 진행이 가능하다. 이와 별도로 연산자 오버로딩 함수를 외부에서 만들 때에도 클래스의 멤버 접근이 필요하다. 이와 같이 클래스 내에서 모든 멤버에 접근을 허용하도록 함수 또는 클래스를 선언 시, **friend** 지정자를 사용한다. 이때, 클래스에서 선언되었다고 클래스의 멤버가 되는 것은 아니다. friend 함수 및 클래스는 개별적으로 선언된 것처럼 외부에서 사용 가능하다.

[예제 12.12-P]

```cpp
#include <iostream>

class Member {
public:
        // 테스트 함수에 friend 지정자 사용
```

```cpp
        friend void TestMemberClass();

        int GetZip() { return ZipCode; }
private:
        int Phone;
        int ZipCode;
        int RegisterDate;

        void ChangeCode(int code) { ZipCode = code; }
        void ChangePhone(int no) { Phone = no; };
};

void TestMemberClass()
{
        Member m;

        // friend 함수이기 때문에 Member 클래스 모든 멤버에 접근이 가능
        m.ChangeCode(12345);
        std::cout << m.ZipCode<<"\n";              // 출력 12345

        m.ChangePhone(9874);
        std::cout << m.Phone;                      // 출력 9874
}

int main()
{
        // 해당 함수의 선언 및 정의가 되어 있어 함수 호출 가능
        TestMemberClass();

        // friend 함수는 해당 클래스의 멤버 함수가 아니기 때문에 아래처럼 접근이 안 됨
        Member m;
        // m.TestMemberClass();

        return 0;
}
```

friend 함수 선언과 더불어 클래스를 friend로 선언할 수 있다. friend가 된 클래스의 멤버 함수를 정의 시 friend 권리를 준 해당 클래스의 멤버에 접근하여 기능을 구현하게 된다. 이런 경우에 클래스가 서로 연결성을 가지고 있고 다른 클래스가 충분히 활용될 수 있도록 friend 클래스를 선언하게 된다.

```cpp
class PaintBackGround {
public:
        friend class SquareCell;
```

```
            friend class CircleCell;
private:
            int status;
            int color;
            void Paint();
};

class SquareCell {

            SquareCell(PaintBackGround& pg, int c)
            {
                  pg.color = c;          // private 멤버 접근
                  pg.Paint();
            }
            // 내용 생략
};
```

보통 friend 함수의 정의는 외부에서 하게 된다. 때로는 클래스에서 friend로 선언과 동시에 정의를 하는 경우도 있다. 이때, 해당 함수를 클래스 외부에 따로 선언하지 않으면 클래스 내부에서나 외부에서 함수를 호출 시, 함수를 찾을 수 없는 문제가 발생한다. 그런데 함수의 파라미터가 friend 함수가 선언되어 있는 클래스 타입을 파라미터를 가지게 되면 따로 외부에 선언 없이도 해당 함수를 찾게 된다. 이것은 함수 인자에 의존한 이름 검색 규정이 적용되기 때문이다.

```
struct X
{
      friend void f() {}
      friend void h() {}
      friend void g(X x) {}
};

void h();

int main()
{
      // 에러 발생. 해당 함수를 찾을 수 없음
      f();

      // 함수 선언이 외부에 되어 있어 호출 가능
      h();

      // X 클래스 타입의 함수 파라미터를 가지기 때문에 이때는 해당 클래스에서 찾게 됨
      // 반드시 X 클래스 타입을 가져야 함. 다른 타입이면 함수를 찾지 못하게 됨
```

```
        g(X());
        return 0;
}
```

friend 지정자로 일반 함수 및 클래스의 선언을 알아보았다. friend의 함수 선언 관련해서 클래스의 생성자를 포함하여 일부 멤버 함수를 개별적으로 friend로 지정하여 해당 함수에서 해당 클래스의 멤버에 접근하여 기능을 구현할 수 있다.

```
class PurchaseItems {
public:
        PurchaseItems();
        void ShowItems(int id);
        void ShowRecentItems();
};

class Member {
public:
        // 클래스의 멤버 함수를 friend로 선언
        friend PurchaseItems::PurchaseItems();
        friend void PurchaseItems::ShowItems(int id);
        friend void PurchaseItems::ShowRecentItems();

private:
        // 내용 생략
};
```

클래스 상속

클래스의 핵심 기능은 기존 클래스를 상속 받아 기능을 확장하는 데 있다. 확장된 클래스는 기존 클래스의 데이터 멤버와 멤버 함수를 활용하면서 기존 클래스와는 독립적인 새로운 클래스가 된다. 클래스 상속에 있어서 코드의 재사용과 확장을 통해 프로그램의 개발 및 유지 보수의 용이성의 이점을 얻는다. 사실 상속이라는 용어에서 부모의 것을 물려받는 의미를 가지고 있다. 그래서 클래스 상속(derived class)은 있는 것을 그대로 가져와서 사용하고 필요에 따라 기능을 추가하여 신규 클래스가 생성되는 파생의 특성을 가진다. 그것과 아울러 뒤에 자세히 기술되는데 확장 클래스는 부모 클래스에 받은 멤버 함수와는 다르게 동작하도록 재정의하는 기능을 가진다. 클래스 상속에서 원래 있던 것을 기반으로 하여 별도의 클래스가 파생되는 것은 상속의 주요한 특성이 된다. 사실 클래스 상속에서 멤버 함수를 재정의 하는 특성이 어떤 것보다 상속에서 중요한 위상을 가진다. 그리고 이런 내용이 이번 장에서 주된 주제가 된다.

13.1 클래스 확장

클래스 정의에서 예제로 든 **Character** 클래스를 상속을 받아 하나의 캐릭터, 여기서는 연타 발차기 공격과 고유의 필살기가 되는 기술을 가진 **Jack**이라는 확장 클래스가 정의된다. 클래스를 상속 받기 위해서는 클래스 정의 시, 클래스이름 다음에 **:** **콜론**을 사용하고 **부모클래스 이름**을 선언한다.

클래스 상속
: 접근제한자_{옵션} **부모클래스_이름**

부모클래스 이름:
　클래스이름, 클래스 템플릿-id

접근 제한자:
　private
　protected
　public

Character 클래스는 모든 캐릭터가 가지는 기본 속성과 동작을 가지고 있다. 여기서 Character 클래스는 **부모 클래스, 슈퍼 클래스** 또는 **베이스(base) 클래스**라고 부르고, 새로 만들어진 Jack 클래스는 **자식 클래스** 또는 **서브(sub) 클래스**라고 한다.

```
enum CharacterID { JACK , TOM };
```

```
// 부모 클래스 Character.h
class Character
{
public:
        int LifePower;
        int AttackPower;
        int DefensePower;
        CharacterID ID;

public:
        Character() {};
        Character(int l);
        Character(int l, int a, int d = 100);

        void MoveForward();
        void MoveBackward();
        void AttackWithFist();
        void AttackWithFoot();
};
```

// 자식 클래스 정의 Jack.h
```
#include "Character.h"

class Jack : public Character
{
public :
        int KillerPower = 100;     // 이 클래스에만 가지는 데이터 멤버

        // 부모 클래스의 데이터 멤버 사용. 함수 본체에서 파워 변수 초기화
        Jack()
        {
            LifePower = 100;
            AttackPower = 200;
            DefensePower = 100;
            ID = JACK;
        };
        // 파워 관련 데이터 변수 초기화. 생성자 초기화 리스트: 부모 클래스 초기화
        Jack(int l , int a, int d) : Character(l,a,d) { ID = JACK;};

        // 이 캐릭터만 가진 고유 필살기 공격 함수
        void OwnKillerSkill() {};
};
```

예제에서 부모 클래스인 **Character** 클래스를 상속 받아 **Jack** 클래스를 정의했다. 여기서는 부모 클래

스로 하나를 사용했지만 부모 클래스를 **, 콤마**로 분리하여 다중으로 부모 클래스를 상속 받을 수 있다. Jack 클래스의 생성자에서 파워 관련 데이터 멤버를 부모 클래스인 Character 클래스의 생성자를 이용 해 초기화하고 있다. 접근 제한자가 **private** 제외한 부모 클래스의 모든 데이터 멤버를 자식 클래스에서 이용할 수가 있어서 Jack 클래스의 기본 생성자의 함수 본체에서 해당 데이터 멤버를 초기화를 하였다. 또한 다른 생성자에서는 생성자의 초기화 리스트를 사용해 부모 클래스를 초기화를 한다. Jack 클래스 에서는 자신의 클래스에서 정의한 것처럼 부모 클래스의 데이터 멤버와 멤버 함수를 언제든지 이용할 수 있다. Jack 클래스는 하나의 새로운 클래스이면서 부모 클래스인 Character 클래스의 특징을 갖는다. 그리고 다른 캐릭터가 필요할 경우 Character 클래스를 상속 받아 새로 만들 수 있다.

자식 클래스에서 부모 클래스를 지정할 때 접근 제한자를 생략하면 클래스를 정의할 때 class 키워드가 사용되면 private 제한자가 기본적으로 적용되고 struct일 경우에는 public이 적용된다. 관련 사항은 다른 장에서 기술된다.

13.1.1 멤버 이름 검색

자식 클래스는 부모 클래스의 멤버에 접근이 가능하다. 그런데 해당 멤버가 자식 클래스에도 같은 이름 이 있게 되면 부모 클래스의 멤버를 검색하지 않는다. 자식 클래스가 생성되고 멤버에 접근을 하게 되 면 컴파일러는 먼저 자식 클래스에서 멤버를 검색한다. 검색이 되지 않으면 그때 부모 클래스에서 멤버 를 찾게 된다. 이 말의 의미는 자식 클래스에서 검색하고 거기서 검색이 되었는데 다시 부모 클래스에 서 찾는 그런 일은 컴파일러가 하지 않는다는 것이다. 이것이 클래스에서 멤버를 찾는 기본 원칙이 된 다. 이렇게 검색이 진행되면 약간의 미묘한 문제가 생긴다. 여기서 부모 클래스의 데이터 멤버 또는 멤 버 함수와 같은 이름으로 자식 클래스에서 멤버가 선언 되면 해당 멤버가 이미 자식 클래스에 선언되어 있기 때문에 컴파일러는 더 이상 검색하지 않는다. 컴파일러는 정확하게 자식 클래스에서 멤버를 가져 오는데 사용자 입장에서는 이름이 같아서 **모호함의 문제**가 생길 수 있어 이런 문제를 방지하기 위해 부 모 클래스 인지 자식 클래스에 속한 건지 범위를 지정해서 분명하게 할 수 있다. 자식 클래스의 본인에 속해 있는 멤버는 **this** 키워드를 사용하고 부모 클래스에 속한 것은 **부모 클래스이름**과 **:: 범위 지정자**를 이용하여 멤버의 범위를 명확하게 해 준다.

```
struct A {
        int a;
        void f();
};

struct B {
        int b;
```

```
            void f();
    };

    struct C : A, B
    {
            int a;
            void f()
            {
                    this->a = 0;

                    // 부모 클래스이름을 지정
                    A::a = 1;
                    A::f();
                    B::f();
            }
    };
```

이와는 다르게 부모 및 자식 클래스에서 멤버 함수의 이름은 같지만 파라미터 리스트가 다른 형태를 가진 오버로딩 함수의 경우를 보자. 이미 언급한 것처럼 자식 클래스에서 멤버 함수가 사용되면 일단 자신의 클래스에서 해당 함수의 이름을 검색하고 전달된 인자에 따라 오버로딩된 함수가 있으면 적합한 함수를 찾아 연결한다. 일단 자식 클래스에서 해당 함수를 찾으면 거기서 끝이다. 적합한 함수를 위해 부모 클래스의 멤버 함수를 검색하지는 않는다. 다른 말로 하면 부모 클래스의 해당 멤버 함수는 가려져서 자식 클래스에서 볼 수가 없다. 그런데 필요에 따라 부모 클래스의 멤버 함수를 검색하도록 **using** 선언을 사용할 수 있다. 이렇게 되면 선언된 함수이름 전부는 자식 클래스로 가져와 검색하게 된다. 이때 using 선언 시 가져오는 함수는 부모 클래스에 속하는 것만 가능하다.

또한 부모 클래스의 생성자도 자식 클래스로 가져올 수 있다. 사실 부모 클래스의 생성자를 가져와 객체가 초기화가 수행되는 것은 사용의 편의성 측면에서 제공되는 기능이다. 자식 클래스는 부모 클래스와 연관성이 있지만 하나의 새로운 클래스이고 내부적으로 각각 초기화가 될 사항들이 있기 때문에 자식 클래스의 생성자에서 필요한 초기화를 하는 게 일반적이고, 부모 클래스의 초기화는 자식 클래스의 **생성자 초기화 리스트**를 통해 실행하는 것이 코드의 완결성이나 다른 부작용을 없애는 바람직한 방향이라고 여겨진다.

```
    struct A {
            void func(int) {}
            void func(long long) {}
            void func() {}
            A(){}
```

```
            A(int){}
    };

    struct B : A{
            // 함수 원형이 아니라 함수 이름을 선언. func(int), func(long long), func()
            // 모두 가져옴
            using A::func;

            // 부모의 생성자 A(int) 가져올 수 있음
            using A::A;
            void func(double){}
            B(): m(10) {}
            int m;
    };

    B b;                    // B의 기본 생성자 호출
    b.func(0);              // A::func(int) 호출
    b.func(10LL);           // A::func(long long) 호출
    b.func(1.0);            // B::func(double) 호출
    B b1(1);                // A(int) 생성자 호출되면 B 클래스의 멤버 m은 초기화가 안 됨
```

예제처럼 부모 클래스와 자식 클래스에서 멤버 이름이 같은 경우는 자주 발생하는 일은 아니다. 그런데 다음 절에서 기술될 **virtual** 지정자가 사용되는 가상 함수에서는 부모 클래스에서 정의된 멤버 함수를 자식 클래스에서 함수 원형을 그대로 사용한다. 이때는 가상 함수를 사용하려는 목적이 있기 때문에 부모 클래스의 멤버 함수가 자식 클래스에서 동일한 함수 타입으로 정의되어야 한다.

13.1.2 상속 계층 구조

[그림 13.1]

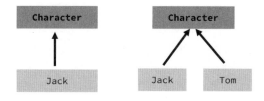

그림에서 화살표를 통해 Jack 클래스가 부모 클래스인 Character에서 파생되고 있음을 나타내고 있다. 또한 같은 부모 클래스에 여러 자식 클래스가 생길 수 있다. 여기서 화살표 방향이 부모로 향하고 있다는 것을 주목해야 한다. 화살표는 클래스의 상속의 계층 구조를 보여 주는 의미를 가지고 있고 부모 쪽

으로 한 반향으로 가고 있음을 나타낸다. 다르게 이야기하면 자식 클래스는 상황에 따라서 부모 클래스의 모습을 가지고 있다는 것이다. 상속을 하게 되면 부모 클래스의 멤버들을 자식 클래스에서 접근할 수 있는데 이것은 마치 자식 클래스에서 해당 멤버들이 정의되어 있는 것처럼 보인다. 이것은 사용자 측면에서 이렇게 이야기할 수 있는 것이다. 그런데 컴파일러 입장에서는 자식 클래스를 정의할 때 부모 클래스를 상속 받기 때문에 자식 클래스의 타입을 부모 클래스의 타입으로도 처리된다는 것이다. 만약에 여기서 Jack 클래스와 Character 클래스가 상속이 아닌 서로 독립적인 관계에 놓이게 되면 컴파일러는 서로의 연관성을 전혀 고려하지 않는다. 그럼 문법적으로 상속의 계층 관계를 예제로 살펴보자.

```
Character c;
Jack jack;

// OK. 자식에서 부모 방향으로 가능. 자식 ---> 부모 : 화살표 방향을 잊지 말자
c = jack;            // 자식 클래스가 부모 클래스로 전환
jack.MoveForward();  // 부모 클래스 멤버 함수 이용 가능

// 하기는 에러 발생. 화살표 방향을 잊지 말자.
jack = c;            // 부모 클래스에서 자식 클래스 방향으로 변환은 안 됨
c.OwnKillerSkill();  // 부모 클래스는 자식 클래스인 Jack 클래스 멤버 함수 이용 불가
```

우리는 사식 클래스가 부모 클래스를 상속을 받으면 부모의 private이 아닌 멤버에 접근이 가능한 것을 알고 있다. 이것을 다시 생각해 보면 규격에서 **[1] 자식 클래스가 그 자체로 부모 클래스로 타입 변환**을 허용하는 것은 자연스러운 일이다. 여기서 부모 클래스를 **public**으로 상속 받아와 이것이 가능하다. 따라서 외견상으로는 서로 타입이 다르지만 자식 클래스 타입의 객체를 부모 클래스 객체에 대입이 가능하다. 물론 접근 제한자에 따라 제한이 있는데 이것은 다른 절에서 기술된다. 여기서 그림의 계층 구조에서 화살표 방향이 자식에서 부모로 향하고 있음을 항상 상기해야 한다. 한쪽 방향으로 가는 것만 규격에서 허용한다. 다만 예제에서는 자식 클래스를 부모 클래스로 복사를 하면 상식적으로 자식 클래스의 내용 전체가 부모 클래스 쪽으로 복사되지 않는다. 자식 클래스는 부모 클래스의 기반으로 멤버들이 추가되어 크기가 부모 클래스보다 커지는 것이 일반적이다. 그래서 예제에서는 자식 클래스의 내용 중에 부모 클래스의 값만 해당 클래스로 복사된다. 이것은 일부만 복사되는 것이다. 복사의 의미를 생각해 보면 이런 경우는 정상적인 복사라고 말할 수가 없다. 이렇게 포인터 타입이 아닌 일반 타입으로 객체를 생성하여 자식 클래스를 부모 클래스에 대입하는 경우보다는 다음의 예제처럼 포인터 타입으로 선언하여 연산을 하는 것이 일반적이다.

```
Character* my;
my = new Jack();            // 자식 클래스의 포인터에서 부모 클래스의 포인터 변환
```

```
my->MoveForward();              // OK.
my->OwnKillerSkill();           // 에러 발생. 부모 클래스는 자식 클래스 멤버 함수 이용 불가
```

위 코드는 부모 클래스를 포인터로 선언 후 자식 클래스를 동적으로 생성된 포인터를 저장한다. 포인터만 저장하는 것으로 위에서 언급된 일부만 복사되는 것과는 전혀 다르다. **[2] 자식 클래스의 포인터는 부모 클래스의 포인터로 내부적인 변환**이 가능하도록 규격에서 정의하고 있다. 여기서 중요한 것은 부모 클래스를 public으로 상속 받아와 이것이 가능하다. 이것도 상속의 구조의 화살표 방향에 따라가고 한쪽 방향으로만 허용된다. 자식에서 부모로 포인터 타입이 변환이 되어도 부모는 자신의 데이터 타입을 지칭하기 때문에 자식의 멤버에 접근이 되지 않는다.

자식 클래스가 부모 클래스로 변환이 규격에서 허용되고 있지만 어떻게 보면 이런 변환이 오히려 사용에 있어 혼동의 소지가 있어서 이런 변환 필요 없이 자식은 자식, 부모는 부모 클래스로만 연산하는 것이 바람직하다고 생각할 수 있다. 그래서 사용자가 클래스를 상속할 때 접근 제한자를 통해 이런 변환을 막는 경우도 있다. 그런데 이런 변환을 적극적으로 활용하는 것이 일반적이다. 다음의 예를 보자.

```cpp
#include <iostream>
#include "Jack.h"

void CheckPower(Character* ch)
{
        if (ch->ID == JACK)
        {
                Jack* jack = static_cast<Jack*>(ch);        //부모 -> 자식 클래스로 캐스팅
                std::cout << jack->KillerPower << "\n";
        }
        else if (ch->ID == TOM)
        { /*내용 생략 */ }

}

Character* my = new Character;
Jack* jack = new Jack();;

CheckPower(my);
CheckPower(jack);        // 지정된 Power 값인 100 출력됨
```

예제에서 함수의 파리미터를 부모 클래스 타입으로 설정하였다. 그래서 해당 부모 클래스를 상속 받은 자식 클래스 타입은 함수 인자로 사용이 가능하다. 또한 Character 클래스를 상속 받는 자식 클래스 모두 이 함수를 사용할 수 있고 이런 형태의 코드는 자주 볼 수 있는 경우이다. 만약에 자식 클래스 타입을

파라미터로 설정하면 해당 클래스 타입만 인자로 이용되어 사용에 제한이 따른다. 함수에서 상속 받은 자식 클래스별로 나누어 처리하는데 특히 부모에서 자식 클래스로 캐스팅하여 사용하고 있다. 이것은 상속 계층 구조에서 화살표 방향과 반대이다. 그래서 사용자가 별도로 타입 변환을 해야 컴파일 에러가 발생하지 않는다. 이런 사용 방법은 사용자가 의도한 대로 부모에서 지정된 자식 클래스로 변환이 되는 것을 확실히 알 수 있을 때 가능하다. 여기서 자식 클래스에 따라 나누어 작업하는 것이 효과적인 방법이라고 생각할 수 있다. 그러나 이런 임의적인 캐스팅 방법은 사용자가 분명히 어떤 클래스가 사용되는지를 숙지하고 있어야 하고 자식 클래스가 추가될 때마다 해당 코드를 넣는 작업을 해야 하는 문제가 생긴다. 그래서 이런 코드도 사용하지만 실제로 다음에 기술되는 가상 함수를 통해서 더 효과적으로 처리할 수 있다.

13.2 상속의 다형성 : 오버라이딩(overriding)

클래스 확장은 중복되는 코드를 줄이고 기존 코드를 재활용하면서 신규 기능과 동작을 추가하여 새로운 클래스를 만드는 이점을 주기 때문에 우리가 클래스를 설계할 때 확장을 고려하여 클래스를 만드는 경우도 많이 있다. 물론 이런 클래스 확장과는 별도로 각각의 기능을 독립적으로 작동하는 하나의 부품 형태로 여러 클래스를 만들고 이런 클래스를 데이터 멤버로 사용하여 많은 기능을 할 수 있는 일정 규모를 가진 하나의 클래스를 만들 때도 있다. 예를 들면, 대전 게임 같은 경우 실제 대전이 시작되면 화면에 대전과 관련된 정보를 나타내는 클래스가 필요하다. 여기서 정보표시 클래스를 설계할 때 캐릭터 클래스처럼 상속이라는 기능을 고려하기보다는 대전 시간, 획득 점수, 캐릭터 파워 표시를 보여 주는 기능을 하는 여러 클래스들을 클래스의 데이터 멤버가 되도록 구성한다. 그래서 각각 기능을 담당하는 요소 클래스를 만든다. 이때 이런 클래스는 다른 곳에서 활용될 수 있기 때문에 상속을 고려하여 기본 클래스를 만들고 나서 필요한 자식 클래스를 만드는 형식을 가져갈 수 있다. 그리고 해당 클래스를 정보표시 클래스에 데이터 멤버로 사용해 선언한다. 예제 클래스는 별도의 부모 클래스 없이 요소별로 기능을 가진 클래스를 멤버로 하여 클래스를 구성 했다. 각각의 기능들이 서로 독립적인 일을 수행을 하기 때문에 코드가 중복되거나 반복적인 작업이 다시 구현되지는 않을 것이다. 물론 이 클래스를 상속 받아 새로운 클래스를 만들 수 있지만, 대전을 시작할 때 보여 줄 화면정보는 디자인 설계 시 내용이 확정되고 코드를 구현하면, 디자인을 변경하기 전까지는 수정이 필요 없이 그대로 갈 것이다.

```
// 멤버로 사용되는 클래스 선언
class Timer {};
class Score {};
class DisplayPower {};
```

```
class DisplayInfo {
public :
        // 하기는 각각 기능을 담당하는 클래스 데이터 멤버

        // 대전 시간 클래스
        Timer tm;
        // 획득 점수 클래스
        Score score;
        // 캐릭터 파워표시 클래스
        DisplayPower disPower;

        //...
};
```

Jack 클래스는 Character 클래스를 상속 받아 확장된 클래스이다. 만약에 해당 클래스를 상속 없이 클래스를 만드는 경우를 가정하고 캐릭터가 선택되고 플레이어가 대전을 하는 클래스를 정의해 보자. 캐릭터 선택에 따라 선택된 캐릭터를 생성해서 플레이어의 입력 조건에 따라 관련된 동작을 하는 멤버 함수를 호출해야 하는데, 제작된 모든 캐릭터에 대해 이와 같은 것을 진행하면 동일하고 반복되는 작업을 캐릭터별로 진행해야 하기 때문에 코드의 양도 많아지고 기능 구현을 확인하는 일이 너무 많아질 것이다. 하기는 단지 설명을 위해서 내용을 구성했다.

```
class Jack {
public :
        int LifePower ;
        int AttackPower ;
        int DefensePower;

        Jack(int l , int a, int d) {}
        void MoveForward() ;
        void MoveBackward();
        void AttackWithFist();
        void AttackWithFoot();
};

class Tom {
public :
        int LifePower;
        int AttackPower;
        int DefensePower;

        Tom(int l , int a, int d) {}
        void MoveForward();
```

```
                void MoveBackward();
                void AttackWithFist();
                void AttackWithFoot();
        };

        class FightingStart {
        public:
                enum CharacterID { JACK , TOM };
                enum KeyEvent { FORWARD, BACKWARD, FIST, FOOT};

                int index;
                Jack* jack;
                Tom* tom;

                FightingStart( int index)
                {
                        this->index = index;
                        // Jack 캐릭터 선택 시
                        if( index == JACK)
                                        jack = new Jack (100,200,150);

                        // Tom 캐릭터 선택 시
                        else if ( index == TOM)
                                        tom = new Tom (100,300,100);
                }

                void PlayerInputEvent( int event)
                {
                        // Player 입력 : Move Forward 경우
                        if( event == FORWARD)
                        {
                                if( index == JACK)
                                                jack->MoveForward();

                                else if ( index == TOM)
                                                tom->MoveForward();

                        }
                        // 다른 동작 생략
                }
        };
```

위의 예제는 두 개의 캐릭터에 대해 기술되었는데, 제작된 모든 캐릭터에 대해서 동일한 작업을 반복하여 구현하는 문제가 발생한다. 코드의 양도 늘어나고 가독성 문제도 일어나고, 무엇보다도 코드의 잠재

적인 문제점이 대두되어 게임의 완성도 측면에서 치명적인 문제점을 안고 있다. 그리고 다른 캐릭터가 추가되면, 관련 코드를 전부 수정해야 하는 매우 번거롭고 시간이 소요되는 약점을 가지고 있다.

물론 위 예제 코드는 설명을 위해 약간 인위적인 부분이 있지만 상속의 중요한 특징이 되는 **다형성**에 기반을 둔 오버라이딩을 이해를 돕기 위해서이다. 그럼 실제 상속에 기반을 둔 클래스 확장에 초점을 맞추어 캐릭터별로 대전을 시작하는 클래스를 구현해 보자. 예제를 보면, 플레이어의 입력 따른 동작을 캐릭터별로 처리하는 것이 아니라 베이스 클래스인 Character 클래스로 담당하고 있어 코드 구성이 쉬워지고 별도로 변환 작업을 할 필요가 없어진다. 자식 클래스가 부모 클래스로 변환되는 것을 여기서는 적극적으로 이용하여 중복되는 코딩을 줄이고 있다.

```cpp
class Jack : public Character { /* 내용 생략 */ };
class Tom : public Character { /* 내용 생략 */ };

class FightingStart {
public:
        enum CharacterIndex { JACK , TOM };
        enum KeyEvent { FORWARD, BACKWARD, FIST, FOOT};

        Character* my;
        FightingStart( int index)
        {
                if( index == JACK)
                {        // Jack 캐릭터 선택 시
                        my = new Jack (100,200,150);
                }
                else if ( index == TOM)
                {
                        // Tom 캐릭터 선택 시
                        my = new Tom(100,200,150);
                }
        }

        void PlayerInputEvent( int event)
        {
                if( event == FORWARD)
                        my->MoveForward();
                else if( event == FIST)
                        my->AttackWithFist();

                // 다른 동작 생략
        }
};
```

13.2.1 virtual 지정자 : 가상 함수

그런데 현재 정의된 Character 클래스로는 위 예제의 코드에서는 확장된 클래스의 특성이 나타나지 않고 여기서는 Character 클래스의 특성만 나타난다. 그래서 상속 받은 자식 클래스의 기능을 들어내기 위해서는 부모 클래스의 멤버 함수에 별도의 지정자가 설정되어야 한다. 부모 클래스의 멤버 함수에 **virtual** 키워드를 지정(이런 함수를 **가상 함수**라고 함)하고 해당 멤버 함수를 자식 클래스에서 재정의 한다. 부모 클래스에서 가상 함수로 선언하지 않으면 멤버 함수의 이름이 부모 및 자식 클래스와 같지만 서로 독립적인 기능을 할 뿐이다. **오버라이딩**은 부모 클래스의 멤버 함수를 자식 클래스에서 해당 멤버 함수와 동일하게 함수 이름, 파라미터 리스트, cv 한정자 및 참조형 지정자로 선언하고 재정의 하는 것을 말한다. 부모와 자식 클래스는 분명 공통적인 특성을 가지고 있으면서도 한편은 각각의 고유 성질을 가지게 되는데, 여기서 하나의 멤버 함수에 다른 동작을 가지는 클래스를 **다형성**(polymophic) **클래스**라고 부른다. 그럼 이런 특성이 반영되도록 Character 클래스를 다시 구성한다.

[예제 13.2-A]

□ Character.h 파일
```
#pragma once
#include <iostream>

class Character
{
public:
        // 데이터 멤버 생략

        virtual void AttackWithFist() { std::cout<<"Base Fist";};
        virtual void AttackWithFoot() { std::cout<<"Base Foot";};

        // 일부 멤버 함수 생략
};
```

□ Jack.h 파일
```
#pragma once
#include "Character.h"
class Jack : public Character
{
public :
        int KillerPower = 100;
        // 일부 멤버 함수 생략

        // 발차기 공격 멤버 함수 오버라이딩 : 여기에 이 캐릭터만의 발차기 공격을 구현함
        void AttackWithFoot() { std::cout<<"Jack Attack Foot\n";};
```

```
        // 이 캐릭터만 가진 고유기 공격 기술 함수
        void OwnKillerSkill();
};
```

□ Tom.h 파일
```
#pragma once
#include "Character.h"

class Tom : public Character{
public :
        int KillerPower = 200;//
        // 일부 멤버 함수 생략

        // 발차기 공격 멤버 함수 오버라이딩
        void AttackWithFoot() { std::cout<<"Tom Attack Foot\n";};
};
```

□ main.cpp 파일
```
#include "Jack.h"
#include "Tom.h"

int main()
{
        // 생성된 Jack 클래스 객체를 Character 클래스 포인터 지정
        Character* my = new Jack (100, 200, 150);

        // 발차기 공격 실행 : Jack 클래스의 발차기 공격이 실행됨
        my->AttackWithFoot();   // 출력 : Jack Attack Foot

        my = new Tom();
        my->AttackWithFoot();   // 출력 : Tom Attack Foot

        return 0;
}
```

예제에서 Character 클래스의 발차기 공격을 하는 멤버 함수에 **virtual** 키워드를 사용하고 해당 클래스를 상속 받아 만들어진 Jack, Tom 클래스에서 해당 멤버 함수를 재정의 하여 생성되는 객체에 따라 멤버 함수의 동작이 결정되도록 하였다. virtual 키워드가 사용된 멤버 함수의 호출은 부모나 자식의 클래스의 멤버 함수에 고정된 것이 아니라 각각의 클래스에 속한 멤버 함수를 별도로 테이블로 저장하고 코드 실행 시에 생성되는 객체 타입에 맞는 멤버 함수를 테이블에서 가져와 함수를 호출하는 구조를 가진다.

Jack 클래스의 객체가 동적으로 할당되면서 사용되는 데이터 멤버들이 메모리에 올라가고 또한, 부모 클래스인 Character 클래스를 가지고 있기 때문에 할당된 메모리에 Character 클래스의 내용도 같이 올라간다. 선언된 Character 클래스 타입의 my 포인터 변수는 분명 Jack 클래스 객체를 가리키지만 포인터의 내용에 대한 타입은 Character 클래스이기 때문에 할당된 메모리에서 Character 클래스의 내용만 가져갈 수 있다. 그런데 virtual 멤버 함수는 별도의 테이블에 저장되어 있어, 해당 멤버 함수 호출 시 테이블의 가장 상위에 있는 멤버 함수가 호출되도록 한다. 여기서는 Jack 클래스가 자식 클래스이고 가장 상위에 있어서 Jack 클래스에서 정의한 virtual 멤버 함수가 호출된다. 만약에 Jack 클래스를 상속 받아 임의의 클래스를 만들면 그것이 가장 상위에 올라가게 되어 해당의 virtual 멤버 함수가 호출될 것이다. virtual 멤버 함수가 호출되기 위해서는 예제처럼 객체를 가리키는 변수는 포인터나 참조형 타입으로 선언되어야 한다. 일반 변수로 객체를 선언하면 해당 타입으로 동작하고 오버라이딩은 되지 않는다.

```
Jack jack (100, 200, 150);
// 참조형 타입으로 선언
Character& my = jack;

// Jack 클래스의 멤버 함수가 호출됨
my.AttackWithFoot();
```

이번에는 이전에 언급되었던 사용자가 별도로 부모에서 자식으로 변환하여 처리하는 함수에 대해 가상 함수의 기능을 활용하는 경우를 살펴보자. 가상 함수를 적용 전에는 사용자가 타입에 맞게 캐스트 하여 문제가 없도록 처리하였는데 신규로 캐릭터가 늘어나면 해당 작업을 다시 해야 되고 변환에 문제가 생기면 예상치 못하는 결과를 가져오는 어려움을 안고 있다. 해당 함수는 각 캐릭터가 가지는 고유 공격 파워를 가져오는 기능을 가지고 있는데 개별적으로 가져오는 것을 가상 함수로 변경하기 위해서는 베이스 클래스인 Character 클래스에 가상 함수를 추가한다. 그리고 각 캐릭터 클래스에 해당 가상 함수를 재정의한다.

[예제 13.2-B]
□ Character.h 파일
```cpp
#include <iostream>
class Character
{
public:
        // 데이터 멤버 , 멤버 함수 생략

        // 가상 멤버 함수 추가
        virtual int GetKillerPower() { return 0; };
```

```
};
```

□ **Jack.h 파일**
```cpp
class Jack : public Character
{
public :
        int KillerPower = 100;
        // 일부 멤버 함수 생략
        // 가상 함수 재정의
        int GetKillerPower() { return KillerPower; };
};
```

□ **Tom.h 파일**
```cpp
class Tom : public Character
{
public :
        int KillerPower = 200;
        // 일부 멤버 함수 생략
        // 가상 함수 재정의
        int GetKillerPower() { return KillerPower; };
};
```

□ **main.cpp 파일**
```cpp
#include "Jack.h"
#include "Tom.h"

void CheckPower(Character* ch)
{
        // 하기처럼 ID로 나누고 별도로 인위적인 변환이 필요 없음
        // if (ch->ID == JACK)
        // Jack* jack = static_cast<Jack*>(ch);

        std::cout << ch->GetKillerPower() << "\n";
}

int main()
{
        Character* my = new Jack();
        CheckPower(my);         // 출력: 100

        my = new Tom();
        CheckPower(my);         // 출력: 200

        return 0;
}
```

13.2.2 final 및 override 지정자

가상 함수를 지정하고 자식 클래스에서 해당 함수를 오버라이딩을 할 때는 함수 타입을 동일하게 하고 함수를 재정의 한다. 만약에 함수의 파라미터 리스트, cv 한정자 및 참조형 지정자를 변경하고 재정의 하면 오버라이딩 기능이 발현되지 않고 단순히 해당 클래스에 속한 개별적인 멤버 함수가 된다. 다음 예제를 보자. B 클래스에서 정의한 함수들은 A 클래스의 가상 함수와 파라미터 및 지정자가 서로 다르기 때문에 해당 함수는 B 클래스의 일반 멤버 함수로 동작하고 오버라이딩은 되지 않는다.

```
struct A {
        virtual void f();
};

struct B : A {
        void f(int);
        void f() const &;
        void f() &&;
};
```

예제는 사용자가 의도적으로 가상 함수가 아닌 일반 함수로 선언하여 함수 정의를 하는 경우도 있다. 그런데 보통 자식 클래스에서 부모 클래스와 함수 이름이 같은 경우는 오버라이딩의 목적이 있는 걸로 간주한다. 그래서 자식 클래스에서 오버라이딩 되는 멤버 함수를 선언 시 **override** 지정자를 사용해 이 멤버 함수는 오버라이딩 특성을 가지고 있음을 명확하게 나타낸다. 뿐만 아니라 부모 클래스에서 해당 멤버 함수가 변경되어 파라미터 리스트에서 수정이 발생하거나 자식 클래스의 멤버 함수가 부모 클래스와 다르게 선언하면 컴파일 시 에러 메시지를 발생시켜 변경사항이 생겼음을 알려 준다.

```
struct A {
        virtual void f();
        virtual void g();
};

struct B : A {
        // override 지정자 사용 :
        // 부모 또는 자식 클래스에서 멤버 함수가 변경되어 서로가 달라지면 에러가 발생함

        void f() override;      // OK
        void g(int) override;   // 에러 발생
};
```

오버라이딩의 기능을 위해서는 함수의 반환 타입도 일치해야 된다. 그런데 일부 제한적으로 반환 타입

이 달라져도 오버라이딩이 되는 경우가 있다. 이런 반환 타입을 **공변(covariant) 반환**이라고 한다.

□ 공변 반환의 기준
- 단일 포인터 또는 참조형 타입의 부모 클래스 타입 또는 자식 클래스 타입
- 부모 클래스에서는 가상 함수 앞에 cv 한정자가 설정되었을 때 자식 클래스에서는 cv 한정자를 지정
  해도 되고 없어도 가능

```cpp
struct A {
        virtual A* f();
        virtual const A& g();
        virtual A* h();
};
struct C : A { };

struct B : A {

        B* f() override;        // OK . 포인터 타입, 반환 타입 : 자식 클래스
        B& g() override;        // OK . 참조형, 반환 타입: 자식 클래스, cv 한정자 생략

        C* h();                 // OK. 부모 및 자식 관계
};
```

멤버 함수를 정의할 때 이 함수의 고유의 기능대로 동작하도록 자식 클래스에서 오버라이딩이 되지 않도록 **final** 지정자를 사용하여 설정할 수 있다. 이 지정자를 가진 멤버 함수를 자식 클래스에서 재정의하면 에러가 발생한다. 이런 기능과 아울러 클래스 정의 시 final 지정자를 사용하면 해당 클래스를 상속받아 자식 클래스를 정의할 수 없게 된다.

```cpp
struct A {
        virtual int f() final;      // final 지정자는 virtual 키워드와 함께 사용됨
};

struct B : A {
        int f() override;           // 에러 발생
};

// 이 클래스는 부모 클래스가 될 수 없음
struct X final {
};

// 에러 발생. final 클래스는 부모 클래스가 될 수 없음
```

```
struct E : X {
};
```

참고로 final 및 override 지정자는 C++의 키워드에 속하지 않는다. 이 지정자들이 놓이는 위치에 따라 지정자의 기능이 나타날 수 있고 변수 이름처럼 식별자로 이용이 될 수 있다. 실제 코드에 final이라고 변수 이름으로 사용되는 경우가 있다.

13.2.3 virtual 소멸자
클래스의 특별 함수 중에 **생성자**에는 virtual 지정자가 사용될 수 없다. 객체를 생성할 때 해당 클래스 타입이 확정되어야 정상적으로 만들어지기 때문에 생성자는 가상 함수가 될 수 없다. 이에 반해 소멸자는 virtual 지정자를 사용하여 확장된 클래스에서 별도로 재정의 하여 오버라이딩이 가능하다. 클래스를 정의할 때 일반적으로 소멸자는 가상 함수로 설정한다. 이에 대해 상세히 알아보기 전에 확장된 클래스가 생성될 때 자식 클래스와 부모 클래스가 어떤 순서로 만들어지고 반대로 객체가 소멸할 때 어떻게 진행되는지 살펴보자.

□ 클래스 생성
- 자식 클래스가 생성되는 경우에 부모 클래스가 먼저 생성됨. 다중 상속이라면 부모 클래스가 선언된 순서대로 생성됨. 여기서 virtual 지정자의 부모 클래스와 일반 부모 클래스가 같이 있을 때 virtual 지정자의 부모 클래스가 선언된 순서대로 먼저 생성됨. virtual 상속은 다른 절에서 기술됨
- static이 아닌 데이터 멤버 초기화. 클래스에서 선언된 순서대로 초기화가 수행됨
- 자식 클래스의 생성자 함수 본체가 실행

[예제 13.2-C]

```
#include <iostream>

struct A {
        A() { std::cout << "A ctor!\n";}
        A(int) {}
};

struct S {
        S() { std::cout << "S ctor!\n";}
};

// 부모 클래스 A 상속
struct B : A {
```

```
            S s;    // 데이터 멤버
            B() {std::cout << "B ctor!\n";}
            B(int v) : A(v) {}// 부모 클래스 초기화 리스트에서 생성

            // 부모 클래스 초기화가 된 후 B 클래스가 생성됨. 함수 f()의 반환값은
            // 정의되지 않음
            B(char v) : A(f()) {}
            char f() { return -1; }
    };

    int main()
    {
            B b;
    }

    // 출력
    A ctor!
    S ctor!
    B ctor!
```

생성자의 생성 순서에 따라 각 클래스가 정상적으로 생성되었다. 부모 클래스의 초기화는 생성자의 초기화 리스트에서 수행할 수 있다. 부모 클래스의 여러 생성자가 있으면 해당 생성자를 초기화 리스트에 넣어 실행하면 된다. 특히 초기화 리스트의 수식을 멤버 함수의 반환값으로 넘겨줄 때는 예제처럼 부모 클래스가 생성되는 중에 자식 클래스의 멤버 함수를 사용하면 이런 경우는 규격에서 정의된 흐름이 아니기 때문에 이런 방식은 피해야 된다. 예제는 자식 클래스가 생성 시 기본 생성자가 호출되고 초기화 리스트에 부모 클래스가 빠져 있기 때문에 부모 클래스의 기본 생성자가 호출되면서 생성된다.

다음은 생성자의 소멸의 순서를 보자. 생성자의 순서의 역순에 따라간다.

□ 클래스 소멸
- 자식 클래스의 소멸자 함수 본체가 실행
- 데이터 멤버 소멸. 클래스 타입이면 해당 소멸자 호출
- 부모 클래스의 소멸자 호출. virtual 지정자의 부모 클래스의 소멸자 호출

[예제 13.2-D]
```
    #include <iostream>

    struct A {
```

```
        A() { std::cout << "A ctor!\n";}
        ~A() { std::cout << "A destructor!\n";}
};

struct B : A {
        B() {std::cout << "B ctor!\n";}
        ~B() {std::cout << "B destructor!\n";}
};

int main()
{
        {
                B b;
        }
        std::cout<<"\n!!! new B \n";

        B* my = new B;
        delete my;

        return 0;
}

// 출력
A ctor!
B ctor!
B destructor!
A destructor!

!!! new B
A ctor!
B ctor!
B destructor!
A destructor!
```

출력 결과를 보면 소멸 순서는 생성 순서와 반대로 진행된다. 만약에 생성자에서 자원을 획득하는 코드가 있으면 소멸자에서 해제하는 코드가 들어가기 때문에 반드시 소멸자가 호출되어야 한다. 여기서는 정상적으로 해당 클래스의 소멸자가 호출된다. 이렇게 로컬 형태 또는 동적으로 객체를 생성할 때는 소멸자가 가상 함수가 아니어도 올바르게 동작한다. 그런데 우리가 오버라이딩을 위해 **자식에서 부모 클래스로 변환하여 생성**하게 되면 전혀 다른 결과가 나오게 된다.

[예제 13.2-E]

```
#include <iostream>
```

```
struct A { /* 내용 동일*/ };
struct B : A { /* 내용 동일*/ };

int main()
{
        A* my = new B;// 오버라이딩을 위해 자식에서 부모로 변환
        delete my;
}

// 출력
A ctor!
B ctor!
A destructor!
```

자식 클래스인 B가 생성될 때에 부모 및 데이터 멤버 클래스와 자신의 클래스의 생성자가 정상적으로 호출되는데 객체를 해제할 때는 정작 부모 클래스의 소멸자만 호출된다. 만약에 클래스 생성 시 획득한 자원이 있을 때 소멸자가 불리지 않으면 자원 누수가 발생하여 치명적인 결과를 초래한다. 이런 문제의 해결을 위해서는 부모의 소멸자를 가상 함수로 설정을 해야 한다. 꼭 상속과 관련이 있지 않더라도 나중에 부모 클래스로 사용될 수 있으므로 소멸자는 가상 함수로 지정하는 것이 바람직해 보인다. 소멸자에 virtual 지정자가 사용되면 일반 가상 함수가 되어서 이전에 설명한 것처럼 각각의 클래스에 속한 소멸자를 별도로 테이블로 저장하고 코드 실행 시에 생성되는 객체 타입에 맞는 소멸자를 테이블에서 가져와 해당 소멸자를 호출한다. 소멸자가 가상 함수가 되어 오버라이딩을 하면 가상 함수의 규칙에 따라간다. 소멸자가 특별 함수에 속하기 때문에 소멸자는 가상 함수가 안 된다고 단정하면 안 된다.

[예제 13.2-F]

```
struct A {
        A() { std::cout << "A ctor!\n";}
        virtual ~A() { std::cout << "A destructor!\n";}
};
struct B : A { /* 내용 동일*/ };

int main()
{
        A* my = new B;// 오버라이딩을 위해 자식에서 부모로 변환
        delete my;
}

// 출력
A ctor!
B ctor!
```

B destructor!
A destructor!

부모 클래스의 소멸자를 가상 함수로 변경하게 되면 객체가 해제될 때 소멸자의 테이블에서 생성 시 지정된 클래스 타입의 소멸자를 호출한다. 여기서는 B 클래스의 소멸자가 호출되고 이후 객체의 소멸 순서에 따라 나머지 작업이 진행되어 정상적으로 각 클래스별로 소멸자가 호출된다.

13.3 추상 클래스

가상 함수를 통해 자식 클래스에서 해당 함수를 재정의 하여 부모 클래스의 멤버 함수와 다르게 동작하는 오버라이딩 방법을 알아보았다. 그럼 처음에 클래스 상속을 설명할 때 Jack 클래스를 정의하면서 이 캐릭터만 가지는 고유의 필살기 공격 함수를 선언했다. 그런데 이 멤버 함수는 Jack 클래스에 속한 것으로 다형성에 기반을 둔 오버라이딩 기능을 이용할 수 없다. 왜냐하면 이 함수는 Character 클래스에서 가상 함수로 지정되어 있지 않기 때문이다. 그래서 베이스 클래스인 Character 클래스의 내용을 수정을 하여 고유 공격 관련한 함수를 가상 함수로 추가할 것이다. 그런데 곰곰이 생각해 보면 고유의 공격 함수는 Jack 또는 Tom같이 새롭게 만들어지는 자식 클래스에서 필요하고 베이스 클래스인 Character 클래스에서는 가상 함수로 지정하지만 내용을 구현할 필요가 없다. 사실 구현 자체를 할 수가 없다. 해당 함수는 자식 클래스에만 구현되어야 한다. 그래서 가상 함수를 정의하지 않고 **순수가상**(pure virtual) **함수**로 지정하여 자식 클래스에서 해당 함수를 구현하지 않으면 컴파일 에러가 발생하도록 한다. 순수 가상 함수를 하나 이상을 가지는 클래스를 **추상 클래스**(abstract class)라고 부른다.

```
class Character
{
public:
        // 데이터 멤버 생략

        // 일부 멤버 함수 생략
        virtual void AttackWithFist();
        virtual void AttackWithFoot();

        // 고유 공격기술의 멤버 함수를 순수가상 함수로 설정
        virtual void OwnKillerSkill() = 0;
};

class Jack : public Character
{
```

```
public :
        int KillerPower = 100;

        // 공격 함수 오버라이딩
        void AttackWithFist() override {/**/}
        void AttackWithFoot() override {/**/}

        // 해당 함수는 순수가상 함수이기 때문에 반드시 자식 클래스에서 구현해야 됨
        // 구현하지 않으면 해당 클래스를 사용할 때 에러가 발생함
        void OwnKillerSkill() override
        {
                // 내용 구현
        }
};
```

예제에서는 고유 공격 기술의 함수를 순수가상 함수로 지정을 하였는데, 다른 멤버 함수들의 기능을 고려해 보면 앞뒤로 이동하는 동작하는 함수와 주먹 또는 발차기 공격 함수들은 새로 만들어지는 각 캐릭터별로 가지고 있는 자신만의 특성이라고 볼 수 있다. 그래서 이런 멤버 함수들 전체를 순수가상 함수로 지정을 해도 좋을 것이다. 이렇게 되면 **Character** 클래스는 모든 캐릭터의 기본 클래스이면서 추상 클래스가 되고 해당 클래스를 바탕으로 대전 시 하나의 클래스로 사용해서 대전 과정을 구현하는 **인터페이스(interface)** 역할을 한다. 설계 시 정해진 사양에 맞게 인터페이스를 정의하고 각각의 확장 클래스를 구현하게 되면 모듈 형태로 나누어 작업을 하게 되고 구현 검증의 테스트도 독립적으로 이루어지기 때문에 개발 시 여러 장점을 가지게 된다.

그런데 베이스 클래스가 반드시 추상 클래스가 될 필요는 없다. 여기서 예제로 사용된 **Character** 클래스가 기능을 설계할 때 인터페이스의 특성을 가지고 있어서 추상 클래스가 된 것이다. 상황에 따라서 베이스 클래스를 정의할 때 일반 멤버 함수, 가상 함수, 순순 가상 함수를 혼합하여 만드는 경우도 많이 있다. 인터페이스의 역할을 하는 추상 클래스는 그중에 하나의 예가 된다.

```
class Character
{
public:
        // 데이터 멤버 생략

        // 멤버 함수 순수가상 함수로 지정
        virtual void MoveForward() = 0;
        virtual void MoveBackward() = 0;
        virtual void AttackWithFist() = 0;
        virtual void AttackWithFoot() = 0;
```

```
        virtual void OwnKillerSkill() = 0;
};
```

추상 클래스는 단독으로 객체를 생성할 수 없고, 함수 반환 타입으로 사용이 안 되며 함수 인자 타입으로도 이용될 수 없다. 포인터나 참조형 타입으로 선언하여 자식 클래스를 지정하는 형식으로 사용이 가능하다.

```
Character c;              // 에러 발생
Character f(){}           // 에러 발생
void f(Character c) {}    // 에러 발생

Jack jack;
Character& c =jack;       // OK
Character* p;             // OK
```

13.4 다중 상속

C++에서는 다중(multiple) 상속을 지원하기 때문에 클래스 확장 시 콤마로 분리하여 여러 클래스를 상속 받을 수 있다. 보통 클래스의 계층 구조를 고려해서 클래스를 정의하기 때문에 자식 클래스는 하나의 부모 클래스의 속성을 받아 내용을 추가하거나 변경하여 새로운 클래스로 확장을 하게 된다. 이와 별개로 계층 구조 측면에서 하나의 부모보다는 여러 부모 클래스의 특성을 받아 확장하는 경우도 많이 있다. 일단 여러 클래스를 상속 받으면 단일 상속 대비하여 사용 측면에서 몇 가지 제한 사항을 먼저 알아보자. 아래의 예제를 보자. 단일 상속을 하면 자식 클래스에서는 부모 클래스의 private이 아닌 멤버에 바로 접근이 가능하고 부모 클래스가 상속 받은 클래스가 있으면 그 클래스의 멤버도 접근이 된다. 또한 별도로 클래스이름과 범위 지정자를 사용해도 가능하다.

```
class Com {
public:
        int com;
        static int m;
};

class A : public Com {
public:
        int a;
};
```

```
class C : public A {
public:
        void f()
        {
                int var = a + com; // A::a + Com::com :: 범위 지정 가능
        }
};
```

보통 다중 상속을 하면 직접 상속된 클래스들의 private이 아닌 멤버는 바로 접근이 가능하다. 그런데 상속 받은 클래스가 부모 클래스를 가지고 있으면서 부모 클래스가 같은 경우에는 멤버 접근을 위해서는 반드시 범위 지정자를 사용해야 한다. 바로 접근하면 에러가 발생한다. 사용자 입장에서는 상속을 받는 과정에서 하나의 클래스가 공통으로 있어도 멤버 접근에 문제가 없다고 생각할 수 있다. 그런데 컴파일러는 상속의 구조 경로를 거치면서 부모 클래스를 생성하게 되는데 같은 멤버가 있게 되면 어떤 경로에서 가져올지 모호함이 발생하기 때문에 범위 지정이 필요하다. 그런데 **static** 멤버일 경우에는 해당 클래스에서 속하지만 컴파일 시 독립적으로 생성되기 때문에 모호함이 발생하지 않아 범위 지정이 필요가 없다. 그림은 자식 클래스에서 마지막 부모 클래스까지 가능 경로를 보여 준다. 공통되는 부모 클래스의 경로 확정을 위해서 범위 지정이 필요한 것이다. 만약에 공통되는 클래스가 아니라 서로 다른 클래스라면 별도의 범위 지정은 선택사항이다.

[그림 13.2]

■ 범위 지정이 필요함

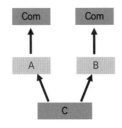

■ 범위 지정은 상관없음

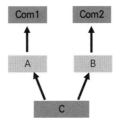

```
class Com{/* 내용 생략 */};
class A : public Com{/* 내용 생략 */};

class B : public Com {
public:
        int b;
};

class C : public A , public B {
```

```
public:

        void f()
        {
                int var = a + A::com;          // 범위 지정은 필수
                //int var1 = com;               // 에러 발생
                int var2 = m;                  // static 멤버의 범위 지정은 옵션
        }
};
```

이런 맥락으로 여러 부모 클래스를 상속 받을 때 자주 있는 경우는 아니지만 멤버 이름이 같은 것이 클래스 내에 있게 되면 어떤 클래스에서 가져올지 모호함이 발생하게 되어 이런 때도 범위를 명확하게 설정해야 한다.

```
class A {                                      class B {
public:                                        public:
        int a;                                         int m;
        int m;                                 };
};

class C : public A , public B {
public:
        void f()
        {
                int var = a + A::m;   // 범위 지정은 필수
        }
};
```

다중 상속이 필요할 때는 보통 공통 속성이 하나의 부모 클래스가 아니라 여러 클래스의 특성을 가질 때이다. 물론 설계에 따라서 속성을 더 잘게 쪼개어 하나만 상속이 가능하게 하는 것이 관리 및 계층 구조 차원에서는 바람직하다. 그런데 속성 구분이 명확하게 나누지 못하고 여러 부모 클래스를 공통으로 가지는 경우에는 다중 상속을 피할 수 없을 것이다. 예를 들면 동물을 분류하는 클래스를 만들 때 포유류와 어류가 있는 경우에 고래는 두 종류에 포함되기 때문에 다중 상속을 사용해야 된다. 물론 이런 예제들도 있지만 여기서는 개발 시에 자주 사용되는 다중 상속의 예를 들어 볼 것이다. 설계 방향은 여러 가지로 가질 수 있기 때문에 하기 예제는 그중에 하나의 예로 참고 삼아 보면 될 것이다.

예제는 도형을 그리는 클래스를 정의하는데 기본적으로 좌표에 놓이는 지점과 이동을 처리하는 베이스 클래스인 Node를 정의하고 그리고 원을 그리는 클래스는 Node 클래스를 부모 클래스로 상속을 받았

다. 보통 이렇게 하나의 클래스를 상속 받아 처리해도 클래스를 확장하는 데 큰 무리 없이 진행할 수 있다. 이전에 기술된 복사 생성자에서 우리는 얕은 복사를 피하고 깊은 복사가 되도록 하고 상황에 따라 이동 생성자도 같이 구현했는데 복사 생성자를 지원하지 않을 때는 명시적으로 delete로 선언하였다. 이런 방법도 있지만 객체를 생성하고 멤버를 복사하는 clone() 함수를 제공하여 복사 생성자를 대신 하는 경우도 있다. 클래스별로 이런 기능을 가지는 것은 선택 사항이 되기 때문에 필요에 따라 다중 상속 하여 해당 기능을 구현하도록 설계가 이루어질 수 있다.

```cpp
class Clonable
{
public:
        virtual Clonable* clone() const = 0;
        /* ... */
};

class Node{
public:
        int x, y;
        virtual void Move() {/* ... */}
        /* ... */
};

class Circle : public Node, public Clonable{
public:
        int radius;
        void Init() {/* ... */}
        Circle* clone() const
        {
            auto c = new Circle();
            c->Init();
            return c;
        }
        /* ... */
};
```

예제와 비슷한 형태로 인터페이스 클래스를 만들어 필요에 따라 상속하여 해당 기능을 추가하는 구조의 다중 상속은 자주 볼 수 있는 경우이다. 인터페이스 클래스는 추상 클래스가 되며 해당 클래스를 상속하면 반드시 해당 멤버 함수를 정의하도록 한다. 하기 예제는 사각형 클래스를 정의할 때 베이스 클래스인 Node 클래스와 사용자가 이름을 설정하거 주석을 달 수 있는 인터페이스 클래스를 다중 상속 하게 된다. 이렇게 하면 클래스별로 해당 인터페이스의 상속 여부를 확인하고 관련 멤버 함수를 사용할 수 있게 된다.

```
#include <string>

class Node{
public:
        int x, y;
        virtual void Move() {/* ... */}
        /* ... */
};

class Interface_UserData
{
public:
        virtual void SetName(std::string name) = 0;
        virtual void AddComment(std::string str) = 0;
        std::string name="";
};

class Square : public Node, public Interface_UserData{
public:
        int shape;

        void SetName(std::string name) { /* ... */ }
        void AddComment(std::string str) { /* ... */}
        /* ... */
};

void CheckUserData(Node* n)
{
        auto square = dynamic_cast<Square*>(n);
        if(square)
        {
                auto in = dynamic_cast<Interface_UserData*>(square);
                if(in)
                        in->AddComment("My Square");
        }
}
```

□ 가상(virtual) 상속

이전에 기술된 것처럼 다중 클래스를 상속할 때 공통되는 부모 클래스가 있을 경우에 멤버 접근을 위해서는 범위 지정자가 필요하다. 그런데 해당 부모 클래스를 상속할 때 하나의 부모 클래스로 공유되게 하여 멤버를 바로 접근할 수 있는 방법이 있다. 상속할 때 가상 지정자를 같이 선언하는 것이다. 가상 상속이 아닐 경우에는 각각 부모 클래스를 지정하게 되어 경로 확정이 중요하지만 가상 상속을 통해 공통 클래스가 공용된다. 그림을 보면 가상 상속 계층은 공통의 부모 클래스를 가리키는 다이아몬드 구조를 가진다. 기존에 범위를 지정하는 방법과 이렇게 가상 상속을 하는 방법 중에 필요에 따라 선택해서 사용하면 될 것이다.

[그림 13.3]

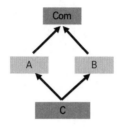

```
class Com{
public:
        int com;
};

class A : virtual public Com{
public:
        int a;
};

class B : virtual public Com {};

class C : public A , public B {
public:

        void f()
        {
            int var = a + com;
        }
};
```

13.5 상속 : 접근 제한자

클래스의 멤버 접근에 대한 제한을 두는 키워드로 클래스 생성 후 멤버에 접근할 때(보통 이것을 외부에서 접근한다고 이야기함) 접근 제한이 없는 **public** 제한자와 해당 클래스 내에서만 접근이 가능한 **private** 제한자를 이전에 언급했다. 한편 **protected** 제한자는 상속 받은 클래스의 내에서만 접근을 허용하는 제한자이다. 기본적으로 클래스 생성 후 멤버에 접근할 때 public 멤버들만 접근 가능하고 클래스를 확장할 때 부모 클래스의 public와 protected 접근 제한자를 가진 멤버를 사용하여 클래스를 정의할 수 있다. 클래스 내에서 이들 제한자의 순서는 상관없으며 중간 어디에서든 멤버 선언 시 접근 제한자를 둘 수 있다.

```
class A {                          class B : public A {
                                   public:
public :                                   int b;
        int a;                             // B 클래스 내용을 구현할 때
protected :                                // A 클래스의 public 및 protected
        int t;                             // 멤버만 이용 가능
private :                                  B() { t = 1; };
        int j;
                                   private :
};                                         int ab;
                                   };
```

이들 접근 제한자를 외부에서 접근하거나 상속할 때 멤버에 제한을 두는 데 사용할 뿐만 아니라 클래스를 확장할 때 부모 클래스를 지정 시 접근 제한자 설정에 따라 확장 클래스 입장에서 부모 클래스의 멤버 접근 제한에 변경을 주게 되어 외부에서 해당 확장 클래스의 멤버에 접근할 때 제한이 따르게 된다. 이것이 부모 클래스의 멤버들이 원래 가지고 있는 접근 제한자가 변경되는 것은 아니다. 한편 상속할 때 접근 제한자를 생략하면 자식 클래스가 class 키워드로 정의하면 private 제한자가 사용되고 struct 키워드로 정의하면 public 제한자가 기본값으로 설정된다. 아래는 세 개의 접근 제한자를 사용하여 상속하는 경우에 관련한 예제가 설명이 된다.

[1] public 제한자를 사용하면, 부모 클래스의 public 멤버는 자식 클래스에서 public 멤버로 protected 멤버는 자식 클래스에서 protected 멤버로 접근이 되는 구조가 된다. 이것을 달리 표현해 보면 부모 클래스의 public 및 protected 멤버가 자신의 접근 제한자를 그대로 가지고 자식 클래스 내에 선언된다고 볼 수 있다. 실제는 이렇지 않는데 이해 차원에서 보길 바란다. 이렇게 되면 외부에서 자식 클래스의 public 멤버 사용에는 제한 없이 사용이 가능하다. 그리고 자식에서 부모로 변환이 내부적으로 일어날 때 자식의 부모 클래스의 멤버에 접근이 가능하기 때문에 문제가 발생하지 않는다.

```
class A {
public :
        int a;
protected :
```

```
            int t;
private :
            int j;
};
```

// 이해를 돕기 위해 B 클래스에 A 클래스의 멤버를 가져와 정의함
// A 클래스의 public과 protected 멤버들이 그대로 B 클래스의 멤버로 사용됨
```
class B : public A {
public :
            int a;
protected :
            int t;
public :
            int b;
            B() { int var = a + t; }
};

B ob;
ob.a = 1;        // public 멤버 A::a 접근 가능
```

// 자식 -> 부모 타입 변환 : 복사 생성자가 사용됨. 이때 ob의 부모 클래스 A에 접근
```
A oa = ob;
```

[2] protected 제한자를 사용하면, 부모 클래스의 public과 protected 멤버는 자식 클래스에서 protected 멤버로서 접근이 되는 형태가 된다. 자식 클래스 입장에서 보면 부모 클래스의 public 멤버가 접근 제한이 좁아져 외부에서 이용할 수 없게 된다.

```
class A {
public :
            int a;
protected :
            int t;
private :
            int j;
};
```

// 이해를 돕기 위해 B 클래스에 A 클래스의 멤버를 가져와 정의함
// A 클래스의 public과 protected 멤버들이 B 클래스의 **protected** 멤버로 사용됨
```
class B : protected A {
protected :
            int a;

protected :
```

```
            int t;
public :
            int b;
            B() { int var = a + t; }
};


// B 클래스를 부모 클래스로 하여 확장 클래스 C를 정의함
class C : public B {
            void f()
            {
                    int var = a;          // OK. a는 protected 멤버임
            }
};


B ob;
ob.a = 1;      // 에러 발생. 외부에서 멤버 a 접근 불가. a는 protected 멤버임

/// 에러 발생. ob의 부모 클래스 A에 접근이 안 되어 복사 생성자에서 문제 발생
A oa = ob;


B* pb;
// OK. 포인터 타입에서는 변환 가능. 그러나 반드시 명시적으로 캐스팅을 해야 함
A* pa = (A*)pb;
```

[3] private 제한자를 사용하면, 부모 클래스의 public과 protected 멤버는 자식 클래스에서 private 멤버로서 접근이 된다. 따라서 외부에서는 부모 클래스의 멤버 접근이 당연히 안 되고 또한 이 클래스를 상속 받아 확장 클래스를 만들 때 해당 부모 클래스의 멤버에 접근이 안 된다.

```
class A {
public :
            int a;
protected :
            int t;
private :
            int j;
};


// 이해를 돕기 위해 B 클래스에 A 클래스의 멤버를 가져와 정의함
// A 클래스의 public과 protected 멤버들이 B 클래스의 private 멤버로 사용됨
class B : private A {
private :
            int a;
```

```
private :
        int t;

        // 내용 생략
};

// B 클래스를 부모 클래스로 하어 확장 클래스 C를 징의함
class C : public B {
        void f()
        {
                int var = a;            // 에러 발생. a는 private 멤버임
        }
};

B* pb;
// OK. 포인터 타입에서는 변환 가능. 그러나 반드시 명시적으로 캐스팅을 해야 함
A* pa = (A*)pb;
```

이상에서 본 것처럼 클래스를 확장할 때 부모 클래스에 접근 제한자의 지정에 따라 확장 클래스를 외부에서 사용할 때 부모 클래스의 멤버에 제한이 발생한다. 그리고 규격에서 허용하는 자식 클래스에서 부모 클래스의 내부 변환이 접근 문제로 변환이 일어나지 않을 수 있다. 클래스 외부에서는 오직 public 멤버만 접근하고 protected 멤버는 확장 클래스에서 접근하고 private 멤버는 클래스 내에서 구현할 때 접근할 수 있다는 접근 제한자의 기본 원칙을 숙지하면 접근 제한자의 적용 시에 크게 어려움이 없을 거라 본다.

참고로 상속 시 오버라이딩을 구현할 때 부모 클래스에서 설정한 가상 함수의 접근 제한자는 상속되지 않고 원래의 부모 클래스의 권한을 유지한다. 예제를 보면 부모 클래스의 가상 함수를 선언할 때 public을 지정했고 자식 클래스에서 오버라이딩을 할 때는 private으로 지정하였다. 접근 제한자는 상속과는 관련이 없기 때문에 각각 클래스에 지정된 대로 접근 권한을 갖는다.

```
class B {
public:
        virtual int f() {}
};

class D : public B {
private:
        int f() {}
};
```

```
int main()
{
        D d;
        B* pb = &d;
        pb->f();           // OK. D::f()가 호출됨
        d.f();             // 에러 발생. 접근이 안 됨
        return 0;
}
```

접근 제한자가 상속이 안 되는 것과 유사하게 오버라이딩을 할 때 가상 함수의 기본값 인자도 상속되지
않고 부모 클래스의 가상 함수에서 설정된 것을 따른다. 예제를 보면 부모 클래스의 가상 함수에서 기
본값을 설정하고 자식 클래스에서 해당 함수에 오버라이딩을 하였다. 정상적으로 오버라이딩된 함수
가 호출되지만 기본값은 부모 클래스에서 지정된 값이 사용된다.

```
#include <iostream>

struct A {
        virtual void f(int a = 7) { std::cout<<"A class " << a; }
};
struct B : public A {
        void f(int a) { std::cout<<"B class " << a; }
};

int main()
{
        B* pb = new B;
        A* pa = pb;
        pa->f();           // OK. B::f(7) 호출. 출력 B class 7
        pb->f();           // 에러 발생 . 기본값은 상속되지 않음
        return 0;
}
```

14

연산자 오버로딩

하나의 같은 함수이름으로 파라미터 리스트를 달리해서 함수 선언하는 것을 함수 오버로딩으로 일반 함수, 클래스의 멤버 함수 및 함수 템플릿에서 사용된다. 그리고 클래스에서 매우 중요한 기능을 가지는 클래스의 연산자 오버로딩으로 이용이 된다. 기본 타입의 데이터 연산은 내부적으로 해당 연산을 처리하는 기능을 가지고 있기 때문에 제공되는 연산자를 통해 필요한 계산을 수행한다. 그런데 사용자 정의 타입인 클래스 타입의 데이터인 경우에는 상황에 따라 서로 더하거나 빼는 연산이 필요로 할 수 있다. 이를 위해서는 해당 연산자 기호에 맞게 별도로 함수를 만들어 주어야 그 연산 수식이 정상적으로 동작한다. 따라서 시스템에 내장되는 연산 기능과 별도로 클래스의 특성에 맞는 연산 관련된 함수를 만들어야 한다. 이것을 **연산자 오버로딩**(operator function)이라고 한다. 사실 모든 클래스가 연산자 오버로딩을 가지지는 않는다. 클래스의 속성에 따라 일반적인 연산이 수행이 되는 경우에 해당 연산자 오버로딩을 만들게 된다. 예로 설명한 **Jack** 클래스는 고유의 캐릭터 특성을 가지고 기능을 하는 것이고, 서로 더하거나 빼는 연산이 필요하지 않다. 그런데 문자열을 처리하는 **std::string** 클래스는 문자열을 서로 더하는 연산을 통해 문자열을 합쳐 주는 기능을 구현하고 있어 사용에 편리성과 직관성을 위해 해당 연산자 오버로딩 함수가 제공된다.

연산자 오버로딩은 몇 가지 제한 사항이 있다.

- 새로운 연산자를 추가할 수 없고 시스템에서 지원하는 연산자만 가능
- 연산자 우선순위와 결합법칙을 변경할 수 없음
- 피연산자의 개수를 변경할 수 없음. 단항 연산자는 하나의 피연산자를 가짐
- 돗트 연산자(.), 범위 지정자(::), 삼항 연산자(?:)는 연산자 오버로딩은 안 됨

클래스 타입의 변수의 연산이 수행되면 클래스 내에서 해당 연산에 맞는 함수를 찾게 된다. 물론 전역 함수가 있을 경우에는 자신의 클래스 타입이 맞는지 확인하고 해당 연산자의 함수가 호출된다. 연산자 오버로딩 함수는 클래스의 멤버 함수로 선언되어 사용될 수 있고 또한 전역 함수로 정의해서 사용할 수가 있다. 전역 함수로 정의하게 되면 내용 구현 시 해당 클래스의 멤버접근이 필요하게 되어 해당클래스 선언 시, friend 키워드를 사용해야 한다. 대입 연산자 또는 몇몇 연산자 오버로딩에 대해서는 반드시 멤버 함수로 되어야 하는 규격이 있지만 그 외는 두 가지 중에 하나를 선택적으로 사용해도 된다.

연산자 오버로딩의 멤버 함수 및 전역 함수 이용 따른 함수의 파라미터 개수가 정해져 있다. 파라미터 개수가 맞지 않으면 에러가 발생한다. 그리고 반환 타입에 대해서는 별도의 제한이 없지만, 보통의 연산의 결과에 따른 반환 타입을 설정한다. 반환 타입을 따로 두지 않는 것은 오버로딩을 한다는 자체가 이미 별도의 기능을 재정의 해서 사용한다는 의미를 가지고 있고 반환 관련된 것도 재정의 기능에 들어

가 있는 걸로 보는 게 타당하기에 강제적인 반환 타입이 오히려 오버로딩의 특성에 반할 수 있다고 유추할 수 있다. 연산자 오버로딩의 함수의 파라미터 타입이나 반환 타입을 정하기 어려울 때는 사실 기본적으로 **내장되어 있는 연산자 모델을** 따르하는 것이 가장 좋은 방법이다. 각 연산자 항목별로 관련 원형 함수들이 소개된다. 한편 전역 함수로 연산자 오버로딩을 구현하게 되면 함수의 파라미터 타입 중 하나는 **클래스 타입을 가지거나 열거형 타입을 가져야 한다.** 왜냐하면 내장된 연산자 관련 함수는 기본 타입을 가지고 있어서 오버로딩이 되기 위해서는 타입이 서로 달라야 하기 때문이다.

14.1 단항 연산자 오버로딩

멤버 함수로 선언하면 함수 파라미터를 가지지 않고 전역 함수일 경우에는 하나의 파라미터를 가져야 한다. 연산자 오버로딩 함수는 키워드 **operator**를 사용하고 다음에 **연산 기호**를 사용하여 선언한다. 키워드와 연산 기호 사이에 빈칸이 있어도 문제가 되지 않는다. 이런 형식은 다른 연산자 오버로딩에 공통적으로 적용된다.

□ 멤버 함수

```
반환타입 operator 연산기호 ()
```

□ 전역 함수

```
반환타입 operator 연산기호 (클래스 타입)
```

여기서 사용되는 연산자는 하기의 단항 연산 기호이다.

□ 증가 연산자 : ++
□ 감소 연산자 : --
□ 논리 부정 연산자 : !
□ 보수 연산자 : ~
□ 단항 플러스 : +
□ 마이너스 연산자 : -

멤버한수 또는 전역 함수 형태의 함수로 연산자 오버로딩을 구현할 때, 반환 타입의 제한 사항이 따로 없지만 값이 증가하거나 감소하는 연산은 계산된 타입을 반환하고, 논리 관련 연산자는 참과 거짓을 판단하는 것이 목적임으로 반환 타입으로 bool 타입을 사용하는 게 타당하다. 하기 예제는 2차원 x, y 좌표를 설정하는 클래스를 이용해 마이너스 연산자 오버로딩을 구현하는 것을 보여 준다.

[예제 14.1-A]

```
#include <iostream>

class Point
{
public:
        int _x;
        int _y;

        Point(float x, float y) { _x = x; _y = y; }

        // 마이너스 연산자 오버로딩 구현
        Point operator- ()
        {
            _x = -_x;
            _y = -_y;
            return Point(_x, _y);
        };

};

int main()
{
        Point a(1, 1), b(1,1);

        // Point 클래스의 연산자 오버로딩된 멤버 함수가 호출됨
        // 변수 a는 클래스 타입이기 때문에 클래스의 연산자 함수를 찾아 맞는 함수가 호출됨
        b = -a;

        // 출력 b._x = -1 b._y = -1
        std::cout <<"b._x = " << b._x << " b._y = " << b._y;
        return 0;
}
```

위 예제에서 마이너스 연산자 함수 관련해서 멤버 함수로 기능을 구현했다. 멤버 함수일 때는 타입이 당연히 클래스이기 때문에 마이너스 연산이 실행되면 a.operator-() 형태로 멤버 함수가 호출된다. 또한 전역 함수로 같은 기능을 구현하게 되면, 해당 연산자 오버로딩 함수를 찾게 되는데, 연산자 오버로딩

함수의 파라미터의 타입이나 개수에 따라 해당 함수가 정해지기 때문에 반드시 클래스 타입을 가진 하나의 함수 파라미터를 가져야 한다. 내장된 마이너스 연산자의 일반적인 함수 원형은 다음과 같다. 이런 형태로 전역함수로 연산자 오버로딩을 하면 된다.

```
T operator-(T);          // T : 데이터 타입

Point operator- (Point a)
{
        return Point(-a._x, -a._y);
}
```

위 예제의 연산자 함수는 클래스에서 별도로 friend 키워드를 사용해서 선언하지 않았다. 클래스의 데이터 멤버의 접근 제한자가 public으로 설정되었기 때문이다. 연산 기능을 구현 시 사용되는 데이터 멤버가 public이 아니라면 friend 지정자와 함께 해당 함수를 클래스 내에 선언해야 한다.

증가, 감소 연산은 연산 기호의 위치에 따라 처리 방식이 틀려지는데, 이와 관련한 연산자 오버로딩은 위치를 설정할 수 없기 때문에 추가적인 함수의 파라미터 설정으로 처리방식을 구분한다. 오버로딩되는 함수 결정이 파라미터 타입이나 개수에 따라 정해지는 규칙을 활용해 사용치 않는 파라미터를 추가하여 선후 증가, 감소 연산이 구별되게 하였다. 내장된 증가, 감소 연산의 일반적인 함수 원형은 다음과 같다.

```
T & operator++();       // 전위 증가 T : 데이터 타입
T operator++(int);      // 후위 증가

T & operator--();       // 전위 감소 T : 데이터 타입
T operator--(int);      // 후위 감소

Point operator++ (Point& a, int)
{
        a._x++;
        a._y++;

        return Point(a._x,a._y);
};

Point a(1, 1);
a++;     // 후의 증가 연산자가 호출됨 : operator++(a,0)
```

위 예제는 전역 함수로 후위 증가 연산자 기능을 구현한 것이다. 멤버 함수로 연산을 구현하는 경우, 클래스 타입 인자는 생략하고 클래스 내에 선언하고 같은 내용으로 연산 기능을 만들면 된다. 감소 연산도 같은 방법으로 적용하면 된다.

14.2 이항 연산자 오버로딩

하기는 이항 연산자 오버로딩 함수 형식이다. 멤버 함수로 구현하면 하나의 파라미터를 가지고 전역 함수로 정의하면 두 개의 파라미터를 가져야 한다.

□ 멤버 함수

반환타입 operator 연산기호 (클래스 타입)

□ 전역 함수

반환타입 operator 연산기호 (클래스 타입 , 클래스 타입)

여기서 사용되는 연산자는 하기의 이항 연산 기호이다.

□ 산술 연산자 : +, -, *, /, %
□ 대입 및 복합대입 연산자 : =, +=, -=, *=, /=, %=
□ 관계 연산자 : <, >, <=, >=, ==, !=
□ 논리 연산자 : &&, ||
□ 비트 연산자 : &, |, ^
□ 시프트 연산자 : <<, >>

이항 연산자 오버로딩을 멤버 함수 또는 전역 함수로 정의하면 해당 함수가 연산 기호에 맞게 다음처럼 호출된다.

x @ y 경우(여기서 @ : 이항 연산 기호. x, y: 클래스 타입의 변수)
멤버 함수 : x.operator @(y)
전역 함수 : operator @(x, y)

내장된 산술 연산자의 일반 함수 원형은 다음과 같다. 산술 연산자 오버로딩을 할 경우, 반환 타입은 연산 결과에 따라가게 된다. 이미 언급한 대로 반환 타입의 규정은 따로 정해져 있지 않아서 임의적인 반환 타입을 설정해도 문제가 되지 않는다. 그런데 보통 같은 클래스 타입을 이용하는 게 더 일반적이기 때문에 사용 예제는 반환 타입과 파라미터는 하나의 클래스 타입을 사용한다.

LR operator*(L , R);   // L , R : 데이터 타입, LR : 산술 결과 타입
LR operator/(L , R);
LR operator+(L , R);
LR operator-(L , R);

[예제 14.2-B]

```
#include <iostream>

class Point
{
public:
        int _x;
        int _y;

        Point(float x, float y) { _x = x; _y = y; }

        // 덧셈 산술 연산자 오버로딩
        Point operator+ (Point a)
        {
                return Point(_x+a._x, _y +a._y);
        };

};

int main()
{
        Point a(1, 1), b(2, 2);
        Point c = a + b ;              // 여기서 a.operator+(b) 형태로 호출됨

        // 출력 c._x = 3 c._y = 3
        std::cout <<"c._x = " << c._x << " c._y = " << c._y;
}
```

다음 예제는 좌표에 일정 값을 더하는 연산자 오버로딩 함수이다. 이것은 클래스 타입과 기본 타입의

두 개의 파라미터를 가지는 전역 함수로 구현이 가능하고 또한 멤버 함수로 선언해서 사용할 수도 있다. 이런 예제처럼 같은 연산자에 대해서도 함수의 파라미터를 다르게 하여 오버로딩이 가능하다는 것을 보여 준다. 이렇게 보면 연산자는 해당 연산자에 맞는 함수를 호출하는 것으로 함수로 넘겨주는 인자는 연산자에 사용된 피연산자가 된다. 우리는 기본 타입의 연산에 익숙하다 보니 그냥 바로 연산이 진행되고 연산자에 맞는 함수가 호출된다고 생각하지 않는 경향이 있다. 그런데 컴파일러는 연산자를 만나면 해당 연산자 함수를 찾게 되고 함수 인자로 해당 연산자에 사용된 피연산자를 넘겨준다. 다른 말로 하면 연산자는 우리가 사용 편의를 위해서 제공되는 것이다. 만약에 관련 연산자 함수를 우리가 직접 호출한다면 사실상 너무 불편할 것이다.

[예제 14.2-C]

```cpp
#include <iostream>

class Point
{
public:
        // 내용 생략

        // 덧셈 산술 연산자 오버로딩
        Point operator+ (Point a)
        {
                return Point(_x+a._x, _y +a._y);
        };

        // 일정 값을 더하는 산술 연산자 오버로딩
        Point operator+ (int v)
        {
                return Point(_x + v , _y + v);
        }
};

// 포인트 클래스에 일정 값을 더하는 전역 함수
// 멤버 함수로 이미 구현되어 있기 때문에 테스트 시 이 함수를 주석처리 함
Point operator+ (Point a, int b)
{
        return Point(a._x+b , a._y +b);
};

int main()
{
        Point a(1, 1);
        Point b = a + 10;          // a.operator+(int) 형태로 호출됨
```

```
            // 출력 b._x = 11 b._y = 11
            std::cout <<"b._x = " << b._x << " b._y = " << b._y;
    }
```

예제에서 **Point** 클래스와 기본 타입을 더하는 연산자 오버로딩을 구현을 하였는데 함수의 파라미터의
순서가 바뀌면, 그에 맞는 함수를 찾을 수 없어 에러가 발생한다. 오버로딩되는 함수를 검색할 때 함수
의 파라미터 타입이 일치하는 조건이 첫 번째이고 타입을 변환해서 맞는 경우를 찾는 게 그 다음이다.
오버로딩의 조건은 파라미터의 타입, 개수, 순서에 따라 오버로딩이 결정이 되는데, 여기서는 일단 파
라미터 리스트에 맞는 함수가 Point 클래스에는 없고 Point 클래스가 부모 클래스가 있으면 거기서 해
당 함수를 검색을 시도하지만 부모 클래스가 없기 때문에 부합되는 함수를 찾을 수 없어 에러가 발생한
다. 그래서 함수의 파라미터의 순서를 변경하여 별도의 오버로딩 함수를 만들어야 한다.

```
    // 이에 맞는 오버로딩 함수를 찾을 수 없어 에러 발생
    Point b = 10 + a;

    // Point operator+ (int x , Point p) 별도로 재정의 함
    Point operator+ (int v, Point p)
    {
            return Point(p._x + v , p._y + v);
    };
```

14.2.1 대입(=) 연산자 오버로딩

단순 대입 연산자에 대해서는 반드시 멤버 함수로만 구현을 해야 한다. 그리고 하나의 파라미터만 가지
며 클래스의 타입의 대입 연산에는 x.operator=(y) 이런 형태로 사용된다. 복합 대입 연산자 오버로딩은
산술 연산이 같이 진행되기 때문에 멤버 함수 또는 전역 함수로 구현이 가능하다. 하기는 내장된 일반
적인 대입 연산의 함수 원형이다. 대입 연산자(=)의 왼쪽 피연산자는 반드시 상수가 아닌 수정 가능한
lvalue가 되어야 한다. 따라서 오버로딩 함수의 반환 타입은 참조형 타입을 가진다. 이걸 통해 대입을
중첩으로 수행할 수 있다. (ex : a = b = c;)

T & operator=(T&); // T : 데이터 타입

아래 코드를 보면 클래스에 여러 대입 연산자 오버로딩을 구현했다. 보통 대입은 값이 같아지는 것을
의미하는데 클래스의 대입 연산자 오버로딩에서는 구현 방향이 따로 정해져 있는 것은 아니다. 물론 상
식적인 선에서 연산에 부합하는 내용을 구현하지만 클래스의 특성에 맞게 사용자가 임의적으로 내용을
구성할 수 있다. 전달하려는 요지는 클래스의 대입 연산자 수식이 있으면 그 자리는 바로 대입 연산자

오버로딩 함수로 대체가 된다. 예를 들면 정수 타입의 x=y에서 y값이 x로 대입되어 서로 같아진다고 우리는 생각하는데 클래스에서는 단순히 대입 연산자가 호출되는 것이 전부다. 컴파일러는 서로 같아져야 된다고 전혀 고려하지 않는다.

```
int var=10;
struct My {

        int& operator=(int a) { return var; }
        My& operator=( My&) { return *this; }
};

My m;
auto v = m = 1;        // v = m.operator=(1)와 같음. 반환값: 10 따라서 v=10
                       // 코드 가독성을 위해 v = (m = 1) 괄호를 사용하는 것이 좋아 보임
```

□ 복사 대입 및 이동 대입 연산자 오버로딩
클래스에서 대입 연산자 오버로딩은 여러 타입으로 구현이 가능한데 그중에 특히 자신의 클래스 타입을 하기의 형태로 파라미터로 가지는 경우에 복사 및 이동 대입 연산자 오버로딩이라고 한다. 파라미터 타입은 cv 한정자가 있는 참조형이 될 수 있다.

```
struct X {
        X();
        X& operator=(X&);      // 복사 대입 연산자: const X&, volatile X& 가능
        X& operator=(X&&);     // 이동 대입 연산자: const X&&, volatile X&& 가능
};
```

이들 함수는 클래스의 특별 함수에 속하기 때문에 사용자가 정의하지 않으면 내부적으로 생성된다. 그런데 이동 생성자 또는 이동 대입 연산자가 정의되어 있으면 복사 대입 연산자는 내부적으로 생성되지 않고 delete로 처리되어 별도로 구현을 해 주어야 한다. 만약에 해당 클래스가 부모 클래스를 가지고 있고 그 클래스의 복사 대입 연산자의 파라미터 타입인 const 참조형이거나 해당 클래스의 데이터 멤버가 클래스 타입이고 그 클래스의 복사 대입 연산자의 파라미터 타입인 const 참조형을 가지고 있으면 자동으로 만들어지는 복사 대입 연산자의 파라미터 타입도 const 참조형을 가진다. 보통은 일반 참조형을 가지는 타입으로 내부적으로 만들어진다. 그리고 부모 클래스에서 복사 대입 연산자를 delete로 선언하면 이때는 자식 클래스에서 별도로 복사 대입 연산자를 정의해 주어야 한다.

이동 대입 연산자 오버로딩은 사용자가 이동 생성자 또는 복사 대입 연산자를 정의하게 되면 이동 대입

연산자는 delete로 처리된다. 그래서 해당 연산자 오버로딩을 구현하면 복사 및 이동 대입 연산자를 같이 만들어야 사용에 문제가 없게 된다. 생성과 함께 초기화를 하면 복사 또는 이동 생성자고 호출되고 변수를 선언 이후에 같은 타입으로 복사 또는 이동을 하게 되면 해당 연산자 오버로딩 함수가 호출된다. 따라서 기능 자체가 동일하기 때문에 이들 연산자 오버로딩의 구현은 클래스 장에서 이미 기술되었던 복사 및 이동 생성자 함수와 구현 내용은 같게 진행된다. 복사 대입 및 이동 대입 연산자 오버로딩은 객체가 생성된 이후에 사용되는 것이기 때문에 보통 이들 함수의 반환값은 생성된 자신의 객체를 지칭하는 this의 내용(*this)이 된다.

```
X x;
X y = x;        // 복사 생성자 호출
y = x;          // 복사 대입 연산자 호출
```

한 가지 더 다음과 같은 경우에는 복사 및 이동 대입 연산자 오버로딩은 delete로 처리되어 사용자가 별도로 구성해 주어야 한다.

- 익명 공용체 타입의 데이터 멤버가 있는 경우
- const 지정가가 있는 클래스가 아닌 non-static 데이터 멤버를 가지는 경우
- 참조형 타입을 가지는 non-static 데이터 멤버를 가지는 경우

14.2.2 관계 연산자 오버로딩

관계 연산은 비교를 통해 true 또는 false를 판단을 하기 때문에 결과 타입은 bool이 된다. 하기는 해당 연산의 함수 원형이다.

```
bool operator==(L , R);
bool operator!=(L , R);
bool operator<(L , R);
bool operator>(L , R);
bool operator<=(L , R);
bool operator>=(L , R);
```

예제는 Point 클래스를 가지고 관계 연산 비교의 기준으로 자신의 좌표에서 원점까지 거리를 적용하고 크거나 작은 것을 비교하는 연산자 오버로딩을 구현했다. 물론 x, y의 각각 좌표를 비교하여 구현을 할 수 있는데 여기서는 거리를 기준으로 삼았다. 기본적인 관계 연산자 오버로딩은 파라미터 타입으로 자신의 클래스 타입을 가진다. 물론 다른 타입의 파라미터를 사용하여 구현이 가능하다.

[예제 14.2-D]

```cpp
#include <iostream>
#include <cmath>

class Point
{
public:
        int _x;
        int _y;

        Point(float x, float y) { _x = x; _y = y; }

        // < 연산자 오버로딩
        bool operator< (Point p)
        {
                double my = _x * _x + _y * _y;
                double other = p._x * p._x + p._y *p._y;
                return std::sqrt(my) < std::sqrt(other);
        };

        bool operator> (Point p)
        {
                double my = _x * _x + _y * _y;
                double other = p._x * p._x + p._y *p._y;
                return std::sqrt(my) > std::sqrt(other);
        };
        // int 파라미터의 연산자 오버로딩
        bool operator> (int c) { return _x > c; }
};

int main()
{
        Point p(1, 1), p1(1, 2);
        bool r1 = p > p1;          // operator> (Point p) 호출
        bool r2 = p > 10;          // operator> (int c) 호출
}
```

14.2.3 삼중 비교 연산자 오버로딩 (since C++20)

비교 연산자 오버로딩은 기능상 코드가 반복될 수 있는 특성이 있다. 그래서 비교 연산자 오버로딩 함수에 대해서 C++20부터는 삼중 비교 연산자(<=>)를 default로 선언하면 비교 연산자들이 내부적으로 만들어지기 때문에 별도로 구현이 필요 없다. 그래서 관계 연산자 <, >, <=, >=, ==, != 여섯 가지 연산자 오버로딩은 반환 타입이 bool인 해당 연산자 오버로딩이 자동으로 생성된다. 삼중 비교 연산자 오

버로딩을 **default**로 선언을 통해서 다른 관계 연산자 오버로딩이 만들어지기 때문에 삼중 연산자 오버로딩이 내부적으로 어떻게 동작하는지 살펴보자. 클래스의 static이 아닌 데이터 멤버의 비교를 위해서는 먼저 베이스 클래스가 있으면 순서대로 데이터 멤버를 비교하고 그다음 해당 클래스에서 선언된 순서대로 데이터 멤버를 비교한다. 여기서 모든 멤버를 비교할 때 연산 결과가 같은 것이 아닌 값이 나오면 거기서 멈추고 bool 타입의 결과를 반환하고 이것은 해당 연산자 오버로딩의 함수와 연결되어 결과가 반환된다. 그래서 삼중 연산자 오버로딩을 선언하지 않고 개별적으로 관계 연산자 오버로딩 함수를 default로 선언한다고 해서 내부적으로 만들어지는 것은 아니다.

[예제 14.2-E]

```cpp
#include <iostream>

struct Comp {
        int x;
        int y;
        // 파라미터 : const 참조형 타입이어야 하고 함수 뒤에 const을 지정해야함
        auto operator<=>(const Comp& x) const = default;

        // 하기 관계 연산자 오버로딩은 이미 내부적으로 생성됨. 별도로 선언할 필요는 없음
        // 그런데 위에 삼중 연산자의 선언 없이 단독으로 선언하면 내부적으로 delete로
        // 처리됨
        bool operator<(const Comp& x) const = default;
};

int main()
{
        Comp c1{ 0,1 }, c2{ 1,1 };

        if (c1 < c2)
                std::cout << " C2 greater";      // 출력 : C2 greater
        else if (c1 > c2) {}
        else if (c1 == c2) {}
        else if (c1 >= c2) {}
        else if (c1 <= c2) {}
        else if (c1 != c2) {}

        return 0;
}
```

삼중 연산자 오버로딩을 선언하고 관계 연산자가 내부적으로 생성될 때 일부 관계 연산자의 사용을 못하도록 해당 오버로딩을 **delete**로 선언할 수 있다. 그리고 자동 생성된 관계 연산자 함수와 사용자가 정

의한 관계 연산자가 같이 있는 경우에는 사용자가 정의한 함수를 우선한다.

```
struct Comp {
        int x;
        int y;
        // 파라미터 : const 참조형 타입이어야 하고 함수 뒤에 const을 지정해야함
        auto operator<=>(const Comp& x) const = default;
        // 반환 타입: bool 파라미터 : const 참조형 타입. 함수 뒤에 const을 지정해야함
        bool operator==(const Comp& x) const = delete;

        // 사용자가 정의한 관계 연산자를 우선함.
        bool operator<(const Comp& x) { /* ... */};
};
```

관계 연산자 오버로딩을 할 때 단지 등호 비교 연산만 필요한 경우에는 해당 등호 연산자 오버로딩 함수를 default로 선언할 수 있다. 이렇게 선언하면 같지 않음(!=) 연산자 오버로딩 함수는 자동으로 만들어진다.

```
struct Comp {
        int x;
        int y;
        // 반환 타입: bool 파라미터 : const 참조형 타입. 함수 뒤에 const을 지정해야함
        bool operator==(const Comp& x) const = default;
};
int main()
{
        Comp c1{ 0,1 }, c2{ 1,1 };

        if (c1 == c2) {}
        else if (c1 != c2) {}
        return 0;
}
```

베이스 클래스를 상속 받은 자식 클래스에서 삼중 연산자 및 등호 비교 연산자 오버로딩 함수를 기본으로 선언하여 사용할 때는 반드시 베이스 클래스에서도 해당 연산자 함수를 **default**로 선언이 되어야 문제없이 사용 가능하다.

```
struct Base {
        int i;
        auto operator<=>(const Base& x) const = default;
```

```
    };

    struct Comp : Base {
        // 내용 생략
    };
```

삼중 연산자 및 등호 비교 연산자 오버로딩 함수가 컴파일 과정에서 내부적으로 생성된다. 그런데 데이터 멤버에 참조형 타입 또는 익명 공용체 타입의 멤버가 있으면 관련 오버로딩 함수는 delete로 처리된다. 이때는 사용자가 별도로 필요한 관계 연산자를 구현해야 한다.

14.2.4 논리, 비트 및 시프트 연산자

해당 연산자는 사실 사용되는 경우가 많지 않아 여기서는 내장된 함수 원형만 소개하겠다.

```
    □ 논리 연산자
    bool operator!(bool);
    bool operator&&(bool, bool);
    bool operator||(bool, bool);

    □ 비트 연산자
    LR operator&(L , R );
    LR operator^(L , R );
    LR operator|(L , R );

    □ 시프트 연산자
    L operator<<(L , R );
    L operator>>(L , R );
```

14.3   new, delete 연산자 오버로딩

메모리 관리장에서 기술된 것처럼 해당 연산자의 메모리 할당 및 해제 관련 함수는 라이브러리에서 제공한다. 사실 사용자가 전역 함수로 해당 연산자 오버로딩 함수를 정의하지 않는다. 별도로 정의하게 되면 메모리를 할당하는 라이브러리가 코드에서 사용되면 사용자가 정의한 함수가 호출된다. 구현된 함수가 검증이 되지 않으면 코드 전체에서 잠재적인 문제를 만들 수 있다. 그래서 클래스 내에서 멤버 함수로 정의하고 해당 클래스만 사용하도록 하는 것이 일반적이다. 예제에서 new, delete 연산자 함수를 구현을 했다. 해당 메모리 관련 오버로딩 함수는 static 지정자를 사용하지 않아도 내부적으로 해당 지정자가 설정되어 해당 클래스가 동적으로 할당될 때 연산자 함수가 호출된다.

[예제 14.3-F]

```
#include <iostream>

struct Allot {

        void* operator new(std::size_t s) { return std::malloc(s); }
        void* operator new(std::size_t s,int id) { return std::malloc(s); }

        void operator delete(void* ptr) noexcept { std::free(ptr); };
};

int main()
{
        new Allot;                  // 클래스의 오버로딩 함수 호출
        new Allot[5];               // 라이브러리에서 제공된 ::operator new [] 호출

        int id = 1;
        auto p = new (id) Allot;    // 클래스의 오버로딩 함수 호출

        // 에러 발생. 해당 연산자 함수가 정의되어 있지 않음
        //auto p = new (id) Allot [5];
        delete (p);                 // 클래스의 오버로딩 함수 호출
}
```

14.4 함수 호출 연산자 ()

클래스를 생성 후 해당 객체에 대해 함수 호출 형식으로 연산을 진행할 때 함수 호출 연산자 오버로딩
이 사용된다. 이런 객체를 **함수 객체**(function object)라고 부른다. 사용하는 모양만 보면 보통의 함수를
호출하는 것과 동일하다. 일반적인 함수의 호출하는 것만 생각하면 이 방식이 약간 이상해 보일 수 있
는데 함수 호출 연산자는 STL의 클래스에서 빈번히 사용되고 있어서 사용 형식에 익숙해질 필요가 있
다. 이것은 클래스에서 반드시 함수 호출 연산자를 구현해야 가능한 것이고 클래스의 사용에 있어 좀
더 유연함을 제공한다. 구현 방법은 다른 연산자 오버로딩과 유사하고 연산자는 괄호 ()가 사용되고 필
요한 파라미터 리스트를 선언하고 내용을 정의하면 되고 멤버 함수로만 구현해야 한다.

□ 함수 호출 연산자의 형식

반환타입 operator() (파라미터_리스트_{옵션})

간단한 예제를 살펴보자. 하기는 덧셈 연산을 하는 클래스로 STL의 알고리즘에서는 산술, 비교, 논리, 비트 연산 관련한 라이브러리들이 제공된다.

```
struct Plus {
        int operator()(int _Left, int _Right) const {
                return _Left + _Right;
        }

        int Add(int a,int b) {
                return a + b;
        }
};

Plus p;
std::cout << p(10, 10);            //출력 : 20 . 함수 호출 연산자
std::cout << p.Add(10, 10);       //출력 : 20 . 멤버 함수 호출
```

이런 형태는 일반 함수 또는 멤버 함수를 사용하여 동일한 기능을 구현할 수 있다. 그런데 함수 호출 방식이 사용에 있어 편리하고 직관적인 측면이 있다. 이런 장점과 아울러 중요한 부분이 하나 있다. 바로 생성된 객체를 함수 포인터 인자로 넘겨주고 해당 함수의 기능을 수행하는 작업에 사용된다는 것이다.

물론 이럴 경우에 람다 함수도 사용이 가능하다. 예제는 STL의 알고리즘 라이브러리에서 제공하는 조건에 따라 숫자를 세는 함수를 사용하고 있다. 해당 함수는 기능을 수행할 수 있는 함수를 인자로 받아들인다. 그래서 함수 호출 연산자가 구현된 클래스 객체를 바로 인자로 넘기고 함수를 호출한다. 라이브러리의 해당 함수의 소스를 보면 함수 객체를 인자를 받게 되면 함수 호출 연산자를 사용하여 연산이 진행된다.

```
#include <iostream>
#include <algorithm>

struct Comp{

        bool operator()(int v){
                return v >= 2;
        }
};

int arr[5] = { 1,2,3,1,0};
Comp fnt;
```

```
std::cout << std::count_if(arr, arr + 4, fnt);   //출력 : 2
std::cout << std::count_if(arr, arr + 4, [](int v) {return v >= 2;}); //출력 : 2
```

14.5   첨자 연산자 [ ]

클래스의 객체를 배열 형태로 접근할 때 첨자 연산자 오버로딩이 이용된다. 클래스에서 첨자 연산자 함
수를 구현을 하는 경우는 특성상 임의의 접근이 가능한 형태의 배열의 요소를 가지고 있을 때이다. 이
것은 배열 형식을 가지는 STL의 컨테이너 라이브러리에서 많이 볼 수 있다. 이 연산자 함수를 통해 해
당 객체를 배열의 방식으로 접근이 가능하여 사용에 있어 익숙한 방법이 된다. 이 연산자 함수는 하나
의 파라미터만을 가지며 멤버 함수로만 구현해야 한다.

□ 첨자 연산자의 형식

반환타입 operator[ ] (파라미터)

예제는 일정 배열을 가지는 클래스로, 첨자로 해당 배열의 값을 가져오거나 값을 설정할 수 있는 첨자
연산자 오버로딩을 정의했다. STL에서는 크기를 설정하여 배열을 만드는 클래스 템플릿을 제공하는데
여기서는 설명을 위해 일반 클래스를 변형하여 예제로 삼았다. 값을 변경하기 위해서는 참조형 반환 타
입을 사용한다. 여기서는 연산자 함수의 파라미터를 int 타입으로 지정을 하였는데 파라미터 타입에 제
한은 없다.

```
constexpr int N = 10;
struct Array {
        Array()
        {
                for (int i = 0; i < N;i++)
                arr[i] = i;
        }

        int operator [](int id) const { return arr[id]; }
        int& operator [](int id) { return arr[id]; }

private:
        int arr[N];
};
Array a;
```

```
std::cout << a[1];        // 출력 : 1
a[1] = 100;               // 값 변경
std::cout << a[1];        // 출력 : 100
```

14.6   멤버 접근 연산자 ->

클래스 생성이 포인터의 객체일 경우에 멤버 접근을 위해서 화살표 형태의 멤버 접근 연산자가 사용이 된다. 이것은 포인터의 역참조를 통해 접근하는 방식을 간편하게 접근하도록 제공되는 것이다. 예를 들면 다음처럼 화살표의 멤버 접근은 역참조를 하는 방식과 동일하다.

```
struct A {
        int i;
};

A* ob = new A;
ob->i; // (*ob).i 동일함
```

그런데 이런 연산은 포인터 타입의 객체에서 자연스럽게 이루어지는 것으로 별도의 연산자 오버로딩이 필요한지 의문을 가질 것이다. 물론 예제와 같은 경우에 멤버 접근 연산자 함수가 필요 없다. 그런데 클래스에서 포인터 타입의 멤버가 있을 경우 해당 타입에 접근할 때 멤버 접근 연산자 함수를 구현하게 되면 해당 멤버의 이름을 지정하지 않고 바로 사용할 수 있는 장점이 생긴다. 예제는 멤버 함수 연산자 함수를 구현하기 전의 상태이다.

```
struct Point{
        int x, y;
};

struct A{
        int m;
        Point* ptr;
        Point* GetPoint() { return ptr; }
};

A ob;
ob.ptr->x;              // 데이터 멤버 직접 접근
ob.GetPoint()->x;      // 멤버 함수로 데이터 멤버 접근
```

생성된 클래스 객체에서 포인터 타입의 멤버를 접근하고 이후 멤버 접근 연산자를 통해 해당 클래스가 가지고 있는 데이터 멤버에 접근한다. 또 다른 방법으로 멤버 함수를 통해 해당 데이터 멤버를 접근하는 방식이 있다. 그런데 여기서 멤버 접근 연산자 오버로딩을 구현하게 되면 해당 데이터 멤버의 이름을 쓰지 않고 바로 해당 클래스의 멤버에 접근이 가능하여 편리하게 사용된다. 편리함뿐만 아니라 함수의 인자로 넘겨주는 경우에 멤버 접근 연산자를 통해서 해당 클래스의 데이터 멤버의 이름을 알 필요 없이 바로 필요한 멤버에 접근할 수 있기 때문에 중간에 가교 역할을 하는 기능을 가지게 된다. 또한 해당 데이터 멤버는 보통 private 제한자로 지정이 되어 외부에서 접근이 안 되기 때문에 멤버 접근 연산자 오버로딩이 필요한 이유가 된다. 여기서 해당 데이터 멤버를 가져오기 위해 멤버 함수를 사용하게 되면 사용하는 단에서 해당 멤버 함수를 한 번 적용을 해야 되는 문제가 있어서 결국 처음에 예제로 제시한 것과 같이 단계를 거치고 필요한 멤버에 접근하는 불편함이 생긴다. 아래는 연산자 함수의 형식이다. 이 함수는 보통 반환 타입으로 포인터 타입을 가지며 하나의 파라미터도 취하지 않는다. 파라미터가 없기 때문에 오버로딩이 되지 않아 클래스 내에서 멤버 접근 연산자 함수는 하나만 존재한다.

□ 멤버 접근 연산자의 형식

반환타입 operator->()

```
struct A{
        int m;
        Point* operator->() { return ptr; }
private:
        Point* ptr;
};

void CheckPoint(A a)
{
        int x = a->x;      // (a.operator->())->x 동일함
        int y = a->y;

        //Point* p = a->;                        // 에러 발생. -> 뒤에 특정 멤버가 있어야 됨
        Point* p = a.operator->();               // 포인터 전체를 받기 위해서는 연산자 함수를 직접 호출
}
```

예제는 함수의 인자를 받아 멤버 접근 연산자 오버로딩를 통해 해당 데이터 멤버에 바로 접근하는 것을 보여 준다. 이때 데이터 멤버를 바로 포인터로 받기 위해서는 ->만 사용해서는 안 된다. 연산자 함수를 직접 호출해서 받아야 된다. 일반적으로 멤버 접근 연산자 오버로딩은 STL에서 반복자를 구성할 때 많이 사용된다. 이것은 배열 같은 데이터를 저장하는 컨테이너에서 저장되는 데이터의 포인터 처리를 위

해 반복자가 사용되고 이 연산자는 거의 필수적으로 반복자에서 구현되어 있다. 좀 더 이해를 위해 다음 예제를 보자.

아래 예제의 형태는 반복자 종류에 필수적으로 구현해야 되는 일부 연산자 오버로딩을 가지고 있다. 예제에서 저장된 데이터를 가져와서 저장값을 출력하려고 한다. 그런데 해당 데이터는 private으로 접근이 안 되고 또한 해당 데이터를 가져오는 멤버 함수가 없다. 이때 데이터를 저장하는 클래스에서 멤버 접근 오버로딩 함수를 구현하고 데이터의 주소를 넘겨받게 되면 이후에 필요한 작업이 진행될 것이다. 하기의 Array 클래스 이외에 이와 비슷한 클래스가 있을 경우에 멤버 접근 연산자가 구현되어 있으면 데이터를 받아서 처리하는 부분은 그대로 사용해도 문제가 없을 것이다.

[예제 14.6-G]

```
#include <iostream>

constexpr int N = 10;
struct Array{
        Array()
        {
                for (int i = 0; i < N; i++)
                        arr[i] = i;
        }

        const int* operator->() const { return arr; }
        int operator*() { return *arr; }        // 간접 참조 연산자 함수

private:
        int arr[N];
};

int main()
{
        Array ar;
        auto ptr = ar.operator->();        // -> 연산자 함수를 직접 호출
        for (int i=0; i < N; i++)
                std::cout<<*(ptr+i)<<" ";        // 출력 0 1 2 3 4 5 6 7 8 9
}
```

예제는 멤버 접근 연산자 함수를 호출해서 데이터를 처리하고 있다. 반복자 사양은 데이터를 가져오는 함수들을 여러 형태로 규정하고 있다. 그래서 위에 기술된 멤버 접근 연산자를 사용하기보다는 루프문을 구성할 때는 저장된 데이터의 처음과 끝의 위치를 가져와서 위치를 증가하는 형태로 루프문을 수행

한다. 관련 내용은 반복자 라이브러리에서 기술된다.

14.7   타입 변환 연산자

데이터 연산을 할 때 상황에 따라 특정 타입으로 캐스팅을 하는 경우가 있다. 클래스 객체를 타입 변환 연산자를 통해 이와 유사하게 동작하게 할 수 있다. 이것을 사용자 정의(user-defined) 변환 (conversion)이라고 한다. 타입 변환 함수는 반환 타입이 없고 하나의 파라미터도 갖지 않는다.

☐ **타입 변환 연산자의 형식**

operator 데이터타입 ()
데이터 타입:
 기본 타입, 클래스, 열거형 등 사용자 정의 타입 or 해당 타입의 포인터 타입

```
class Member {
public:
        Member() = default;
        Member(int i) : id(i) {}
        Member(std::string n) : name(n) {}
        operator int() { return id; }
private:
        int id;
        std::string name;
        int phone;
};

Member me (123);
int myId = me;                    // int 변환 함수 호출
//int myId =(int) me;             // 변환 함수의 구현 없이 이렇게 캐스팅하면 에러가 발생함
```

예제에서 클래스 타입으로 생성된 변수를 int 타입의 변수에 직접 대입하는 형태를 가진다. 물론 멤버 함수를 통해서 데이터 멤버를 가져오는 경우도 있지만 이 방식이 매우 편하게 코딩을 할 수 있게 된다. 만약에 이 함수를 구현하지 않고 명시적인 캐스팅을 하게 되면 에러가 발생한다. 그런데 변환 함수를 정의해도 명확하게 캐스팅을 해야 되는 경우가 있다. 예제에서는 int 타입의 변환이 정상적인 과정이라고 생각되어 문제가 없어 보이지만 사용할 때 타입을 혼동할 여지가 있을 수 있어 변환 타입 연산자 함수에 별도의 **explicit** 지정자를 설정할 수 있다.

```
class Member{
public:
        // 내용 생략
        explicit operator std::string() { return name; }
private:
        // 내용 생략
        std::string name;
};

Member my("Myname");
std::string name =(std::string) my;              // 명시적인 캐스팅이 반드시 필요함
```

변환 연산자의 함수에서 설정하는 데이터 타입은 포인터 타입을 포함하여 기본 및 사용자 정의 타입이
가능하고 auto 타입도 반환할 때 타입을 확정할 수 있기 때문에 사용이 가능하다. 그런데 함수 타입이
나 배열 타입은 허용되지 않는다.

```
operator auto() { return 0; }            // OK
operator int(*)();                       // 에러 발생
operator int[5]();                       // 에러 발생
```

14.8 사용자 정의 리터럴(literal) 연산자

C++에서는 기본 타입에 대해 해당 타입이 명시되도록 접미사 형태의 리터럴(u, l, f, ll)을 제공하고 있다.
이와 비슷하게 코드의 가독성을 위해 사용자가 별도로 접미사 모양으로 리터럴이름을 정의하여 타입에
맞게 변형을 해 주는 리터럴 연산자 함수를 구현할 수 있다. 형식은 다음과 같고 하기에서 특히 ""이 문
자열은 반드시 비워 있는 상태로 있어야 된다. 안에 어떤 문자도 들어가서는 안 된다.

□ 리터럴 연산자 함수의 형식

반환타입 operator "" 리터럴이름 (데이터타입) 함수본체

데이터 타입:
  정수 : unsigned long long int. cons char*
  소수 : long double. cons char*
  문자 : char. wchar_t. char8_t. char16_t. char32_t
  문자열: cons char*, std::size_t
          const wchar_t*, std::size_t
          const char8_t*, std::size_t
          const char16_t*, std::size_t
          const char32_t*, std::size_t

리터럴 연산자 함수의 동작방식을 살펴보자. 생각보다 어렵지 않다. 정의한 리터럴이름이 접미사로 사용되면 그 앞에 있는 것이 구현한 연산자 함수의 인자가 되고 해당 함수를 호출하여 반환하게 된다. 아래의 예제를 보자. 소수 타입의 인자를 받아 같은 타입으로 반환하는 함수를 정의했다. 정의된 리터럴이름이 사용된 곳에서 해당 인자를 받아 함수가 호출된다. 사용자 정의 리터럴은 해당 라인에서 함수가 호출되는 구조를 가지고 있기 때문에 실행 속도 차원에서 컴파일 시 확정을 위해 inline 또는 constexpr 지정자를 설정하는 것이 좋다.

```
// 부동 소수점 리터럴 연산자 함수. 데이터 타입 : long double
inline double operator "" Kg(long double v) { return v; }
auto weight = 55.1Kg;          // OK.

// 정수 리터럴 연산자 함수. 데이터 타입 : unsigned long long int
inline int operator "" Cm(unsigned long long int v) { return v; }
auto height = 180Cm;

// 문자 리터럴 연산자 함수. 데이터 타입 : char
inline char operator "" C (char v) { return v; }
char ch = '@'C;                // OK.
```

문자열을 위한 리터럴 연산자 함수는 **두 개의 파라미터**를 갖는다. 이것은 다른 정수 또는 소수 타입과 다르다. 두 번째 파라미터는 해당 문자열의 크기가 된다. 예제에서는 리터럴이름은 s로 정하고 연산자 함수를 정의했다. 사실 이 이름은 std::string 라이브러리에서 이미 제공하고 있다. 그래서 서로 구분되도록 다른 namespace에서 정의한다. 또한 이런 사용자 리터럴은 규격에서 차후에 자주 사용되는 것은 별도로 정의가 될 수 있어 동일한 이름을 피하기 위해서 사용자 정의 리터럴이름은 밑줄 _로 시작하는 이름을 사용하도록 규격에서는 권고한다.

```
inline namespace literals {
        inline const char* operator "" s(const char* v, std::size_t)
        {
                return v;
        }
}
using namespace literals;

const char* str = "string"s;
```

15

템플릿

C++에서 제공하는 스탠더드 라이브러리는 템플릿으로 구현되어, 스탠더드 템플릿 라이브러리(일명 STL)라고 부른다. 템플릿을 이용한 이유는 범용성에 목적을 두고 있다. 예를 들면, STL에서 제공되는 함수를 사용하는 경우, 함수에 맞는 파라미터를 이용해 함수를 호출한다. 이때 사용되는 파라미터 타입에 제약이 있게 되면, 사실 그 함수는 사용에 많은 제한을 가질 수밖에 없다. 함수의 **오버로딩** 기능을 활용하여 많은 여러 타입의 파라미터에 대응할 수 있지만, 사용자 정의 타입이 신규로 계속 만들어지기 때문에 한계가 들어난다. 그래서 어떤 타입을 사용해도 함수의 기능에는 전혀 문제가 없도록 하기 위해서 별도의 작업이 이루어져야 한다. 이렇게 데이터 타입을 함수의 파라미터같이 처리하는 것을 **템플릿** (template)이라고 부르고, 이런 코딩을 **일반화 프로그래밍(generic programming)**이라고 한다. 함수를 호출하는 경우 해당 함수의 파라미터가 어떻게 구성되는지 알기 위해 함수 선언을 확인한다. 이와 같이 템플릿으로 만든 클래스 및 함수를 사용하기 전에 템플릿 파라미터가 어떤 형태를 가지는지 살펴보는 것이 중요하다. 아래는 템플릿 파라미터의 종류에 대해 기술된다.

제공되는 STL에는 함수 포함해서 다수의 클래스가 있다. 따라서 템플릿은 일반 함수, 클래스, 변수 (since C++14), 또한 클래스의 멤버 함수 및 변수에 적용된다. STL의 사용과 아울러 다른 사람이 만든 템플릿 함수 또는 클래스를 이용하기 위해서는 템플릿이 어떻게 타입을 파라미터로 처리하는지 먼저 이해하고, 함수, 클래스, 변수 관련해서 각각의 템플릿 구현을 구체적으로 어떻게 하는지는 차후에 설명될 것이다.

15.1 템플릿 파라미터

template < 템플릿_파라미터_리스트 > 함수, 변수 또는 클래스 선언
템플릿 파라미터 리스트:
    타입_파라미터_키워드 파라미터이름_옵션_
    데이터타입 파라미터이름_옵션_
    template < 템플릿_파라미터_리스트 > 타입_파라미터_키워드 파라미터이름_옵션_

타입 파라미터 키워드:
    class
    typename

데이터 타입:
    아래에 기술됨. (Non 타입 파라미터)

템플릿 정의는 키워드 **template**을 이용하고, 사용될 파라미터이름은 타입 파라미터 키워드가 되는

class 또는 **typename**을 사용해서 선언된다. 두 개의 키워드는 문법적으로 차이가 없다. 템플릿 목적은 사용될 파라미터 타입을 특정하지 않는 것이다. 그런데 class 키워드는 사용자가 정의한 클래스 타입을 연상하게 만들어 약간의 혼동을 주는 경향이 있지만, 사실 전혀 이런 오해의 소지와는 상관은 없다. 다만 이런 혼동의 여지를 피하기 위해 typename 키워드를 주로 사용하는 게 바람직해 보인다.

```
// 일반 함수
int maximum(int a, int b) {
        return a > b ? a : b ;
}

// 함수 템플릿
template <typename T>
T maximum(T a , T b)
{
        return a > b ? a : b ;
}

// 클래스 템플릿
template <typename T> class A {
        T var;
        /* */
};
```

위 예제는 하나의 **템플릿 파라미터(template parameter)**를 가지는 함수 템플릿을 보여 준다. 이 함수 템플릿은 함수의 파라미터 및 반환 타입으로 템플릿이 사용된다. 템플릿 파라미터는 키워드 typename을 사용하고 파라미터이름은 T로 정했는데, 어떤 이름을 사용해도 상관은 없다. 그리고 여러 템플릿 파라미터를 가지는 함수를 만들 수 있어 파라미터 수에는 제한이 없다. 이렇게 템플릿 키워드와 템플릿 파라미터를 합쳐서 **템플릿 헤드**(template head)라고 부른다. 여기서 T의 용도는 함수를 호출할 때 **타입을 대체하는 파라미터의 기능**을 가지며, 이런 템플릿 파라미터를 **타입 템플릿 파라미터**(type template parameter)라고 부른다.

함수를 선언 시 사용되는 파라미터에 대해 기본값 인자를 설정하는 것과 유사하게, 타입 템플릿 파라미터에서도 확정된 타입으로 대체하도록 **기본 템플릿 인자(default template argument)**를 설정할 수가 있다. 여기서 데이터 타입은 기본 타입 및 사용자가 정의한 어떤 타입도 가능하다. 기본 템플릿 인자를 클래스 템플릿에서 설정할 때에는 템플릿 파라미터 마지막에서부터 시작해야 한다. 그렇지 않으면 에러가 발생한다.

```
template<typename T1, typename T2 = int > class MyClass;     // OK
// 에러 발생. 기본 템플릿 인자의 설정은 맨 마지막에서부터 시작함.
template<typename T1 = int, typename T2 > class OurClass;
```

템플릿 파라미터의 형식에서 보이는 것처럼 타입을 대체하는 **[1] 타입 템플릿 파라미터**가 하나의 종류가 된다. 그리고 타입을 대체하는 것과 달리 기본 타입 또는 포인터 타입을 사용하여 파라미터를 선언하는 **[2] Non 타입 템플릿 파라미터**(Non type template parameter)도 하나의 종류가 된다. 일반적으로 타입 템플릿 파라미터를 통해 여러 타입에 대응하도록 템플릿을 구성하는데 함수의 파라미터처럼 정해진 타입으로 파라미터를 선언하는 것이 조금은 이상하다고 생각될 수 있다. 그런데 타입 템플릿 파라미터와 함께 크기 또는 한계 설정이 필요로 하는 함수 또는 클래스가 있을 경우에 확정된 타입의 파라미터를 가진다. 예를 들면, 배열을 설정하는 STL의 **std::array**를 사용할 경우에 이용될 타입과 크기를 설정해야 한다. 이런 형태의 템플릿은 STL에서 자주 접하게 된다.

Non 타입 파라미터로 사용될 수 있는 **데이터 타입**에 제한이 있어 다음의 타입만 가능하다.

☐ 정수(interger) 타입
☐ 열거형(enumeration) 타입
☐ 포인터 및 참조형 타입
☐ auto 타입 **(since C++17)**
☐ 아래는 **C++20** 이후부터 적용됨
  - 소수점(floating point) 타입
  - 구조체 형태의 클래스:
    • 데이터 멤버의 타입은 위에 언급된 타입을 가져야 함
    • 데이터 멤버의 접근자는 public만 가져야 함
    • 사용자가 기본 생성자를 정의하면 constexpr가 설정되어야 되고 그 외 생성자는 없어야 됨
    • 사용자가 정의하는 소멸자가 없어야 됨
    • 부모 클래스를 가지는 경우에 위에 기술된 구조체 형태의 클래스 특성을 가져야 함

```
// int 타입 파라미터를 가지는 클래스 템플릿
template <typename T, int size>
class MakeArray;

// 사용자가 정의한 클래스 타입을 가지는 함수 템플릿
struct X {};
```

```
template <typename T, X T1>
void Func();

// 기본값을 설정 함수 템플릿
template <typename T, int radius = 1>
void MakeCircle();
```

Non 타입 템플릿 파라미터 경우에도 기본값을 설정하여 템플릿을 선언할 수 있다. 이때 함수 템플릿을 사용하는 경우 템플릿 파라미터가 생략되면 기본값으로 대체된다. 여기서 함수 템플릿인 경우에 타입 또는 Non 타입 템플릿 파라미터에 기본 템플릿 인자를 설정하게 되면 맨 뒤에서부터 지정을 해야 된다. 중간이나 앞에서부터 설정을 하고 선언을 하면 그 자체로는 컴파일 에러가 없을 수 있지만 실제 해당 함수 템플릿을 사용을 하게 되면 함수 템플릿을 찾을 수 없다는 에러 메시지가 나오게 된다. 물론 함수의 파라미터 리스트의 타입에 따라 함수를 검색하는 것이 달라져 중간에 기본값 인자를 설정해도 지정된 함수를 찾는 경우도 있다. 이것은 나중에 함수 템플릿에서 기술된다. 일반적으로는 클래스 및 함수 템플릿에서 기본 템플릿 인자의 설정은 맨 뒤에서부터 하면 된다.

템플릿 파라미터 형식은 위의 두 종류가 주로 많이 사용되는데 이와 달리 좀 더 복잡한 형태의 종류가 있다. 우선 템플릿 파라미터를 파라미터로 취하는 **[3] 템플릿 템플릿 파라미터**가 있다. 보통 타입 템플릿 파라미터는 기본 또는 사용자가 정의하는 클래스나 열거형 타입을 인자로 갖는다. 그런데 템플릿 타입의 클래스를 템플릿 타입의 인자로 가지는 경우에는 템플릿 템플릿 파라미터로 템플릿 파라미터를 설정해야 한다. 예제를 보면 이렇게 사용되는 것을 이해를 할 수 있는데 보기에도 그렇고 이름도 중복되는 경향이 있다 보니 생각보다 조금 난해해 보일 수 있다.

```
template< typename T1, typename T2>
class MyClass{};

// 이 함수 템플릿의 첫 번째 타입 템플릿 파라미터에 사용 될 수 있는 타입은 위의 예제의
// 클래스 템플릿이 가능함. 템플릿 파라미터가 일치하지 않는 타입은 사용될 수 없음
template<template< typename, typename> typename T1, typename T2>
void Myfun();

Myfun<MyClass, int>();// 템플릿 템플릿 파라미터 사용의 예제
```

이렇게 여러 종류의 템플릿 파라미터를 살펴보았다. 여기서 하나를 더 추가해 보면 템플릿 파라미터를 지정할 때 파라미터가 처음부터 정해져 있지 않고 가변적으로 사용되는 경우가 있다. 이때 사용되는 것이 **템플릿 파라미터 팩**(pack)이다. 타입 파라미터 키워드 다음에 ... 점 세 개를 지정하면 된다. 아래의

예제처럼 파라미터가 0에서부터 여러 개의 파라미터가 사용될 수 있다. 자세한 것은 다른 절에서 기술된다.

```
template <typename ... T1 >        // template <typename T1, typename T2 ... >
class X {};

template <int ... T1 >             // template <int T1, int T2, int T3 ... >
class Y {};
```

15.2 템플릿 사용

템플릿 파마리터가 어떻게 선언되는지를 위에서 살펴보았다. 다음은 어떻게 템플릿을 사용하는지를 알아보자. 선언된 템플릿에서 구체적인 타입을 템플릿 파라미터로 지정해서 실제로 템플릿을 이용하는 것을 템플릿 **인스턴스화**(instantiation)라고 하는데 여기서는 **템플릿 사용**이라고 칭하겠다. 함수를 호출하거나 클래스를 사용하는 방식을 기존대로 그대로 따라하면서, 함수 또는 클래스 템플릿이 선언한 템플릿 파라미터에 맞게 사용할 타입 또는 상수값 등 **템플릿 인자**(template arguments)를 **꺽쇠 <>에 넣는 작업이 추가**가 된다. 타입 템플릿 파라미터 자리에는 당연히 데이터 타입을 지정하고, Non 타입 템플릿 파라미터에는 상수를 설정하면 된다. 템플릿 인자 설정 시, 선언된 템플릿 파라미터 개수보다 많거나 작으면 에러가 발생한다. 한편, 기본값이 설정된 템플릿인 경우에 해당 템플릿 인자를 생략하면 설정된 기본 템플릿으로 대체된다.

함수 또는 클래스 템플릿은 **하나의 기능을 수행하는 틀에 불과**하다. 이것 자체로는 아무 일도 할 수 없다. 예를 들면 붕어빵 기계 자체가 우리가 먹는 붕어빵이 될 수 없고 붕어빵 기계에 반드시 필요한 밀가루 반죽 및 단팥 같은 재료가 들어가야 원하는 것이 나오게 된다. 템플릿 사용하는 것도 이와 같이 해당 템플릿 파라미터에 맞는 재료를 꺽쇠에 넣어야 우리가 원하는 형태로 함수 또는 클래스를 사용할 수 있다.

[1] 타입 템플릿 파라미터 사용
타입 템플릿 파라미터를 가진 템플릿을 사용하는 경우 반드시 파라미터 자리에는 데이터 타입이 들어가야 된다. 기본 타입이든 사용자가 정의한 클래스 또는 열거형 데이터 타입이 되어야 한다. 또한 해당 타입의 포인터 타입도 사용 가능하다. **우리가 변수를 선언할 때 타입을 지정하는 것을 생각해보면 타입 템플릿 파라미터에 어떤 것이 적합한지**를 알 수 있다. 따라서 상수나 변수를 넣게 되면 형식이 맞지 않아 에러가 발생된다. 선언된 파라미터 대비하여 필요한 타입 인자가 적거나 많게 들어가면 기본값이 설정되어 있지 않으면 생각보다 많은 에러가 나오게 된다. 그래서 선언된 템플릿을 잘 살펴보고 필요에 맞는 타입을 지정하여 템플릿을 사용해야 한다. 하나의 템플릿 파라미터를 가지며 기본값이 설정된 클래스 템플릿을 사용할 때 기본값이 지정되어 있어도 <> 꺽쇠를 생략하면 안 된다. 빈 <>로 설정하고 사용해야 된다.

[예제 15.2-A]

```cpp
// 함수 템플릿
template <typename T>
T maximum(T a , T b) { return a > b ? a : b ; }

template <typename T, typename T1 ,typename T2>
void Func(T a) { /* 내용 생략*/ }

// 클래스 템플릿
template <typename T> class A { /* ... */ };
template <typename T, typename P = int> class B { /* ... */};
template <typename T = int > class C { /* ... */ };

int main()
{
        // 함수 템플릿 사용
        maximum<int>(10, 0);

        // 꺽쇠에 넣는 int 타입이 명시되어있어, 함수 인자값을 double에서 int로 변환됨
        maximum<int>(1.0, 2.0);

        int a=10;
        Func<int, int, float>(a);

        // 에러 발생. 파라미터 개수가 맞지 않음
        Func<int, int>(a);

        // 클래스 템플릿 사용
        A<int> aa;

        // 포인터 타입을 인자로 넘겨줌. 참조형 타입도 가능
        A<int*> aa1;

        // 동적으로 클래스 템플릿 생성.
        // 사용 방식은 기존대로 꺽쇠 <>에 사용타입을 지정
        A<int>* a1 = new A<int>();

        // 클래스 템플릿 사용. 기본값이 있으면 파라미터 생략
```

```
        B<char, int> b;
        B<char> b1;

        // 하나의 파라미터로 기본값이 있는 경우에 빈 <> 가능함
        C<> c1;
        //C* c2;                      // 에러 발생. <> 생략하면 안 됨

        return 0;
    }
```

함수 및 클래스 템플릿이 사용될 때 관련 코드가 만들어진다. 어느 곳에도 사용되지 않으면 그냥 소스 파일에만 남아 있고 실행 프로그램에 코드로 들어가지 못한다. 그리고 템플릿 사용 시 지정된 타입별로 각각 템플릿 코드가 생성된다. 달리 말하면 함수 템플릿 같은 경우에, 여러 함수 파라미터 타입으로 오 버로딩 함수를 정의하는 것과 같다. 클래스 템플릿의 경우에도 사용 타입별로 클래스가 생성되는데 클래스의 여러 멤버 함수가 있을 때, 사용되는 멤버 함수의 코드만 만들어진다. 여러 멤버 함수 중에 사용 치 않으면 해당 코드는 만들어지지 않는다.

다음의 예제는 템플릿을 사용할 때 실제로 컴파일이 수행된 코드를 보여 준다. 코드의 내용보다는 사 용된 템플릿이 만들어지는 것에 주목하면서 보면 될 것이다. 아래의 템플릿에서, 템플릿이름과 꺽 쇠에 인자를 넣어 템플릿을 사용하는데 이것을 **템플릿-id**라고 부른다. 예제에서는 **maximum<int>**, **maximum<double>**들은 서로 구분되면서 해당 템플릿이 만들어진다. 이미 만들어진 **템플릿-id**가 있으 면 따로 더 만들지는 않는다.

```
    // 함수 템플릿
    template <typename T>
    T maximum(T a , T b) { return a > b ? a : b ; }

    template <typename T> class A {
    public:
            void F1() {}
            void F2() {}
    };

    int main()
    {
            // 함수 템플릿 사용
            maximum<int>(10, 0);                    // ---------------------- ①
            maximum<double>(1.0, 2.0);              // ---------------------- ②
```

```
        A<int> a;
        a.F1();                                    // --------------------- ③
        return 0;
}

[ 컴파일된 코드 ]
// https://godbolt.org/ 사이트 참조
// x86-64 gcc 12.2 컴파일러 사용

main:
        push  rbp
        mov   rbp, rsp
        sub   rsp, 16
        mov   esi, 0
        mov   edi, 10
        call  int maximum<int>(int, int)           // ------------------ ①
        movsd         xmm0, QWORD PTR .LC0[rip]
        mov   rax, QWORD PTR .LC1[rip]
        movapd        xmm1, xmm0
        movqxmm0, rax
        call  double maximum<double>(double, double) // ------------------ ②
        lea   rax, [rbp-1]
        mov   rdi, rax
        call  A<int>::F1()                          // ------------------ ③
        mov   eax, 0
        leave
        ret

int maximum<int>(int, int):
        // 내용 생략

double maximum<double>(double, double):
        // 내용 생략

A<int>::F1():
        // 내용 생략
```

[2] Non 타입 템플릿 사용

Non 타입 템플릿 파라미터를 가지는 함수 또는 클래스 템플릿을 이용할 경우에는 파라미터 자리에는 반드시 **상수식**이 들어가야 한다. Non 타입 템플릿 파라미터에 상수식이 온다는 것은 템플릿을 구현할 때 해당 파라미터를 가지고 변경하는 형태의 코드가 들어가서는 안 된다는 것을 의미한다. 그리고 Non 타입 템플릿 자리에 데이터 타입 또는 변수를 넣게 되면 에러가 발생한다. 예제는 여러 사용되는 경우

를 보여 준다. Non 타입 파라미터에 맞는 인자는 **상수식을 가져야 한다**는 것을 잊지 않으면 이해하는 크게 어려움이 없을 것이다.

[예제 15.2-B]

```
// 배열을 만들기 위해 타입과 크기를 파라미터로 선언
// 선언된 타입 파라미터 T를 받아서 초기값을 위한 파라미터를 정의하고 명시적 타입 변환
// 초기화
template <typename T, int size, const T value = T() >
class MakeArray {
        /* ... */
        void Check()
        {
                // Non 타입 파라미터의 인자로 받은 파라미터를 변경해서는 안 됨
                // int var = size++;
        }
};

template <typename T, int radius=1>
void MakeCircle() { /* ... */ }

// C++17 이후부터 auto 타입 가능
template <auto x>
void f() { /* ... */ }

// C++20 이후부터 소수점 타입 및 구조체 형태의 클래스 타입 가능
struct X {};
template <typename T, X x , double D>
void g() { /* ... */ }

int main()
{
        // 클래스 템플릿 사용 . value = 0으로 설정됨
        MakeArray<int , 5> ar;

        // 상수식을 넣어 함수 템플릿 사용. 일반 변수가 인자로 사용되면 에러가 발생함
        const int r = 10;
        MakeCircle<int , r>();

        // 기본값으로 대체되어 하나의 파라미터만 사용
        MakeCircle<int>();

        // int 타입으로 유추
        f<10>();
```

```
        // 클래스 타입을 인자로 넘기는 경우 constexpr 지정자로 선언하여 사용
        constexpr X x;
        g<int , x , 0.1>();

        return 0;
}
```

한편, **Non 타입 파라미터**가 참조형 타입 또는 포인터 형태를 가지면 사용 방식이 일반적으로 이용했던 참조형 또는 포인터 타입과는 약간 다르기 때문에 주의가 좀 필요하다. 이때는 **가리키는 대상**이 **상수식**처럼 일정하게 유지되어야 하는 원칙을 따라야 한다. 따라서 임시 객체 또는 로컬 변수는 가리키는 대상으로 사용될 수 없다. 상수는 값이 변경되지 않는 것을 의미하고 가리키는 대상이 일정하다는 것은 한번 저장된 주소가 변경 없이 계속 지속되는 것을 의미한다. 따라서 전역 변수나 **static** 변수와 같이 **static 저장 기간**과 **외부** 또는 **내부 연결성**을 가져야 한다. 블록 안에 선언된 **static** 변수는 **무연결성**을 가지기 때문에 사용할 수 없다. (**C++14 이전**) 그러나 **C++17** 이후부터는 사용 가능하다.

[예제 15.2-C]

```
        // non 타입 파라미터를 선언 시 포인터 타입의 파라미터를 가짐
        template<int* i> struct X { /* ... */ };

        // non 타입 파라미터를 선언 시 참조형 타입의 파라미터를 가짐
        template<int& i> struct Y { /* ... */ };

        struct A { /* ... */ };
        template<A& a> struct Z { /* ... */ };

        int ar[5];
        int ref = 0;

        int var = 10;
        int* pointer = &var;

        int main()
        {
                // OK : 가리키는 대상이 전역 변수로 static 저장 기간을 가짐
                X<ar> x1;
                X<&ref> x2;

                // 에러 발생. pointer 변수가 전역으로 선언되고 가리키는 대상도 전역 변수가 맞음
                // 그렇다고 포인터 변수 자체를 바로 Non 타입 파라미터의 인자로 넘겨줄 수 없음
                // 여기서 pointer 변수에는 어떤 주소도 대입이 가능한 포인터 변수. 상수가 아님
                // constexpr 지정자를 사용해야 됨. constexpr int* pointer = &var;
```

```
        X<pointer> x3;

        // static 로컬 변수가능 (since C++17)
        static int ai[5];
        X<ai> x4;

        // 참조형 타입 클래스 템플릿 사용
        Y<ref> y;

        // 에러 발생. 상수를 참조할 수 없음
        Y<0> y1;

        // 클래스 타입을 인자로 넘기는 경우 해당 변수가 반드시
        // static 저장 기간을 가져야 됨
        // 참조형 또는 포인터 타입은 가리키는 대상이 중요함.
        // 참조형 타입이 아닐 경우에는 상수식이 필요하여 constexpr 지정자로 선언해야 함
        static A a;
        Z<a> z;

        return 0;
    }
```

예제에서 Non 타입 파라미터가 포인터 또는 참조형 타입일 경우에 해당 파라미터에 맞는 인자를 어떻게 사용하는지를 보여 준다. 이런 경우에는 가리키는 대상이 static 지속 기간을 갖는 변수가 인자가 될 수 있음을 이해해야 된다. 일반 타입이라면 상수 차제가 파라미터의 인자가 되어야 하는 것은 이전 예제에서 기술되었는데 포인터 또는 참조형이라면 사용 방법이 달라지기 때문에 주의해야 한다. 특히 포인터 타입일 경우에 포인터 변수를 인자로 바로 사용할 수 없다. 예제에 나온 것처럼 포인터 변수는 상수가 아니라 그냥 변수이다. 그래서 상수화시키기 위해 **constexpr** 지정자를 설정한다. 또한 클래스 타입의 **참조형**으로 Non 타입 파라미터를 선언하면 참조형은 가리키는 대상이 의미를 갖기 때문에 전역 변수 또는 static 변수라면 적합한 파라미터의 인자가 된다. 만약에 클래스 타입으로 **참조형이 아닌** Non 타입 파라미터를 선언을 하게 되면 상수식이 인자가 되어야 하기 때문에 해당 클래스 객체의 변수 선언을 할 때 **constexpr** 지정자를 설정해야 한다. 다음의 경우는 Non 타입 파라미터를 선언할 때 함수 포인터 타입의 파라미터를 가지는 경우를 살펴보자.

[예제 15.2-D]

```
int Check(int) { return 0;}
void GetID() {}

// Non 타입 파라미터를 선언 시 함수 포인터 타입의 파라미터를 가지는 함수 템플릿
```

```
template<int (*pf)(int)> void CallFunc() {

        int var = 0;
        if( pf != nullptr)
                pf(var);
};

// 타입 파라미터를 가지는 함수 템플릿
template<typename T> auto CallAnyFunction(T obj ){ /* ... */ };

int main()
{
        // 함수 템플릿 파라미터에 선언된 함수 타입과 같은 함수만 가능
        CallFunc<&Check>();
        //CallFunc<&GetID>();     // 에러 발생. 함수 타입이 다름

        // 함수 포인터 타입을 넘겨줌. 여기서 함수 앞에 & 연산자를 생략해도 됨
        CallAnyFunction<int (*)(int)>(Check);

        // 인자의 타입과 꺽쇠를 생략해도 가능
        CallAnyFunction(GetID);

        return 0;
}
```

예제의 함수 템플릿에서 **Non 타입 파라미터**로 특정 함수로 타입을 지정할 수 있다. 이것은 함수 포인터로 역할을 하기 때문이다. 그리고 사용 시 함수 타입과 일치하는 함수를 넘기면 이용 가능해진다. 다른 방법으로 타입 템플릿 파라미터로 설정하게 되면 함수 타입도 타입에 해당되기 때문에 사용 시 넘겨주는 인자가 함수라면 문제없이 동작하게 할 수 있다. 여기서는 설명을 위해 만들었지만, 실제로 STL에서는 이런 형태를 가지는 라이브러리가 있다. 예를 들면 **std::invoke**는 함수 포인터와 함수의 해당 파라미터를 넘겨서 함수를 실행하도록 하는 기능을 가진다.

[3] 템플릿 템플릿 파라미터 사용
타입 템플릿 파라미터와 Non 타입 파라미터 관련해서 각각에 대응하는 인자가 어떤 형식을 가져야 되는지 살펴보았다. Non 타입 파라미터에는 상수식이 들어가고 타입 템플릿 파라미터에는 데이터 타입이 인자로 사용될 수 있다고 이전에 설명을 하였는데 클래스 템플릿 자체는 타입이 될 수 없어서 타입 템플릿 파라미터의 인자로 허용되지 않는다. 그래서 **클래스 템플릿 자체**를 **템플릿 파라미터의 인자로** 받을 수 있게 하려면 **템플릿 템플릿 파라미터**로 선언을 해야 된다. STL에서 클래스나 함수 또는 변수들 대부분은 템플릿으로 구성되어 다른 클래스 템플릿을 구현할 때 해당 템플릿을 사용하기 위해서 템플

릿 템플릿 파라미터로 선언하게 된다. 여기서 템플릿 템플릿 파라미터에 대응하는 인자는 **클래스 템플 릿**만 사용 가능하다. 파라미터 안에 다시 템플릿 파라미터가 있어서 조금 복잡해보여도 클래스 템플릿 자체를 인자로 받고 그 클래스 템플릿은 다시 필요한 인자로 지정하여 구현하는 템플릿에 사용된다고 이해하면 좋을 것이다. 사용되는 예를 살펴보자.

```cpp
template< typename T>
struct Handle{
        T h;
        void Create();
        void Start();
};

// 템플릿 템플릿 파라미터와 사용하는 클래스 템플릿 파라미터는 일치해야 함
template <typename Type, template <typename T> typename Base = Handle>
class MyHandle : public Base<Type>
{
        public:
        MyHandle()
        {
                Base<Type>::Create();
        }
};

MyHandle<int> h;        // MyHandle<int, Handle>와 동일함
```

예제는 클래스 템플릿을 인자로 받고 해당 클래스를 상속 받아 기능을 구현하는 클래스 템플릿을 보여 준다. 템플릿 템플릿 파라미터에 기본값 인자를 설정하여 별도의 클래스 템플릿이 없으면 정해진 클래 스 템플릿이 사용되게 하였다. 코드에서 보면 클래스 템플릿을 인자로 받으면 그것이 템플릿으로 되어 있기 때문에 해당 인자로 설정해야 코드에서 사용 가능하다. 보통 타입 설정은 임의적으로 하기보다는 템플릿 인자로 받는 것을 사용한다. 예제에서는 클래스 템플릿의 첫 번째 인자를 받아서 타입을 설정하 게 된다. 이런 예제와 함께 상황에 따라서 템플릿 클래스를 하나의 인터페이스로 받아 처리하는 경우 또는 템플릿 클래스의 타입을 확인하는 경우에 이런 형태의 파리미터가 사용된다.

15.3   클래스 템플릿

클래스 템플릿을 만드는 경우에 어떻게 데이터 멤버 및 멤버 함수를 선언하고 정의하는지에 대해 알아

보자. 하기 예제는 STL에서 제공되는 **std::array**의 내용을 일부 수정하고 기능을 추가하여 배열을 만드는 클래스 템플릿이다. 데이터 타입과 배열 크기와 초기값을 설정하기 위해 각각 타입 템플릿 그리고 Non 타입 파라미터를 선언 하고 초기값을 설정하는 기능을 담당하는 생성자와 배열 요소를 접근할 수 있도록 해주는 첨자 연산자 오버로딩 함수를 정의했다.

```
template < typename T , int size, T value=T()>
class MakeArray {
public:

        // 사용편리를 위해 파라미터에 대한 using 선언
        using type = T;
        using reference = T&;

        // 생성자에서는 배열값 초기화를 진행함
        MakeArray();

        // 첨자 연산자 오버로딩 함수
        constexpr T operator[](int pos) noexcept;

        int GetSize();
        // 배열 데이터 멤버 . 타입과 크기를 파라미터로 받아서 처리함
private:
        int _size;
        T _array[size];
};
```

멤버 함수는 클래스 템플릿 내부에서 구현이 가능하다. 또한 클래스 외부에서 구현을 위해서는 클래스 이름과 범위 지정자와 아울러, 클래스 템플릿에서 선언된 템플릿 파라미터, 즉 **템플릿 헤드가 먼저 나와야 된다.** 그리고 클래스이름에 **선언된 파라미터의 순서에 맞게** 꺾쇠에 넣는 작업이 추가된다. 일반 클래스의 멤버 구현할 때보다 좀 더 일이 늘어났다. 그래서 일반적으로 클래스 템플릿 내부에서 구현하는 경우가 많이 있다. 하기는 멤버 함수의 구현부이다.

[예제 15.3-E]

```
template < typename T , int size, T value>
MakeArray<T, size, value>::MakeArray() : _size(size)
{
        for (int i = 0; i < size; i++)
                _array[i] = value;
}
```

```
template < typename T , int size, T value>
constexpr T MakeArray<T, size, value>::operator[](int pos) noexcept
{
        return _array[pos];
}

// 클래스 템플릿에서 선언된 파라미터와 이름이 다르게 설정할 수기 있음
// 그러나 선언된 순서는 반드시 지켜야 됨
template < typename T, int S, T V>
int MakeArray<T, S, V>::GetSize(){ return _size; }

int main()
{
        MakeArray<int, 5> m;
        MakeArray<double, 5, 1.0> m1;

        return 0;
}
```

클래스 타입의 데이터 멤버가 이용되는 경우에 해당 클래스를 외부에서 정의할 때, 클래스 템플릿에서 선언된 파라미터가 먼저 나오고 이후 해당 클래스를 정의한다. 물론 템플릿 클래스의 내부에서 정의를 할 수 있다. 멤버 함수의 구현을 클래스 외부에서 하는 것처럼 사용 방식은 유사하다.

```
template<class T> class A {
public:
        // 클래스 타입의 데이터 멤버 선언
        class B;
};

// 데이터 멤버 정의
template<class T> class A<T>::B { /* 클래스 구현 */ };

// 해당 클래스 사용
A<int>::B b;
```

이런 형태는 클래스 템플릿의 **static** 멤버에도 동일하게 적용되며 static 멤버를 초기화를 할 때, 선언된 클래스 템플릿 파라미터를 먼저 쓰고 이후에 해당 멤버를 초기화한다. 보통 클래스의 static 멤버는 해당 클래스에 속하면서 클래스의 생성하고 상관없이 접근할 수 있고 클래스의 공용 변수 역할을 하게 된다. 이미 언급한 것처럼, 템플릿 코드는 지정 타입을 가지고 사용할 때 해당 코드가 만들어진다. 만들어진 템플릿 코드에 각각 **static** 멤버도 같이 생성이 된다. **템플릿-id**가 서로 틀리면 같은 기능을 가진 클

래스이지만 서로 별도의 타입이 되는 것이다.

[예제 15.3-F]

```
#include <iostream>

template<class T> class A {
public:
        static T s_memeber;

};

// 템플릿 헤드가 먼저 선언되고 static 멤버 초기화
template<class T> T A<T>::s_memeber = 1;

int main()
{
        // 아래는 A<int>, A<double> 템플릿-id 다른 클래스 템플릿이 생성됨
        // 각각의 코드에 static 멤버가 만들어짐
        A<int> a;
        a.s_memeber = 10;

        A<double> d;
        d.s_memeber = 100;

        A<int> b;

        // 10 출력됨. A<int> 템플릿 코드가 이미 만들어져 static 멤버가 같이 사용됨
        std::cout << b.s_memeber<<"\n";

        // 100 출력됨. A<double> 템플릿 코드가 이미 만들어져 static 멤버가 같이 사용됨
        std::cout << A<double>::s_memeber ;

        return 0;
}
```

15.3.1 멤버 함수 템플릿

예제의 배열을 만드는 클래스 템플릿에서 **템플릿-id**가 다른 여러 변수를 생성한 후에 서로 변수를 대입하면 그에 대응하는 연산이 허용되지 않는 오류를 보게 된다. 일반적으로 서로 다른 클래스일 경우에는 대입 연산은 당연히 허용되지 않는다. 여기서는 같은 기능을 가진 클래스이지만, **템플릿-id**가 다르기 때문에 서로 다른 타입으로 간주하게 되어 오류가 나온 것이다.

```
// 템플릿-id가 다른 템플릿 클래스 변수 생성
MakeArray<int, 5> a;
MakeArray<int, 5,-1> b;

// 에러 발생. 해당 연산의 수행이 안 되는 메시지 출력
a = b;
```

이것의 해결을 위해서는 대입 연산을 하는 연산자 오버로딩 함수가 자신의 클래스 타입이 아니라 다른 타입을 받아서 처리해야 되는데 그것을 템플릿 파라미터로 받는다. 클래스 템플릿에서는 멤버 함수가 템플릿을 가지고 선언될 수가 있다. 하기는 배열을 만드는 클래스 템플릿에 대입 연산 오버로딩함수를 추가하는데, 함수 템플릿의 파라미터는 클래스 템플릿의 파라미터와 같은 형태를 가져야 되지만, **이름은 반드시 달라야 된다.**

```
template < typename T , int size, T value=T()>
class MakeArray {
public:

        using type = T;
        using reference = T&;

        MakeArray();

        constexpr T operator[]( int pos) noexcept;

        template < typename S , int other_size, S other_value>
        MakeArray<T, size, value>& operator=(const MakeArray<S, other_size,
        other_value>& rhs) ;

        T _array[size];

    };
```

대입 연산자 오버로딩 함수를 클래스 템플릿 내부에 구현을 해도 되고 외부에서 구현할 수 있다. 이때는 클래스의 템플릿 헤드가 우선 나와야 되고, 이후에 대입 연산자 오버로딩 함수에서 선언된 템플릿 파라미터가 그 뒤를 따르게 된다. 이렇게 되면 각각의 템플릿 헤드가 선언되고 **두 번 템플릿 헤드가 나오는 모습이 된다.** 조금 번거로울 수 있는데, 다른 멤버 템플릿을 선언하게 되면 모두 다 이런 형태를 취해야 된다. 아래는 해당 함수를 구현을 했는데 배열 크기가 서로 다를 경우에 일치하는 크기만큼 대입하고 나머지는 0으로 초기화한다.

```
// 클래스 템플릿 파라미터가 먼저 나옴
template < typename T , int size, T value>                    // 클래스 템플릿 헤드
template < typename S , int other_size, S other_value>       // 멤버 함수 템플릿 헤드
MakeArray<T, size, value>& MakeArray<T, size, value>::operator=(const MakeArray<S, other_size,
other_value>& rhs)
{
        for (int i = 0; i < size; i++)
        {
             if( i < other_size)
                       this->_array[i] = rhs._array[i];
             else
                       this->_array[i] = T();
        }
        return *this;
}

int main()
{
        MakeArray<int, 5> a;
        MakeArray<int, 5,-1> b;

        a = b; // OK
}
```

클래스 템플릿에서 멤버 템플릿 함수와 일반 함수가 같은 이름을 가지고 사용될 수 있다. 같이 선언되어 있는 경우에, 멤버 템플릿함수가 명시적으로 사용되는 않으면 일반 함수가 호출된다. 멤버 함수 템플릿에 **virtual** 지정자를 설정할 수 없고 또한 소멸자는 함수 템플릿이 될 수 없다.

```
template<class T> class A {
public:
        void f(int) {}

        // 멤버 템플릿 함수
        template <class T2> void f(T2);

        // 에러 발생. 소멸자 및 virtual 함수는 멤버 템플릿이 될 수 없음
        template <class T2> ~A();
        template <class T2> virtual void f();

};

// 멤버 템플릿 f 함수 구현
```

```
template<class T> template <class T2>
void A<T>::f(T2) {}

int main()
{

        A<char> a;
        a.f(1);         // 일반 함수 호출
        a.f('a');       // 템플릿 멤버 함수 호출
        a.f<>(1);       // 템플릿 멤버 함수 호출

        return 0;
}
```

15.3.2 추론 가이드(deduction guide) (since C++17)

클래스 템플릿을 사용할 때 타입 파라미터에 맞게 인자를 넣어 클래스 객체를 생성한다. 그런데 꺾쇠에 넣는 것을 생략하고 객체를 선언할 수 있는 있다. 보통 함수 템플릿을 호출하는 경우에 일반 함수의 호출하는 것처럼 파라미터에 맞는 인자만 넣어서 호출이 되는 경우가 있다. 이것은 함수 템플릿의 타입 파라미터를 함수의 인자의 타입으로 대체하기 때문에 이것이 가능하다.

예제의 클래스 템플릿 같은 경우에 생성자의 파라미터가 타입 템플릿 파라미터를 사용하여 선언되었다. C++17 이후부터는 해당 클래스 템플릿을 생성할 때 별도의 꺾쇠에 타입을 넣는 작업이 필요 없다. 이것은 생성자의 인자값을 통해 타입에 대한 파라미터가 유추되어 타입 확정을 할 수 있기 때문이다. 그리고 C++20 이후부터는 구조체 형태의 클래스 템플릿 같은 경우에 타입 파라미터를 명시적으로 지정하지 않아도 된다.

```
template<typename T>
struct Guide {
        Guide(T a) {}
};

Guide g(10);  // 이것은 Guide<int>::Guide(int) 형태를 가짐

// 구조체 형태의 클래스 템플릿에서 타입 유추 가능 (since C++20)
template<typename T >
struct S {
        T m1;
        T m2;
};
```

```
S s {10,55};
```

위와 같은 상황에서는 내부적인 타입 유추가 수행되어 별도로 추가 작업이 필요가 없다. 그런데 생성자의 타입이 달라지면 타입 유추가 안 되어 에러가 발생하는데 이때는 명시적으로 타입을 지정하고 사용해야 한다. 여기서 별도로 다음과 같은 형식으로 선언하면 생성자의 인자에 대한 유추가 가능하도록 지침을 설정하게 된다. 사용 형식은 다음과 같고 함수의 선언과 비슷하다.

추론 가이드 선언
템플릿헤드
템플릿이름(파라미터이름_리스트) -> 템플릿-id;

```
template<typename T, typename U>
struct Guide {
      T m;

      Guide(T a) {}
      Guide(T a, int b) {}
};

Guide g(10);              // 에러 발생 T, U에 대한 타입 설정을 할 수 없음
Guide<int,int> g1(1);     // OK
```

예제에서 타입 파라미터가 두 개를 가지는 클래스 템플릿이 정의되어 있다. 꺽쇠를 사용하지 않고 클래스 객체를 선언하면 타입을 유추할 수 없어 에러가 발생한다. 이때는 명시적으로 타입을 지정해야 문제가 없어진다. 꺽쇠를 생략하기 위해서는 추론 가이드를 선언해야 컴파일러는 해당 선언을 참조하여 타입을 유도하여 동작하게 된다.

```
template<typename T, typename U>
struct Guide {
      T m;

      Guide(T a) {}
      Guide(T a, int b) {}
};

template<typename T>
Guide(T) -> Guide<int, int>;      // 구체적인 템플릿-id를 명시함

Guide g(10);  // OK
```

```
Guide g1(0,5);          // 에러 발생. 두 개의 인자의 생성자에 대해 타입을 유추 할 수 없음
```

여기서 두 개의 인자를 가지는 생성자를 사용하여 객체를 생성하면 다시 에러가 발생한다. 다른 타입 파라미터에 대해 타입 유추가 안 돼서 문제가 나온 것이다. 이때 또 다른 추론 가이드가 필요하다. 어떻게 보면 **생성자 오버로딩과 유사하다**. 그래서 추론 가이드를 선언하는 경우에 **파라미터이름 리스트를 다르게** 지정해야 한다.

```cpp
template<typename T, typename U>
struct Guide {
        // 내용 생략
        Guide(T a, int b) {}
};

// [1] 한 개 인자를 가지는 생성자에 대해 유추 가능함
template<typename T>
Guide(T) -> Guide<int, int>;

// [2] 두 개 인자를 가지는 생성자에 대해 유추 가능함
// 파라미터이름 리스트를 두 개 선언.
template<typename T, typename U>
Guide(T, U) -> Guide<int, int>;

// 하기처럼 선언해도 두 개 인자를 가지는 생성자에 대해 유추 가능함
template<typename T>
Guide(T, T) -> Guide<int, int>;

Guide g1(0,5);          // OK
```

15.3.3 특수화(specialization)

클래스 템플릿의 파라미터에 따라 **타입 파라미터**를 가지면 기본 타입 또는 클래스 타입 등이 템플릿 인자로 이용되고 **Non 타입 파라미터**를 가지면 상수식이 템플릿 인자로 사용되어 다양한 경우의 수를 가지는 **템플릿-id**가 생겨난다. 클래스 템플릿을 구현할 때 여러 타입이 사용되는 경우에 대비하여 적절히 동작하도록 코딩을 하게 된다. 많은 것을 고려하여 대부분의 타입에 대응하는 것과 달리 어떤 특정 형태의 타입이 한해서는 별도로 기능이 추가되거나 수정이 필요한 것이 요구될 수 있다. 예를 들면 타입 파라미터에 대해 포인터 또는 참조형 타입이 인자로 사용될 때 코딩 구현을 달리하거나 Non 타입에 대해서 특정 값에 대해서는 예외 사항이 될 수 있어 멤버 함수의 기능을 변경하는 것이다.

□ 부분 특수화(partial specialization)

다음의 예를 보자. 두 개의 타입 파라미터를 받아 연산을 하는 템플릿 클래스가 정의되어 있다. 타입 파라미터에 대해 인자로 사용되는 경우의 수는 상당히 많이 있을 것이다. 그 경우의 수 중에서 두 개의 인자가 같은 타입이 사용되는 패턴도 포함된다. 그리고 한쪽이 포인터 타입이 되는 것도 전체 경우의 수에 들어가게 된다. 타입에 따라 연산의 결과가 변경될 수 있어 타입의 인자로 사용되는 특정 패턴에 대해서는 연산하는 코드를 다르게 하여 클래스 템플릿을 정의할 수가 있다.

```
// 원본 클래스 템플릿(primary class template)
template <typename L, typename R >
struct BasicOp {
        L Load() { /*...*/}
        void Store() { /*...*/}
};

// 부분 특수화 선언 방식
// [1] 특수화 대상이 되는 파라미터 타입 선언
// [2] 클래스이름 옆에 특정 타입의 패턴을 꺽쇠에 넣음
template <typename L> struct BasicOp <L, L> { /*...*/ };

// 부분 특수화: 서로 같은 타입이면서 한쪽이 포인터 타입
template <typename L> struct BasicOp <L*, L> { /*...*/ };

// 부분 특수화: 서로 같은 포인터 타입
template <typename L> struct BasicOp <L*, L*> { /*...*/ };

// 부분 특수화: 서로 타입이 다른 포인터 타입
template <typename L, typename R> struct BasicOp <L*, R*> {/*...*/ };
```

원본 클래스 템플릿에서 타입의 인자에 따라 클래스 구현 내용에 대해 변경이 필요해진다. 예제에서 타입 파라미터에 따른 특정 형태에 대해 별도로 클래스 템플릿을 정의하였다. 이와 같이, 함수 오버로딩처럼 **이름은 같으면서 기능을 달리하는 클래스 템플릿**을 만들게 된다. 클래스 템플릿은 임의에 타입에 대응하도록 파라미터를 선언하는데, 그런 여러 타입 중에 **특정 타입의 패턴**에는 원본 템플릿 대신에 별도로 만들어진 템플릿이 이용되도록 선언하는 것을 **부분 특수화**라고 한다. 부분 특수화를 선언할 때는, 특수화 대상이 되는 타입 파라미터를 선언하고 **클래스이름에 꺽쇠를 추가하고 여기에 특정 타입의 양식**을 넣어 부분 특수화를 한다. 부분 특수화는 클래스 템플릿의 구현 내용을 최적화하고 사용자 입장에서는 같은 템플릿 이름으로 이용되어 코드의 변경이 필요 없는 이점을 가지고 있다.

```cpp
// 원본 클래스 템플릿
template <typename L, typename R > struct BasicOp {/* ... */};

// A 부분 특수화: 서로 같은 타입
template <typename L> struct BasicOp <L, L> {
        /*...*/
        void Store();
};

// 부분 특수화된 클래스 템플릿의 멤버 함수를 구현
// 1. 부분 특수화 템플릿 헤드 선언
// 2. 부분 클래스이름에 특정 패턴을 꺽쇠에 명시함
template <typename L>
void BasicOp <L, L>::Store() { /*...*/ }


// B 부분 특수화: 서로 타입이 다른 포인터 타입
template <typename L, typename R> struct BasicOp <L*, R*> {
        /*...*/
        void Compare();
};
// 부분 특수화된 클래스 템플릿의 멤버 함수를 구현
template <typename L, typename R>
void BasicOp <L*, R*>::Compare() { /*...*/ }
```

부분 특수화를 한 클래스 템플릿의 멤버 함수를 구현하는 예제이다. 멤버 함수를 외부에 구현할 때는 부분 특수화를 선언할 때 사용된 템플릿 헤드를 먼저 쓰고 이후에 **클래스이름과 특정 타입의 패턴을** 같이 선언하고 함수를 구현하면 된다. 여기서 주의 할 것은 원본 클래스 템플릿 헤드가 사용되는 것이 아니라 부분 특수화에 선언된 템플릿 헤드가 이용된다.

부분 특수화는 원본 클래스 템플릿과 서로 별개의 템플릿이 되어 부분 특수화를 할 때 멤버 함수를 추가하고 다른 기능을 부가하는 것도 가능하다. 부분 특수화의 타입 패턴은 원본 템플릿이 사용되는 여러 타입 중에 어느 하나의 경우가 되는 것이기 때문에 원본 템플릿의 파라미터의 종류와 순서를 따라야 되는 것은 당연하다. 또한 원본 템플릿의 파라미터와 같은 선언은 허용이 안 되며 **원본과 반드시 차별이 드러나야 한다.**

```cpp
// 원본 클래스 템플릿
template <typename L, typename R > struct BasicOp {/* ... */};

// 에러 발생 원본 템플릿 파라미터가 일치하면 안 됨
template <typename L, typename R > class BasicOp <L, R>{};
```

```
// 에러 발생 선언된 템플릿 파라미터가 특수화 패턴에 사용되어 함
// 패턴에 사용되지 않는 파라미터는 선언해서는 안 됨
template <typename L, typename R > class BasicOp <L, L>{};
```

부분 특수화 관련해서 다른 제한 사항들이 더 있다. 원본의 **Non 타입 파라미터** 대해 특수화를 하게 되는 경우에 임의의 상수값을 설정하게 되면 부분 특수화가 이루어진다. 이때 타입 파라미터이름을 그대로 사용하면 특수화가 수행되지 않는다. 그런데 클래스 템플릿의 선언된 타입 파라미터를 이용해 다시 Non 타입 파라미터를 설정하는 클래스 템플릿에서 부분 특수화를 하게 되는 경우 해당 Non 타입 파라미터의 부분 특수화가 선언된 타입 파라미터와 의존적인 특징을 가지게 되면 에러가 발생한다. 그리고 부분 특수화 파라미터에 기본값 설정은 허용되지 않고 원본 템플릿에서 설정된 기본값을 따라간다.

```
// 원본 클래스 템플릿
template <typename T, typename R, int N> struct S{};

// 클래스 템플릿의 Non 타입 파라미터 부분 특수화
template <typename T, typename R> struct S<T, R, 10> {};

// 타입 파라미터 부분 특수화, Non 타입 파라미터는 특수화하지 않고 그대로 사용
template <typename T, int N> struct S<T, T, N> {};

// 원본 클래스 템플릿 : 타입 파라미터를 선언하고 해당 타입으로 Non 타입 파라미터 선언
template < typename T , T value>
class Sp {};

// 에러 발생.
// 두 번째 Non 타입 파라미터에 int 타입 10으로 부분 특수화를 설정. 그런데 타입 T에
// 대해서 여러 타입의 인자가 사용될 수 있음. int 타입으로 고정하여 문제가 발생함
template < typename T >
class Sp<T,10> {};
```

Non 타입 파라미터에 대해 특수화를 하는 경우, 수식을 넣어 선언을 하게 되면 해당 값을 유추할 수 없게 된다. 예제를 살펴보면, 첫 번째 부분 특수화는 수식으로 되어 있어, 해당 템플릿이 사용될 때 **Non 파라미터** I가 정확히 어떤 값인지 유추할 수 없다. 그런데 두 번째 특수화는 해당 파라미터를 사용될 때 어떤 건지 알 수 있다.

```
// 원본 클래스 템플릿
template <int I, int J> struct A {};

// 에러 발생
```

```
template <int I> struct A<I+5, I*2> {};

// OK . [ MSVC에서는 오류가 발생함 ]
template <int I> struct A<I, I*2> {};
```

클래스 템플릿이 사용될 때, 원본 템플릿과 여러 특수화 템플릿이 있는 경우에 사용 시 넘겨주는 템플릿 인자에 정확히 맞는 것을 찾아 해당 템플릿 코드를 생성한다. 맞는 것이 없으면 원본 템플릿이 사용된다. 여러 특수화된 템플릿 중에서 맞는 것을 고를 때 기준은 좀 더 **세분화된 템플릿**을 선택한다. 아래 예제에서 보면 ②번 클래스 템플릿이 좀 더 세분화되어 있다. 즉 첫 번째와 두 번째의 파라미터가 같은 템플릿 인수를 취하는 모양을 가진다. 예를 들면, 게이트를 통과하는 사람을 검색할 때, 남자만 설정하면 범위가 너무 커지기 때문에 남자이면서 모자를 쓰고 안경을 착용하는 조건으로 세분화 시키는 것처럼 좀 더 작은 경우의 수가 특징짓게 된다.

```
// 원본 클래스 템플릿
template<int I, int J, class T> class X { };

// 부분 특수화된 두 종류의 클래스 템플릿
template<int I, int J> class X<I, J, int> { };       ------------ ①
template<int I> class X<I, I, int> { };              ------------ ②

int main()
{
        X<1, 1, int> x1;                      // 2번 클래스 템플릿이 사용됨
        X<1, 10, int> x2;                     // 1번 클래스 템플릿이 사용됨
        return 0;
}
```

□ **특수화(완전 특수화)**

부분 특수화는 원본 클래스 템플릿에서 **특정 타입의 패턴**에 적용되도록 별도의 클래스 템플릿을 정의한 것이다. 특정 타입의 패턴보다 명시적이고 구체적인 타입을 지정해서 원본 템플릿 파라미터에 의존하지 않고 클래스 템플릿을 선언 할 수 있다. 이것을 **특수화** 또는 **완전 특수화**라고 한다. 원본 템플릿과 독립적이기 때문에 선언 시 **template<>**을 사용한다. 특수화는 항상 그렇지만 반드시 원본 템플릿의 하나의 경우의 수에 들어가기 때문에 원본 템플릿이 선언된 이후 특수화 템플릿이 정의되어야 한다. 그리고 다시 언급하지만 특수화 템플릿은 원본 템플릿과 별개의 템플릿이다. 원본 클래스 템플릿에 어떤 멤버 함수가 정의되어 있는 경우 특수화 템플릿에서는 그 멤버 함수를 사용하려면 반드시 특수화 템플릿에서 별도로 정의해야 한다.

[예제 15.3-H]

```cpp
#include <iostream>

struct My {};

template<typename T = int> struct A {};
template<> struct A<double> {};          // 특수화 T = double

// 특수화 T = int. 기본값 인자가 있으면 빈 꺽쇠 가능
template<> struct A<> {};

// 원본 클래스 템플릿(primary class template)
template<typename T> struct Member {
        void CheckID() { std::cout << "Primary Class\n"; }
        void Load() { /*...*/}
};

// 특수화 클래스 템플릿 선언. template<> 사용해야 함
template<> struct Member<My>
{
        void CheckID();
};

// 특수화 템플릿에서 멤버 함수 구현 시 template <> 사용하지 않음. 만약에 선언하면
// 에러가 발생함
void Member<My>::CheckID() { std::cout << "Specialization Class\n";}

int main()
{
        Member<int> m1;
        m1.CheckID();   // 출력 : Primary Class

        Member<My> m2;
        m2.CheckID();   // 출력 : Specialization Class

        // 에러 발생. 해당 함수를 특수화 클래스 템플릿에서 정의해야 함
        //m2.Load();
        return 0;
}
```

예제에서 템플릿 파라미터를 일정 값으로 확정하여 특수화 템플릿을 정의했다. 그리고 클래스 템플릿의 멤버 함수를 외부에서 구현을 하였는데 클래스 템플릿 또는 부분 특수화 템플릿과는 다르게 멤버 함수 구현 시에 **template<>**이 사용되지 않는다. 특수화는 보통 원본 클래스를 바탕으로 타입을 명시적으

로 확정하여 만들어진다. 이렇게 되면 해당 클래스가 정의되는 것이다. 그래서 해당 클래스의 멤버들을 구현할 때는 템플릿이 아닌 일반 클래스의 멤버를 구현한 것처럼 template<>을 붙이지 않는다. 부분 특수화와 달리 완전 특수화는 원본 템플릿 파라미터와 의존성이 없기 때문에 template<>을 붙이지 않는 것은 어느 정도 이해가 갈 것이다.

그런데 원본 클래스 템플릿에 대해 완전 특수화된 클래스 템플릿과는 다르게 원본 템플릿에서 각각의 템플릿 멤버를 특수화하는 경우가 있다. 여기서 클래스 템플릿 자체를 특수화하는 것이 아니라 개별적으로 클래스의 템플릿 멤버들을 특수화하는 것이다. 어째든 특수화를 선언하는 것이기 때문에 template<>을 사용하고 정의해야 된다. 내용이 조금 까다로울 수 있어 주의가 필요하다.

```cpp
// 원본 클래스 템플릿
template<typename T> struct Pm {
        void f();
        void g();
};

// 원본 클래스 템플릿의 멤버 함수 구현
template<typename T> void Pm<T>::f(){}

// 일정 멤버에 대해 특수화
template<> void Pm<int>::g(){}

// 특수화 클래스 템플릿
template<> struct Pm<double> {
        void f();
};
// 특수화된 클래스 Pm<double>의 멤버 함수. template<> 생략됨
void Pm<double>::f() {};
```

내용이 혼동의 소지가 있어 다시 한번 정리한다. 원본 클래스 템플릿에서 완전 특수화된 클래스 템플릿을 정의하고 그다음에 그 안에 있는 멤버를 외부에서 정의할 때 template<> 선언하지 않고 진행한다. 여기서 완전 특수화된 클래스 템플릿을 선언을 먼저 하고 멤버들을 외부에서 정의한다는 것이다. 한 가지 중요하게 알아두어야 할 핵심 사항은 완전 특수화를 한다는 것을 알리는 신호가 template<>이다. 클래스 템플릿을 특수화하거나 클래스의 멤버를 특수화하거나 어째든 완전 특수화를 한다는 선언을 template<>로 시작한다는 것이다. 그리고 그 이후 특수화된 클래스 템플릿의 멤버를 정의할 때는 해당 선언을 생략하고 진행하면 된다.

```
// 원본 클래스 템플릿
template<typename T> struct A {
        struct B {/*...*/};
        void f(T);
        template<typename X1> void g(X1 a);
        void h(T) { /*...*/}
};

// 완전 특수화 A<int>를 선언하는 것이기 때문에 template<>로 시작해야 함
template<> struct A<int> {
        void f(int);
};

// template<> 생략함. 클래스 템플릿이 A<int>로 확정되어 멤버를 정의하는 것과 같음
void A<int>::f(int) { /* ... */ }

// 완전 특수화 A<char>를 선언하는 것이기 때문에 template<>로 시작해야 함
// 특수화가 되면 별도의 클래스가 만들어짐. 보통 원본과 다르게 구현함
template<> struct A<char>::B {
        void f();
};

// 완전 특수화 A<double>를 선언하는 것이기 때문에 template<>로 시작해야 함
template<> void A<double>::f(double) {}

// 완전 특수화 A<short> 대한 g() 함수 정의
template<> template<typename X1> void A<short>::g(X1) {}

// 완전 특수화 A<short> 그리고 g() 함수 템플릿 대해 특수화 g(double)
// 템플릿 관련해서 두 개에 대해 특수화하기 때문에 template<> 이 두 번 사용됨
template<> template<> void A<short>::g<double>(double a) {}
```

예제를 보면 알겠지만 진짜로 딱 하나만 기억하면 된다. 원본 템플릿에서 완전 특수화를 할 때 반드시 잊지 말고 **template<>** 선언하고 시작한다. 그리고 특수화된 클래스 템플릿 안에 멤버를 정의할 때는 해당 선언을 생략한다. 이 원칙대로 차례대로 수행하면 문제가 없을 것이다.

□ 명시적인 템플릿 코드 생성(Explicit instantiation)

템플릿은 사용하기 전까지는 하나의 틀로 존재하고 어떤 코드도 만들어지지 않는다. 이것은 이미 언급한 사항이다. 그런데 템플릿 사용 전에 특정 타입으로 템플릿 코드를 생성시키는 방법이 있다. 이것은 클래스 템플릿의 특수화하고 비슷해 보인다. 그런데 클래스 템플릿의 특수화를 해도 해당 특수화된 템플릿을 사용하지 않으면 해당 코드가 생성되지 않는다. 명시적인 템플릿 코드 생성을 위한 선언은 보통

자주 사용되는 타입에 대해 코드를 만들어 컴파일이 빠르게 진행될 수 있고 또한 템플릿 코드를 헤더 파일과 소스 파일로 나누어 제작할 때도 유용하다. 선언 형식은 다음과 같다.

명시적인 템플릿 코드 생성 선언
extern_{옵션} template 선언;

선언:
  템플릿-id에 의한 함수, 클래스, 변수 선언;

예제를 보자. 이 선언이 의미하는 것을 쉽게 알 수 있다. 핵심은 해당 **템플릿-id**로 함수, 클래스 또는 변수의 선언에 대해 해당 템플릿 코드가 생성된다. 클래스 템플릿의 경우에는 템플릿이 아닌 멤버 및 멤버 함수의 전체가 만들어진다. 명시적 선언이 사용된 컴파일된 코드를 보면 해당 클래스 템플릿에서 정의된 함수 관련 코드가 생성되었다.

명시적 선언 사용 전

```
template<typename T> struct A {
        A(){}
        void f(T){}

        template<typename X>
        void g(X a){}
};

int main(){}

main:
        push  rbp
        mov   rbp, rsp
        mov   eax, 0
        pop   rbp
        ret
```

명시적 선언 사용 후

```
template<typename T> struct A {
        A(){}
        void f(T){}

        template<typename X>
        void g(X a){}
};
template struct A<int>;

int main(){}

A<int>::A()
        // 내용 생략
        pop   rbp
        ret
A<int>::f(int):
        // 내용 생략
        pop   rbp
        ret
main:
        push  rbp
        mov   rbp, rsp
        mov   eax, 0
        pop   rbp
        ret
```

명시적인 선언은 **template** 키워드로 시작하고 이후 관련된 선언을 한다. 우리가 특수화를 할 때 사용하는 **template<>**과 혼동을 해서는 안 된다. 특수화는 원본 클래스 템플릿과 대비하여 별도로 클래스 템플릿을 정의를 하는 것이다. 그런데 명시적 선언은 **원본 클래스를 기반을 두어** 특정 타입으로 클래스 템플릿 코드를 만들게 된다. 다음을 보자.

클래스 템플릿에 대해 특수화된 클래스 템플릿을 정의했다. 이후 특수화된 타입으로 명시적 선언을 하게 되면 해당 선언은 무시된다. 그냥 없는 것과 같다. 해당 템플릿 코드는 만들어지지 않는다. 그런데 순서를 다르게 하면 명시적 선언이 특정 타입으로 코드를 만들고 이후 해당 타입으로 특수화를 하게 되면 이미 코드가 만들어졌기 때문에 특수화 선언에서 에러가 발생한다.

```
// 원본 클래스 템플릿
template<typename T> struct A {
        // 내용 생략
};
// 클래스 템플릿 특수화. 해당 템플릿을 사용하지 않으면 코드가 생성되지 않음
template<> struct A<int>{};

// 특수화 이후 같은 타입으로 명시적 선언을 하면 선언 자체가 의미가 없어짐. 그냥 무시됨
template struct A<int>;
template struct A<double>;              // 정상적으로 해당 템플릿 코드 생성됨

// 원본 클래스 템플릿
template<typename T> struct A {
        // 내용 생략
};
template struct A<int>;
template<> struct A<int>{};            // 에러 발생
```

다음은 클래스 템플릿의 멤버 함수 템플릿에 관련하여 명시적인 선언을 하는 경우를 살펴보자. 선언 방식은 **template** 키워드 시작하고 각각 템플릿-id로 설정해서 선언을 하면 된다. 방식은 해당 멤버 함수 템플릿을 특수화하는 식으로 템플릿-id를 만들면 된다. 다시 이야기하지만 이것은 템플릿 특수화가 아니다. 템플릿 특수화를 나타내는 **template<>**이 사용되지 않는다.

```
template<typename T> struct A {
        A(){}
        void f(T){}

        template<typename X> void g(X a){}
```

```
        };
```

```
        // 클래스 템플릿-id : A<int>. 멤버 함수 템플릿-id : g<double>
        template void A<int>::g<double>(double);
```

```
        // 하기는 클래스 멤버 함수 템플릿 특수화. 같이 선언하면 에러가 발생함
        // template<> template<> void A<int>::g<double>(double){}
```

명시적 선언은 해당 템플릿 코드를 생성하라고 알리는 것이기 때문에 해당 템플릿이 미리 정의되어 있어야 한다. 정의되어 있지 않은 상태에서 선언하면 당연히 에러가 발생한다. 또한 명시적 선언을 하면서 해당 템플릿을 정의하면 안 된다. 이것도 에러가 발생한다.

```
        template<typename T> struct A ;
        template struct A<int>;// 에러 발생. 해당 템플릿 클래스가 정의되어 있지 않음
```

```
        template<typename T> struct B ;
        template struct B<int>{};          // 에러 발생. 명시적 선언에서 정의를 하지 않음
```

15.3.4 프렌드(Friends)

friend 지정자가 사용된 함수나 클래스가 클래스 내에서 선언되면, 해당 클래스의 멤버들을 접근하는 권한을 가진다. 일반 함수나 클래스뿐만 아니라, 함수 템플릿 또는 클래스 템플릿도 friend가 될 수 있다. 클래스 템플릿이 friend로 지정하면 해당 템플릿의 특수화된 클래스도 같이 friend가 된다. 그래서 부분 특수화된 클래스 템플릿을 friend로 선언할 필요가 없다.

```
        template< typename T>
        class Member {
        public:
                // 클래스 템플릿 friend 선언
                template<typename P> friend class History;

                int GetZip() { return ZipCode; }
                Member() {}
        private:
                int Phone;
                int ZipCode;
                int RegisterDate;

                // 일부 멤버 함수 생략
        };
```

```
// 클래스 템플릿 원본 : Member 클래스의 멤버 접근 가능
template<class T> class History
{
public:
        History()
        {
                Member<T> m;
                date = m.RegisterDate;
        }
private:
        int date;
};
// 클래스 템플릿 부분 특수화 : Member 클래스의 멤버 접근 가능
template<class T> class History<T*>
{
public:
        History()
        {
                Member<T*> m;
                date = m.RegisterDate;
        }
private:
        int date;
};
```

15.4 함수 템플릿

함수의 반환 타입, 파라미터 리스트의 타입 및 함수 본체에서 템플릿 파라미터를 사용하기 위해 함수 템플릿(function template)을 정의하게 된다. 이전에 기술된 템플릿 파라미터 설정과 사용법은 함수 템플릿에서도 동일하게 적용된다. 여기서는 좀 더 구체적으로 함수 템플릿이 어떻게 사용되는지 살펴본다. 특히 함수 템플릿의 파라미터를 명시적으로 꺾쇠를 통해 지정하지 않아도 함수의 템플릿 인자를 통해서 해당 파라미터를 유추하여 함수 템플릿을 사용하는 것을 알아볼 것이다. 함수가 오버로딩되는 것처럼 함수 템플릿도 함수의 템플릿 파라미터 타입을 다르게 하여 오버로딩을 함수를 생성할 수 있는데 여러 오버로딩 함수가 있을 때 어떻게 적합한 함수를 검색하는지에 대해서도 살펴볼 것이다.

우선 함수 템플릿의 형식은 클래스 템플릿처럼 **템플릿 헤드**를 선언하고 함수의 형식에 맞게 함수를 정의하면 된다. 함수 형식은 일반 함수 또는 멤버 함수의 형식을 그대로 따라간다. 다만 멤버 함수의 템플릿은 **virtual** 지정자는 허용되지 않는다. 함수 템플릿에서 함수의 파라미터는 선언된 템플릿 파라미터

를 사용하여 보통 선언된다. 이것은 해당 함수 템플릿을 사용할 때 별도로 꺽쇠에 타입을 지정하는 것을 생략하여 타입을 유추하는 데 지대한 역할을 하게 된다.

```cpp
template<typename T> struct A {
        //멤버 함수 템플릿
        template<typename X> void g(X a) const {};
};

//함수 템플릿
template <typename Type>
void sort(const Type first, const Type last) {}

int main()
{
        A<int> a;
        a.g<int>(10); //명시적인 타입 지정 생략 가능. a.g(10)

        int ar[5] ={ 1,12,23,40,99 };

        // 명시적인 타입 지정 생략. sort<int*>(ar, ar+4)
        // ar 타입: int*. 함수 파라미터의 T first 따라서 T = int*
        sort(ar, ar+4);

        return 0;
}
```

15.4.1 함수 템플릿 인자 유추(Argument deduction)

함수 템플릿을 사용할 때 함수 템플릿의 파라미터를 명시적으로 지정하지 않아도 함수의 템플릿 인자를 통해서 해당 파라미터를 유추하여 함수 템플릿이 호출되어 사용에 있어 편리성을 제공한다. 이를 위해서는 함수 호출을 하는 경우에 인자의 목록과 선언된 템플릿 파라미터의 종류와 순서를 일치시키는 것은 기본적인 요건이 된다. 함수 템플릿의 인자 유추는 컴파일러가 내부적으로 처리하는 것이라 함수 템플릿의 사용에 있어 더욱더 유용성이 증대된다.

[예제 15.4-1]

```cpp
template <typename T> void f(const T) {};
template <typename T> void g(T&) {};
template <typename T> void h(T[]) {};
template <typename T> void my(T(*)[5]) {};
template <typename T> void func(T(*)()) {};
```

```
int foo() { return 0; }

int main()
{
        int a = 0;
        int ar[5] = { 1,12,23,40,99 };

        f(0);              // f<int>(int) 함수. const 생략됨
        f<>(10);           // 빈 꺽쇠 지정 가능함
        g(a);              // g<int>(int&) 함수
        h(ar);             // h<int>(int*) 함수. 1차원 배열 인자를 사용

        int ar2[4][5];
        my(ar2);           // h<int>(int(*)[5]) 함수 2차원 배열 인자를 사용

        func(foo);         // func<int>(int(*)()) 함수. 함수 포인터 인자를 사용

        return 0;
}
```

예제를 보면 함수 호출 관련하여 기술되었던 것과 많이 유사하다. 함수 템플릿의 유추 기능은 일반적인
함수 호출을 할 때 내부적인 타입 변환이 발생하는 것을 포함한다. const 지정자가 있는 것을 지정자를
삭제하는 것으로 변환하거나 배열을 포인터로 또는 함수를 포인터로 변환하는 작업이 그대로 적용된
다.

참고로 클래스 템플릿을 생성할 때 인자 유추가 되지 않는 것이 원칙이다. 그런데 **C++17** 이후부터는 추
론 가이드에서 기술된 것처럼 생성자에서 템플릿 파라미터의 타입으로 인자가 선언되는 경우에 함수의
인자 유추의 기능이 동작되어 꺽쇠를 통한 명시적인 타입 설정이 필요 없어진다.

```
template <typename T> struct Deducing{
        Deducing(T) {}
        Deducing(T, T&) {}
        Deducing(T*) {}
};

int a=10;

Deducing de1(a);          // OK. Deducing<int> de1(a)
Deducing de2(10,a);       // OK
Deducing de3(&a);         // OK
```

□ 참조형 타입 인자

함수 템플릿의 **rvalue** 참조형 파라미터 타입 대해서는 일반 함수를 호출할 때와 다른 경우가 있어서 이 부분에 대해 살펴보자.

```
void my(int&&) {}
template <typename T> void g(T&) {}        // lvalue 참조형 파라미터
template <typename T> void f(T&&) {}       // rvalue 참조형 파라미터

int a=10;
int&& ref = a + 10;

my(a);          // 에러 발생. 변수 a는 lvalue 참조형
my(10);         // OK

g(a);           // OK
g(10);          // 에러 발생. 상수는 허용 안 됨. lvalue 참조형 타입을 가져야 됨

f(a);           // OK. 변수 a는 lvalue 참조형으로 처리함. f<int&>(int&)
f(ref);         // OK. ref는 lvalue 참조형으로 처리함. f<int&>(int&)

f(10);          // OK. 인자는 상수로 int 타입. f<int>(int&&) : T = int
f(&a);          // OK. 인자는 포인터 타입. f<int*>(int*&&) T = int*
```

lvalue 참조형 타입의 함수 템플릿 같은 경우에는 인자가 반드시 lvalue 참조형 타입을 가져야 한다. 그런데 함수 템플릿의 파라미터가 const, volatile 지정자가 없는 **rvalue** 참조형 타입을 가지고 있으면 변수 및 상수를 인자로 사용하여 함수 호출이 가능하다. 해당 함수 템플릿에서 인자의 모양만 봐서는 rvalue 참조형 타입만 허용될 것이라고 생각이 들지만 참조형 파라미터에 대해서는 내부적으로 동일한 타입으로 처리하도록 되어 있다. 즉 lvalue 및 rvalue 타입의 인자는 lvalue 참조형 파라미터 타입을 갖는다. 또한 참조형 타입의 인자가 아닌 경우에는 해당 인자의 타입에 맞는 파라미터 타입을 가진다.

□ 함수 타입 인자

함수 타입을 인자로 가지는 함수 템플릿을 이전 예제에서 설명을 하였는데 여러 인자와 함께 함수 타입의 파라미터로 선언된 경우를 알아보자. 함수 타입으로만 파라미터가 선언된 함수 템플릿에서는 함수 타입 자체가 인자 유추에 사용된다. 이때 함수 오버로딩에 따라 모호함이 문제가 나올 수 있다. 그런데 다른 타입과 함수 타입이 파라미터로 사용되면 이때는 함수 타입 대신에 다른 타입이 인자 유추를 결정한다. 예제를 보자.

```
template <typename T> int f(T (*p)(T));
template <typename T> int f(T, T (*p)(T));

float g(float);
int g(int);

f(g);       // 에러 발생. 두개의 g 함수가 있기 때문에 함수 타입에 대해 결정을 할 수 없음
f(1, g);    // OK. int 타입으로 유추하여 함수 타입이 결정됨. f(int, int (*)(int))
```

□ 파라미터 타입 유추 형식

예제에서 보여 준 것처럼 함수 템플릿에서 하나의 파라미터에 대응하여 함수 인자를 유추가 가능한 것은 함수 인자와 파라미터의 관계에 일정한 형식을 가진다. 이런 관계를 일반화하여 나타내 보면 다음과 같다.

함수의 파라미터의 형식 : <템플릿 파라미터 T> 함수(파라미터 형식)
T: 템플릿 파라미터 TT : 템플릿 템플릿 파라미터
i: Non 타입 파라미터 cv : const, volatile
type : 데이터 타입, usertype : 사용자 정의 타입

파라미터 형식
일반 타입(참조형, 배열, 포인터 타입 포함) :
**T, cv T, T*, T&, T&&, T[상수식], T usertype::*, type T::*, type[i], TT<T>,
TT<i>, TT<>, 클래스템플릿이름<T>, 클래스템플릿이름<i>**

함수 타입 :
**T(), T(T), type(T), T (usertype::*)(T), type (T::*)(T), T (T::*)()
type (usertype::*)(T), T (T::*)(T)**

이전 예제에서 참조형, 포인터 및 함수 타입의 인자로 템플릿 파라미터를 유추하는 예가 기술되었다. 여기서는 몇 가지 예를 이해 차원에서 좀 더 알아보겠다. 함수의 파라미터 형식에서 type은 기본 및 사용자 정의 타입으로 포인터 및 참조형 타입을 포함한다. 그리고 usertype은 클래스 또는 열거형 타입을 의미한다. 예제는 일반 타입 관련하여 인자 유추의 형식을 보여 준다.

[예제 15.4-J]

```
struct A{
        int m;
};

template <typename T> struct B {};;
```

```
template <typename... T> struct C {};

// T usertype::* 형태의 클래스 멤버에 대한 포인터를 인자로 가짐
template <typename T> void f(T A::*);

// type[i] 형태의 인자를 가짐. 하기는 1차원 배열의 크기를 가져오는 템플릿 함수
template <int N> int g(int(&)[N]) { return N; }

// TT<T> 형태의 인자 가짐
template <typename T, template <typename D> typename TT> void h(TT<T>);

// TT<> 형태의 인자 가짐
template <template <class ...> typename TT> void j(TT<>);

// 클래스템플릿이름<T> 형태의 인자 가짐
template <typename T> void k(B<T>);

int main()
{
        int A::* pm = &A::m;
        f(pm);          // T = int

        int ar[10];
        g(ar);          // N = 10

        B<int> b;
        h(b);           // T = int, TT = B

        C<> c;          // 템플릿 파라미터 팩에서 어떤 인자도 같지 않는 경우
        j(c);           // TT = C

        k(b);           // T = int

        return 0;
}
```

예제에서 배열 크기가 함수의 파라미터가 되는 경우에는 직접 배열로 선언해서는 크기를 유추하는 것은 어렵다. 참조형 타입으로 배열을 선언해야 배열의 크기에 대한 유추 과정이 진행된다. 예제에서 배열 크기를 가져오는 함수는 이런 형태로 실제로 STL에서 사용된다. 그리고 템플릿 파라미터 팩은 파라미터의 개수가 제로 또는 하나 이상을 의미한다. 파라미터가 없는 경우도 하나의 경우의 수에 포함된다. 다음은 함수 타입 관련하여 인자를 유추하는 예제이다. 함수 타입이 일치하면 인자로 함수 포인터를 넘겨주면 된다.

[예제 15.4-K]

```
struct A{
        int m;
        int func(int);
        char fm(A);
};

// type(T) 형태의 인자
template <typename T> void f(double(T));

// T (usertype::*)(T) 형태의 인자
template <typename T> void g(T (A::*)(T));

// type (T::*)(T) 형태의 인자
template <typename T> void h(char (T::*)(T));

double func(int);

int main()
{
        f(func);           // T = int

        int (A::* pmf)(int) = &A::func;
        g(pmf);            // T = int

        char (A::* fm)(A) = &A::fm;
        h(fm);
        return 0;
}
```

이렇게 함수 인자 유추되는 것을 여러 예제를 통해 살펴보았다. 유추 과정의 기본 원칙은 이미 언급한 대로 템플릿 파라미터의 종류와 순서를 맞게 함수의 인자가 사용되면 코드상에서 문제가 발생하지 않고 인자 유추가 진행될 것이다. 다음은 좀 더 이해 차원에서 사용상에 혼동의 여지가 있는 예를 알아보자.

[1] 여러 템플릿 파라미터 중에서 순서에 따라 어느 하나의 파라미터가 유추되지 않는 경우

```
template<typename X, typename Y> X f(Y);
f(0.1);           // 에러 발생. 타입 X는 유추가 되지 않음. => f<int>(0.1)

template<typename X, typename Y, typename Z> void f(X, Z);
f(1, 0.1);        // 에러 발생. 타입 Y는 유추가 되지 않음. => f<int,char>(1, 0.1)
```

[2] 함수의 기본값 인자는 타입 유추에 영향을 주지 않음

```
template<typename X, typename Y= double> void f(X x=0, Y y=10);
f(1, 'a');       // OK. f<int,char>(1,'a')
f(1);            // OK. f<int,double>(1,0)
f<int>();        // OK. f<int,double>(0,0)
f();             // 에러 발생. 타입 유추가 안 됨
```

[3] cv 한정자가 설정된 rvalue 참조형 타입은 rvalue 타입만 인자로 받아들임

```
template<typename X> void f(const X&&);
int a=0;
f(a);            // 에러 발생. 변수 a : lvalue 타입
f(1);            // OK
```

[4] 하나의 템플릿 파라미터에 대해 함수의 인자 타입이 서로 달라 타입 유추가 되지 않는 경우

```
template<typename X> void f(X x, X y);
f(1, 1);   // OK. f<int>
f(1, 0.1);// 에러 발생. 서로 다른 타입의 인자가 사용되어 타입 유추가 안 됨

struct A { /* ... */ };
struct B : A { /* ... */ };

A a;
B b;

// 에러 발생. 자식 클래스가 부모 클래스로 변환될 수 있어 타입을 확정할 수 없음
f(a,b);
f(a,a);          // OK.
```

[5] 2차원 이상의 배열에서 배열 크기를 유추하는 경우. 크기를 가져오기 위해서는 예제처럼 참조형으로 파라미터를 선언해야 함

```
template<int i> void f1(int a[10][i]);
template<int i> void f2(int a[i][20]);
template<int i> void f3(int (&a)[i][20]);

int v[10][20];
f1(v);           // OK. i = 20

// 에러 발생. 2차원 배열은 (*)[20]으로 해당 템플릿에서 크기를 유추할 수 없음
f2(v);
f3(v);           // OK. i = 10
```

15.4.2 함수 템플릿 특수화

함수 템플릿에서 특정 타입으로 특수화를 할 수 있다. 그런데 클래스 템플릿과 달리 부분 특수화는 허용되지 않고 완전 특수화만 가능하다. 특수화하기 위해서는 **template<>**을 먼저 선언하고 함수를 정의한다. 특수화는 원본에서 하나의 경우의 수이기 때문에 원본 함수 템플릿이 먼저 선언되어 있어야 한다. 그리고 함수 특수화를 할 때 반드시 원본 함수의 파라미터의 타입과 개수를 일치시켜야 된다. 함수 템플릿 특수화는 오버로딩 함수를 만드는 것이 아니다. 다음의 예제를 보자.

```
// 원본 함수 템플릿
template<class T> void sort(T v) { /* ... */ }

// 함수 템플릿 특수화. 아래는 동일함
template<> void sort<int>(int v);        // 명시적으로 특정 타입을 꺾쇠로 명시
template<> void sort<>(int v);           // 빈 꺾쇠 사용
template<> void sort(int v);             // 꺾쇠 생략

// 특수화 시 함수 특성 관련 지정자 사용은 원본과 다르게 해도 가능함
template<> inline void sort(double v);

template<> void sort<int>(int& v);       // 에러 발생. 타입이 맞지 않음
template<> void sort(int& v, int);       // 에러 발생. 파라미터의 개수가 다름
```

함수 템플릿의 특수화는 명시적으로 특정 타입을 선언하여 이루어질 수 있고 선언을 생략할 수 있다. 이때는 타입이 유추되어 특정 타입이 확정된다. 이것은 이전 장에서 기술된 함수 템플릿 인자 유추과정과 동일하다. 이런 형태의 함수 특수화 선언이 가독성 측면에서 좋아 보인다. 클래스 템플릿의 특수화와 달리 함수 템플릿의 특수화는 보통 함수 템플릿의 오버로딩으로 대체하여 처리가 가능하다. 템플릿 파라미터 또는 함수의 파라미터의 변경을 통해 별도로 오버로딩을 하게 되면 함수 특수화보다는 범용성이 더 증가되는 측면이 있다.

함수 템플릿 특수화와 별개로 이전에 기술된 명시적 템플릿 코드 생성에 관해서 함수 템플릿에 적용하여 사용 예를 살펴보자. **template** 키워드와 함께 함수 특수화와 같이 인자를 지정하여 선언한다. 여기서 꺾쇠에 타입을 설정하거나 비워 두거나 생략할 수 있다.

```
template<class T> void sort(T v) { /* ... */ }

// 설정된 인자 타입으로 함수 코드가 생성됨
template void sort<int>(int v);
template void sort<>(double v);
```

```
template void sort(char v);
```

15.4.3 함수 템플릿 오버로딩

함수 템플릿은 템플릿 파라미터의 종류 또는 개수를 다르게 하여 템플릿 오버로딩이 허용된다. 또한 일반 함수의 오버로딩의 규칙과 유사하게 하나의 템플릿 파라미터에서 함수의 인자의 개수 또는 타입에 대해 변경을 하여 템플릿 오버로딩이 가능하다. 예를 살펴보자.

```
// 템플릿 파라미터의 종류 및 개수가 서로 다름
template<typename T> void f();
template<int T> void f();
template<typename T, typename D> void f();

// 하나의 템플릿 파라미터에 대해 함수의 인자의 타입이 서로 다름
template<typename T> void f(T a);
template<typename T> void f(T* a);
template<typename T> void f(const T&& a);

// 하나의 템플릿 파라미터에 대해 함수의 인자의 개수가 서로 다름
template<typename T> void f(T a);
template<typename T> void f(T a, T b);

// 함수의 반환 타입이 다름. 오버로딩 가능함
template<typename T> T f(){};
template<typename T> int f(){};

f<int>();        // 에러 발생. 함수에 대한 모호함 문제
```

함수의 템플릿의 오버로딩은 템플릿 파라미터와 함수의 파라미터의 타입 또는 개수에 따라 결정된다. 예제는 다양한 경우에 여러 오버로딩 함수를 보여 준다. 그런데 일반 함수의 오버로딩과는 다르게 함수 템플릿의 반환 타입이 달라져도 오버로딩은 가능하다. 다만 해당 함수를 호출할 때 모호함이 생기기 때문에 그렇게 선언하지는 않는다. 그럼 여러 함수 템플릿 오버로딩 함수 중에 함수 호출을 할 때 어떤 함수가 선택되는지 알아보자.

```
template<typename T> void f(T a) ;
template<typename T> void f(T* a) ;
template<typename T> void f(const T* a);

int* p;
f(p);            // f(T*) 호출
```

```
const char* pc;
f(pc);          // f(const T*) 호출
```

예제의 함수 템플릿 오버로딩에서 인자에 따른 함수 선택의 기준은 해당 타입이 좀 더 세분화된 인자를 가진 함수가 된다. 포인터 타입이 일반 타입보다 세분화되어 있고 **const** 지정자가 붙으면 더욱 범위가 좁혀져 그에 맞는 함수를 찾게 된다. 이런 기준을 적용할 때 함수의 기본값 인자 또는 파라미터 팩은 영향을 주지 않고 오직 타입만 기준으로 삼는다.

```
template<typename T> void f(T a) ;
template<typename T> void f(T* a, T b=0) ;

int* p;
f(p);          // f(T* a,T b=0) 호출
```

함수 템플릿과 같은 이름 및 함수 타입을 가진 템플릿이 아닌 일반 함수와 함수 템플릿이 함께 있을 경우에는 서로 독립적으로 존재하게 된다. 특히 일반 함수와 동일한 기능의 함수 템플릿이 있어도 별도로 일반 함수의 코드가 생성된다. 함수 템플릿이 전혀 영향을 주지 않는다.

```
template<typename T> void f(T a){};
template<typename T> void f(T* a){};

template void f<int>(int a);          // 명시적 선언으로 코드가 생성됨
void f(int a){};                      // 일반 함수이기 때문에 코드가 생성됨

int* p;
f(0);     // f(int a) 호출: 일반 함수의 인자타입이 일반 함수에 가장 적합함
f(p);     // f(T* a) 함수 호출
```

15.5 템플릿 인자 제약 조건 (since C++20)

템플릿을 사용할 때, 우리는 해당 파라미터에 종류에 맞는 템플릿 인자를 넣어 이용한다. 그리고 템플릿은 임의에 템플릿 인자에 대응하도록 설계가 되고, 특정 타입 패턴에 대해서는 별도로 특수화 템플릿을 만들어 해당 인자에 대처하여 범용성을 최대화시킨다. 이와는 별개로, 템플릿의 기능에 따라 템플릿 인자를 사용함에 있어 제한이 있는 경우가 있다. 예를 들면, 정수 타입만 또는 포인터 타입만 템플릿 인자로 사용되거나 **Non 타입 파라미터**에서는 사용 크기에 제약을 두고 템플릿을 구현할 수 있는데, 이것은 타입을 특수화하는 경우와 다르고, 타입에 **제약 조건**(constraints)을 걸어서 조건에 부합하지 않으면

사용 시, 컴파일 에러가 발생하게 하여 템플릿 사용에 생길 수 있는 오동작을 미리 방지하게 된다. 이런 기능이 소개되기 전까지는, 템플릿을 구현할 때 템플릿 파라미터에 대해 직접 조건을 확인하여 템플릿을 사용 시 제약 조건과 비슷한 효과를 볼 수 있었다. 이것은 템플릿 내부에서 체크하고 필요시마다 별도로 만들어야 하는 단점이 있다. 그래서 파라미터 타입의 확인 기능의 도입으로 제약 조건들을 일반화(템플릿 구현)하여 다른 템플릿에서도 공용화할 수 있다. 정수 타입, 포인터 타입, 참조형 타입 등의 조건들은 일반적인 제약 조건들로 어느 템플릿에서도 파라미터를 체크하는 데 이용될 수 있으며 C++20에서는 예로 들은 조건들 이외에 비교, 산술 또는 클래스의 연산자 오버로딩이 구현 여부를 확인하는 다양한 조건들을 일반화하여 하나의 **콘셉트**(concept) 라이브러리(**STL**)를 만들어 제공한다.

콘셉트의 기능이 도입되기 전에는 템플릿에서 파라미터를 어떻게 확인하는지를 알아보자. 아래 예제의 함수 템플릿은 소수(prime number) 여부를 확인하는 기능을 가지는데, 타입의 제약 조건식을 사용하는 대신에 타입을 체크하는 라이브러리를 통해 템플릿 내부에서 템플릿 인자의 조건을 확인하여 컴파일 시 조건에 따라 오류 메시지가 보이도록 하였다.

[예제 15.5-L]

```
#include <type_traits>

template<typename T>
bool IsPrimeNumber(T num)
{
        // 정수 및 양수를 확인함
        static_assert(std::is_integral_v<T>, " Use integral types !!!");
        static_assert(std::is_unsigned_v<T>, " Use unsinged !!!");

        for(int i=2; i<num ; i++){
            if( num % i == 0)
                        return false;
        }
        return true;
}

int main()
{
        unsigned int num1 =10;
        int num2 = -13;

        auto a = IsPrimeNumber(num1);      // 정상 동작

        // 자연수가 아니기 때문에 Use unsinged !!! 에러 메시지 발생
```

```
// 에러 메시지는 템플릿 코드 내에 static_assert 이 설정된 해당 라인을 보여 줌
// 아래 사용된 코드 라인이 아님
auto b = IsPrimeNumber(num2);

// 정수가 아니기 때문에 오류 메시지 발생
// 타입 체크하는 것과 별도로 타입이 서로 맞지 않아 컴파일 에러도 함께 발생함
auto c = IsPrimeNumber(10.5);

return 0;
}
```

한 가지 더 템플릿 파라미터 타입을 확인하는 형식을 알아보자. **std::enable_if**은 첫 번째 인자를 조건식으로 받아들이고 해당 결과가 true이면 정상적인 데이터 타입을 가지고 선언을 할 수 있다. 조건이 false가 되면 데이터 타입을 갖지 않아 선언에 문제가 되어 에러가 발생하는 구조를 가진다. 예제를 살펴보자. 템플릿 함수의 파라미터에 대해 정수 및 양수 조건을 확인하기 위해 하기처럼 설정을 하였다. 조건이 만족되면 enable_if의 결과는 void 타입을 가지며 또한 해당 함수의 반환 타입이 된다. 조건이 맞지 않으면 반환 타입이 설정되지 않아 관련 함수를 사용할 수 없게 된다.

```
template<typename T>
typename std::enable_if<(std::is_integral_v<T> && std::is_unsigned_v<T>)>::type
IsPrimeNumber(T num)
{
        // 내용 생략;
}

unsigned int num1 =10;
IsPrimeNumber(num1); // OK
```

위의 예제는 함수의 반환 타입이 void가 될 경우에 사용되는 것을 보여 주는데 함수가 다른 반환 타입을 가지는 때에서는 템플릿 파라미터의 형식으로 사용해서 타입을 체크해야 되며, 템플릿 파라미터 선언할 때 기본값 인자를 가지는 형태로 선언을 하게 된다. 조건이 true가 되면 해당 템플릿 파라미터는 void 타입을 갖는다. 보시면 알겠지만 템플릿 파라미터를 확인하기 위해 약간은 인위적인 방법이 사용되었고 템플릿 파라미터 선언 형식이 조금은 복잡해질 수 있다. 그래서 이런 부분의 개선을 위한 방법이 제공된다.

```
template<typename T, typename=typename std::enable_if<(std::is_integral_v<T>)>::type>
T func() {}
```

```
func<int>();   // OK
```

15.5.1 requires 구문(clause)

이 구문은 템플릿 파라미터에 제약 조건을 설정할 때 사용된다. 이 구문이 선언된 해당 템플릿을 사용하는 코드에서 조건이 맞지 않으면 템플릿을 사용된 코드 라인에 에러 메시지가 발생한다. 따라서 사용자는 해당 라인의 코드를 살펴보고 템플릿 파라미터의 타입에 조취를 취하게 된다. 이전 예제는 템플릿 코드 블록 안에서 타입을 체크하게 되어 실제로 여러 소스 코드에서 템플릿이 사용될 때 정확히 어디에서 발생하는지 알기 어렵게 된다.

requires 구문은 requires 키워드를 사용하여 여러 제약 조건식을 둘 수 있는데, 이때 논리 AND(&&), OR(||), 부정(!) 연산자를 통하여 여러 형태의 조건을 설정하여 좀 더 세밀하게 조건을 둘 수 있다. 여러 조건이 설정될 때는 괄호 ()를 사용하여 구문을 구분 짓는 것이 좋다. 각각의 조건식은 true 또는 false의 **bool** 타입을 가지는 수식이어야 한다. 아래는 requires 구문의 사용 형식이다.

requires 제약조건식

이 구문을 쉽게 이해하자면, 템플릿에서 사용되는 파라미터에 여러 조건식이 설정된 **if 문**에서 해당 템플릿의 파라미터가 사용 시 조건에 맞으면 그 템플릿이 사용이 되고 조건에 맞지 않으면 템플릿 사용된 해당 코드에서 에러 메시지가 발생한다.

[그림 15.1]

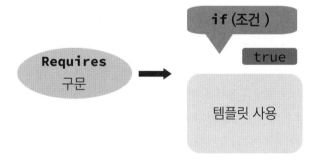

아래는 이전에 설명된 함수 템플릿에서 requires 구문을 사용해 제약 조건식을 사용한 예제이다. 이 구문은 템플릿 파라미터 다음에 위치한다. 템플릿 파라미터의 조건이 맞지 않게 템플릿이 사용되면 해당 라인에 에러 메시지가 나오게 된다. requires 구문은 템플릿 파라미터 선언 다음에 위치하거나 함수 선언 뒤에 위치할 수 있다.

[예제 15.5-M]

```
#include <type_traits>

template<typename T>
requires (std::is_integral_v<T> && std::is_unsigned_v<T>)
bool IsPrimeNumber(T num)
{
        for(int i=2; i<num ; i++){
                if( num % i == 0)
                                return false;
        }
        return true;
}

// requires 구문 : 함수 원형 뒤에 위치
template<typename T> bool Function(T a) requires std::is_integral_v<T>;

int main()
{
        unsigned int num1 =10;
        int num2 = -13;
        auto a = IsPrimeNumber(num1);     // 정상 동작

        // 자연수가 아니기 때문에 에러 발생. 여기 사용된 코드의 라인 넘버를 알려줌
        auto b = IsPrimeNumber(num2);
        return 0;
}
```

15.5.2 콘셉트 정의(concept definition)

이전에 기술된 예제들을 보면 타입 조건식을 내부에서 처리하거나 **requires** 구문을 통해 템플릿 파라미터의 타입을 체크하였다. 템플릿 파라미터의 제약 조건식은 여러 템플릿에서 공용으로 조건식에 사용될 수 있는 것들이다. 그래서 타입을 체크하는 조건 중에 빈번하게 사용되는 것을 하나로 묶어서 일반화하여 제약 조건식에 사용되도록 템플릿을 만들 수 있다. 이런 템플릿을 **콘셉트(concept)**라고 한다. 콘셉트의 정의 형식은 다음과 같다.

> **template<템플릿 파라미터_리스트>**
> **concept 콘셉트이름 = 제약조건식;**

위에서 사용된 예제에서 타입 제약 조건을 콘셉트 형식으로 변경하여 하나의 콘셉트를 만들게 되면 다른 템플릿에서도 손쉽게 이용이 가능해진다. 조건이 더 많아질수록 콘셉트를 정의해서 이용함으로써 코드 작성이 용이해질 것이다.

```
// 콘셉트 정의
template<typename T>
concept Integral_Unsinged = (std::is_integral_v<T> && std::is_unsigned_v<T>);

template<typename T>
requires Integral_Unsinged<T>
bool IsPrimeNumber(T num)
{
        // 내용 생략
}
```

정의된 콘셉트를 이용하여 타입을 체크하여 기존 조건들을 대체하는 형태를 가진다. 콘셉트를 사용하는 것과 **requires** 구문에 직접 조건을 명시하는 것이 크게 차이가 없다고 생각될 수 있다. 여기 예제로 이용된 것은 콘셉트 중에 일부이다. 실제로 이렇게 다양한 조건을 묶어서 하나의 콘셉트를 라이브러리로 정리되어 있어 필요시 사용하면 된다.

그런데 콘셉트는 다른 방식으로 쓰일 수 있다. 위의 형식과는 다르게 콘셉트를 직접 템플릿 파라미터에 사용하여 코드를 단순하게 처리할 수가 있다. 보통 **타입 템플릿 파라미터**를 선언할 때 사용되는 키워드는 **class** 또는 **typename**이다. 이것을 대신하여 콘셉트로 정의한 것이 사용될 수 있고 타입 템플릿 파라미터를 선언하면서도 타입의 조건을 체크하는 일을 하게 된다. 물론 이것은 **Non** 타입 템플릿 파라미터에 선언에는 사용이 안 된다.

```
// 콘셉트 선언
template<typename T>
concept Integral_Unsinged = (std::is_integral_v<T> && std::is_unsigned_v<T>);

// 타입 템플릿 파라미터를 콘셉트이름을 사용해서 선언함
template<Integral_Unsinged T>
bool IsPrimeNumber(T num)
{
        // 내용 생략
}
```

콘셉트의 제약 조건식에 이미 정의된 다른 콘셉트를 가져와 논리 연산자를 이용해 제약 조건식을 세밀

하게 구성할 수 있다. 콘셉트 자체가 **bool** 타입의 제약 조건식으로 이루어져 있기 때문이다. 제약 조건을 일일이 나열하는 것보다는 조건을 조합하여 하나로 만들어 사용하는 게 더 편해 보인다. 실제로 이런 형태로도 많이 사용된다. 아래는 그런 예제이다.

```cpp
template<typename T>
concept Integral = std::is_integral_v<T>;

template<typename T>
concept Unsigned_Integral = std::is_unsigned_v<T>;

template<typename L, typename R>
concept MyIntegral = Integral<L> && Unsigned_Integral<R>;
```

위에서 정의된 콘셉트를 사용해 타입 템플릿 파라미터를 설정하는 함수 템플릿의 예제를 살펴보자. 하나의 템플릿 파라미터를 가지는 콘셉트는 콘셉트이름과 템플릿 파라미터이름을 써서 파라미터를 선언한다. 여기서 두 개의 템플릿 파라미터를 갖는 **콘셉트**는 사용 방식이 조금 다르게 표현을 해야 한다.

```cpp
// Integral 콘셉트를 사용
template<Integral T>
void f(T a) {}

// f 함수 템플릿 사용
f(10);

// 두 개의 파라미터를 갖는 MyIntegral 콘셉트를 사용
template< MyIntegral<unsigned int> T >
void g(T a) {}

// 여기서 파라미터 T가 함수 인자 int 타입으로 MyIntegral의 첫 번째 파라미터 인자가 됨
g<int>(10); // MyIntegral<int , unsigned int> 이런 형태로 두 개의 파라미터가 전달됨
```

두 개의 파라미터를 갖는 콘셉트를 **타입 템플릿 파라미터**에 적용할 때 선언된 파라미터, 즉 위의 예제에서는 T가 **콘셉트**의 파라미터의 첫 번째 인자가 된다. 그리고 콘셉트이름에 꺾쇠에 넣은 파라미터가 그다음의 두 번째 인자가 된다. 순서에서 혼동의 여지가 있다. 그리고 콘셉트이름에 사용할 타입을 직접 꺾쇠에 넣기 때문에 타입이 미리 정해져 버린다. 그래서 다른 방법으로 템플릿 함수가 두 개의 인자를 가지며 타입을 체크할 때는 콘셉트와 같이 **requires** 구문을 사용해 타입을 체크해야 된다.

```cpp
template<typename L, typename R>
```

```
requires MyIntegral<L, R>
void Multi(L a, R b) {}
```

콘셉트이름을 파라미터와 같이 사용하는 방법 중에 하기는 다른 형태의 예제이다. 위의 함수 템플릿처럼 두 개의 파라미터를 가지며 콘셉트를 사용하여 파라미터 선언을 한 것이다. 이것도 **순서를 잘 봐야 된다**. 처음 파라미터가 두 번째로 위치하기 때문이다.

```
// 여기서 MyIntegral<T1, T2> 형태로 파라미터가 전달됨
template<typename T2, MyIntegral<T2> T1>
void Multi(T1 a, T2 b) {}
```

위의 예제는 두 개의 파라미터 타입을 직접 지정하여 템플릿을 구성하는 형태를 가진다. 두 개의 파라미터를 가지는 콘셉트 사용을 위해 함수 템플릿을 구성할 때 두 개의 파라미터를 선언할 필요가 없는 경우가 있다. 다음의 예제를 통해서 실질적으로 사용하는 방식을 살펴보자. 코드 내용보다는 사용 형식을 유심히 볼 필요가 있다. 클래스 템플릿에서 생성자 템플릿을 구현할 때 클래스 템플릿의 파라미터와 생성자에서 선언된 템플릿 파라미터가 각각 이용된다. 이런 형식으로 두 개의 파라미터를 가지는 콘셉트를 이용한다. 다른 멤버 함수 템플릿이 있으면 동일한 방식으로 쓰면 된다. 이것은 실제 **STL**의 여러 소스 코드에 적용되고 있다.

[예제 15.5-N]

```
#include <concepts>
#include <type_traits>

// 콘셉트 : 포인터 타입 및 정수 타입을 체크함
template<typename L, typename R>
concept CheckPointAndType = std::is_pointer_v<L> && std::is_integral_v<R>;

// 클래스 템플릿
template<typename T>
class DataPoint{

public:

        using value_type        = T;
        using pointer           = T*;

        // 생성자 템플릿 : 생성자의 인자의 타입이 해당 콘셉트의 첫 번째 인자가 됨
        // CheckPointAndType = std::is_pointer_v<L> &&
        //                     std::is_integral_v<value_type>;
```

```
                template<CheckPointAndType <value_type> L>
                constexpr explicit DataPoint(L var) { }

        public:
                pointer _Pointer = nullptr;
        };

        int main()
        {
                int ar[5];

                // OK. 템플릿 인자가 int 타입 그리고 생성자의 인자가 포인터 타입
                DataPoint<int> dp1 (ar);

                int b=0;
                // 에러 발생. 인수 타입이 포인터 타입이 아님
                DataPoint<int> dp2 (b);

                return 0;
        }
```

15.5.3 requires 수식 (requires expression)

콘셉트에 제약 조건식을 둘 때 여러 조건을 나열하거나 이미 정의된 콘셉트를 가져와 템플릿 파라미터 타입에 조건을 설정할 수가 있다. 또한 해당 파라미터를 통해 연산 가능한 형태의 수식이 되는지를 체크하는 좀 더 다양한 조건을 설정할 수 있는 **requires 수식**을 통해서도 조건 설정이 가능하다. 이 수식은 콘셉트 라이브러리에서 여러 방식으로 타입을 확인하는데 많이 사용된다. 예를 들면, 해당 타입으로 사칙연산이 가능한지 또는 첨자 연산이 가능한지는 이미 정의된 콘셉트를 활용할 수 있지만 직접 수식을 직관적으로 나타내어 조건을 체크하는 것이다.

requires 수식은 연산식이기 때문에 연산 결과를 가지며 또한 하나의 독립적인 피연자로서 역할을 하는 **기본수식**이다. 이 수식은 콘셉트의 제약 조건으로 주로 이용되지만, bool 타입의 수식이기 때문에 문법적으로 보자면 조건 관련된 예를 들면 if() 구문에도 사용될 수도 있고 결과 타입은 bool이 된다. 이미 전술한 **requires 구문과 같은 키워드를 사용하지만 서로 전혀 다른 특성을 가진다.** 하기는 선언 형식이다.

조건 파라미터 리스트:
    (파라미터_리스트옵션)

조건식 본체:
    {단순요건 or 타입요건 or 합성요건 or 중첩요건} (아래 내용 참조)

requires 수식 결과의 판단은 조건식 본체의 수식에 따라 결정되는데 수식의 연산을 실행하여 결과를 판단하는 것이 아니라 **해당 조건의 수식이 문법적으로 적합한지를 컴파일 시에 확인**하는 것이다. 해당 조건 수식의 연산 결과는 중요하지 않다. 일단 연산이 수행된다면 그것은 정상적인 수식이기 때문에 **requires 수식**의 결과는 **true**가 된다. 조건식 본체에서 수식의 연산을 통해 해당 변수를 변경하는 그런 작업이 수행되는 것이 아니라 컴파일 시 문법사항을 확인하는 것이다. 아래의 예를 살펴보자.

[예제 15.5-0]

```
// 콘셉트 정의 : requires 수식 사용, 해당 타입이 증가 연산이 되는지 확인
template<typename T> concept IsIncrement =
        requires (T a) {
        a++;
};

template<IsIncrement T>
void f() {}

// 비어 있는 일반 클래스. 증가 연산자 오버로딩을 테스트를 위해 주석으로 처리함
struct A
{
        // A operator++(int) noexcept;
};

int main()
{
        // 에러 발생. 해당 클래스는 증가 연산자 오버로딩을 제공하지 않음
        // 증가 연산자를 구현하면 정상동작
        f<A>();

        // 정상동작. 기본 타입 int는 당연히 증가 연산이 가능함
        f<int>();
        return 0;
}
```

증가 연산의 가능 여부를 확인하는 콘셉트 템플릿은 이미 **STL**에서 제공되고 있어 해당 콘셉트를 이용해도 가능하다. 여기서는 직접 수식을 써서 관련 내용을 바로 확인하도록 했다. 그리고 실제 증가 관련 콘셉트의 소스를 보면 다른 조건과 함께 위에 언급된 **requires 수식**으로 구성되어 있다. 대부분의 이런 연산 콘셉트는 이미 만들어져 있기 때문에 필요시 사용하거나 별도로 제작하여 이용해도 될 것이다.

보통의 함수에 사용되는 파라미터와 유사하게, **requires 수식**의 조건 파라미터 리스트는 조건식 본체의 수식에 사용되는 변수가 되며 사용 범위는 조건식 본체 내에서 영향을 주고, 파라미터에 대해 기본값 설정은 허용되지 않는다. 조건식 본체에서 수식에 사용되는 변수는 템플릿 파라미터도 변수로 사용될 수 있다. 또한 조건식 본체 범위 내에 있는 전역 변수도 조건식 본체에 변수로 사용이 가능하다. 이런 구조가 함수와 비슷하다고 해서 혼동해서는 안 된다. 조건식 본체에서는 연산을 통해 기능을 구현하는 것이 아니라 해당 수식의 가능 여부만을 판단하는 것이다. 그럼 **requires 수식**의 조건식 본체에서 어떻게 수식을 써서 여러 요건을 형성하는지를 살펴본다.

[1] 단순 요건(simple requirements)

수식의 유효성을 확인할 때 조건식 본체에 기술되는 것을 **단순 요건**이라고 한다. 파라미터 리스트에서 변수를 가져와 수식을 나타내거나 또는 템플릿 파라미터를 사용하여 수식의 유효성을 체크할 수 있다. 필요한 여러 수식이 있을 경우에 차례대로 나열하면 된다. 다시 말하지만 수식의 결과를 확인하는 것이 아니라 수식이 문법적으로 가능 여부를 판단하는 것이다. 그래서 조건식 본체 안에서 기본 또는 클래스 타입의 변수를 선언하여 연산을 하는 것은 의미도 없지만 문법적으로 에러가 발생한다. 아래 예제의 **requires 수식**은 증가, 감소 및 논리 비교 연산 수식의 가능 여부를 확인한다. 아래의 콘셉트가 들어간 템플릿을 사용할 때 템플릿 인자가 클래스라면 해당 연산자 오버로딩이 지원되어야 문제없이 사용이 가능하다.

```
// 콘셉트 정의 : requires 수식 사용
template<typename T> concept CheckSome =
        requires (T a) {
            a++;
            a--;
            a && a;
            // int var=0;         // 에러 발생
    };
```

[2] 타입 요건(type requirements)

단순 요건이 해당 수식이 가능한지 확인하는 일을 한다. 이렇게 수식을 체크하는 것과 달리 해당 타입

에서 원하는 형태의 이름으로 타입이 정의되어 있는지 확인하거나, 또는 해당 타입으로 클래스 템플릿을 사용할 수 있는지 확인되어야 하는 경우가 있을 때 **타입 요건**의 형식을 사용한다. 해당 타입을 확인하기 위해서는, **typename** 키워드를 필두로 하여 확인이 필요한 템플릿 파라미터가 가지고 있는 타입의 이름을 나타내면 된다. 우리가 사용하는 여러 템플릿은 규격에서 정하는 특성을 만족시키기 위해 별도의 타입을 일정 이름으로 **using** 또는 **typedef** 구문으로 정의하고 있다. 템플릿에서 파라미터의 타입을 받아서 내용을 구현하는데, 해당 템플릿이 사용되는 타입이 어떤 건지를 알기 위해서는 일정의 이름으로 정의되어 있어야 템플릿에서 이용 시에 문제없이 적용이 가능하다. 아래는 타입 요건의 형식이다.

> typename 범위 지정자_{옵션} 타입이름;

[예제 15.5-P]

```
template <typename T>
struct A{
        // 파라미터 타입 T를 별도로 이름을 정의함
        using value_type                = T;
        using pointer_type              = T*;


};
template<typename T> class B{};

// 해당 타입이 정의되어 있는지 확인하는 requires 수식
template<typename T>
concept TypeCheck = requires
{
        // 해당 이름의 타입이 있는지 확인함
        typename T::value_type;
        typename T::pointer_type;

        // 해당 타입 T로 클래스 템플릿의 가능 여부를 확인함
        typename B<T>;
};

template<TypeCheck T>
void f()
{
        // 함수 구현 시, 해당 타입 T가 가지는 타입으로 변수를 선언함
        typename T::value_type var = 0;

}
```

```
int main()
{
        // OK. 클래스 템플릿 A는 requires 수식을 만족함
        f<A<int>>();

        return 0;
}
```

[3] 합성 요건(compound requirements)

단순 요건에서 수식의 가능 여부를 판단하는데, 이것과 아울러 수식의 결과도 동시에 확인할 때 **합성 요건**이 이용된다. 형식은 다음과 같다.

{ 수식 } noexcept_{옵션} 반환타입요건_{옵션} ;

반환 타입 요건:
  -> 콘셉트이름 or 콘셉트<파라미터 리스트_{옵션}>

중괄호 {}에 검증할 수식을 넣고 해당 결과 관련하여 타입을 확인하는 경우에는 기호 **->**을 쓰고 그다음에 미리 정의된 콘셉트이름을 설정하면 된다. 반환 타입 요건에 콘셉트이름 이용하여 수식의 결과 타입을 확인하게 된다. 반환 타입 요건이 생략되면 단순 요건에서 수식을 확인하는 것과 동일해진다. 아래는 합성 요건의 예제이다. 증가 연산을 먼저 확인하고 해당 결과 값에 대해 **int** 타입인지를 판단하는 콘셉트를 사용하고 있다.

[예제 15.5-0]

```
#include <concepts>

// 정수를 체크하는 콘셉트 정의
template<typename T>
concept Integral = std::is_integral_v<T>;

template<typename T>
concept CompoundCheck =
requires (T x)
{
        // 증가 연산이 가능해야 되고 연산 결과가 Integral 콘셉트 조건에 부합해야 됨
        // 반환 타입 요건에 설정된 Integral 콘셉트로 x++ 타입이 전달됨
        // Integral < decltype(x++) > 형태가 되고 여기서 true 또는 false를 결정함
        {x++} -> Integral;
```

```
                // 이것은 위에 설정된 {x++} -> Integral 동일하게 int 타입을 체크
                // 다만 same_as는 두 개의 인자를 가짐
                // template<class T, class U> concept same_as = is_same_v<T, U>;
                {x++} -> std::same_as<int>;
        };

        struct A{
                int operator++(int) noexcept;
        };

        template< CompoundCheck T>
        void g() {}

        int main()
        {
                // 클래스 A는 증가 연산자 오버로딩이 있고 그 함수 반환 타입이 int
                // g() 정상 호출됨
                g<A>();                    //OK
                return 0;
        }
```

위 예제의 합성 요건은 해당 수식의 가능 여부와 함께 수식의 결과의 타입도 콘셉트를 통해서 동시에 체크한다. 위에 사용된 콘셉트는 하나의 템플릿 인자를 가지기 있는데 중괄호에 있는 수식의 타입이 콘셉트로 자동으로 전달이 된다. 두 개의 템플릿 인자를 가지는 경우는 별도로 타입을 지정해서 사용해야 된다. 예제에서는 std::same_as은 두 개의 인자를 가지고 타입을 비교하는 콘셉트이다. 먼저 중괄호 수식의 결과 타입이 해당 콘셉트의 첫 번째 인자로 전달되고 설정된 타입과 비교한다.

[4] 중첩 요건(nested requirements)

중첩 요건은 조건식 본체에서 **requires 구문**을 이용하여 타입을 체크하는 형태를 가진다. 중첩 요건이 필요한 경우를 살펴보자. 이미 언급한 것처럼 **requires 수식**의 조건식 본체에서는 수식의 가능 여부만 판단하고 그 수식의 결과가 어떤 것이 나오든 간에 그것은 다른 영역이다. 그래서 조건으로 지정한 수식의 결과에 따라 조건을 판단하기 위해서는 **requires 구문**이 조건식으로 설정된다.

```
        template<typename T>
        concept NestedCheck =
        requires (T x)
        {
                // 하기는 단순 요건의 형태로 수식의 가능 여부를 확인하는 것
                // 타입에 따라 해당 수식의 결과가 true 또는 false인 것은 판단의 기준이 되지 않음
                // 그래서 수식의 결과 확인을 위해서는 아래처럼 requires 구문을 지정해야 함
```

```
        sizeof(x) == 4;

        // 해당 타입의 크기를 체크하여 true 또는 false를 판단함
        requires ( sizeof(x) == 4);

        // x > 0 수식의 결과를 확정하기 위해서는 파라미터 x가 상수식일 때만 가능함
        // 하기 수식에서는 결과 확인을 할 수 없어 이런 형식은 사용할 수 없음
        //requires ( x > 0);

        // 하기는 단순 요건. 수식의 가능 여부만 확인함. 수식의 결과는 상관없음
        x > 0;
    };

    template<NestedCheck T>
    void h(T) {}

    h(10);      // OK
    h('a');     // 에러 발생. requires (sizeof(x) == 4) 이것을 만족하지 못함
```

15.6 템플릿 파라미터 팩

템플릿 파라미터를 구성할 때 파라미터가 없거나 하나 이상으로 파라미터를 가변적으로 설정할 때 템플릿 파라미터 팩(template parameter pack)이 사용된다. 파라미터 팩은 템플릿 파라미터에서 사용될 뿐만 아니라 함수의 인자 파라미터에서도 이용이 가능하다. 이런 파리미터 팩을 가진 템플릿을 **가변(variadic) 템플릿**이라고 한다. 가변 템플릿을 사용할 때 지정하는 인자의 크기가 파라미터 팩의 크기가 된다. 하기는 설정 방식이다.

> **템플릿 파라미터 팩 선언 방식**
> **[1] 템플릿 파라미터 팩**
> 타입_파라미터_키워드... 파라미터이름_{옵션}
> 데이터타입... 파리미터이름_{옵션}
> template < 템플릿_파라미터_리스트 > 타입_파라미터_키워드... 파리미터이름_{옵션}
>
> **[2] 함수 파라미터 팩**
> 파라미터이름... 함수_파라미터이름_{옵션}

템플릿 파라미터 팩은 템플릿 파라미터를 선언할 때 점 세 개를 가지는 **생략 부호**(ellipsis)와 함께 설정할 때 사용된다. 그리고 해당 파라미터를 사용해 함수의 파라미터로 사용하게 되면 함수 파라미터 팩으

로 선언된다. 여기서 생략부호의 위치를 눈여겨봐야 한다. 템플릿 파라미터 팩에서는 파라미터이름 앞에 생략부호가 위치하고 함수 파라미터 팩에서는 파라미터이름 뒤에 놓이기 된다.

```cpp
template<typename ... Types>              // 템플릿 파라미터 팩
struct VarClass{
        void func(Types... args) {}       // 함수 파라미터 팩
};

VarClass<int, double> vt1;                // Types은 두 개의 인자를 가짐
vt1.func(0, 1.0);

VarClass<> vt2;                           // Types은 어떤 인자도 가지지 않음
```

템플릿 파라미터를 선언할 때 여러 파라미터 중에 그것이 파라미터 팩일 경우에는 맨 마지막에 선언해야 된다. 그래야 정확하게 파라미터 팩을 인식할 수 있다. 앞에 위치하거나 중간에 위치하면 안 된다. 또한 템플릿 파라미터 팩은 기본값 인자를 설정할 수 없다.

```cpp
// 에러 발생. 파라미터 팩은 맨 마지막에 위치해야 됨
template<typename ... Types, int N>
struct VarClass{};

// OK
template<int N, typename ... Types>
struct VarClass{};
```

가변 템플릿이 아닌 일반 함수에서 가변 인자를 설정할 때에도 생략 부호를 사용하는데 템플릿 파라미터 팩과 비교해 보면 생략 부호의 기능 측면에서 보면 내용이 유사하다. 그래서 파라미터 팩과 일반 함수의 가변 인자와 연관성을 생각해 볼 수 있다. 그러나 가변 인자에 생략 부호가 사용되지만 파라미터 팩은 문법적인 기능에서 함수의 가변 인자와 성격이 다르다. 이해 차원에서 함수의 가변 인자를 어떻게 처리하는지를 살펴보자. 가변 인자를 다루기 위한 관련 매크로가 지원된다. 예제는 함수의 여러 인자를 받아서 화면으로 출력하는 함수이다. 이와 관련된 **std::printf** 함수가 이미 존재하는데 여기서는 가변 인자의 설명을 위해서 간략하게 만들었다. 가변 인자의 시작점을 설정하는 매크로 통해 가변 인자의 속성과 크기를 받아서 각각 데이터를 처리한다. 함수를 호출할 때 해당 인자는 순서에 따라 스택에 저장된다. 가변 인자를 처리하는 매크로는 인자가 저장되는 스택 정보를 이용해서 해당 인자를 가져오게 된다. 데이터를 가져올 때는 해당 데이터 타입을 알고 있어야 데이터 크기만큼 스택의 위치를 조정해서 값을 가져온다. 그래서 가변 인자의 함수를 사용할 때는 데이터 타입의 속성을 정하고 인자로 넘겨준다. 물론 하나의 타입만 사용한다고 가정한다면 가변 인자의 크기만 넘겨주고 일정하게 해당 인자를 가

저울 수 있다.

[예제 15.6-R]

```
#include <iostream>
#include <stdarg.h>

void printData(const char* fmt, ... )
{
        va_list args;
        va_start(args, fmt);

        while (*fmt)
        {
            switch (*fmt++)
            {
                    case 'i':
                            std::cout << va_arg(args, int)<<"\n";
                            break;
                    case 'c':
                            {
                                    char c = (char)va_arg(args, int);
                                    std::cout << c<<"\n";
                                    break;
                            }

                    case 'd':
                            std::cout << va_arg(args, double)<<"\n";
                            break;
            }
        }
        va_end(args);
}

int main()
{
        printData("icdi", 1, 'A', 0.5,10);
}
//출력
1
A
0.5
10
```

템플릿 파라미터 팩이 사용된 함수 또는 클래스 템플릿에서 내용을 구현할 때 일반 함수의 가변 인자 처리를 위한 매크로를 사용하지 않는다. 물론 이런 매크로를 템플릿 파라미터 팩에 이용할 수 있지만 많은 제한이 따른다. 다음 예제는 테스트를 위해 인위적으로 만들었다. 여기서 파라미터 팩이 있는 경우에 가변 인자의 시작점 관련한 매크로는 허용되지 않는다. 그래서 기존의 가변 인자로 처리하는 방식으로는 할 수 없다. 함수 템플릿은 타입을 파라미터 인자로 받기 위해 만드는 것인데 예제처럼 미리 확정된 인자의 타입을 코드에서 사용하면 템플릿을 만드는 의미가 퇴색된다. 이럴 거면 굳이 템플릿보다는 일반 함수를 정의해서 사용하는 것이 나아 보인다. 예제에 나와 있는 것처럼 기존에 미리 만든 출력 함수에 함수 파라미터 팩을 넘겨주고 호출하는 방법도 있는데 이것도 결국 일반 함수를 이용하는 것이라 해당 함수 템플릿의 존재에 의미가 없어진다. 결국 템플릿 파라미터 팩을 처리하기 위해서는 다른 방법이 필요하다. 그럼 어떤 방식이 적용되는지 알아보자.

```
template<typename F, typename ... Types>
void printDataTemplate(F fmt, Types... args )
{
        va_list ar;
        // 에러 발생. 하기 매크로는 함수의 파라미터가 템플릿 파라미터 팩인 경우에는
        // 허용되지 않음
        // 여기서 args 템플릿 파라미터 팩
        //va_start(ar, fmt);

        // 내용 생략

        // 일반 함수에 인자를 넘겨주고 호출
        //printData(fmt, args...);
}
// 함수 템플릿을 사용할 때 타입 관련 정보를 설정해야 함
printDataTemplate("icdi", 1, 'A', 0.5,10);
```

15.6.1 파라미터 팩 풀기(pack expansion)

규격은 템플릿 파라미터 팩에서 각각의 인자가 풀어지기 위해서는 몇 가지 문맥 상황에서만 가능하도록 규정하고 있다. 일반 함수의 가변 인자에서 제공된 매크로를 통해서 가변 인자를 처리했지만 템플릿 파라미터 팩에서는 가변 인자 관련 매크로 또는 특수한 함수가 있는 것은 아니다. 아래에 기술되는 문법 사항에서는 자동으로 팩이 풀리게 된다.

□ 함수 템플릿 팩을 인자로 함수를 호출하는 경우
□ 템플릿 사용 시 파라미터 인자로 꺽쇠에 파라미터 팩을 넣는 경우
□ 부모 클래스를 설정하는 경우

□ 중괄호를 통해 초기화하는 경우

□ 생성자 초기화 리스트에서 멤버를 초기화하는 경우

□ 람다 함수의 캡처 리스트에서 사용되는 경우

□ sizeof... 수식

위에 언급된 사항에서 쉽게 이해가 되는 경우를 먼저 살펴보자. 다음의 예제는 파라미터 팩이 사용될 때 인자의 크기를 가져올 때 이용되는 수식과 초기화하는 경우를 보여 준다. 파라미터 팩이 예제처럼 일정의 수식에서 각 원소들이 자동으로 하나씩 풀어져 수식의 결과가 도출된다. 사용된 파라미터 팩의 크기는 sizeof... 수식을 통해서 산출된다. 그리고 팩의 각각의 원소들은 배열의 초기화를 할 때 배열의 인자의 순서에 맞게 대입이 된다. 이것은 파라미터 팩이 풀어질 수 있는 특정의 수식에서 생략부호(...)를 만나게 되면 수식에 맞게 자동으로 컴파일러가 해당 팩을 풀어준다. 여기서 배열의 초기화 시 파라미터 팩이 동작하는 것을 살펴보자. 함수 호출하는 경우에, 다른 함수도 마찬가지지만 함수 인자를 차례대로 저장하며 초기화 시 팩이 있는 수식에서는 저장된 값을 가져와 순서대로 배열에 각각 대입하게 된다.

[예제 15.6-S]

```
#include <iostream>

template <typename... T>
void VarFunc(T... args) {

        static constexpr unsigned int size= sizeof...(args);
        std::cout<< "Number of parameter Pack = "<< size<<"\n";

        int data[size] = { args... }; // 중괄호 초기화

        for (int i = 0; i < size; i++)
                std::cout << data[i] << " ";
};

int main()
{
        VarFunc(1, 2, 3, 4);
}

// 출력
Number of parameter Pack = 4
1 2 3 4
```

파라미터 팩의 크기를 가져오는 sizeof... 수식은 가변 템플릿에서 자주 볼 수 있고 문제의 소지가 없다. 그런데 예제에서 배열의 초기화 경우는 하나의 타입을 가정하고 처리한 것이라 여러 타입이 사용되면 초기화가 문제가 된다. 정작 우리가 알고 싶은 것은 파라미터 팩에서 각각의 인자와 타입이다. 이것을 가져오기 위해서는 위에 언급된 파라미터 팩이 풀어지는 경우 중에 하나를 써야 된다. 예제는 **함수를 호출할 때 인자로 파라미터 팩을 보내는** 경우이다. 이런 상황에서 팩이 어떻게 동작하는지를 살펴보자.

```
template<typename... Tn>
void VarFuncOther(Tn... args) { }

template <typename... T>
void VarFunc(T... args) {
        VarFuncOther(args...);
};

VarFunc(1, 'a', 0.3);
```

예제의 컴파일된 코드에서 함수 템플릿이 아래처럼 각각 만들어진다. 파라미터 팩이 그대로 전달되고 그 외 특별한 동작을 보이지는 않는다. 이전 예제에서 배열의 초기화 때 파라미터 팩이 자동으로 나누어져 값이 대입된 것처럼, 함수로 팩을 전달하면 파라미터 팩이 각각의 원소대로 나누어져 원소의 타입에 맞게 각각 함수 템플릿-id가 만들어진다고 예상을 했지만 그냥 함수의 팩이 전달만 될 뿐이다. 그런데 함수 호출 시 파라미터 팩이 그대로 전달되는 것은 어쩌면 당연한 결과이다. 여기서 특별한 동작이 나오는 게 이상할 것이다.

```
void VarFunc<int, char, double>(int, char, double):
void VarFuncOther<int, char, double>(int, char, double):
```

여기서 파라미터 팩이 함수의 인자로 전달 될 때 함수 템플릿이 어떻게 유추하는지 알아보자. 아래는 템플릿 파라미터 팩과 다른 템플릿 파라미터가 선언되는 여러 함수를 보여 준다. 파라미터 팩이 선언된 함수 템플릿에서는 팩은 맨 뒤에 있어야 유추가 가능하다. 그리고 파라미터 팩을 선언하는 경우에 단독으로 선언하기보다는 일반 템플릿 파라미터와 함께할 때 중요한 의미를 가지게 된다. 예제에서 **g 템플 릿 함수**가 그런 선언을 가지고 있다. 해당 함수를 사용하게 되면 인자에 따라 템플릿 파라미터와 파라미터 팩이 나누어져 유추가 된다.

```
template<typename ... Types> void f(Types ...){}
template<typename T1, typename ... Types> void g(T1, Types ...){}
template<typename T1, typename ... Types> void h(Types ..., T1){}
```

```
    f(1, 0.1, 'a');    // OK. Types : int, double, char로 유추
    g(1, 0.1, 'a');    // OK. T1: int, Types : double, char로 유추
    h(1, 0.1, 'a');    // 에러 발생. Types 유추가 되지 않음
```

그럼 이전에 예제로 들었던 파라미터 팩을 가진 템플릿 함수에 대해 파라미터를 변경하고 파라미터 팩을 함수의 인자로 넘겨주는 경우를 다시 보자.

```
    template<typename T1, typename... Tn>
    void VarFuncOther(T1 t1, Tn... args) { }

    template <typename T1, typename... Types>
    void VarFunc(T1 t1,Types... args) {
        VarFuncOther(args...);                  // T1:int , Types : char, double
    };

    VarFunc(1, 'a', 0.3);
```

예제를 컴파일하면 아래처럼 각각 함수가 생성이 된다. 우리가 눈여겨봐야 될 것은 함수 호출 시 **VarFuncOther**에 파라미터 팩을 넘겨주면 해당 인자를 어떻게 유추하는지에 대한 것이다. 팩의 인자는 함수 호출할 때 넘겨받은 char, double 타입이 되고 이것을 받아서 해당 함수 템플릿은 템플릿 파라미터를 나누어 각각 T1 : char, Tn : double이 된다. 템플릿 파라미터와 파라미터 팩을 나누어 선언하였기 때문에 이것이 이전 예제의 파라미터 팩만 가지는 함수 템플릿과 다른 결과를 가져왔다.

```
    void VarFunc<int, char, double>(int, char, double):
    void VarFuncOther<char, double>(char, double):    // T1 : char, Tn : double
```

예제를 보면 알겠지만 함수 호출 시 넘겨주는 인자가 파라미터 팩이지만 해당 템플릿 함수에서 파라미터를 어떻게 선언되어 있느냐에 따라 함수의 인자에 따른 유추를 하는 과정에서 파라미터 팩이 풀리는 효과가 발생한다. 예제는 템플릿 함수에서 팩을 인자로 넘겨줄 때 다른 템플릿 함수를 호출하였는데 이런 형태보다는 자신의 함수를 다시 호출하는 재귀 함수의 구조가 실제로 가변 템플릿에서 사용된다.

다음의 예제를 보자. 이전 예제와 달라진 것은 함수 호출을 다른 함수가 아닌 자신의 함수를 호출하고 있다. 동작 과정은 이전에 설명된 것과 동일하다. 파라미터 팩을 함수로 넘기면 그 팩을 받아서 타입을 유추하고 다시 팩을 넘기면 다시 유추하는 과정을 반복한다. 여기서 파라미터 팩이 함수 호출이 거듭되면서 팩의 크기가 줄어든다. 왜냐하면 받은 파라미터 팩을 함수의 인자를 유추하는 과정에서 일반 파라미터와 파라미터 팩을 나누어서 유추해야 되기 때문이다. 이렇게 되면 인자가 하나가 남게 되면 이것은

일반 파라미터에 해당되고 파라미터 팩은 빈 상태가 된다. 이것의 의미는 해당 함수에서 인자가 없는 함수가 필요하다는 것을 나타낸다. 코드를 실행하면 함수의 인자에 타입에 맞게 값이 출력된다. 이걸 통해서 파라미터의 팩에 대해 각각의 원소와 타입을 가져올 수 있게 된다.

[예제 15.6-T]

```
#include <iostream>

void VarFunc() {} // 파라미터가 없는 함수 정의

template <typename T1, typename... Types>
void VarFunc(T1 t1,Types... args) {
        std::cout<< t1<< " ";
        VarFunc(args...);
};

int main()
{
        VarFunc(1, 'a', 0.3);        // 출력 1 a 0.3
        return 0;
}
```

아래의 컴파일된 코드는 어떤 함수 템플릿이 생성되고 함수가 호출되는 과정을 보여 주는데 함수의 인자가 어떻게 변화면서 함수가 호출되는지에 대해 중점을 두고 보면 된다. 아래의 컴파일된 코드는 이해 차원에서 다른 부분은 생략하고 함수를 호출하는 부분만 가져왔다.

```
main:
        call    void VarFunc<int, char, double>(int, char, double)
        ret

void VarFunc<int, char, double>(int, char, double):
        call    void VarFunc<char, double>(char, double)
        ret

void VarFunc<char, double>(char, double):
        call    void VarFunc<double>(double)
        ret

void VarFunc<double>(double):
        call    VarFunc()
        ret
```

```
VarFunc():
    ret
```

여기서 한 가지 더 알아 둘 것이 있다. 함수를 호출하게 되면 인자를 스택에 저장하게 되는데 예제에서 본 것처럼 재귀 함수를 호출하는 것만큼 파라미터 인자를 여러 번 저장하게 되어 복사 관련 비용이 발생한다. 우리는 함수에 인자를 넘길 때 인자의 복사 효율을 위해 포인터 또는 참조형 타입을 써야 되는 것을 알고 있다. 이를 위해 참조형을 사용할 것인데 함수 템플릿에서 변수 및 상수의 인자 타입을 모두 받아들이기 위해서는 rvalue 참조형으로 선언하고 파라미터 팩을 함수로 전달할 때 각각에 타입에 맞게 인자가 넘겨질 수 있도록 내부적으로 실행 시 타입이 변환되도록 한다.

```
template <typename T1, typename... Types>
void VarFunc(T1&& t1,Types&&... args) {
        VarFunc(std::forward<Types>(args)...);
};
```

15.6.2 가변 클래스 템플릿

지금까지 가변 함수 템플릿에서 파라미터 팩이 함수의 인자로 넘겨줄 때 팩이 어떻게 풀어지는지 살펴보았다. 가변 함수 템플릿뿐만 아니라 클래스의 멤버 함수 또는 생성자에서도 파라미터 팩이 사용되면 위에 기술된 내용을 적용하면 된다. 그럼 가변 클래스 템플릿에서는 어떻게 파라미터 팩이 풀리는지를 알아보자. 이를 위해서는 위에서 기술된 가변 함수 템플릿에서 파라미터 팩이 풀리는 과정을 다시 상기해 보자.

일반 템플릿 파라미터와 파라미터 팩을 선언하고 파라미터 팩을 함수 호출 시 인자로 넘겨주고 이때는 재귀 함수의 형태를 가지도록 한다. 이렇게 되면 함수 인자의 유추 과정에 따라 파라미터 팩이 하나씩 나누어져 처리가 된다. 이런 동작의 개념을 잘 생각해 보면 자신을 반복하는 것이 중요하기 때문에 클래스에 이것을 적용해 보면 부모 클래스에 자신의 클래스를 지정하면 반복해서 진행할 것이라고 추론할 수 있다. 또한 위에 기술된 파라미터 팩이 풀리는 여러 경우 중에 **부모 클래스를 설정**하는 것이 포함된다. 하지만 자신의 클래스를 상속하면 부모 클래스는 반드시 이미 정의되어 있어야 한다는 규칙을 위반하게 되어 이런 방식으로 안 된다. 그래서 방법을 조금 바꾸어 생각해 보자. 클래스의 이름이 같으면서 서로 다르게 취급되기 위해서 클래스 템플릿에서 제공하는 기능이 있다. 그것은 **클래스 특수화**이다. 이미 알겠지만 특수화 클래스는 이름은 같지만 서로 독립적으로 존재한다. 특수화 중에서 완전 특수화는 타입을 확정하는 것이라 우리가 만드는 것은 타입이 정해지지는 않았지만 어떤 정해진 패턴을 가지고 있기 때문에 부분 특수화를 사용하면 자신의 클래스를 상속 받아 처리하면 파라미터 팩이 풀리는 결과를 가져올 것이다. 예제를 보자.

```cpp
template <typename... T>
struct My : My<T...> {}; // 에러 발생. 지신의 클래스를 상속할 수 없음
My<int,double,char> my;

// 원본 클래스 템플릿
template <typename... Rest>
struct VarClass {};

// 템플릿 파라미터 및 파라미터 팩의 패턴으로 부분 특수화
template <typename This, typename... Rest>
struct VarClass<This, Rest...> : VarClass<Rest...>{};

VarClass<int,double,char> vc;
```

가변 클래스 템플릿에 대해 파라미터 팩을 가진 원본 클래스를 선언하고 템플릿 파라미터 및 파라미터 팩의 패턴으로 부분 특수화를 하고 이때 원본 템플릿을 상속 받는다. 해당 가변 클래스 템플릿을 생성하면 다음처럼 동작한다.

- 객체 생성 시 원본 클래스와 부분 특수화 템플릿 중에 좀 더 특수화된 템플릿을 찾는 기준에 따라 부분 특수화 템플릿을 선택. 예제에서 This: int, Rest: double, char
- 해당 클래스가 부모 클래스를 가지게 되면 먼저 부모 클래스를 생성함. 예제에서는 파라미터 팩을 인자로 가짐 Rest : double, char
- 부모 클래스를 생성할 때 원본 클래스 및 부분 특수화 클래스에서 기준에 따라 부분 특수화를 선택
- 위 과정을 반복하면서 파라미터가 없는 경우가 생기면 원본 클래스를 선택하고 전체 과정이 끝남

동작 과정을 살펴보면 가변 함수 템플릿과 유사하게 전개된다. 그리고 인자가 없는 경우가 생기면 전체 과정이 마무리되는 동일한 구조를 서로 가진다. 가변 클래스 템플릿에서는 인자가 없는 경우에 원본 클래스 템플릿이 그것을 대신한다. 상황에 따라서는 원본 클래스 대신에 인자가 없는 특수화 클래스를 만드는 경우도 있다. 예제는 가변 클래스 템플릿의 파라미터 팩이 푸는 과정을 보여 주는데 실제 데이터를 저장하는 생성자 함수가 빠져 있다. 아래는 생성자가 추가된 가변 클래스 템플릿을 보여 준다.

[예제 15.6-U]

```cpp
#include <iostream>

// 원본 클래스 템플릿
template <typename... Rest>
struct VarClass {};
```

```cpp
// 각각의 원소를 저장하는 클래스 템플릿
template <typename T>
struct Each_Data
{
        constexpr Each_Data() : val() {}

        template <typename T1>
        Each_Data(T1&& arg) : val(std::forward<T1>(arg)) {}

        T val;
};

template <typename This, typename... Rest>
struct VarClass<This, Rest...> : VarClass<Rest...>
{
public:
        using Mybase   = VarClass<Rest...>;

        VarClass() {}

        // 생성자 초기화 리스트에서 부모 클래스 초기화 및 원소 저장
        VarClass(const This& arg1, const Rest&... args)
        : Mybase(args...), data(arg1) {}

private:
        Each_Data<This> data;
};

struct A {
        A() {std::cout << "A constructor\n";}
};

int main()
{
        A obj;
        VarClass<int, char, double, A> vc(1,'a',0.1, obj);
}
```

예제를 보면 가변 클래스 템플릿은 위에서 설명한 원본 클래스를 상속 하고 생성자에서는 전달받은 인자를 저장한다. 가변 클래스 템플릿을 예제처럼 여러 타입의 인자로 설정하고 생성하면 해당 클래스는 부모 클래스를 가지고 있어서 부모 클래스를 먼저 생성한다. 이때 특수화된 가변 클래스 템플릿이 선택되고 해당 생성자에서 인자가 나누어져 저장한다. 이것은 파라미터 팩이 나누어지면서 파라미터 팩이 없어질 때까지 반복하면서 각각의 원소의 값을 저장하는데, 가변 클래스 템플릿에서 각각의 원소가 한

번에 저장되는 것이 아니다. 인자가 나누어지면서 데이터를 저장하는 템플릿이 해당 타입을 가지는 템플릿-id로 개별적으로 만들어진다.

값이 정상적으로 저장된 것을 확인하기 위해 해당 값을 가져오는 함수가 필요하다. 해당 함수를 구현을 하기 위해서는 가변 클래스 템플릿을 인자로 받고 각 원소별로 나누어지도록 별도로 가변 클래스 템플릿을 만들어야 한다. 이 부분에 관련 한 것이 std::tuple 클래스의 get() 함수이다. 해당 함수의 동작은 우리가 살펴본 가변 템플릿의 과정과 유사하다. 상세 내용은 직접 소스 파일을 보고 확인하길 바란다.

15.7 변수 템플릿 및 별칭 템플릿

변수 템플릿은 C++14부터 지원된다. 하기는 변수 템플릿의 예제로 규격에서 나와 있는 것이다. 타입에 따라 값이 캐스팅되어 계산이 된다. 변수 템플릿을 이런 식으로 사용이 가능하고 만약에 클래스의 멤버로 선언할 때는 반드시 **static**으로 선언해서 사용해야 한다.

```cpp
template<typename T>
constexpr T pi = T(3.1415926535897932385L);

template<typename T>
T circular_area(T r) {
        return pi<T> * r * r;
}

circular_area(5.0);

struct A{
        template <class T>
        static T Pi;        // 변수 템플릿은 클래스에서는 static으로 선언
};
```

변수 템플릿은 부분 및 완전 특수화를 할 수 있다. 실제로 라이브러리에서는 이런 기능을 적극적으로 활용하여 여러 기능을 가지는 변수 템플릿을 만들어 제공하고 있다. 실질적인 변수 템플릿의 예제를 살펴보자. 하기의 예제는 헤더 파일의 **<type_traits>**에서 기술되어 있다.

```cpp
template <class T>
constexpr bool is_reference_v = false;
```

```cpp
template <class _Ty>
constexpr bool is_reference_v<_Ty&> = true;

template <class _Ty>
constexpr bool is_reference_v<_Ty&&> = true;

template <class T>
constexpr bool is_pointer_v = false;

template <class _Ty>
constexpr bool is_pointer_v<_Ty*> = true;

int m = 10;
int& ref = m;
int* ptr = &m;

static_assert(is_reference_v<int&>);              // OK
static_assert(is_reference_v<decltype(ref)>);     // OK
static_assert(is_reference_v<decltype(m)>);       // 에러 발생

static_assert(is_pointer_v<int*>);                // OK
static_assert(is_pointer_v<decltype(ptr)>);       // OK
```

예제는 참조형 및 포인터 타입을 확인하는 변수 템플릿을 보여 준다. 원본 변수 템플릿의 값에 대해서는 false로 설정하고 참조형 및 포인터 타입에 대해 부분 특수화를 선언하고 해당 타입에 맞게 인자로 사용하면 변수 템플릿 값은 true가 된다. 이런 종류의 변수 템플릿은 함수 또는 클래스 템플릿을 만들 때 템플릿 파라미터를 확인하는 데 많이 사용된다.

템플릿을 정의하고 또한 해당 템플릿을 특수화하는 경우에 특히 클래스의 부분 특수화 같은 경우에는 이름을 간략하게 표시하여 사용에 편리함을 주기 위해 **별칭 템플릿**(alias template)이 활용된다. 별칭 템플릿은 우리가 typedef로 별도로 이름을 정의하는 것과 동일하다. 별칭 템플릿을 선언할 때는 using 선언으로 하게 된다. 별칭 템플릿은 문법적으로 특별한 기능을 갖는다기보다는 사용성에 편리함에 주안점을 가진다.

```cpp
template <typename T>
class my_string {
};

// 별칭 선언
using string = my_string<char>;
```

15.8 이름 검색

함수 및 클래스 템플릿을 선언하고 내용을 구현할 때 여러 변수를 선언하여 연산을 수행하게 된다. 이때 이런 변수는 템플릿 파라미터와 상관없이 기본 타입이나 클래스 타입을 가질 수 있고 또한 템플릿 파라미터와 의존하여 변수를 선언하거나 함수의 반환 타입에 해당 템플릿 파라미터가 사용될 수 있다. 템플릿은 하나의 틀이기 때문에 템플릿 파라미터 타입과 의존되는 것은 해당 타입이 인자로 정해지기까지는 코드 내용을 확정할 수 없다. 특히 타입 템플릿 파라미터에 클래스 타입이 사용되는 것을 고려하여 해당 클래스 타입에서 정의된 데이터 타입의 변수를 선언하여 코드를 만들 수 있다. 그런데 이런 경우에는 의도와 다르게 컴파일러는 데이터 타입을 일반 수식값으로 판단하고 연산을 실행하게 되어 문제가 발생할 수 있다. 그래서 이런 상황을 대비해서 템플릿을 구현할 때 별도의 지정자를 설정해야 된다. 아래의 예를 보자.

```
template<class T> struct CheckType
{
        using type = typename T::type;

        // 인자로 사용될 타입 파라미터에 정의된 타입을 사용하여 데이터 멤버 선언
        type m;

        // 해당 타입으로 함수 파라미터 선언
        CheckType(type t) {}
        CheckType() noexcept = default;

};

struct A{
        using type = int;
        //
};

CheckType <A> a;        // OK
```

15.8.1 typename 지정자

예제처럼 비슷한 형태는 STL에서 자주 볼 수 있다. 타입 템플릿 파라미터로 직접 사용하여 필요한 변수를 선언하는 경우도 있지만 예제처럼 인자로 받은 타입에 연관하여 해당 타입에서 미리 일정 이름으로 정의된 타입을 통해서 변수를 선언하여 사용한다. 이때 템플릿에서는 이것이 데이터 타입이라는 것을 명시적으로 나타내기 위해서 **typename** 지정자를 설정한다. 해당 지정자는 템플릿 파라미터 선언할 때

키워드로서 역할을 하고 명시적인 타입을 나타내는 기능도 가진다. 이 지정자를 생략하면 데이터 타입으로 처리하지 않고 일정 수식의 값으로 판단한다.

```
template <class T> void f() {
        int var = T::x;    // 이것은 수식으로 처리됨. 데이터 타입이 아님
}

struct A{
        using type = int;
};

struct B{
        static const int x = 10;
};

f<A>();        // 에러 발생. A 클래스에는 수식 x가 선언되어 있지 않음
f<B>();        // OK
```

우리가 템플릿을 만드는 코딩과정에서 데이터 타입으로 선언하는 것과 수식의 값으로 판단될 수 있는 것을 문맥상으로 어느 정도는 판단이 된다. 그래서 **C++20**부터는 **typename** 지정자를 설정하지 않아도 다음과 같은 경우에는 데이터 타입으로 처리하게 된다.

- 데이터 멤버 선언
- 멤버 함수의 반환 타입 및 함수의 파라미터 리스트 선언
- 템플릿 멤버 선언할 때 템플릿 파라미터에 대해 기본값으로 설정하는 경우
- 함수의 후행 반환 타입 설정 시
- 타입 캐스팅 시 : static_cast, const_cast, reinterpret_cast, dynamic_cast

```
template<class T> struct CheckType
{
        T::type m;        // 데이터 멤버
        // 반환 타입 및 파라미터 타입
        T::type f(T::type t)
        {
                T::type a; // 에러 발생. 함수 내에서는 typename 지정자가 필요함
        }

        //템플릿 파라미터 기본값 인자 설정
        template<class H = T::type> void g();
        auto h() -> T::type;        // 후행 반환 타입
```

```
            // 타입 캐스팅
            auto d(T::type t) { return static_cast<T::type>(t);}
    };

    // OK. 함수 반환 타입
    template<class T> T::X func();

    // 에러 발생. 함수 템플릿에서는 파라미터 타입을 선언하는 경우에는 데이터 타입이 아닌
    // 값으로 인식함. 따라서 함수의 파라미터가 정상적으로 선언되지 않아 문제가 발생
    // typename 지정자가 필요함
    // 아래는 void func1(0) 이런 형태로 선언된 것과 같음
    template<class T> void func1(T::X t);
```

15.8.2 template 키워드

typename 지정자는 타입 설정을 명시적으로 보여 주기 위해 사용된다. 이와 유사하게 템플릿을 구현할 때 인자가 클래스 타입으로 사용되면 해당 클래스에서 템플릿 멤버를 가져올 때 **template** 키워드를 설정한다. 이렇게 하지 않으면 꺽쇠가 수식에서 연산자로 역할을 하기 때문에 에러가 발생한다. 그래서 **템플릿-id**로 인식하기 위해서 해당 키워드를 사용한다.

```
    struct A {

            template<typename T> void f() {}
            template<typename T> static void g() {}
            void h() {}
    };

    template<typename T>
    void Check(T* p) {

            // 에러 발생 [MSVC에서는 정상동작] p->template f<T>() 변경
            p->f<T>();

            T::template g<T>();
            T::g<T>();          // 에러 발생
    };
```

15.8.3 템플릿 파라미터에 의존한 이름

함수 및 클래스 템플릿의 기능을 구현할 때 선언된 템플릿 파라미터를 가지고 데이터 멤버 또는 멤버 함수의 파라미터 선언하거나 또한 멤버 함수의 본체에서도 해당 템플릿 파라미터가 사용된 변수를 통해서 연산을 수행한다. 그리고 위에서 언급했던 클래스 타입이 인자로 들어오는 경우에 해당 클래스 타

입에 선언된 데이터 타입을 통해서도 변수를 선언하여 템플릿의 코드를 구성한다. 이렇게 템플릿 파라미터에 의존한 수식들은 컴파일 과정에서 관련 코드를 확정하지 않고 타입에 맞는 인자로 설정된 코드에서 비로소 지정된 타입에 맞게 템플릿 코드를 확정한다. 이것이 의미하는 것은 수식에 쓰인 여러 변수를 검색할 때 찾는 범위가 달라진다는 것이다.

```cpp
template<class T> struct B {
        using type = int;
};

struct A{
        using type = int;
};

template<class T> struct X : A {
        type m;                     // OK.
};

template<class T> struct Y : B<T> {
        type m;                     // 에러 발생. 해당 type을 찾을 수 없음
        B<T>::type m;               // 범위를 지정해야 사용 가능
};
```

예제를 보면 클래스 템플릿에서 일반 클래스를 상속을 하면 해당 클래스의 멤버를 가져와 사용할 수 있다. 이것은 부모 클래스가 타입에 의존하지 않기 때문에 코드를 바로 확정할 수 있기 때문이다. 그런데 클래스 템플릿을 상속 받으면 어떤 형태로 코드가 구성되는지를 알 수 없기 때문에 부모 클래스에서 선언된 타입을 가져올 수 없다. 만약에 해당 타입의 사용을 위해서는 범위를 명확하게 나타내어야 가능하다.

16

예외 처리

프로그램이 실행 중에 언제든지 예상치 못한 일이 발생할 수 있기 때문에 그에 대한 처리를 할 수 있는 코드가 들어간다. 예를 들면 함수를 호출하고 에러로 규정한 값이 반환되거나 파일을 열 때 해당 파일을 찾지 못하거나 네트워크로 데이터 받을 때 갑자기 연결이 끊어지거나 또는 입출력 장치에 문제가 생겨서 진행 작업이 도중에 멈추는 등 예외 사항이 생기면 정해 놓은 에러에 따른 메시지를 알리거나 진행되는 일을 다시 수행되도록 그에 맞는 처리가 이루어진다. 예외 사항에 대한 조치가 적절히 실행되어 프로그램이 다시 정상적으로 동작하는 경우도 있다. 그런데 메모리 할당처럼 자원을 가져오는 것에 문제가 생기면 프로그램이 강제 종료시키고 다시 실행하는 방법이 최선이 될 수밖에 없어 예외 처리는 어느 정도는 한계를 가지는 게 사실이다.

프로그램 개발 시에 예외 처리 관련해서 각 기능별로 나누고 어떻게 처리할지 미리 설계 사양을 정하게 된다. 보통 함수를 사용하여 반환값을 기준하여 문제를 처리하거나 예외사항이 일어나는 이벤트의 종류에 따라서 그에 맞는 행동을 취하게 된다. 이런 에러 처리 부분은 개발 팀별로 정해서 수행되며 팀에 따라 처리 방식도 상이하며 특히 외부에서 받은 라이브러리 같은 경우는 그 자체로 에러 규정이 있어서 제 각기 처리가 된다. 따라서 예외 처리에 대한 통일되고 체계적인 방법이 요구되는데 이런 기능을 규격에서 제공한다. 그런데 다른 언어와 달리 C++에서는 예외 처리는 개발자의 선택사항으로 두고 있고 필수 사항이 아니기 때문에 개발자들은 기존에 개발하는 방식에 따라 내부적으로 정한 처리 규정을 선택하게 된다. 예외 처리의 작업은 기능을 구현 시에 반드시 필요한 부분이고 설계의 하나의 큰 요소이기도 하다. 그래서 더욱더 통일되고 일원화된 방법으로 작업이 되어야 다른 팀에서 제작한 코드의 호환성과 협업이 원활하게 진행이 된다. 규격에서 정한 예외 처리 문법은 생각보다 크게 어렵지 않고 구조도 간단하고 사용법도 쉽기 때문에 처음부터 개발하는 코드에는 이것을 적용하는 것이 나아 보인다. 그리고 여기서 기술되는 문법은 쉬운 사용의 초점에 맞게 소개될 것이다.

16.1 try 블록

아래는 **예외 처리**(exception handling)에 대한 기본 구조가 된다. 쉽게 표현하면 예외가 발생할 수 있는 곳과 받는 곳을 구분한다. 던지는 곳은 하나이고 받는 부분은 여러 개를 선언할 수 있다. 즉 **try**와 **catch**은 쌍으로 선언된다. 단독으로는 선언하는 것은 허용되지 않는다.

다른 문법으로 표현하자면 던지는 예외가 하나의 데이터 타입을 가지는 값을 던지면 그 값을 받는 여러 오버로딩 함수가 있고 데이터 타입에 맞는 함수로 선택되고 그 본체가 실행되는 것과 유사하다. 예제를 보자. 여기서 핸들러를 자세히 보면 특정 타입을 가진 예외 값을 던지면 오버로딩 함수가 호출될 때 인자에 따른 타입을 받는 것과 동일하다고 이야기해도 큰 무리가 없어 보인다. 그리고 실제로 함수의 인자에 따른 내부적인 변환이 핸들러에서도 발생한다. const 타입을 일반 타입으로 배열을 포인터로 또는 함수를 포인터 변환하거나 자식 클래스를 부모 클래스로 변환하는 것이 핸들러가 값을 받을 때 동일하게 적용된다. 여기서 데이터 타입은 예외를 던지는 값의 타입으로 기본 타입 또는 사용자 정의 타입이된다. 핸들러가 값을 받은 것은 함수가 호출하면서 인자를 넘겨주면 해당 인자를 복사하는 것과 유사하기 때문에 우리가 잘 아는 것처럼 인자의 복사 효율을 위해 **lvalue 참조형**으로 선언한다. 참고로 rvalue 참조형 선언은 허용되지 않는다. 이런 사항들은 함수의 파라미터 특징과는 조금 다른 편이다.

```
struct A {};
struct B {};
struct C {};

void Check()
{
    try
    {
        A a;
        throw a;
    }
    catch (int e) {
        // 내용 구현
    }
    catch (A& e) {
        // 던지는 데이터 타입이 A 타입. 따라서 해당 핸들러가 동작하게 됨
```

```
            // 내용 구현
        }
        catch (B& e) {
            // 내용 구현
        }
        catch (C& e) {
            // 내용 구현
        }
    }
```

16.2 throw 수식

핸들러 블록은 예외 사항을 받아서 처리하는 부분으로 이해가 어렵지 않을 것이다. 그럼 예외를 보내는 throw 수식을 알아보자. 하기는 사용 형식이다.

throw 수식;
수식:
 데이터 타입의 객체 또는 상수

throw 수식은 예외 상황이 발생하여 일정 값을 핸들러로 보낼 때 사용된다. throw 키워드와 함께 데이터 타입의 수식의 값을 설정하면 된다. throw 수식은 함수의 **return 문**과 유사하다. 그래서 반환값을 설정하는 것처럼 예외를 던지는 값을 수식에 넣으면 된다. 그리고 throw 수식이 있는 지점에서 빠져나가고 함수가 반환값을 돌려주듯이 throw에서 지정한 수식을 핸들러로 전달하고 핸들러는 던지는 수식의 타입에 맞게 해당 수식을 받는다. 데이터 타입은 기본 타입 또는 사용자 정의 타입을 포함한다. 다만 사용자 정의 타입은 정상적으로 정의되어 있어야 한다. 그래서 추상 클래스는 데이터 타입으로 허용되지 않는다. 기존에는 에러 처리에 대해 정수 타입의 상수값을 정하여 에러를 보내는데 이것은 사용이 편리한 것처럼 보이지만 숫자가 어떤 에러가 발생하는지를 나타내지 않기 때문에 코드만 보고 바로 알기는 어렵다. 그런데 throw 수식은 사용자가 타입을 클래스로 정의하고 필요한 데이터 멤버를 같이 보내기 때문에 사용에 편리함과 클래스이름만 보고 어떤 에러인지 알 수 있게 된다. 예제를 보자.

```
struct FileOpen_Error {};
struct FileWrite_Error {};
struct FileClose_Error {};

extern bool Open(std::string name);
```

```
void DataFile()
{
        if(!Open("test.txt"))
        {
                throw FileOpen_Error();
        }
}

void CheckData()
{
        try{
                DataFile();
        }
        catch (FileOpen_Error& e) {
                // 내용 구현
        }
        catch (FileWrite_Error& e) {
                // 내용 구현
        }
        catch (FileClose_Error& e) {
                // 내용 구현
        }
}
```

예외를 던지는 수식에 에러와 연관하여 클래스를 정의하고 해당 타입을 수식으로 사용했다. 이렇게 함
으로써 어떤 에러와 연관되어 있는지를 쉽게 알 수 있다. 예제에서 예외 사항에 대해 에러 처리를 위해
클래스를 정의하였는데 규격에서도 이와 같이 여러 종류별로 예외 상황을 나누어 클래스를 정의하고
있다. 베이스 클래스인 **exception**을 기준으로 에러의 특성에 따라 클래스를 확장하여 정의하게 된다.
하기는 예외 처리 클래스의 계층 구조를 보여 준다. 여기서는 전체 예외 처리 관련 클래스를 다 나타내
지 않고 어떻게 에러를 분류해서 정의하는지를 보여 주기 위해 일부만 나타낸다. 나머지는 참고자료를
보길 바란다.

[표 16.1 예외 처리 클래스 계층]

확장 2 클래스 : 확장 1 클래스	확장 1 클래스 : 베이스 클래스	베이스 클래스
bad_array_new_length	bad_alloc	exception
range_error	runtime_error	
overflow_error		
underflow_error		
system_error		
regex_error (C++17)		
format_error (C++20)		
nonexistent_local_time (C++20)		
ambiguous_local_time (C++20)		
invalid_argument	logic_error	
bad_array_new_length	bad_alloc	
	bad_optional_access (C++17)	
	bad_variant_access (C++20)	
	bad_function_call (C++20)	

이렇게 에러의 특성에 맞게 분류해서 정리하면 예외 상황에 대한 에러 처리가 용이해진다. 그래서 이전에 예제로 들었던 throw 수식에 사용된 클래스를 계층적으로 나누어 재정의하겠다. 클래스를 만들 때 기존 규격과 호환을 위해서 베이스 클래스를 상속하고 이후에 확장하는 것이 좋을 것이다. 이렇게 되면 핸들러 설정에서 데이터 타입을 베이스 클래스로 선언하면 확장된 클래스를 다 받을 수 있기 때문에 코딩이 간단해진다. 그리고 핸들러의 데이터 타입을 명시하지 않고 **생략부호**(...)로 지정하면 모든 데이터 타입의 에러를 받을 수 있게 된다. 이것은 여러 핸들러가 있을 때 마지막에 위치하여 예외를 받게 된다. 그리고 위치는 반드시 여러 핸들러에서 마지막에 놓여야 된다. 이 핸들러는 구체적인 데이터 타입을 알 수 없기 때문에 여기서는 내부적으로 설계할 때 정한 규칙에 따라간다. 이런 경우에 있어서 만약에 데이터를 받을 때 일정 데이터를 놓치거나 아니면 연결이 끊어지면 에러 타입의 종류 상관없이 에러가 발생하면 기존 작업을 취소하고 다시 작업이 진행되도록 하는 기능이 들어갈 수 있다.

```
struct File_Error: public std::exception {
        int error_code;
};
struct FileOpen_Error : public File_Error {};
struct FileWrite_Error : public File_Error {};
struct FileClose_Error : public File_Error {};
```

```
void CheckData()
{
      try{
            DataFile();
      }
      catch ( File_Error& e) {
            //
      }
      catch( ... ) {}
}
```

throw 수식은 어디에서나 선언이 가능해서 예외가 발생할 수 있는 곳에 넣어 처리하면 되는데 특히 클래스의 생성자에서 throw 수식이 의미를 가진다. 보통은 함수를 호출하고 반환값을 통해 성공 여부를 확인한다. 그런데 클래스 객체가 생성될 때 생성자는 반환 타입을 가질 수 없기 때문에 해당 객체 생성이 정상적으로 되었는지 알 수 없는 경우가 있는데 이때는 예외를 던지는 throw 수식을 생성자에 넣어 예외 처리를 통해서 가능하다. 만약에 생성자의 초기화 리스트에서 부모 클래스가 초기화되면서 에러를 던지를 경우에도 에러를 잡을 수 있는 방법도 제공된다. 클래스의 생성자에서 구현된 작업에서 예외가 나올 수 있을 때 바로 예외를 던질 수 있고 보통 try 블록을 추가해서 예외를 대처하거나 재전송하는 형태로도 사용된다. 하기 예제에서는 예외를 만들기 위해 메모리 할당하는 함수에 임의적으로 throw 구문을 넣었다.

[예제 16.2-A]

```
#include <iostream>

void* operator new[](size_t _Size)
{
      throw 0;
}

struct ArrayData{

      ArrayData(int size)
      {
            try {
                  ptr = new int[size];
            }
            catch(...)
            {
                  std::cout << "Fatal Error !!!";
                  throw;      // 예외 발생한 것 재전송
```

```
                }
            }

            int* ptr;
        };

    int main()
    {
        // 예외 처리가 재전송되는 경우에 객체 생서 시 핸들러로 예외를 받게 됨
        // 이런 형태의 코드보다는 생성자에서 보통 예외 처리를 하게 됨
        try{
            ArrayData(20);
        }
        catch(...) {
            std::cout << "\n Program Terminated \n";
            exit(0);
        }
    }
```

예제에서 생성자 안에 try 블록을 추가하여 메모리 할당 시 예외가 발생하면 핸들러에서 받아 처리하게 하였다. new 연산자는 메모리 할당함수를 호출하는데 이 함수는 메모리가 부족하면 에러를 던지는 throw 수식을 가지고 있다. 그래서 예외가 발생하면 핸들러는 받아서 처리하는데 이런 에러는 복구할 수 있는 상황이 아니기 때문에 에러를 보여 주고 강제 종료하는 단계로 가게 된다. 이미 언급한 것처럼 throw 수식은 return 문처럼 그 자리에서 나가기 때문에 throw 수식의 아래 코드는 실행이 되지 않는다. 그래서 생성자뿐만 아니라 함수에서도 예외가 발생하면 throw 수식 이전에 필요한 작업을 먼저 진행하고 throw 수식으로 빠져나가야 된다. 이전에 작업이 있으면 취소 처리하고 다른 자원 할당이 있으면 해제하는 작업이 throw 수식 전에 선행되어야 하는 것은 당연한 일이다. 다른 경우에 있어서 에러를 그대로 재전송할 수 있는데 이럴 경우에는 throw 키워드만 선언하면 된다. 그런 에러가 발생하는 경우에 해당 객체를 생성할 때 핸들러를 따로 만들지 않으면 프로그램은 강제 종료된다. 객체 생성할 때마다 핸들러를 만드는 것을 추가하는 것보다는 생성자에서 핸들러로 처리하는 것이 일반적이다.

생성자 본체에서 예외가 발생을 하는 경우도 있고 생성자의 초기화 리스트에서도 발생하면 기존과는 다르게 try 블록을 만들어야 된다. 이런 블록을 **함수 try 블록**이라고 한다. try 블록이 생성자의 본체의 테두리에 놓이게 되어서 생성자 초기화 리스트 또는 생성자 본체에서 예외가 발생하면 설정된 핸들러에서 예외를 잡을 수 있게 된다.

```
ArrayData(int size)
try : ptr(nullptr)        // 생성자 초기화 리스트
```

```
        {
                ptr = new int[size];
        }
        catch(...)
        {
                std::cout << "Fatal Error !!!";
        }
```

throw 수식은 return 문처럼 그 자리를 빠져나가고 가장 가까이에 있는 핸들러로 데이터를 전달한다. 당연히 수식에서 가장 외측까지 범위에서 핸들러가 없으면 프로그램은 강제 종료가 된다. 우리가 잘 아는 것처럼 함수가 반환될 때 로컬 변수들은 사라지고 해당 변수가 클래스 타입이면 소멸자를 차례대로 호출되도록 컴파일러가 이것을 처리한다. 마찬가지로 throw 수식도 핸들러에게 값을 넘겨주는 시점으로 해서 스택에 있는 변수들을 생성한 순서의 역으로 소멸시킨다. 이런 로컬 객체의 소멸자는 컴파일러에 의해 처리되고 사용자가 호출하는 것이 아니다. 그래서 소멸자 안에 throw 수식으로 예외를 발생하는 경우는 매우 드물다. 이렇게 로컬 변수가 사라지면서 소멸자가 예외를 발생시키면 따로 핸들러가 없어 마땅히 대응이 안 되고 프로그램은 강제 종료가 된다. 그리고 소멸자는 기본적으로 에러를 던지는 않는 지정자가 설정된다. 아래 절에 관련 지정자가 기술될 것이다. 상황에 따라 예외가 일단 일어나면 프로그램이 오동작의 가능성이 생기게 때문에 프로그램의 종료가 더 좋은 판단이라고 생각되면 소멸자에서 예외를 던질 수는 있다.

16.3 예외 처리 지정자

throw 수식을 바로 사용하여 핸들러를 통해 예외를 받은 형태로 사용되지만 보통 throw 수식을 가진 함수를 호출하여 예외를 받는 구조가 많이 이용된다. 그래서 어떤 함수가 예외를 던지는지 또는 던지지 않는지를 알려 주는 지정자가 있는데 이것을 **예외 처리 지정자**라고 부른다. 하기는 사용 형식이다.

예외처리 지정자
noexcept (상수식)
noexcept

함수 선언할 때 해당 함수가 예외를 던지지 않는 것을 나타낼 때 함수이름 뒤에 noexcept 키워드를 지정한다. 괄호 안에 bool 타입의 상수식을 넣어 조건에 따라 예외 처리 지정자가 존재 여부를 결정한다. 상수식이 없는 것은 보통 noexcept(true) 이런 형태를 가지고 있고 이 지정자가 설정된 함수는 예외를 발생시키지 않음을 알리게 된다. 한편, C++20 이전까지는 함수 선언 시 이름 뒤에 throw()을 같이

선언하면 예외를 발생시키지 않는 것을 나타내었다. 그러나 C++20 이후부터는 더 이상 사용되지 않고 noexcept 지정자로 대체된다. 예외 처리 지정자는 함수 타입의 구성 요소이다. (since C++17) 하지만 이 지정자의 여부로 함수의 오버로딩은 되지 않는다.

```
void func1() noexcept ;        // 예외 처리 지정자 설정
void func2() throw();          // 예외 처리 지정자 설정과 같음. C++20 이전까지
```

일반적으로 라이브러리에서 제공하는 많은 함수들은 예외를 던질 수 있기 때문에 이 지정자가 설정되어 있지 않다. 대표적으로 new 연산자가 호출하는 메모리를 할당하는 함수는 예외를 발생시킬 수 있다. 캐스팅 관련해서 dynamic_cast, typeid의 연산자들도 예외를 던질 수가 있다. 그런데 메모리를 해제하는 delete 연산에서는 절대로 예외를 던지지 않는다. 예외 처리 지정자는 함수의 동작 측면에서 기능에 제한을 둔다고 볼 수 있다. 그래서 클래스를 상속 받고 일정의 함수를 오버라이딩을 할 때 예외 처리 지정자는 자식 클래스에서 그대로 설정을 유지해야 한다.

```
struct B {
        virtual void f() noexcept;
        virtual void g();
};

struct D: B {
        void f();              // 에러 발생. 예외 처리 지정자를 그대로 설정해야 함
        void g() noexcept ;    // OK
};
```

17

스탠더드 템플릿
라이브러리

C++에서는 프로그램을 구현할 때 필요한 여러 기능을 담당하는 전문적인 표준 라이브러리(Standard Template Library : STL)를 제공하고 있다. 기본적으로 사용되는 문자열을 처리하는 스트링 클래스부터 수학함수, 일반 유틸리티, 배열을 동적으로 할당하는 컨테이너, 시간 함수, 입출력 클래스 및 동시성을 처리하는 쓰레드 등등 많은 종류의 라이브러리가 있으며 사용자는 해당 라이브러리의 기능과 사용법을 익혀서 별도의 코딩 없이 이미 검증된 수준 높은 라이브러리를 재사용할 수 있다. 또한 C++ 버전이 증가되면서 필요 기능들이 연관된 STL에도 적용이 되기 때문에 유용성, 이식성 및 유지보수 측면에서도 매우 편리하다. STL은 각각 독립적인 기능을 가지면서 서로 연관성을 같이 지니고 있는데, 그렇다고 서로 의존성이 있는 것은 아니다. 문자열 라이브러리는 문자열을 처리하는데 사용되며, 문자열 검색을 위한 자체 함수도 있지만 검색과 정렬을 위한 알고리즘 라이브러리와 함께 사용되면 더욱 효과가 증대된다. 또한 유틸리티 라이브러리는 코딩에 유용한 툴을 제공하면서 다른 STL에서도 직접 사용된다.

STL은 규격에서 정한 기능 기능을 충족하면서 자신에 맞는 알고리즘과 구조를 가지고 설계되었다. 또한 구현에 있어서 최대의 성능이 발휘되도록 디자인되었다. 기능을 담당하는 함수에 대해 이런 성능 관련된 부분에는 규격은 따라야 될 **복잡도(complexity)**를 제시한다. 보통 **복잡도**는 입력에 따른 처리 시간을 의미하는데, 입력과 상관없이 **일정상수(constant)** 값을 가질 수 있다. 예를 들면, STL에서 배열을 처리하고 해당 크기를 가져오는 기능은 상식적으로 배열 크기와 상관없이 일정한 시간을 가질 것이다. 한편, 정렬되어 있지 않는 배열의 내용을 하나하나 전체를 검색해서 찾게 되면, 배열 크기, 즉 입력에 따라 처리 시간이 **선형적(linear)**으로 증가할 것이다. 그리고 정렬된 배열이라면, 검색의 처리 시간은 **로그 함수(logarithmic)**로 증가할 것이다. 이런 성능 측정을 상대적인 수치로 표기하는 것을 알파벳의 **대문자 O(Big O)**로 나타내는데, 이것은 상대적인 수치로 각 STL의 성능에서 우리가 눈여겨봐야 될 것은 해당 함수가 어떤 형태로 처리 시간이 소요되는지를 추정해 보고, 처리 시간이 매우 중요한 요소로 작용하는 코드블록이 있을 경우에, 선형적인 특성보다는 로그함수의 성능을 가지는 대안적인 함수를 찾는 것으로 방향을 잡을 때, 이런 **복잡도**를 고려하는 것이다.

각각의 라이브러리 안에는 여러 종류의 컴포넌트를 포함하고 있어서 전체 STL의 양은 사실 방대하여 여기서는 전체를 기술하지 않고 일반적으로 사용 빈도가 매우 높은 문자열, 컨테이너와 공용으로 사용되는 반복자 그리고 C++20에 새롭게 추가된 콘셉트와 레인지 라이브러리가 소개될 것이다. 기본적으로 버전별로 일부 라이브러리의 내용은 조금씩 업데이트되었고 신규 라이브러리가 추가되는 경우가 있다. 버전별 라이브러리의 변경 세부 사항은 참고자료에 나온 해당 사이트를 참조한다.

17.1 반복자(Iterators library)

반복자가 사전적으로 의미하는 것은 보통 일정한 일을 되풀이하는 것을 의미한다. 이것은 우리가 어떤 일을 반복적으로 시키는 명령문인 **for, while** 문이 연상이 된다. 실제로 반복자는 이런 반복문에 많이 쓰이고 매우 밀접한 관련이 있기 때문에 라이브러리 이름이 반복자로 명명하지 않나 쉽다. 반복자는 배열 같은 일정 원소를 처리하는 컨테이너 라이브러리에 이용되고 또한 문자열 및 알고리즘 라이브러리 등등 여러 **STL**에서 공통적으로 사용된다. 따라서 반복자 라이브러리의 이해는 어느 정도 필수적으로 요구된다. 그럼 왜 반복자가 필요한지에 대해서 생각해 보자. 단지 반복문인 **for 루프문**에서 사용 편의 를 위해서 반복자 라이브러리의 존재의 이유가 되지 않을 것이다. 규격에서는 반복자 정의를 다음과 같 이 하고 있다.

반복자는 일종의 일반화된 포인터로 배열과 같은 자료구조를 가지는 여러 STL에서 해당 요소에 접근하 기 위한 표준화된 인터페이스 역할을 한다.

이런 정의를 음미해 보면, **STL**에서 다루는 데이터를 임의적으로 접근하여 해당 값을 읽거나 쓸 수 있도 록 관련 함수 같은 것을 제공하는 기능이 **반복자**라고 생각된다. 내용이 다소 추상적이고 직관적인 이 해가 바로 생기지는 않을 것이다. 반복자의 필요성에 대해 곰곰이 반추해 보자. 여러 데이터를 배열로 선언해서 처리하는 경우에는 각각의 요소는 **첨자 []**을 통해 접근하여 값을 변경하거나 **루프문**을 이용 해 배열 전체를 검색하는 일을 할 수 있다. 이것은 우리가 자주 쓰고 매우 익숙한 방식이다. 한편, 배열 의 요소를 가지는 **STL**의 형식은 보통 클래스 템플릿의 형태이다. 그리고 해당 클래스에서 다루는 데이 터도 클래스 템플릿의 형식을 가지거나 기본 타입을 취할 수 있다. 그래서 각각의 요소에 접근을 위해 서는 보통 첨자 연산자 오버로딩을 통해서 가능하지만, 이런 오버로딩은 필수사항은 아니다. 사용하는 **STL**의 데이터 접근이 반드시 필요한데 해당 **STL**별로 사용법이 너무 상이하거나 일절 접근이 되지 않는 다면, **STL** 사용에 있어 큰 어려움이 될 것이다. 그래서 이런 데이터 접근에 대한 일괄적인 표준을 제시 해서 따르도록 반복자 라이브러리가 나온 배경이 될 것이다.

구체적으로 반복자가 어떻게 구성되는지를 살펴보기 전에 하기의 예제는 클래스 템플릿에서 사용되는 배열 데이터에 직접 접근할 수 있도록 해당 포인터를 가져오는 함수가 구현되어 있다. 실제 컨테이너 라이브러리에서 일부는 예제의 형태로 요소를 직접 접근할 수 있는 멤버 함수를 제공하고 있다. 물론 이들 멤버 함수가 반복자를 의미하는 것은 아니고 반복자의 역할에 대해 이해를 돕기 위해 실제 반복자 코드와는 다르게 구성을 하였다. 아래 예제는 템플릿에서 설명된 **MakeArray** 클래스 템플릿을 변경하 여 첨자 연산자 오버로딩은 생략하고 만들었다.

[예제 17.1-A]

```cpp
#include <iostream>

template < typename T , int size, T value=T()>
class MakeArray {
public:
        MakcArray()
        {
                for (int i = 0; i < size; i++)
                _array[i] = value;
        }

        // 해당 배열의 시작 주소와 마지막 바로 다음 주소를 가져오는 함수
        T* GetFirstPointer() { return _array; }
        T* GetLastPointer() { return ( _array + size ); }

private:
        T _array[size];
};

int main()
{
        MakeArray<int, 5> m;

        // 첫 번째 요소의 포인터를 가져와서 값을 출력함
        auto pt = m.GetFirstPointer();
        std::cout << *pt <<"\n";                // 0 출력

        int index = 0;
        for (pt; pt < m.GetLastPointer(); pt++)
        {
                *pt = index++;
                std::cout << *pt <<",";          // 0,1,2,3,4, 출력
        }

        return 0;
}
```

위 예제에서 배열클래스를 생성하고 해당 데이터에 접근을 위해 첫 번째에 위치한 포인터를 가져와 해당 내용을 읽어 와 출력했다. 또한 배열 전체에 대해 별도의 값을 대입하기 위해 첫 번째와 마지막 포인터를 가져와 반복문을 실행하여 처리한다. 이 방법이 약간은 번거로워 보인다. 첨자 연산자 오버로딩이 있으면 기존의 배열과 동일하게 다루기에 좀 더 편리하다고 생각할 수가 있다. 이 경우에는 첨자 오버

로딩 함수를 제공하는 것이 사용에 용이성이 좋아질 것이다.

그런데 **첨자 오버로딩**의 구현이 어려운 경우가 있다. 첨자 오버로딩이 가능하다는 의미는 해당 요소를 임의적으로 접근할 수 있다는 것을 함의한다. 일반적으로 이용하는 배열 중에서 들어오는 순서에 따라 값을 저장하는 경우에는 예를 들면, 일정 수의 달리기 주자들이 경기를 펼치며 순위 경쟁을 하면 먼저 들어오는 순서에 따라 순위가 정해지기 때문에 저장하는 순서가 중요한 비중을 차지한다. 이때는 임의 접근이 가능해야 되고 또한 그 기능은 반드시 필요하다. 그럼 배열 중에서 값을 저장하는 기능과 아울러 해당 배열의 값을 정렬하는 클래스가 있을 경우에는 예를 들면, 일정 크기의 숫자 중에서 로또같이 정해진 개수를 추첨하면 뽑는 순서가 중요하지 않다. 추첨이 완료되면 해당 숫자를 정렬해서 보여준다. 상황에 따라서 마지막 순서에 저장된 값이 정렬 원칙에 따라 맨 앞에 저장될 수 있다. 이때는 저장순서가 크게 중요성을 가지지 못하기 때문에 임의 접근의 기능이 사실상 무의미해지고 굳이 구현할 필요가 없어질 것이다. 그리고 일반 형태의 배열이 아닌 리스트 같은 자료구조는 서로 다음 것을 가리키는 포인터를 가지는 연결되는 구조를 가지고 있다. 따라서 어느 하나의 요소를 접근을 위해서는 이전 요소로 가야되고 이것은 다시 또 이전 요소로 접근하는 것을 반복해야 되기 때문에 임의 접근 자체가 불가해진다. 이런 경우에는 첨자 오버로딩 함수가 제공되지 않는다. 여기서 언급한 임의 접근 또는 한쪽 방향의 접근 등은 차후에 기술될 것이다.

위 예제에서 보여 준 해당 배열의 요소를 가져올 때는 포인터를 넘겨받아 별도로 저장해서 다른 기능에 활용된다. 이것은 반복자의 개념에는 어느 정도 부합이 된다. 그런데 반복자가 바로 포인터를 의미하는 것은 아니다. 포인터 타입이 반복자의 주요 타입이 되면 반드시 그런 형태를 따라가야 되기 때문에 다른 코드와 호환성 측면에서 다른 문제의 소지가 생길 수 있다. 그래서 반복자는 포인터의 특성을 가지는 것은 분명하지만 반드시 포인터 타입이 되어야 할 필요는 없다. 예제의 코드에서 포인터 타입을 함수로 반환 받기 때문에 주소를 증가하는 연산을 바로 할 수 없고 별도로 변수에 저장해야 가능하다.

[예제 17.1-B]

```
#include <iostream>

template < typename T , int size, T value=T()>
class MakeArray { /* 내용 생략*/}

int main()
{
        MakeArray<int, 5> m;

        // 첫 번째 요소의 포인터를 가져와서 값을 출력함
```

```
std::cout << *m.GetFirstPointer() <<"\n";

// 에러 발생. 첫 번째 요소를 포인터로 가져와 바로 증가 연산을 하면 오류 발생
// 함수 반환은 rvalue이기 때문
std::cout << *m.GetFirstPointer()++ <<"\n";

return 0;
}
```

예제에서 해당 데이터 요소의 포인터를 가져와 바로 증가 연산을 하게 되면 에러가 발생한다. 함수반환은 **rvalue** 형태를 가지기 때문이다. 그런데 컨테이너 라이브러리 중에서 일부는 실제로 반복자를 포인터 타입으로 반환하는 형식을 가지고 있다. 이럴 때는 위의 예제와 같이 증가 연산이 되지 않는다. 이런 문제의 해결을 위해서는 데이터 요소를 가져올 때 포인터가 아닌 클래스 타입을 가지며, **해당 연산을 위한 연산자 오버로딩**을 구현하면 가능하다. 대부분의 반복자 구현은 포인터 타입 대신에 클래스 타입을 가진다. 하기 예제는 포인터가 아닌 클래스 타입으로 변경된 코드를 살펴보자. 하기는 **STL**에서 제공하는 **std::array**의 소스에서 내용을 수정하였다.

[예제 17.1-C]

```
#include <iostream>

// 데이터 요소를 가져오는 템플릿 클래스
template <typename T, int size>
class ArrayIterator{
public:
        ArrayIterator() noexcept {}
        ArrayIterator(T* ptr, int Size) : _pointer(ptr),_size(Size) {}

        // 간접 참조 연산자 오버로딩
        T& operator*() const noexcept
        {
                return *(_pointer + _size);
        }

        // 전위 증가 연산자 오버로딩
        ArrayIterator& operator++() noexcept {
                ++_size;
                return *this;
        }
        // 후위 증가 연산자 오버로딩
        ArrayIterator operator++(int) noexcept {
                ++_size;
```

```
                return *this;
        }
        bool operator==(const ArrayIterator& _Right) const noexcept {
                return _size == _Right._size;
        }

        // != 연산자 오버로딩
        bool operator!=(const ArrayIterator& _Right) const noexcept {
                return !(*this == _Right);
        }

private:
        T* _pointer;
        int _size;
};

//
template < typename T , int size, T value=T()>
class MakeArray {
public:
        using iterator = ArrayIterator<T, size>;
        MakeArray()
        {
                for (int i = 0; i < size; i++)
                        _array[i] = value;
        }

        // 데이터 요소를 가져올 때 클래스 템플릿을 반환. 여기서는 ArrayIterator 클래스
        // 타입에 괄호 ()를 사용한 명시적 타입 변환 형태로 반환함
        iterator GetFirst()
        {
                return ArrayIterator<T, size>(_array, 0);
        }
        iterator GetLast()
        {
                return ArrayIterator<T, size>(_array, size);
        }

private:
        T _array[size];
};

int main()
{
        MakeArray<int, 5> m;
```

```
// 증가 연산 가능함. 연산자 오버로딩 함수가 제공됨
std::cout << *m.GetFirst()++ <<"\n";            // 출력 0

auto pt = m.GetFirst();

// 처음과 마지막 요소를 가져와 값을 대입하고 출력. 클래스 비교를 위한
// != 연산자 오버로딩이 제공됨
int index = 0;
for (pt; pt != m.GetLast(); pt++)
{
        *pt = index++;
        std::cout << *pt <<",";             // 출력 0,1,2,3,4,
}

return 0;
}
```

위 예제는 데이터 요소를 포인터 타입으로 가져오는 방식 대신에 클래스 타입으로 변경하여 구성했다. 이에 따라 필요한 연산자 오버로딩 함수의 구현은 필수사항이 되었다. 필수적인 연산자 오버로딩을 만드는 일이 수행되어야 하는 수고스러움은 발생하지만, 클래스 타입으로 변경이 연산 측면에서도 유리하고 코드의 호환성 측면에서도 좋은 점이 생긴다. 그리고 실제로 반복자를 구현하는 **STL**에서는 클래스 타입으로 해당 기능을 구현하고 있다. 이렇게 반복자의 필요성과 기능에 대해 예제를 통해 살펴보았다. 그럼 규격에서는 반복자를 어떻게 기능을 규정하고 있는지 내용을 구체적으로 알아보자.

17.1.1 반복자 종류

반복자는 클래스 내부에 사용되는 배열 요소에 접근을 위한 인터페이스의 역할을 가진다. 해당 클래스가 저장하는 데이터의 특성에 따라 임의 접근의 필요 여부가 정해지며, 한쪽 방향으로만 접근이 될 수 있거나 양방향 형태를 가지는 반복자의 종류가 그에 따라 나누어진다. 또한 반복자는 자신의 특성에 맞게 반복자를 구현할 때 요구되는 기능들을 규격에서는 정의하고 있다. 양방향 반복자는 순방향 반복자 특성을 포함한다. 또한 일반적으로 **임의 접근**(random access) 반복자처럼 한쪽 방향 및 양방향을 다 포함하는 특성을 가지고 메모리가 연속적으로 가지는 메모리연속 반복자가 범위가 가장 크다 할 수 있겠다. 예를 들면 **STL**의 **std::array**에서 구현된 반복자는 임의 접근 반복자의 특성을 가진다. 반복자의 종류는 다음처럼 분류된다.

□ 출력 반복자(Output iterators)
□ 입력 반복자(Input iterators)
□ 순방향 반복자(Forward iterators)

□ 양방향 반복자(Bidirectional iterators)

□ 임의 접근 반복자(Random access iterators)

□ 메모리연속 반복자(contiguous iterators) **(since C++20)**

[그림 17.1]

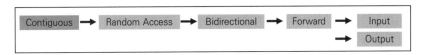

위 반복자들은 기본적으로 데이터 요소를 접근하고 그리고 해당 값을 가져오는 간접 참조 기능과 증가 연산이 제공되고 또한 반복문이 실행될 때 범위를 비교하기 위한 != 연산 기능이 포함된다. 여기서 언급된 것들은 모든 반복자들이 가져할 필수 사항들이다. 이런 사항들은 이전 예제에서 보여 주었던 기본 기능들이다. 입력 및 출력 반복자는 표준 입출력 관계된 **STL**에서 사용이 된다. 출력 반복자에서는 해당 데이터 요소를 접근과 함께 값을 대입하는 기능이 들어간다. 다른 반복자에서는 그런 기능이 필수 사항이 아니다. 따라서 별도로 제공되는 함수를 통해서 값을 변경할 수 있다. 그리고 임의 접근 반복자는 기본 연산과 아울러 범위를 증가 또는 감소하거나 범위의 크기가 작거나(<) 크거나(>) 하는 비교 연산의 기능이 더 추가된다. 어떤 클래스에서 반복자를 구현하면 위에 언급한 기능들이 포함되어야 반복자의 역할을 할 수 있다. 물론 구현하는 반복자에 별도로 필요한 부분의 기능만 추가할 수 있지만 반복자를 구현하는 경우에 이런 사항들이 들어가게 되면 다른 코드와 호환성에 문제가 없게 된다. **C++20** 이후부터 반복자 종류별로 규격에 맞게 구현되었는지 확인하는 콘셉트가 제공되어 반복자의 특성을 쉽게 확인이 가능해진다. 이와 관련된 사항이 다음 절에 기술된다.

17.1.2 반복자 특성(Iterator traits)

반복자 종류별로 자신의 특성을 가지고 있다. 반복자가 구현되면 사용자는 해당 반복자가 어떻게 구성이 되어 있는지를 알아야 기능을 수행하면서 반복자의 특성에 맞게 최적화를 수행할 수 있다. 그러기 위해서는 해당 반복자에서 특성별로 별도로 using 선언을 사용해 이름을 일원화하게 된다. 여기서 반복자 종류 관련된 것을 카테고리 분류하고 있는데, 언급한 것처럼 임의 접근 반복자는 양방향 반복자를 포함하는 형태로 그 반복자를 상속 받고 있다. 이것을 클래스로 나타내면 다음과 같다.

[예제 17.1-D]

```
#include <iostream>

struct input_iterator_tag {};
```

```cpp
struct output_iterator_tag {};
struct forward_iterator_tag : input_iterator_tag {};
struct bidirectional_iterator_tag : forward_iterator_tag {};
struct random_access_iterator_tag : bidirectional_iterator_tag {};
struct contiguous_iterator_tag : random_access_iterator_tag {};

// 입력 반복자 템플릿 클래스
template <typename T, int size>
class ArrayIterator{
public:
        using iterator_category   = std::input_iterator_tag;
        using value_type          = T;
        using difference_type     = int;
        using pointer             = T*;
        using reference           = T&;

        // 관련 함수들 내용 생략
};

int main()
{
        if( std::input_iterator<ArrayIterator<int,5>> )
        {
                std::cout<< "This Iterator has normal traits.";
        }
}
```

이전 예제에서 구현되었던 반복자 클래스에 필요한 반복자 특성 정보를 추가했다. 그리고 해당 반복자를 사용할 때 반복자의 특성이 정상적으로 정의되어 있는지를 확인하는 반복자 콘셉트로 해당 유효성을 확인한다. 반복자 콘셉트는 다음 절에서 기술된다.

17.1.3 범위 접근(range access) 함수

반복자가 가지고 있는 기능과 특성에 대해 이전 절에서 살펴보았다. 우리가 데이터를 저장하는 클래스를 사용할 때 해당 클래스에서 **직접 반복자를 가져와 전체 데이터 요소에 접근하지는 않는다.** 그것보다는 일정 기능의 반복을 위해서 전체 데이터 요소를 접근하는 경우에 반복자의 처음과 마지막 요소를 가져와서 증가하는 형태로 진행하여 루프문을 실행한다. 그래서 해당 반복자의 처음과 마지막을 가져오는 함수가 규격에서 정의하고 있다. 여기서 **begin()** 함수를 통해 처음 요소를 가져오는 것은 데이터 요소의 첫 번째를 의미한다. 그런데 마지막 요소는 데이터의 마지막 다음을 의미한다. **end()**가 가리키는 값은 직접적으로 데이터 요소와 관련이 없다. 이렇게 하는 것은 반복자 종류별로 연산자 오버로딩이 지원되는데 **!=** 연산자 오버로딩은 모든 반복자가 기본으로 가지고 있다. 따라서 반복문에서 처음 요소를 가져와서 증가시키다 보면 마지막 요소를 지난 다음에 end()와 같게 되면 반복문을 빠져나온다.

[그림 17.2]

데이터 접근을 위한 여러 함수가 규격에서 정의하고 있다. 그중에 대표적인 함수만 소개하고 그 외 여러 함수가 있는데, 기능들이 비슷하기 때문에 참고 사이트를 참조한다.

```
// 처음 요소를 가리키는 함수 : begin()
template <class C> auto begin(C& c);
template <class T, size_t N> constexpr T* begin(T (&array)[N]) noexcept;

// 마지막 다음 요소를 가리키는 함수 : end()
template <class C> auto end(C& c);
template <class T, size_t N> constexpr T* end(T (&array)[N]) noexcept;
```

이전 예제에서 기술된 MakeArray 클래스에서 데이터 요소를 가져오는 함수를 규격에서 정의한 대로 범위 접근 함수를 추가한다. 각 해당 함수에 반복자를 이용해 데이터의 처음과 마지막을 전달한다. 반복자의 사용 편의를 위해 using 선언을 사용해 규격에서 정하는 이름으로 변경하였다.

[예제 17.1-E]
```
#include <iostream>

// 반복자 템플릿 클래스
template <typename T, int size>
class ArrayIterator{
public:
        // 관련 내용 생략
};

// 배열 클래스 템플릿
template < typename T , int size, T value=T()>
class MakeArray {
public:
        using iterator = ArrayIterator< T, size>;
```

```
        // begin() 함수
        iterator begin()
        {
                return iterator(_array, 0);
        }
        iterator end()
        {
                return iterator(_array, size);
        }

        // 관련 내용 생략
};

int main()
{

        MakeArray<int, 5> m;

        auto pt = m.begin();

        int index = 0;
        for ( pt; pt != m.end(); pt++)
        {
                *pt = index++;
                std::cout << *pt <<",";            // 0,1,2,3,4, 출력
        }

        return 0;
}
```

17.1.4 반복자 연산 함수

반복자의 범위 접근 함수와 아울러 데이터 요소를 접근하는 다른 형태의 함수들이 있다. 임의 접근이 가능한 반복자에서는 원하는 데이터를 바로 지정이 가능하다. 그런데 하기에 소개되는 함수를 통해서 임의 접근 반복자를 포함하여 여러 종류에 반복자에서 일정의 원소에 접근할 수 있다. 물론 임의 접근 반복자에서는 시간 소요가 일정하게 정해지지만 그 외 반복자에서는 접근 위치에 따른 선형적인 시간이 걸린다.

    [1] template<class InputIterator, class Distance>
        constexpr void **advance**(**InputIterator&** i, Distance n);

[예제 17.1-F]

```cpp
#include <vector>
#include <iostream>
#include <list>
#include <iterator>

int main()
{
        std::vector<int> ve = { 1,2,3,4,5};
        auto ir_ve = ve.begin();

        std::advance(ir_ve, 3);
        std::cout << *ir_ve <<"\n";         // 출력 4

        // 함수 인자에 being()의 반환값을 바로 인자로 사용하지 않음
        // std::advance(ve.begin(),3);

        std::list<int> li = { 10,20,30,40,50};
        auto ir_li = li.begin();

        std::advance(ir_li, 3);
        std::cout << *ir_li <<"\n";         // 출력 40

        auto ir_end = ve.end();
        std::advance(ir_end, -3);
        std::cout << *ir_end ;              // 출력 3
}
```

예제에서 사용된 vector는 임의 접근이 가능한 반복자를 가지고 있고 list는 양방향 접근이 가능한 반복자를 가진 컨테이너 STL이다. 이와 관련된 내용은 다음 절에서 기술된다. 해당 함수를 호출할 때 반복자를 넘겨주고 그곳을 기준해서 떨어져 있는 위치를 설정하면 해당 원소를 가져온다. 가지고 있는 원소의 범위를 벗어나게 설정하면 프로그램이 종료되거나 예상치 못한 오동작이 발생할 수 있다. 여기서 위치 설정 시 마이너스 부호를 사용하면 기준에서 왼쪽으로 움직이게 되는데 이때는 양방향으로 갈 수 있는 반복자 이상에서 가능하다. 이 함수를 호출할 때 반복자의 범위 접근함수를 통해서 기준이 되는 위치를 가져온다. 함수 인자에 바로 begin() 함수의 반환값을 넣게 되면 함수의 인자가 맞지 않아 해당 함수를 찾지 못한다. 그것은 begin() 함수의 반환 타입이 반복자 형태의 임시 객체를 넘겨준다. 그런데 advance 함수의 인자는 lvalue 참조형 타입으로 파라미터가 선언되어 임시 객체인 rvalue 타입을 받을 수 없게 되어 있다.

[2] template<class InputIterator>

```
constexpr typename iterator_traits<InputIterator>::difference_type
distance(InputIterator first, InputIterator last);
```

이 함수는 두 반복자 간에 거리를 확인할 때 사용된다. 보통 begin()과 end() 사이의 거리가 곧 데이터의 범위가 되기 때문에 데이터의 크기를 가져올 때 주로 이용된다.

```
std::vector<int> ve = { 1,2,3,4,5};
// 출력 vector size = 5
std::cout<< "vector size = " << std::distance(ve.begin(), ve.end());
```

다음 함수는 위에 기술된 advance 함수의 기능을 특화시킨 것으로 현재 반복자를 기준에서 다음 또는 이전에 위치하는 데이터를 가져올 수 있는 반복자를 반환한다.

```
[3] template<class InputIterator>
        constexpr InputIterator next(InputIterator x,
        typename iterator_traits<InputIterator>::difference_type n = 1);

[4] template<class BidirectionalIterator>
        constexpr BidirectionalIterator prev(BidirectionalIterator x,
        typename iterator_traits<BidirectionalIterator>::difference_type n = 1);

std::vector<int> ve = { 1,2,3,4,5};
auto ir_ve = ve.begin();

std::advance(ir_ve, 2);
std::cout << *ir_ve ;              // 출력 3

// advance(ir_ve, 1)와 같음
std::cout<< *std::next(ir_ve);    // 출력 4 . 기준 begin()+2

// advance(ir_ve, -1)와 같음
std::cout<< *std::prev(ir_ve);    // 출력 2 . 기준 begin()+2
```

C++20부터는 이와 같은 기능을 하면서 반복자에 대해 타입을 확인하는 것이 들어간 함수가 소개된다. 기능은 동일하고 아래 절에서 기술되는 반복자의 특성을 체크하는 콘셉트가 추가된다.

```
std::ranges::advance
std::ranges::distance
std::ranges::next
std::ranges::prev
```

17.1.5 반복자 신규 업데이트 (since C++20)

C++20에서는 대폭적으로 반복자가 상당히 많게 업데이트 되었다. 템플릿에 신규 기능인 **콘셉트**가 들어오면서 오동작 방지를 위한 타입을 체크하는 부분이 반복자에 추가되었고 또한 범위(ranges) 라이브러리 추가되어 관련 반복자도 신규로 만들어졌기 때문이다. 해당 내용이 주로 기능을 수행하기보다는 **콘셉트**의 역할을 가지는 타입을 체크하는 것이 많아 종류별로 일부만 기술하고 콘셉트 및 레인지 라이브러리에서 관련 내용이 설명된다.

□ 반복자 콘셉트

이전 버전까지는 반복자 종류별로 카테고리를 분류하여 반복자를 정의했다. 그런데 반복자가 규격에 기능을 만족하는지를 확인하는 것은 따로 없었다. C++20부터는 반복자 종류별로 타입 체크를 하는 반복자 콘셉트가 정의되어 있어 구현한 반복자가 종류별로 기능을 만족하는지를 체크할 수 있게 된다. 여러 반복자 중에 기본이 되는 입력 반복자의 테스트를 위해 하기처럼 만들어 기본적인 것들이 구성되어 있는지는 체크 할 수 있다. 다른 반복자 종류도 필요조건이 구현되고 관련 **콘셉트**를 사용하여 확인이 가능하다.

[예제 17.1-G]

```
#include <iostream>
#include <iterator>

// 테스트용 입력 반복자 클래스 템플릿
template <typename T>
class InputIterator{
public:
        // 필수적인 반복자 특성을 규정
        using iterator_category    = std::input_iterator_tag;
        using value_type          = T;
        using difference_type     = int;

        // 간접 참조 연산자 오버로딩
        T& operator*() const noexcept ;

        // 증가 연산자 오버로딩
        InputIterator& operator++() noexcept;
        InputIterator operator++(int) noexcept;

        bool operator==(const InputIterator& _Right) const noexcept;
        bool operator!=(const InputIterator& _Right) const noexcept;
```

```
};
template <typename T>
struct IteratorSample { };

int main()
{
        // 필수 사항들이 충족되어 하기는 정상 동작
        if( std::input_iterator< InputIterator< int >>)
                std::cout<< "Normal Input Iterator"<<"\n";

        // 샘플 클래스는 비워 있어서 충족되는 사항이 없음. 출력 : Error Iterator
        if( ! std::input_iterator< IteratorSample<int>> )
                std::cout<< "Error Iterator";

        return 0;
}
```

std::input_iterator의 콘셉트는 내부적으로 입력 반복자의 필수 기능을 체크하기 위한 여러 가지 **콘셉트**가 조합되어 있다. 이것으로 간접 참조 연산자 오버로딩 함수 및 증가 연산자 함수가 구현되어 있는지를 체크한다. 그리고 단방향, 양방향, 임의 접근 및 메모리연속 반복자의 콘셉트는 기본직으로 입력 반복자의 콘셉트를 체크하고 그리고 각각의 반복자가 가지는 필수 기능들을 확인하는 콘셉트가 들어간다.

```
// 단방향 반복자 콘셉트: 입력 반복자 콘셉트와 증가 연산 여부를 확인하는 콘셉트가 추가됨
template <class _It>
        concept forward_iterator;

// 양방향 반복자 콘셉트: 단방향 반복자 콘셉트와 전위 및 후위 증가의 콘셉트 추가
template<class I>
        concept bidirectional_iterator;

// 임의 접근 반복자 콘셉트: 양방향 반복자 콘셉트와 복합대입(+=, -=) 및 첨자 연산 콘셉트 추가
template<class I>
        concept random_access_iterator;

// 메모리연속 반복자 콘셉트: 임의 접근 반복자 콘셉트와 저장된 데이터의 메모리가
// 연속되는지를 체크
template<class I>
        concept contiguous_iterator;

static_assert( contiguous_iterator< int* > );                    // OK
static_assert( contiguous_iterator< list<int>::iterator> );      // 에러 발생
static_assert( contiguous_iterator< vector<int>::iterator> );    // OK
```

반복자 종류 중에 임의 접근 반복자는 단어의 의미에서 보듯이 데이터 접근을 임의로 하기 때문에 일반 배열처럼 데이터가 메모리에 연속적으로 놓인다고 생각할 수 있다. 보통 그런 경우가 많이 있지만 반복자 특성이 임의 접근 반복자를 가지면서 데이터가 메모리에 연속적으로 있지 않는 반복자가 있을 수 있다. 배열처럼 데이터를 저장하면서 크기가 가변적인 기능을 가지는 컨테이너 STL에서 관련 내용이 기술될 것인데 여기서는 간략히 임의 접근의 형태를 가지고 있지만 메모리에 연속적으로 데이터가 저장되지 않는 경우를 설명하겠다. 우선 데이터 크기에 따라 메모리를 할당하고 해제하는 예제를 살펴보자. 예제는 1차원 형태의 배열 구조를 가지고 있어서 임의 접근이 가능하고 또한 데이터가 메모리에 연속적으로 놓이게 된다. 코드가 쉽게 되어 있으니 가볍게 보길 바란다. 나중에 설명될 컨테이너 클래스 중에 하나인 **vector**도 결국 데이터 크기에 따라 메모리를 재할당하고 데이터를 복사하는 기능이 들어가 있다.

```
struct Ch_Array{

    Ch_Array()
    {
        ptr = new int [5];
    }

    void insert_back(int val)
    {
        if (cur < size)
        {
            data_insert(val);
        }
        else
        {
            auto temp = ptr;
            int old_size = size;

            size += 5;
            ptr = new int [size];
            std::memcpy(ptr, temp, old_size*sizeof(int));
            delete temp;

            data_insert(val);
        }
    }

    int operator[](int pos) { return ptr[pos]; }
```

```
        private :
                int* ptr;
                int cur = 0;
                int size = 5;

                void data_insert(int val)
                {
                        ptr[cur] = val;
                        cur++;
                }
};
```

예제에서 데이터를 추가할 때 이미 할당한 메모리보다 커지면 크기를 늘리고 다시 메모리를 재할당하고 기존의 데이터를 복사하는 작업이 들어가 있다. 데이터의 크기가 커질수록 데이터 복사가 시간이 많이 소요되는 문제가 있다. 그래서 이 문제를 해결하는 다른 형태의 예제를 보자. 예제는 2차원 구조의 배열 형태를 갖는다.

[예제 17.1-H]

```
        #include <iostream>

        struct DoubleArray{
                const int data_size = 5;

                DoubleArray()
                {
                        map = new int* ;
                        map[0] = new int [data_size];

                }

                void insert_back(int val)
                {
                        if (cur < data_size)
                        {
                                data_insert(val);
                        }
                        else
                        {
                                cur = 0;
                                block++;

                                int** ptr = new int* [block];
```

```
                    // 이전 포인터를 저장
                    for (int i = 0; i < block; i++)
                            ptr[i] = map[i];
                    delete [] map ;

                    // 데이터가 늘어나서 전체 행의 포인터를 재할당
                    map = new int* [block+1];
                    map[block] = new int [data_size];
                    // 이전 포인터를 재할당된 map에서 복사
                    for (int i = 0; i < block; i++)
                            map[i] = ptr[i];

                    data_insert(val);
            }
    }

    int operator[](int pos)
    { return *( map[pos/data_size] + pos%data_size); }

private :
    int** map;
    int cur = 0;
    int block = 0;

    void data_insert(int val)
    {
            map[block][cur] = val;
            cur++;
    }
};

int main()
{
    DoubleArray da;
    for (int i = 0; i < 10; i++)
            da.insert_back(i);

    for (int i = 0; i < 10; i++)
            std::cout<< da[i]<<" ";          // 출력 0 1 2 3 4 5 6 7 8 9
}
```

예제는 2차원 배열로 데이터 저장을 위해 이중 포인터를 사용해서 행과 열의 구조로 메모리를 할당하여 데이터를 저장한다. 열의 크기는 미리 고정하고 데이터가 증가할 때 행의 개수를 늘리는 형태로 메모리를 할당한다. 이렇게 되면 이전 예제에서 이전 데이터를 복사하는 작업이 없어지고 저장하는 전체

행의 포인터를 재할당하고 이전 포인터만 복사하는 기능이 들어가 있다. 결국 데이터 복사 시간의 문제는 해결되있다. 그리고 첨자 연산자 오버로딩 함수로 데이터를 가져오는 것을 보면 임의 접근 방식이 지원이 된다. 다만 전체 메모리가 연속적으로 놓이는 것은 아니다. 여기서 반복자를 구성하게 되면 **메모리연속 반복자**의 특성을 만족하지는 못한다.

이런 반복자 종류 관련된 것 포함하여 다른 조건을 체크하는 여러 콘셉트가 있다. 콘셉트를 구성할 때 기능별로 세분화시켜 구현되어 있기 때문에 이들 콘셉트는 여러 종류의 반복자 콘셉트에서 조건을 확인할 때 같이 사용된다.

```cpp
// 간접 참조 연산을 확인
template< class In >
    concept indirectly_readable;

// 간접 참조를 통해 값을 대입 할 수 있는지 확인
template< class Out, class T >
    concept indirectly_writable;

// 후위 증가와 해당 언산의 결과 값 타입을 동시에 확인
template<class I>
    concept incrementable;

// 후위 증가가 되는지 확인
template<class I>
    concept weakly_incrementable;
```

□ 알고리즘 콘셉트

반복자가 데이터에 접근하는 인터페이스 역할을 하기 때문에 여러 알고리즘 라이브러리와 함께 사용된다. 이럴 경우에 타입을 체크하는 콘셉트가 새롭게 소개되고 있다. 그리고 이 콘셉트들은 이전에 기술된 여러 반복자 콘셉트를 조합하여 구성된다. 그래서 구체적으로 어떻게 동작하는지를 세세하게 보기보다는 해당 콘셉트의 기능이 무엇인지 이해하면 될 것이다. 기능이 서로 비슷한 부분이 있어서 일부만 소개하고 나머지는 참조사이트를 보면 좋을 것이다.

```cpp
// 간접 참조 연산 및 간접 참조를 통해 값을 대입할 수 있는지 확인
[1] template<class In, class Out>
    concept indirectly_movable =
    indirectly_readable<In> &&
    indirectly_writable<Out, iter_rvalue_reference_t<In>>;
```

```
template <typename T>
class MyIterator{
public:
        using value_type = T;

        // 간접 참조 연산자 오버로딩. 반환값 : 참조형 타입
        T& operator*() const noexcept ;

};
struct A{};;
struct B{
        B(B&&);
};
```

// OK
```
static_assert( std::indirectly_movable< MyIterator<A> ,MyIterator<A>> );
```

// **에러 발생**. 클래스 B는 복사 대입 연산자가 정의되어 있지 않음. 이동 생성자가 선언하면
// 내부적으로 복사 대입 연산자는 만들어지지 않기 때문
```
static_assert( std::indirectly_movable< MyIterator<B> ,MyIterator<B>> );
```

// indirectly_movable 및 값을 복사 생성자로 대입할 때 해당 인수가 const 타입인지 확인
```
[2] template<class In, class Out>
        concept indirectly_movable_storable;
```

```
struct A {
        A(const A&);
};
```

// OK . 클래스 A : 복사 생성자의 파라미터를 const 처리함.
```
static_assert( std::indirectly_movable_storable
                <MyIterator<A>, MyIterator<A>> );
```

// 간접 참조 연산 및 간접 참조한 타입으로 대입할 수 있는지 확인
```
[3] template<class In, class Out>
        concept indirectly_copyable;
```

```
struct A {
        A& operator=(A&);
};
```
// OK
```
static_assert( std::indirectly_copyable <MyIterator<A>, MyIterator<A>> );
```
// 간접 참조 연산 및 간접 참조한 대입 시 const 타입으로 복사 생성 및 복사 대입이
// 되는지 확인

```
[4] template<class In, class Out>
        concept indirectly_copyable_storable;

struct A {
        A(const A&);
        A& operator=(const A&);
};

// OK
static_assert( std::indirectly_copyable_storable
                        <MyIterator<A>, MyIterator<A>> );
```

```
// 간접 참조 연산 및 해당 타입으로 swap이 되는지 확인. 위에 기술된 콘셉트를 만족하는지
// 확인
[5] template< class I1, class I2 = I1 >
        concept indirectly_swappable;

struct A {
        A(const A&);
        A& operator=(const A&);
};

// OK
static_assert( std::indirectly_swappable<MyIterator<A>, MyIterator<A>> );
```

17.2 문자열(Strings library)

보통 문자열이라고 하면 "hello"같이 일련의 문자들의 집합을 말한다. 기존 **C 언어**에서는 포인터 또는 배열로 문자열을 정의해서 사용하고 복사, 삽입, 검색, 삭제 등의 문자열 연산은 제공되는 함수를 이용하여 처리한다. 문자열은 산술 타입과는 다르게 문자열 연산 시 일부 문자가 빠지거나 지워지고 또한 문자열을 가지는 배열 크기를 고려해야 하는 어려움이 있어 잠재적인 문제를 유발할 수 있는 가능성이 높은 게 사실이다. 그래서 문자열에서 제공하는 클래스인 **std::string**을 통해 문자열을 하나의 데이터로 처리하여 문자열을 더하거나 비교하는 것이 직관적으로 수행되며 이미 검증된 멤버 함수를 통해 문자 열 연산을 손쉽게 가져갈 수가 있다. 또한 상세하고 빠른 문자열 검색 관련해서는 다른 STL에서 제공하는 클래스를 이용하게 되면 더욱 편리하게 사용할 수 있게 된다. 하기 예제는 파일이름을 변경하는 것으로 이와 비슷한 형태는 매우 자주 접하는 경우로 문자열을 **C 언어** 스타일로 배열로 처리하는 것과 문자열 클래스를 이용한 코드가 되겠다.

[예제 17.2-A]

```
#include <iostream>
#include <cstring>

// std::string을 가지는 헤더 파일
#include <string>

// MSVC에서 문자열 함수 사용 시 경고가 발생하여 해당 경고를 막음
#pragma warning(disable: 4996)

char* GeTFileName() { return (char*) "picture.bmp"; }
char* GeTDate() { return (char*) "12_25"; }

int main()
{
        char *FilenName = GeTFileName();
        char *Date = GeTDate();

        char NewFileName[50];

        // C 언어에서 제공하는 함수를 통해 문자열을 복사하고 삽입하는 과정
        strcpy(NewFileName, Date);
        strcat(NewFileName, "_");
        strcat(NewFileName, FilenName);

        std::cout << NewFileName<<"\n";          // 12_25_picture.bmp 출력됨

        // string 문자열 클래스를 이용
        std::string filename = GeTFileName();
        std::string date = GeTDate();

        // 덧셈 연산자 오버로딩이 제공되어 일반 연산을 하는 것처럼 쉽게 처리함
        std::string newfilename = date + "_" + filename;

        std::cout << newfilename;                // 12_25_picture.bmp 출력됨

        return 0;
}
```

문자열 std::string은 헤더 파일 <string>에 정의되며, basic_string 클래스 템플릿을 기본으로 가지고 char 타입으로 설정된 템플릿 클래스이다. 문자 타입의 크기에 따라 내부적으로 연산이 변경되기 때문에 각 타입별로 지정된 템플릿 클래스가 선언되었다. 각 문자열 클래스별로 사용되는 데이터 멤버 및 멤버 함수는 동일하기 때문에 사용하려는 문자에 따라 선택하여 이용하면 된다. 해당 템플릿의 사용 편

의를 위해 **using 선언**으로 정의되어 있다.

```
// basic_string 클래스 템플릿
template<class charT, class traits = char_traits<charT>, class Allocator = allocator<charT>>
class basic_string;

using string = basic_string<char>;
using u8string = basic_string<char8_t>; (since C++20)
using u16string = basic_string<char16_t>;
using u32string = basic_string<char32_t>;
using wstring = basic_string<wchar_t>;
```

17.2.1 string 생성자

std::string 사용을 위해 생성자가 어떻게 구성되는지 살펴보자. 다양한 형태로 생성자가 지원되기 때문에 사용 목적에 따라 선택하면 된다. 이미 선언된 string 변수로 이용해 초기화는 것은 기본적으로 많이 사용되고, 위 예제에서 언급된 C 언어 문자열인 const char* 타입을 받아서 처리하는 것도 빈번하게 활용된다. 또한 문자열의 일부만 가지도록 범위를 두는 생성자도 있다. 그 외 관련 사항은 참고사이트를 참조한다.

```
// 기본 생성자
constexpr basic_string() noexcept(noexcept(Allocator())) : basic_string(Allocator()) { }
// 복사 생성자
constexpr basic_string(const basic_string& str);
// const char* 타입을 이용한 생성자
constexpr basic_string(const charT* s, const Allocator& a = Allocator());
constexpr basic_string(const charT* s, size_type n, const Allocator& a = Allocator());
```

[예제 17.2-B]

```cpp
#include <iostream>
#include <string>
int main()
{
        std::string str;            // 기본 생성자 : str의 내용은 비어있음
        std::string str1(str);      // 복사 생성자 이용

        // 괄호 또는 중괄호를 사용한 초기화 방식
        std::string str2 ("Strings Library");
        std::string str3 { "Strings Library" };

        // 변환 생성자가 사용됨. 대입형태의 초기화
```

```
std::string str4 = "Strings Library";

// 문자열 중에서 설정 크기만큼의 값으로 초기화
std::string str5 ("Strings Library", 8);
std::cout << str5;          // Strings 출력됨

return 0;
}
```

17.2.2 크기와 용량

문자열 크기 관련 **size()**와 **length()** 멤버 함수를 통해 해당 문자열 크기를 가져올 수 있다. 두 함수의 결과는 동일하기 때문에 어느 것을 사용해도 된다. 그리고 사용 가능한 문자열의 최대 크기는 사용 시스템 의해 정해진다. 하기는 해당 멤버 함수 원형이다.

```
constexpr size_type size() const noexcept;
constexpr size_type length() const noexcept;
constexpr size_type max_size() const noexcept;
(보통 size_type = unsigned int로 사용됨)
```

string 클래스의 변수 선언 시, 크기에 따라 일정의 메모리가 string 클래스에서 내부적으로 할당되는데 현재 할당된 메모리 크기를 가져올 때 **capacity()** 함수를 사용한다. 변수의 문자열이 연산을 통해서 할당된 것보다 커지면 내부에서 자연스럽게 크기를 증가시킨다. 이럴 경우에는 메모리의 재할당을 하는 것이기 때문에 시간이 소요된다. 그래서 문자열 크기가 계속 변경되면서 기능을 구현하는 경우에 성능이 우선이 되면 처음부터 문자열 할당 크기를 **reserve()** 함수를 통해 설정할 수 있고, capacity()에서 설정된 크기보다 작게 설정하면 크기는 변경되지 않고 이전에 설정된 값을 유지한다. reserve()를 사용해 메모리 크기를 변경하고 나서 저장된 문자열보다 크게 설정되었을 경우에 메모리 최적화를 위해 **shrink_to_fit()** 함수를 사용할 수가 있다. 그런데 해당 함수기능은 시스템별로 최적화 기준에 따라가기 때문에 반드시 메모리 크기가 저장된 문자열 크기에 맞게 상태 변화가 생기는 것은 아니다.

```
constexpr size_type capacity() const noexcept;
constexpr void reserve(size_type res_arg);
```

[예제 17.2-C]

```
#include <iostream>
#include <string>

const int SIZE_MYSTRING = 100;
```

```
int main()
{
        std::string str;

        // 문자열 메모리 설정 크기를 변경
        if( str.capacity() < SIZE_MYSTRING)
                str.reserve(SIZE_MYSTRING);

        str="Functions of strings class";

        std::cout << str.size()<<"\n";          // 출력 26

        // Before fit = 111 출력됨. 시스템별로 값이 다를 수 있음
        std::cout << "Before fit = "<< str.capacity()<<"\n";

        // 문자열 최적화 실행.
        str.shrink_to_fit();

        // After fit = 31 출력됨. 시스템별로 값이 다를 수 있음
        std::cout <<"After fit = "<< str.capacity()<<"\n";

        return 0;
}
```

문자열의 데이터를 송수신하는 경우에 일정 크기를 정해서 보내는 경우가 있을 때 사용된 문자열에서 일정 크기와 문자열 마지막에 특정 문자를 붙이는 일명 패딩 작업에 **resize()** 함수가 사용된다. 이 함수는 문자열을 덧붙이는 함수 **append()** 함수와 유사하며 해당 함수를 이용해 구현되었다. 사용된 문자열을 지울 때는 **clear()** 함수를 이용한다.

```
constexpr void resize(size_type n, charT c);
constexpr void resize(size_type n);
constexpr void clear() noexcept;
```

[예제 17.2-D]

```
#include <iostream>
#include <string>

int main()
{
        std::string str ="Functions of strings class";

        std::cout << str.size()<<"\n";                              // 출력 26
```

```
        // 문자열을 일정 크기로 변경. 기본 문자열 마지막에 \0 문자 삽입
        str.resize(64, '\0');
        std::cout <<"After Size = "<< str.size() <<"\n";          // 출력 After Size = 64

        str.clear();
        std::cout <<"Clear() = "<< str.size() <<"\n";             // 출력 Clear() = 0

        return 0;
    }
```

17.2.3 요소 접근(Element Access)

string 클래스는 선언된 문자열의 데이터에 배열 요소처럼 각각 접근이 가능하다. 이것은 첨자 연산자 오버로딩 함수가 제공되기 때문이다. 문자열 요소에 각각 값을 가져올 수 있고 해당 요소에 값을 변경할 수 있다. 또한 at() 함수를 통해서도 같은 기능이 수행되는데, 해당 문자열을 벗어난 요소 접근하는 경우 즉, size()의 크기와 같거나 크게 되면 범위를 넘어서는(out_of_range) 예외가 발생한다. 그리고 문자열이 비어 있지 않는 경우에 맨 앞 또는 마지막 해당하는 요소 데이터를 가져오거나 변경이 가능한데, 이때 사용되는 함수는 각각 front(), back()가 된다.

```
        constexpr const_reference operator[](size_type pos) const;
        constexpr reference operator[](size_type pos);
        constexpr const_reference at(size_type pos) const;
        constexpr reference at(size_type pos);
        (여기서 reference = charT& , const_reference = const charT& )
```

[예제 17.2-E]

```
        #include <iostream>
        #include <string>

        int main()
        {
                std::string str ="Strings Class";
                str[7] = '@';

                // Strings@Class 출력됨.
                std::cout << str<<"\n";

                // str.at(0) = S 출력됨. str.front() 동일
                std::cout << "str.at(0) = " <<str.at(0) << "\n";

                unsigned int size = str.size();
```

```
        // 예외 발생. 문자열 크기 size()와 같거나 크기 때문에 발생
        //str.at( size );

        return 0;
    }
```

17.2.4 문자열 변경 및 검색

문자열에 다른 문자열을 추가하거나 변경 또는 삭제, 삽입 기능 관련된 많은 함수들이 제공된다. 우선 문자열을 추가할 때 연산자를 이용하는 일반적인 방법이 제공되는데, 관련 연산자 오버로딩 함수가 있기 때문이다. 그리고 대입을 통해 기존 문자열을 변경할 수 있는데 연산자 오버로딩 함수를 이용하거나, **assign()** 함수도 같은 기능을 가진다. 이 함수는 여러 함수 파라미터를 가지고 있어 다양한 오버로딩 함수가 존재한다.

```
    // 하기 함수는 여러 오버로딩 함수를 가지고 있음
    constexpr basic_string& operator+=(const basic_string& str);
    constexpr basic_string& assign(const basic_string& str);
```

[예제 17.2-F]

```
    #include <iostream>
    #include <string>

    int main()
    {

            std::string str1("String"), str2="Class";

            // 하기는 문자열 삽입 및 대입
            str1 += str2;
            std::cout << str1<< "\n";  // 출력 StringClass

            str1 += "Operation";
            std::cout << str1<< "\n";  // 출력 StringClassOperation

            // 문자열 할당. assign() 함수와 동일
            str1 = "Strings STL";
            std::cout << str1<< "\n";  // 출력 Strings STL

            str1.assign("string assign");
            std::cout << str1<< "\n";  // 출력 string assign

            // 문자열 중에서 할당할 위치와 개수를 설정
```

```
        str1.assign("acdefghi",2,4);
        std::cout << str1<< "\n";  // 출력 defg

        // 문자 하나를 일정 크기의 문자열로 설정
        str1.assign(5,'#');
        std::cout << str1<< "\n";  // 출력 #####

        return 0;
    }
```

기존 문자열에서 다른 문자열을 추가할 때 append() 함수가 사용 가능하다. 위에서 언급된 연산자 오버
로딩 함수도 같은 기능을 가지고 있다. 그리고 append() 함수는 다양한 오버로딩 함수가 있어 여러 파
라미터가 사용 가능하고, 기존에 있는 문자열의 끝에 덧붙이는 추가하는 기능을 가진다. 이와 유사하
게 일정 문자를 기존 문자열에 추가하는 push_back() 함수가 있는데 이것은 한 개의 문자를 추가하는
append() 함수를 가지고 구현된다. 참고로 assign() 함수는 기존 문자열에서 다른 문자열로 대체하는 기
능을 가진다. 이와 별도로 문자열 추가가 맨 뒤가 아니라 특정 위치를 설정하고 문자열을 붙이는 기능
을 가진 insert() 함수가 있다. 맨 뒤 위치를 설정하면 append() 함수와 동일 기능을 가지게 된다.

```
        // 하기는 일부만 소개됨. 그 외 다수의 오버로딩 함수가 있음
        constexpr basic_string& append(const basic_string& str);
        constexpr basic_string& append(const charT* s, size_type n);
        constexpr basic_string& append(size_type n, charT c);
        constexpr void push_back(charT c);
        (이것은 append(1, c) 동일)

        constexpr basic_string& insert(size_type pos, const basic_string& str);
        constexpr basic_string& insert(size_type pos, const charT* s);
```

[예제 17.2-G]

```
        #include <iostream>
        #include <string>

        int main()
        {
            std::string str1("String"), str2="Class";

            // str1 += str2와 동일함.
            str1.append(str2);
            std::cout << str1 <<"\n";                // 출력 StringClass
```

```
        // 문자열 일부만 추가함.
        str1.append("12345", 3);
        std::cout << str1 <<"\n";            // 출력 StringClass123
        str1 = "String";
        unsigned int size = str1.size();

        // str1.append(str2)와 동일
        str1.insert(size, str2);
        std::cout << str1 <<"\n";            // 출력 StringClass

        // 추가할 문자열의 위치를 설정함.
        str1.insert(0, "STL_");
        std::cout << str1 <<"\n";            // 출력 STL_StringClass

        return 0;
    }
```

문자열의 삭제 관련한 기능을 가진 함수는 erase()가 있다. 문자열 전체를 지울 수 있으며, 또는 문자열 위치를 설정해서 일정 개수만큼만 지울 수 있는 오버로딩 함수가 제공된다. 이때 위치 설정이 문자열 크기보다 크게 되면 범위를 넘어서는(out_of_range) 예외가 발생한다. 그리고 문자열 마지막에 위치한 문자를 지울 때 pop_back() 함수가 사용된다.

```
        constexpr basic_string& erase(size_type pos = 0, size_type n = npos);
        ( pos > size() 면 예외 발생)
        constexpr iterator erase(const_iterator first, const_iterator last);
        constexpr void pop_back();
```

다음은 문자를 검색하는 멤버 함수들이다. 각 함수는 파라미터에 따라 여러 종류의 함수 오버로딩이 제공된다.

```
        // 검색 문자열을 문자열 앞에서부터 검색
        // 반환 형태는 아래의 다른 함수도 동일하게 적용됨
        // 문자 검색 성공 시: 해당 위치를 반환, 실패 시 : static const size_type npos = -1 반환
        size_type find( const basic_string& str, size_type pos = 0 ) const noexcept;


        // 검색 문자열을 문자열 뒤에서부터 검색
        size_type rfind( const basic_string& str, size_type pos = npos ) const noexcept;

        // 검색 문자 중에서 어느 하나의 문자가 검색되는지 앞에서부터 검색
        size_type find_first_of( const basic_string& str, size_type pos = 0 ) const
```

noexcept;

// 검색 문자 중에서 어는 하나의 문자가 검색되는지 뒤에서부터 검색
size_type **find_last_of**(const basic_string& str, size_type pos **= npos**) const
noexcept;

[예제 17.2-H]

```cpp
#include <iostream>
#include <string>

int main()
{
        std::string str ="01234567890123456789";

        std::cout<<" search = "<<str.find("9")<<"\n";                // 출력 9
        std::cout<<" search = "<<str.rfind("9")<<"\n";               // 출력 19
        std::cout<<" search = "<<str.find_first_of("abc0")<<"\n";    // 출력 0
        std::cout<<" search = "<<str.find_last_of("abc0");           // 출력 10

        return 0;
}
```

17.3 컨테이너(Containers library)

배열처럼 일정 타입의 데이터를 저장하고 크기가 동적으로 관리되도록 지원하는 템플릿 라이브러리를 **컨테이너**라고 한다. 배열은 크기를 정해야 사용이 가능하지만 컨테이너는 필요에 의해 크기를 늘리면서 데이터 크기가 변하는 상황에 맞게 적절히 사용할 수 있는데 이것은 컨테이너가 내부적으로 메모리를 할당 및 해제의 기능이 동작하여 가능하다. 컨테이너 관련한 템플릿은 사용 용도에 따라 여러 종류가 제공이 된다. 하기는 관련 표이다.

[표 17.1 컨테이너 종류]

항목	헤더 파일
순차(Sequence) 컨테이너	<array>, <deque>, <forward_list>, <list>, <vector>
연관(Associative) 컨테이너	<map>, <set>
비정렬 연관(Unordered associative) 컨테이너	<unordered_map>, <unordered_set>
컨테이너 어댑터	<queue>, <stack>

순차 컨테이너는 일정 타입의 데이터를 순서와 상관없이 저장하고 관리하는 기능을 가지고 있다. 대표적으로 **vector**가 그 사용의 중심에 있다. 각각의 종류별로 나누어져 컨테이너들이 구현되고 해당 헤더 파일로 제공되고 있으며 각각의 고유의 특징을 가지고 있으면서도 공통적으로 가져야 될 특성을 규격으로 정의하고 있다. 모든 컨테이너는 다음과 같은 사항을 공통적으로 가지고 있다.

우선 기본적으로 데이터가 생성되고 삭제되기 때문에 디폴트 생성자와 소멸자는 구현되어야 한다. 데이터 요소의 접근 관련하여 반복자 특질 및 접근 함수(begin, end)가 있어야 하고 대입 및 복사 생성자 및 루프문을 사용할 때 필요한 비교 연산자 오버로딩(==, !=)이 같이 제공되어야 하며 크기(size), 최대 크기(max_size), 비어 있는 여부(empty) 및 스왑(swap) 기능을 수행하는 함수도 필수적으로 제공되어야 한다. 여기서 기술되는 내용은 주로 **벡터**와 **리스트** 컨테이너 관련된 내용들이다. 그 외 종류의 컨테이너들은 참고자료에 있는 사이트나 도서를 참조하길 바란다.

17.3.1 벡터(vector)

벡터의 중요한 특성은 데이터를 연속적으로 메모리에 저장하며, 맨 뒤에 추가하거나 삭제할 때 일정 시간이 걸리고 중간에 하게 되면 선형적 시간이 소요된다. 벡터는 데이터 요소를 임의 접근하거나 값을 변경하는 방식이 배열과 매우 유사하여 사용법과 개념 관련해서는 이해하는 데 큰 어려움이 없어 보인다. 순차 컨테이너라고 하면 벡터가 가장 먼저 생각되고 대부분의 코드에서 사용되고 있을 만큼 이용 빈도가 높다. 여기서 관련 멤버 함수 중에 자주 사용되고 벡터의 기능을 익히는 데 도움이 되는 멤버 위주로 기술된다.

□ 벡터 생성

벡터 생성을 위한 여러 생성자가 정의되어 있다. 보통 기본 생성자가 많이 사용되고 이후 생성된 변수에 데이터를 추가하는 형태는 코드에서 자주 볼 수 있다. 데이터를 추가하는 함수는 다음에 설명된다. 일반적으로 벡터를 생성할 때 벡터의 템플릿 파라미터에 관련하여 메모리를 할당하는 부분에는 기본 값 인자를 사용한다. 벡터에서 이미 구현된 메모리를 할당하고 해제하는 **앨러케이터**(allocator)를 사용한다. 이것은 벡터에서 뿐만 아니라 다른 컨테이너에서도 공용으로 사용된다. 물론 사용자가 만든 것을 파라미터 인자로 설정할 수 있다.

벡터를 생성할 때 초기값을 설정할 수 있는데 보통 배열처럼 중괄호를 이용한다. 벡터에는 첨자 연산자 오버로딩이 구현되어 있어서 해당 값에 대해서 첨자 방식을 통해서 데이터를 읽거나 쓸 수 있어서 사용법이 배열과 동일하여 편리하다. 또한 **at()** 함수도 값을 가져오는 데 이용될 수 있다. 해당 함수는 데이터 크기보다 크게 설정되고 호출되면 예외가 발생한다. 저장된 데이터 크기는 **size() 함수를 통해 가져온다.**

[예제 17.3-A]

```
#include <iostream>
#include <vector>

struct A {
        A() {std::cout << "A constructor\n";}
};

int main()
{
        // int 타입으로 벡터 생성
        // 출력 size = 0
        std::vector<int> v1;
        std::cout <<"size = "<< v1.size()<<"\n";

        // 클래스 타입으로 데이터 크기를 설정하고 벡터 생성
        // A constructor : 5 번 출력됨
        // 출력 size = 5
        std::vector<A> v2(5);
        std::cout <<"size = "<< v2.size()<<"\n";

        // 데이터 크기 및 초기값 설정
        // 출력 size = 10
        std::vector<int> v3(10,0);
        std::cout <<"size = "<< v3.size()<<"\n";

        // 배열 형태의 초기화
        std::vector<int> v4 = { 1,2,3,4,5 };

        for(int i=0 ; i < v4.size() ; i++)
        {
                std::cout << v4.at(i) <<" "; // 출력 1 2 3 4 5
        }

        // 첨자 방식으로 값을 데이터에 대입
        v4[0] = 10;
        v4[1] = 20;

        // 첨자 방식으로 값을 가져옴
        for(int i=0 ; i < v4.size() ; i++)
        {
                std::cout << v4[i] <<" "; // 출력 10 20 3 4 5
        }
}
```

예제를 통해 다양한 벡터 생성을 살펴보았다. 여기서 한 가지 주의할 것이 있다. 벡터를 생성하고 하나의 데이터도 추가되지 않은 상태에서 첨자 방식으로 데이터에 접근하면 프로그램이 강제 종료가 된다. 물론 벡터는 생성자를 통해 만들어지지만 데이터 저장을 위한 메모리가 확보된 것은 아니다. 이것은 배열 선언한 것과 다르다. 또한 벡터의 데이터를 없애는 **clear()** 함수를 호출하면 모든 데이터는 사라지고 데이터 크기도 0이 된다. 이때 첨자 방식으로 데이터에 접근하면 안 된다. 그래서 크기를 확인하거나 비워 있는지를 보고 데이터에 접근해야 된다.

[예제 17.3-B]

```cpp
#include <iostream>
#include <vector>

int main()
{
    std::vector<int> v1;

    // 데이터가 없기 때문에 이렇게 접근하면 프로그램 강제 종료됨
    //v1[0] = 0;

    // 데이터가 비워 있는지 확인
    // 출력 No data !!!
    if (v1.empty())
    {
        std::cout <<"No data !!!\n";
    }

    std::vector<int> v2 = { 1,2,3,4,5 };
    for(int i=0 ; i < v2.size() ; i++)
    {
        std::cout << v2.at(i) <<" "; // 출력 1 2 3 4 5
    }

    // 데이터를 삭제함
    v2.clear();

    // 출력 size = 0
    std::cout <<"size = "<< v2.size();

    // 데이터가 없기 때문에 접근하면 안 됨
    //v2[0] = 0;

    return 0;
}
```

벡터에는 추가되는 데이터 처리를 위해 주소를 저장하는 여러 포인터 변수들이 있다. 벡터에서는 메모리 할당은 사용된 크기만큼만 하는 것이 아니다. 그럴 거면 주소 저장 변수가 한 개로 충분한데 처음(start), 마지막(last), 끝(end)을 저장하는 것은 실제 저장된 데이터 크기와 할당된 크기가 다를 수 있기 때문이다. 예를 들면 지금 5개의 원소를 저장하고 있을 때 할당된 메모리는 10개로 설정될 수 있다. 처음 포인터는 메모리가 할당된 주소이고 끝은 처음에서 10을 더한 주소가 된다. 그리고 마지막은 5번째 저장된 다음 위치가 된다. **size()** 함수와 **capacity()** 함수는 이런 포인터 변수의 값을 통해 구현된다. 여기서 정확한 위치를 상세히 알 필요는 없다. 말하려는 요지는 데이터 추가 시 할당된 메모리가 없으면 메모리 재할당이 반드시 수행되고 이것은 피할 수 없는 오버헤드가 생길 수 있다는 것이다. 이것은 바로 다음에 할 내용과 밀접한 상관성을 가진다.

```
template <typename T, typename Alloc = allocator<T>>
class vector {
        // 내용 생략
private:
        // 할당된 메모리 주소를 저장하는 데이터 멤버
        T* ArrayStartPtr = nullptr;          // 할당된 메모리 첫 번째 주소
        T* ArrayEndPtr = nullptr;            // 할당된 메모리 마지막 주소
        T* ArrayLastPtr = nullptr;           // 저장된 데이터 크기의 마지막주소
};
```

□ 벡터 추가

아래에 살펴볼 것은 **vector**에 데이터를 추가하거나 삭제하는 기능을 가진 멤버 함수이다. 이 기능이 사실 vector의 주요 기능이고 핵심적인 역할은 한다고 볼 수 있다. 특히 가장 많이 사용되는 기능으로 간주되는 데이터를 마지막에 추가하는 **push_back()**이다. 결국 **vector**의 크기 변경 관련 기능이 수행된다는 것은 **메모리 재할당** 작업이 필수적으로 실행되는 것을 의미하고 그리고 메모리 재할당은 성능과 상당한 연관이 있고 또한 기존의 반복자가 가리키는 내용은 더 이상 유효하지 않다는 것을 알려준다. 참고로 메모리를 한 번 할당하고 나서 데이터 추가 시에 그 뒤에다 붙여서 사용할 수가 없다. 그렇게 될 수 있으면 편하게 갈 수 있는데 메모리 할당이 종이놀이를 하면서 풀로 다른 종이를 덧댈 수 있는 그런 종류의 것이 아니다. 아래는 벡터에 데이터를 추가하는 함수에 대해 실제 구현 코드가 들어간 것이 아니라 구현되는 내용을 설명으로 대체했다. 어떻게 진행되는지 흐름만 파악하면 될 것이다.

```
void push_back(T& val)
{
        // 이미 할당된 메모리가 있으면 그곳에 데이터를 저장 -- (1)
        if ( 메모리의 end 주소와 마지막 저장된 last 주소가 같은지를 비교 )
        {
```

```
            // 데이터 추가
        }
        // 메모리를 재할당 -- (2)
        else   // end 주소와 마지막 저장된 last 주소가 같은 경우
        {
                /* 메모리를 재할당 하는 흐름
                □ 다음을 대비해 일정 비율을 더해 메모리 크기를 증가시킴
                □ 할당된 메모리에 추가된 데이터 생성


                □ 메모리 재할당으로 기존의 데이터를 다시 생성함 -- (3)
                □ 메모리 재할당이 발생하여 메모리 주소를 다시 저장
                */
        }
    }
```

push_back()을 통해 기존 데이터의 뒤에 하나의 데이터를 추가하게 된다. 여기서 중요한 것은 할당된 메모리가 있으면 마지막 포인터에 추가하고 그 포인터를 증가한다(1번 작업). 그런데 할당된 메모리가 없으면 재할당 작업이 발생한다(2번 작업). 그런데 메모리 할당 시에 추가된 크기만큼만 할당하지 않고 다음을 대비해서 일정 비율로 크기를 좀 더 크게 설정한다. 이것은 다음에 더 설명된다. 재할당이 생기는 경우에는 기존 데이터를 복사하여 생성한다(3번 작업). 그리고 기존 주소에 있는 데이터를 소멸하는 작업이 진행되고 메모리 재할당으로 주소 포인터를 저장한다. 아래는 데이터가 추가되면서 할당된 메모리의 크기가 어떻게 변하는지를 보여 준다.

[예제 17.3-C]

```cpp
#include <iostream>
#include <vector>

int main()
{
        std::vector<int> my;

        for (int Index = 0; Index < 10; Index++)
        {
                std::cout<<"Index= "<<Index<<" capacity= "<<my.capacity()<<"\n";
                my.push_back(1);
        }
        return 0;
}
```

출력
Index= 0 capacity= 0
Index= 1 capacity= 1
Index= 2 capacity= 2
Index= 3 capacity= 3
Index= 4 capacity= 4
Index= 5 capacity= 6
Index= 6 capacity= 6
Index= 7 capacity= 9
Index= 8 capacity= 9
Index= 9 capacity= 9

push_back()을 하면서 메모리를 재할당하는 경우에 기존 용량에 대비하여 일정 비율로 늘려서 메모리를 확보한다. 데이터 크기가 커질수록 미리 할당된 용량의 크기도 선형적으로 증가된다. 이것은 컴파일러별로 늘어나는 비율이 다르다. 그렇다고 너무 많이 늘리기에는 메모리 효율 측면에서 어느 정도 한계가 있을 수 있다. 보통 push_back()의 처리 시간은 일정 시간을 가지고 있는데 위의 예제에서 보면 index가 5 또는 7 이후에는 미리 할당된 메모리가 있기 때문에 하나의 데이터만 추가 작업이 진행되어 시간이 일정하다.

[그림 17.3]

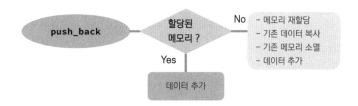

그런데 메모리의 할당이 필요한 경우에는 결국 데이터 크기만큼 이상으로 재할당하고 다시 기존의 데이터를 생성하기 때문에 크기에 따른 시간 소요가 발생한다. 물론 데이터 크기가 늘어남에 따라 미리 할당되는 크기도 증가하여 재할당으로 인한 오버헤드는 어느 정도 문제가 되지 않을 수 있다. 그래도 미리 할당된 크기가 넘어갈 때 push_back()으로 인한 오버헤드가 중요한 요소가 될 경우에는 다른 방법이 필요할 수 있다. 이럴 때는 예상되는 데이터에 맞게 미리 데이터 크기를 확보하는 것이다. 이것도 예상된 크기를 넘어서는 경우가 생기면 어느 정도 한계를 가지고 있다. 지금 전달하고 싶은 요지는 push_back()은 항상 일정 시간만 걸린다는 고정된 생각을 벗어나서 상황에 따른 필요한 코드를 한번 고찰해 보자는 것이다. 다음은 메모리를 미리 확보하고 데이터를 추가하는 것을 보여 준다.

[예제 17.3-D]

```cpp
#include <iostream>
#include <vector>

struct A
{
        A() {}
};

int main()
{
        A a;
        std::vector<A> my;

        // 메모리를 일정 크기만큼 미리 할당함
        my.reserve(20);

        for (int Index = 0; Index < 10; Index++)
        {
                std::cout<<"Index= "<<Index<<" capacity= "<<my.capacity()<<"\n";
                my.push_back(a);
        }

        std::vector<int> v1 = { 1,2,3,4,5 };

        // 반복자를 가져와 기존 데이터의 맨 앞에 100 추가
        auto ir = v1.begin();
        v1.insert(ir, 100);

        // 반복자를 반드시 다시 가지고 와야 함
        ir = v1.begin();
        v1.insert(ir, 200);

        // 값을 설정한 숫자만큼 앞에 추가함
        ir = v1.begin();
        v1.insert(ir, 3, 300);

        for (int i : v1)
        {
                std::cout<<i <<" ";  // 출력 300 300 300 200 100 1 2 3 4 5

        }

        return 0;
```

```
        }
```

출력

```
Index= 0 capacity= 20
Index= 1 capacity= 20
Index= 2 capacity= 20
Index= 3 capacity= 20
Index= 4 capacity= 20
Index= 5 capacity= 20
Index= 6 capacity= 20
Index= 7 capacity= 20
Index= 8 capacity= 20
Index= 9 capacity= 20
```

push_back()을 하기 전에 일정 크기를 미리 할당하고 작업이 진행되면 데이터 추가하는 일만 수행되어 일정 시간만 소요하고 일이 끝나게 된다. 물론 데이터 크기가 넘어가면 다시 재할당이 되겠지만 코드의 상황에 따라서 메모리가 확보가 용이하다면 크기를 미리 설정하여 대처하는 것도 하나의 방법이 될 것이다.

데이터 추가를 앞, 중간 또는 뒤의 위치에서 실행할 수 있는데 이때 **insert()** 멤버 함수를 통해서 가능하다. 특히 뒤에서 추가할 때는 push_back() 같은 동작을 하게 된다. 그런데 위치가 중간에 위치하면 추가되는 위치 기준으로 그다음의 데이터 위치를 뒤로 하나씩 옮겨 주어야 된다. 뒤에서부터 멀어질수록 즉 앞의 위치로 향할수록 데이터 이동 작업이 늘어나게 된다. 결국은 시간 소요가 push_back() 대비하여 상대적으로 더 걸리게 된다. 그리고 함수가 실행될 때 미리 할당된 메모리가 없으면 재할당 작업도 수행되어서 시간이 더 많이 소요된다. 대용량의 데이터를 가지는 경우에는 이 부분은 고려 대상이 된다. 그래서 다루는 데이터가 어떤 형태의 작업이 이루어지는지를 감안하여 다른 종류의 컨테이너를 사용할지 또는 해당 영역에 코드를 수정하여 개선을 할지는 상황에 따라 선택해서 적용해야 한다.

예제에서 데이터를 추가할 때 반복자를 통해서 하는데 사용 시 주의점이 있다. 반복자의 STL에서 기술된 것처럼 반복자는 포인터 또는 클래스 타입을 가지며 데이터의 위치에 접근할 수 있는 기능을 가진다. vector의 반복자는 클래스 타입을 가지며 **begin(), end()** 멤버 함수를 통해서 반복자를 가져온다. 이렇게 반복자를 받아 오는 경우에 현재의 데이터 포인터를 인자를 받아 생성된 반복자를 가져오는 것이다. 이것이 의미하는 것은 내부적으로 메모리 할당이 일어나면 반복자의 내용이 달라지기 때문에 필요시 매번 별도로 새로 가져와야 된다는 것이다. 여기까지 관련 함수를 소개하고 그 외 다른 기능을 가진 함수들이 있는데 실제로 테스트해 보면 기능을 익히는 데 어렵지 않기 때문에 벡터의 설명은 여기서 마무리한다.

17.3.2 리스트(list)

리스트의 강점은 데이터 추가 및 삭제 성능이 상수시간을 가지고 있어 **빠른** 데이터 추가 연산을 제공한다는 것이다. 물리적으로 벡터처럼 데이터가 연속적으로 저장되어 있으면 중간에 삽입 및 삭제가 상수시간으로 처리하는 것은 가능하지 않다. 벡터에서 기술된 것처럼 데이터의 이동이 필수적으로 요구되기 때문이다. 그럼 리스트가 데이터 삽입의 상수 시간 처리가 가능한 것은 벡터의 미리 메모리 할당과는 다른 방식을 가지고 있음을 의미하고 따라서 벡터처럼 데이터에 임의 접근이 허용되지 않는다. **리스트**는 데이터 크기에 맞게 미리 메모리 할당하는 작업이 필요하지 않고 데이터가 추가될 때마다 하나의 데이터에 대해 메모리를 할당하고 그 주소를 저장한다.

리스트가 사용되는 예를 살펴보면 쉽게 우리의 주변 속에서 많이 볼 수 있다. 버킷 리스트를 포함해서 음악 플레이 리스트 및 할 일 리스트 등 여러 종류의 리스트가 있다. 이것은 단순히 데이터를 모아 놓았다기보다는 여기에는 내부적인 순위가 있을 수 있고 보통 앞에 위치할수록 순위가 높을 것으로 여겨지며 언제든지 우선순위를 변경하거나 새로운 것이 리스트에 우선권을 가지고 추가될 수 있을 것이다. 그래서 이런 종류의 성격을 가지는 데이터를 다루는 경우에는 특히 상당한 크기를 가지게 되면 리스트를 적용하여 코딩을 해야 할 필요가 생긴다.

리스트에 적용된 데이터 처리 방식은 자료구조에 많이 사용되는 연결 리스트 개념이다. 노드는 하나의 클래스로 데이터와 다음을 가리키는 포인터 변수가 선언된다. 다음을 저장하는 포인터만 있으면 한 방향으로만 진행되는데 이와 관련한 컨테이너는 **forward_list**가 되며 여기서 리스트(list)는 양방향 지원을 위해 다음 및 이전의 포인터를 저장한다. 리스트의 데이터 연결이 배열처럼 메모리에 연속적으로 놓여 있는 것이 아니라 논리적으로 서로 데이터가 연결된다. 이런 설명을 통해 서로 데이터가 다음을 가리키면서 하나의 배열을 구성하는 개념을 어느 정도 추상적으로 이해가 될 수 있는데 막상 코드를 구현하다 보면 이해하는 내용과 다르게 약간의 어려움을 느낄 수 있다. 어떻게 보면 상자 안에 또 다른 상자가 있고 다시 상자 안에 들어 있는 재귀적 형태를 가지고 있어서 확연히 데이터가 보이는 배열의 첨자방식과 상이하기 때문이다. 그래서 관련 내용에 대해 자세히 그림으로 어떻게 데이터가 추가되고 삭제되는 과정을 나타나도록 하겠다.

[그림 17.4]

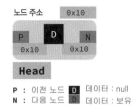

노드(Node)는 데이터와 이전 및 다음의 주소를 저장하는 구조로 되어 있다. 리스트는 기본적으로 처음 시작하는 헤드 노드를 가지고 있고 마지막 노드가 헤드를 가리키는 **순환 연결**리스트의 형태를 가진다. 그래서 리스트를 데이터 없이 선언하게 되면 헤드의 노드를 생성해서 이전 및 다음의 포인터에 자신의 할당된 메모리 주소를 가지게 된다. 그림에서 헤드 노드의 P, N은 할당된 자신의 주소를 저장하며 데이터를 가지지 않기 때문에 따로 저장하지 않는다. 여기서 노드에 대해 추가 시에는 메모리가 할당되며 데이터 변수에는 추가 시 해당 데이터가 복사된다. 그리고 다음이 중요하다. 노드의 데이터 이전 및 다음 포인터에 메모리에 할당되는 노드 주소를 대입해야 한다. 그래야 논리적으로 연결된 리스트를 갖게 된다.

```
template< typename T>
struct ListNode {
        using Node = ListNode<T>;

        Node* Next;     // 다음 노드를 저장
        Node* Prev;     // 이전 노드를 저장
        T data;         // 저장되는 데이터
};
```

□ 데이터 추가

먼저 데이터를 뒤에다 추가하는 **push_back()**을 살펴보자. 그림은 헤드 노드의 다음에 하나의 데이터가 추가되는 것을 보여 준다. 리스트는 순환 연결 구조를 가지고 있기 때문에 마지막 노드의 N의 포인터는 헤드 노드를 가리키고 헤드 노드의 P의 포인터는 마지막을 가리킨다. 이 원칙을 고려하여 끝에다 노드 추가하는 것을 살펴보자. 먼저 추가되는 노드에 대해 메모리를 할당하며 해당 데이터를 저장하고 중요한 P, N의 포인터에 노드 주소를 저장해야 되는데 그림에서 처음으로 신규 노드가 추가되면 해당노드는 마지막에 추가되는 것이기 때문에 N의 포인터에 헤드 노드의 주소를 대입하고 신규 노드의 P의 포인터에도 헤드 노드의 주소를 넣는다. 그리고 헤드 노드의 P, N의 포인터도 신규 노드 주소를 대입한다. 이 것은 처음으로 헤드 노드에 추가될 때 경우이고 보통 헤드 노드에 여러 노드가 있을 수가 있기 때문에 일반적인 경우를 살펴보자.

[그림 17.5]

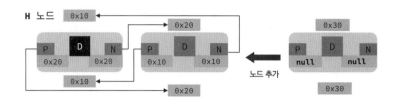

다음의 그림은 여러 노드가 있을 때 하나의 노드가 뒤에 추가될 때를 나타낸다. 뒤에 추가되는 신규 노드의 N의 포인터는 헤드 노드를 저장하고 헤드 노드의 P의 포인터는 추가 노드를 저장한다. 여기서 남은 것은 추가되기 전에 있던 마지막 노드의 N의 포인터에 지금 추가되는 노드가 저장되어 한다. 그리고 신규 노드의 P의 포인터에는 추가 전에 마지막 노드가 저장되어야 한다. 그림에서 점선 연결선은 이전 상태를 보여 주기 위한 것으로 신규 노드가 추가되면 당연히 없어진다.

[그림 17.6]

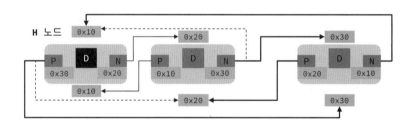

다음은 push_back()의 기능을 코드가 아니라 구현되는 내용 위주로 설명하고 있다. 벡터와 달리 할당된 메모리를 확인하는 부분이 필요가 없어지기 때문에 리스트에는 **capacity()** 멤버 함수가 제공되지 않는다. 물론 크기 관련돼서는 추가할 때마다 크기 관련 변수를 증가하도록 되어 있어서 해당 함수가 지원된다.

```
void push_back(const T& val)
{
        /* 노드를 뒤에 추가하는 과정
        □ 신규 노드 메모리 할당
        □ 해당 데이터 생성
        □ 신규 노드 추가 전 헤드 노드의 P 포인터 주소 저장
```

□ 신규 노드의 N에 헤드 노드 저장
```
*/
}
```

신규 노드를 추가할 때 마지막 또는 처음 위치는 헤드 노드를 통해 알 수 있기 때문에 바로 추가 작업이
진행된다. 그런데 앞, 뒤가 아닌 임의에 자리에 추가하는 경우에는 헤드 노드처럼 추가 시 기준노드의
위치를 알아야 신규 노드의 P, N의 포인터에 주소를 저장할 수 있다. 리스트의 반복자는 양방향 특성의
반복자로 증가와 감소 연산자 오버로딩을 제공한다. 따라서 시작 주소에서 일정 위치를 더하여 위치를
바로 지정하는 방법으로 insert()는 가능하지 않다. 벡터의 반복자는 시작 위치에서 일정 크기를 더하는
것을 통해 임의에 위치에 갈 수 있지만 리스트는 반복자의 증가를 통해 가능한데 현재의 노드 위치에서
증가한다는 것은 해당 노드의 N의 포인터를 가져오는 것이다. 그리고 다시 증가하면 받아온 노드에서
다시 N의 포인터를 가져오는 형태로 되어 있다.

[예제 17.3-E]

```
#include <iostream>
#include <list>

int main()
{
        std::list<int> li;
        for(int i =0; i <5; i++)
                li.push_back(i+1);

        for (const auto x: li)
                std::cout << x<< " ";          // 출력 1 2 3 4 5

        auto ir = li.begin();
        ir++;
        li.insert(ir , 10);

        // 반복자 STL의 함수를 이용해 위치를 설정
        auto ir1 = std::next(li.begin(), 3);
        li.insert(ir1 , 50);

        for (const auto x: li)
                std::cout << x<< " ";          // 출력 1 10 2 50 3 4 5
}
```

규격에서는 insert() 함수는 여러 종류의 오버로딩이 정의되어 있는데 여기서는 반복자와 추가되는 데
이터를 인자로 받는 기본적인 함수로 테스트하고 있다. 예제에서 노드 추가 시에 **begin()**의 반복자를

가져와 증가하여 위치를 설정하고 추가하였다. 이런 방법도 있지만 반복자의 **STL**에서 제공하는 함수를 통해서 위치를 직접적으로 설정하여 노드를 추가하는 방식도 있다.

다음은 노드를 삭제하는 부분을 살펴보자. 위치 설정은 반복자 타입을 통해서 진행하여 노드를 삭제한다. 이때 삭제되는 노드의 앞과 뒤의 노드가 가지고 있는 포인터 변수의 값이 변경된다. 이후 해당 노드의 데이터를 소멸하고 노드의 메모리를 해제한다. 그림에서 **0x30** 번지 노드가 삭제되는 과정을 보여주는데, **0x20** 노드의 P 포인터와 **0x40** 노드의 P 포인터가 변하게 된다. 그림에서 점선 연결선이 변하는 상태를 나타낸다.

[그림 17.7]

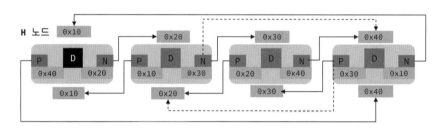

[예제 17.3-F]
```cpp
#include <iostream>
#include <list>

int main()
{
        std::list<int> li;
        for(int i =0; i <5; i++)
                li.push_back(i+1);

        for (const auto x: li)
                std::cout << x<< " ";              // 출력 1 2 3 4 5

        auto ir = li.begin();
        ir++;
        li.erase(++li.begin());

        auto ir1 = std::next(li.begin(), 3);
        li.erase(ir1);

        for (const auto x: li)
```

```
        std::cout << x << " ";            // 출력 1 3 4
    }
```

17.3.3 포워드 리스트(forward_list)

이 컨테이너는 리스트와 기능이 유사하다. 포워드 리스트의 노드는 다음 노드의 포인터만 저장하기 때문에 반복자의 기능이 한쪽 방향만 지원하는 특성을 가지고 있다. 리스트는 루프문을 실행 시 데이터 추가 및 삭제의 효율성을 위해 순방향과 역방향을 선택하여 진행을 할 수 있지만 포워드 리스트는 순방향만 지원한다. 리스트 대비하여 경량의 특성을 가지고 있기 때문에 메모리 점유에서 이점이 있을 수 있다.

17.3.4 맵(map)

맵은 키와 값이라는 하나의 쌍을 가지는 데이터를 저장하는 컨테이너이다. 두 개의 타입을 하나의 데이터로 처리하기 위해 **std::pair** 클래스 템플릿이 맵에서 사용된다. 단순히 **pair** 타입을 저장하는 기능만 다루는 것이면 벡터나 리스트도 **pair** 타입을 취하여 데이터를 저장할 수 있다. 그런데 맵은 해당 타입을 저장하는 목적과 아울러 값을 검색하기 위해 해당 데이터의 키 값을 비교해서 **정렬하여 저장**한다. 이를 위해 정렬을 위한 알고리즘이 적용되는데 여기서는 이진 탐색 트리가 사용된다. 그 종류 중에 하나인 **레드-블랙 트리** 방식이 이용된다. 이것은 탐색, 삽입, 삭제에 일정한 로그 함수의 시간이 소요되는 것을 지원한다. 이 알고리즘은 맵의 구현 시에 내부적으로 사용되는 것으로 세부적인 내용은 여기서 따로 언급되지는 않는다. 이 방식은 연관 컨테이너에 다 같이 적용된다.

맵 사용을 위해서 두 개의 타입을 설정해야 되는데 첫 번째 타입이 키가 되는 것으로 비교가 가능한 타입이 되어야 한다. 키의 타입은 기본 또는 클래스 타입이 될 수 있는데 클래스 타입일 경우에는 키의 값을 정렬하는 데 이용되기 때문에 비교 연산을 위한 오버로딩 함수가 제공되어야 한다. 여기서 키는 배열처럼 첨자의 인자가 되어 임의 접근 형태로 해당 값을 가져오거나 변경이 가능하여 사용 측면에서 용이하다. 맵은 벡터나 리스트와 다르게 데이터를 추가할 때 위치를 설정할 필요가 없는데 이것은 내부적으로 정렬 작업이 수행되어 키의 값에 따라 위치가 정해지기 때문이다. 맵을 사용하는 예는 쉽게 볼 수 있는데 한 사이트에서 간단한 정보를 기입하고 보내는 경우에 키와 값이 쌍으로 하여 데이터 처리가 되어 보통 맵을 사용하여 구현하게 된다. 또한 사람의 이름과 나이 또는 키가 서로 묶여서 정보를 이룬다. 이와 비슷한 형태는 많이 있다. 여기서 키와 값의 타입은 정해져 있지 않다. 키의 타입이 정수나 문자열 타입이 될 수 있고 그에 대한 값의 타입이 vector가 올 수 있고 클래스 타입 또는 map 타입이 키에 대한 값의 타입이 되는 경우도 있다. 다음의 예제를 통해 데이터를 추가하고 검색 또는 삭제하는 기능을 살펴보자.

[예제 17.3-G]

```cpp
#include <iostream>
#include <map>

int main()
{
        // map 초기화
        std::map<int, std::string> chanelInfo = { {3,"EBS"},
                                                   {7,"KBS"},{11,"MBC"},{21,"BBC"} };

        // insert 함수를 통한 데이터 추가
        if (chanelInfo.insert({ 100,"CNN" }).second)
                std::cout << "Insert OK\n";

        // 첨자를 통한 데이터 변경
        chanelInfo[11] = "iMBC";

        // 키를 통한 데이터 삭제
        chanelInfo.erase(3);

        // 반복자를 통해 전체 데이터를 기져옴. 키 : first, 값 : second
        for (auto it = chanelInfo.begin(); it != chanelInfo.end(); ++it)
                std::cout <<" Channel Num = "<< it->first
                          <<" Name :"<<it->second<<"\n";
}
// 출력
Insert OK
Channel Num = 7 Name :KBS
Channel Num = 11 Name :iMBC
Channel Num = 21 Name :BBC
Channel Num = 100 Name :CNN
```

다음의 예제는 값의 타입이 **map**인 경우이다. 다음의 클래스는 각각 학생이 가지는 시험점수를 입력하고 결과를 출력하는 기능을 가진다. 여기서 키는 문자열로 학생의 이름이 사용되고 그에 값은 **map**의 타입을 가지고 있다. 그것은 각 과목을 키로 하고 점수가 값에 해당한다. 출력 결과를 보면 알겠지만 데이터에 대한 입력 순서가 아니라 내부적으로 정렬된 데이터가 출력된다.

[예제 17.3-H]

```cpp
#include <iostream>
#include <map>

struct StudentScore{
```

```cpp
        StudentScore() = default;
        StudentScore(std::string str){ score[str]; }

        void AddScore(std::string name, std::string sub, int sc){

                // 같은 이름이 있는지 확인
                auto search = score.find(name);
                if (search != score.end())
                {
                        search->second[sub] = sc;
                }
                else
                {
                        std::map<std::string, int> data;
                        data[sub] = sc;
                        score[name] = data;
                }
        }

        const auto& GetData() { return score; };
private:
        std::map< std::string, std::map<std::string, int>> score;
};

int main()
{
        StudentScore sc;

        std::string name = "김철수";
        sc.AddScore(name,"언어", 85);
        sc.AddScore(name,"수학", 75);
        sc.AddScore(name,"영어", 95);

        name = "홍길동";
        sc.AddScore(name,"언어", 55);
        sc.AddScore(name,"수학", 100);
        sc.AddScore(name,"영어", 95);

        name = "이영희";
        sc.AddScore(name,"언어", 95);
        sc.AddScore(name,"수학", 100);
        sc.AddScore(name,"영어", 100);

        for (auto it = sc.GetData().begin(); it != sc.GetData().end(); ++it)
        {
```

```
                 std::cout << " 이름 : " << it->first << "\n";

                 for (auto it1 = it->second.begin(); it1 != it->second.end();
                         ++it1)
                         std::cout <<" Subject = "<< it1->first<<" Score = "
                         <<it1->second<<"\n";

                 std::cout << "\n";
        }

    }
    // 출력
    이름 : 김철수
    Subject = 수학 Score =75
    Subject = 언어 Score =85
    Subject = 영어 Score =95

    이름 : 이영희
    Subject = 수학 Score =100
    Subject = 언어 Score =95
    Subject = 영어 Score =100

    이름 : 홍길동
    Subject = 수학 Score =100
    Subject = 언어 Score =55
    Subject = 영어 Score =95
```

map은 키가 중복되는 것을 허용하지 않는다. 키에 여러 값을 대입하면 값이 변경되는 것이다. 여러 데이터가 존재하는 것이 아니다. 즉 map이 가지는 데이터 크기에 변함이 없다. 그런데 **multimap** 컨테이너는 키의 중복을 허용한다. 그래서 [] 첨자형태로 값에 접근이 되지 않는다.

```
    std::map<int, std::string> chanelInfo;
    chanelInfo[5] = "BBS";
    chanelInfo[5] = "KBS";                          // 값이 변경됨
    std::cout << "size =" << chanelInfo.size();     // 출력:size =1

    std::multimap<std::string, int> student;
    student.insert({"Jack",45});
    student.insert({"Jack",45});                    // 데이터 추가됨.
    std::cout << "size =" << student.size();        // 출력:size =2
```

소개한 컨테이너 이외 다른 종류의 컨테이너가 있다. 각각 컨테이너별로 자신의 특성을 가지며 동작한

다. 컨테이너 클래스는 여기까지 기술된다. 다른 컨테이너 클래스는 참고자료에 있는 내용을 학습하길 바란다.

17.4 콘셉트(Concepts library) (since C++20)

콘셉트는 템플릿 인자의 타입을 컴파일 시에 체크하여 템플릿 사용하는 데 있어 미연에 오동작을 방지하기 위해 도입되었다. 템플릿 절에서 이미 기술될 것처럼, 정수 또는 소수 타입을 체크하는 콘셉트부터 클래스가 필요한 연산자 오버로딩이 제공되는지 또는 스왑 기능이 가능한지 등 여러 기능의 콘셉트가 정의되어 있다. 실제 콘셉트의 구현된 것을 살펴보면 여러 타입의 특성 체크하는 기능은 이미 다른 STL에서 정의되어 있다. 그래서 만들어져 있는 템플릿을 가져와 특성을 모아 하나의 콘셉트를 만들어 STL로 제공하고 있는 것이다. 콘셉트는 함수처럼 하나의 일을 처리하는 기능이라고 하기보다는 템플릿 구현 차원에서 템플릿 파라미터가 가져할 선결 조건을 확인하는 수단으로서 의미를 가진다. 본 절에서 콘셉트 종류별로 주요 콘셉트의 내용을 예제와 함께 기술하겠다.

17.4.1 언어 문법 관련 콘셉트(language-related concepts)

```
[1] template<class T, class U>
        concept same_as ;
```

두 타입이 동일 여부를 확인하다. 연산을 수행할 때 타입이 다르게 되면 값의 정밀도에 문제가 되기 때문에 이럴 때 타입 비교를 할 수 있다. 여기서 같은 타입에 const 키워드가 붙게 되면 서로 다른 타입으로 간주된다. 반드시 타입이 동일해야 한다. 클래스를 상속 받는 경우에 부모 클래스와 자식 클래스는 다르게 취급된다.

[예제 17.4-A]
```
#include <concepts>

struct Parent { };
struct Child : Parent{ };

int main()
{
        // 에러 발생. 타입이 틀림
        static_assert( std::same_as< int, char> );
```

```
              // 에러 발생. const 키워드가 사용되면 타입이 다르게 인식됨
              static_assert( std::same_as< int, const int> );

              // 에러 발생. 포인터 타입은 별도의 타입
              static_assert( std::same_as< int, int*> );

              // 에러 발생. 상속과 관련 없음. 서로 다른 타입
              static_assert( std::same_as< Child , Parent> );
       }
```

[2] template<class Derived, class Base>
        concept derived_from ;

하나의 타입이 다른 타입에서 상속되었는지를 확인하는 콘셉트이다. 부모 클래스를 상속 받을 때
public 지정자로 설정되었을 때 true로 인식된다. const 지정자 사용 여부와 상관없이 비교한다.

[예제 17.4-B]

```
#include <concepts>

struct Parent { };
struct Child : Parent{ };
struct C : private Parent { };

int main()
{
        // 에러 발생. 상속 관계가 아님
        static_assert( std::derived_from<int, int> );

        // OK. 상속 관계. 첫 번째가 자식, 두 번째가 부모가 되어야 함
        static_assert( std::derived_from<Child, Parent> );
        static_assert( std::derived_from<Child, const Parent> );

        // 에러 발생. 인자의 위치가 중요함
        static_assert( std::derived_from<Parent, Child> );

        // 에러 발생. public으로 상속 받아야 됨
        static_assert( std::derived_from<C, Parent> );
}
```

[3] template<class From, class To>
        concept convertible_to;

두 타입 간에 타입 변환이 가능한지를 확인하는 콘셉트이다. 여기서 사용 순서가 중요하다. 처음 파라미터가 목적하는 타입으로 변환이 되는지를 확인하는 것이다. 특히 클래스 상속 관련해서 부모와 자식 간의 전환이 가능한지 알아볼 때 이용된다.

[예제 17.4-C]

```cpp
#include <concepts>

struct Parent { };
struct Child : Parent{ };

int main()
{
        // OK. 참조타입을 int 타입 변환이 가능함
        static_assert( std::convertible_to< int&, int> );

        // 에러 발생. int 타입을 참조타입으로 변환 안 됨
        static_assert( std::convertible_to<int, int&> );

        // OK. const 키워드가 사용되면 형변환 가능
        static_assert( std::convertible_to<int, const int&> );

        // OK. 자식 클래스는 부모 클래스로 형변환 가능
        static_assert( std::convertible_to<Child, Parent> );

        // 에러 발생. 부모 클래스는 자식 클래스로 형변환 안 됨
        static_assert( std::convertible_to<Parent, Child> );
}
```

[4] template<class T>
        concept integral ;

    template<class T>
        concept floating_point ;

템플릿 파라미터 타입이 정수 타입 또는 소수 타입인지 확인할 때 사용되는 콘셉트이다. char 타입 또는 bool 타입은 정수 타입에 속하게 되어 true로 판단하게 된다. 그리고 포인터, 배열, 참조형 타입 그리고 클래스 및 열거형 타입은 정수 타입이 아니기 때문에 false가 된다.

```cpp
// OK. 하기는 정수 타입
static_assert( std::integral< int> );
static_assert( std::integral< char> );
```

```
static_assert( std::integral< bool> );

// 에러 발생. 정수 타입이 아님
static_assert( std::integral<int*> );
static_assert( std::integral<int[]> );

// OK. 하기는 소수 타입
static_assert( std::floating_point<float> );
static_assert( std::floating_point<double> );


[5] template<class T, class... Args>
        concept constructible_from =
                destructible<T> && is_constructible_v<T, Args...>;
    template<class T>
        concept destructible = is_nothrow_destructible_v<T>;
```

위의 constructible_from 콘셉트는 이미 정의되어 있는 여러 타입 특성을 체크하는 템플릿으로 구성된다. 이전에 언급했지만, 콘셉트는 템플릿 파미미터 사용을 위한 유용한 도구로 여러 기능의 편의를 위해 특성에 맞게 기존 템플릿을 조합하여 정의된 것이다. 다른 콘셉트도 이와 마찬가지이다.

constructible_from 콘셉트는 템플릿 파라미터의 타입을 해당 타입으로 초기화의 가능 여부를 체크하는 콘셉트이다. 하나의 타입이 사용될 때는 해당 타입으로 선언이 되거나 클래스 타입이면 기본 생성자가 있으면 true로 처리된다. 함수 인자를 가지는 생성자에서는 생성자의 타입으로 초기화되기 때문에 이 경우에도 true를 가지게 된다.

[예제 17.4-D]

```
#include <concepts>

struct A { };
struct Con {
        Con();
        Con(int);
        Con(A);
};

int main()
{
        // OK. int 타입을 선언하거나 다른 타입으로 형변환되어 초기화가 가능함
        static_assert( std::constructible_from<int> );
```

```
static_assert( std::constructible_from<int, double>);
```

// 에러 발생. 참조자는 선언 시 초기화를 해야 됨
```
static_assert( std::constructible_from<int&> );
```

// 에러 발생. 참조자 타입과 int 타입의 변환이 되지 않음
```
// 아래의 내용은 하기의 코드 유사함. 형변환을 하게 되면 에러가 발생함
// int a=0;
// int& b = (int) a;        // 에러 발생.
// 여기서 변수 앞에 const 키워드를 사용하면 가능해짐. 상수값이 중요 요소가 됨
// const int& b = (int) a;    // OK
static_assert( std::constructible_from<int&, int> );
```

```
// OK.
static_assert( std::constructible_from<const int&, int> );
static_assert( std::constructible_from<int, int&> );
```

```
// OK. 관련 생성자가 지원됨
// 생성자를 템플릿으로 만들게 되면 아래의 타입에 대해 모두 true로 처리됨
//      template <class T>
//      Con(T);
```

```
static_assert( std::constructible_from< Con> );
static_assert( std::constructible_from< Con, int> );
```

```
// int로 형변환됨
static_assert( std::constructible_from< Con, double> );
static_assert( std::constructible_from< Con, A> );
```

```
}
```

17.4.2 비교 콘셉트(comparison concepts)

```
template<class T>
    concept equality_comparable;
```

서로 같은 것을 비교하는 연산(==)이 가능한지를 체크한다. 기본 타입은 내부적으로 처리되기 때문에 true로 판단하고, 클래스 타입인 경우에는 연산자 오버로딩이 지원되는지를 확인하여 true 또는 false로 처리한다. 클래스에서 연산자 오버로딩을 만들 때 보통 등호 == 연산자와 != 연산자가 같이 사용되는데 같은 것을 비교하는 == 연산자가 있으면 같지 않음 != 연산자 오버로딩을 따로 만들지 않아도 된다. 내부적으로 같지 않음 연산자는 등호 연산자로 대치하여 연산이 가능하기 때문이다. (ex: a !=b -> !

```
( a==b))
```

```
        // OK : int 기본 타입임
        static_assert( std::equality_comparable< int> );

        struct Com {
                bool operator== (const Com& R) const;
        };

        // OK : 클래스 Com은 등호 연산자가 지원됨
        // 연산자 오버로딩에서 반드시 const 키워드가 사용되어야 함
        // 해당 콘셉트를 구현 시 해당 타입의 파라미터를 const로 처리하기 때문
        // 클래스 변수가 const로 선언되면 멤버 함수는 반드시 const 함수만 접근 가능함
        static_assert( std::equality_comparable< Com> );
```

17.4.3 객체 콘셉트 (object concepts)

```
        template<class T>
                concept copyable;
```

변수를 선언과 동시에 해당 타입의 변수로 초기화를 할 때 클래스 타입일 경우에 복사 생성자가 호출되는데 별도로 만들지 않으면 내부적으로 생성되어 이때는 true로 판단한다. 참조형 타입을 제외하고 기본 타입은 해당 콘셉트에서 true가 된다. 클래스 타입에서 복사 생성자를 만들 경우 정해진 형식대로 구성해야 되고 아울러 대입 연산자 오버로딩을 구현할 때도 정해진 형식을 취해야 true로 판단된다.

[예제 17.4-E]

```
        #include <concepts>

        struct A { };

        struct B
        {
                B(const B&);
        };

        struct C
        {
                C(C&);
        };
```

```
int main()
{
        // OK: 기본 타입
        static_assert( std::copyable<int>);
        static_assert( std::copyable<int*>);

        // OK: 복사 생성자 내부적으로 생성됨
        static_assert( std::copyable<A> );

        // OK: 복사 생성자 제공
        static_assert( std::copyable<B> );

        // 에러 발생: 복사 생성자의 파라미터의 타입에 const 키워드를 사용해야 함
        static_assert( std::copyable<C> );
}
```

17.4.4 호출 가능 콘셉트(callable concepts)

```
template<class F, class... Args>
        concept invocable;
```

해당 타입에서 함수 호출의 가능 여부를 확인하는 콘셉트이다. 일반 함수가 정의되어 있으면 해당 함수
와 함수의 파라미터가 있으면 파라미터의 타입을 전달하여 체크하면 true로 판단된다. 클래스 타입일
경우에는 함수 호출 연산자 오버로딩이 구현되어 있어야 true로 판정된다.

[예제 17.4-F]
```
#include <concepts>

struct A {
        int operator()(int) const;              // #1
        int operator()();                       // #2
};

int f();
int g(int);

int main()
{
        // 에러 발생. 단순히 int 타입만 전달됨
        static_assert( std::invocable<int> );
```

```
    // OK: 함수 형태의 타입이 전달됨
    static_assert( std::invocable<int()> );

    // OK: 함수 사용 가능. decltype 사용해 함수를 전달
    static_assert( std::invocable<decltype(f)>);

    // OK: 함수 파라미터 타입 전달
    static_assert( std::invocable<decltype(g), int> );

    // 클래스 타입. 함수 호출 연산자 오버로딩 제공함
    static_assert( std::invocable<A, int> );
    static_assert( std::invocable<A> );

    // 에러 발생. const 파라미터 대해 # 2번 함수는 const가 아님
    static_assert( std::invocable<const A> );
}
```

17.5 레인지(Ranges library)(since C++20)

레인지는 배열 같은 데이터 요소 접근에 일정하게 동작하는 특성을 갖는다. 사실 **반복자**의 역할도 데이터 요소 접근과 관련 있는데 **레인지**의 개념이 나온 것은 반복자의 기능을 간결화 및 단순화를 하여 사용자의 실수도 줄이며 효율적인 동작을 위해서이다. 물론 기존의 **반복자**를 사용하여 원하는 기능을 구현할 수도 있다. 레인지에서 추가된 신규 기능을 사용하게 되면 별도로 기능 구현과 동작 검증에 시간을 쓰지 않고 다양한 레인지의 STL을 통해 원하는 결과를 얻을 수 있다. 이렇게 설명을 들으면, 아직 구체적으로 **레인지**의 개념이 떠오르지 않을 것이다. 그래서 기본적으로 데이터 요소에 접근하는 임의 접근의 인터페이스(**begin(), end()**)를 레인지가 구현한 것과 기존의 반복자와 비교하면서 레인지가 어떻게 구성되는지를 살펴보고 이후 관련 레인지 콘셉트를 알아보자.

17.5.1 범위 접근(range access)

반복자에서 **임의 접근**(random access) 관련된 함수 템플릿이 정의되어 있다. **레인지**에서도 같은 형태의 클래스 템플릿을 정의하여 **함수 객체**로 사용된다. 이때 **콘셉트** 기능을 넣어 사용되는 템플릿 파라미터를 체크하여 타입의 안정성을 기한다. 실제 구현 내용을 살펴보면 **requires 구문**을 사용해 **반복자 타입**을 확인 이후, 관련된 임의 접근의 멤버 함수를 호출하는 구조를 가진다. 그래서 레인지에서는 내부적으로 별도의 요소 접근을 저장하거나 관련 데이터를 가지고 있지 않다. 범위 접근은 해당 인자를 받아서 내부적으로 타입을 확인하고 레인지에서 정의되어 있는 함수 호출 연산자 오버로딩이 동작하여 해당인자의 관련 함수를 호출하는 형태를 가지는 함수 객체이다. 여기에서 기술되는 범위 접근의 인터

페이스를 포함하여 다른 범위 접근의 기능들도 이와 같이 구현되었다. 아래 예제에서 구체적으로 설명될 것이다.

어떻게 보면, 컨테이너 라이브러리의 STL이 가지는 임의 접근의 함수를 직접 호출하는 것과 관련하여 템플릿 파라미터를 체크하는 것을 제외하면 레인지의 인터페이스와 특별한 차이가 없어 보인다. 한편, 레인지의 접근 인터페이스는 좀 더 범용적으로 쓰이면서 반복자 타입 문제를 원초적으로 차단한다.

아래 예제는 레인지를 통해서 접근하는 방법과 반복자를 이용한 하여 타입을 비교하고 있다. 컨테이너 STL에서는 규격에 맞는 반복자를 지원하기 때문에 레인지의 begin() 인터페이스에서는 타입 확인은 정상적으로 진행되고 이후 해당 begin() 함수를 호출하기 때문에 서로 타입을 비교해 보면 당연히 결과는 같다. 그리고 배열인 경우에는 기본적으로 데이터 요소는 포인터 타입을 가지고 있어 레인지의 begin()을 통해 첫 번째 포인터를 가져오게 된다. 한편, 데이터 요소를 가지는 클래스를 만드는 경우에 임의 접근을 위한 반복자를 구현하면 기본적인 반복자 규정을 따라야 타입 확인이 정상 동작한다.

[예제 17.5-A]

```
#include <ranges>
#include <vector>

// 임의 접근의 반복자를 가지는 클래스
class R
{
        int ar[10];
        public:
        // begin 반복자. 포인터 타입으로 반복자가 사용됨
        int* begin();
};

struct A
{
        int begin();
};

int main()
{
        std::vector<int> v;

        // 정상동작. ranges::begin에서는 타입을 확인 후 해당 반복자를 호출
        // 컨테이너 STL은 해당 반복자를 지원함
        static_assert(std::same_as<decltype(std::ranges::begin(v)), decltype(v.begin())>);
```

```
int ar[10];
// 정상동작. 배열 타입을 확인 후 해당 첫 번째 포인터를 넘겨줌
static_assert(std::same_as<decltype(std::ranges::begin(ar)), decltype(ar+0)>);

R r;
// 정상동작. 해당 클래스에서 begin 반복자가 제공됨. 반복자는 포인터 또는
// 클래스 타입
auto be1= std::ranges::begin(r);

A a;
// 에러 발생. 해당 클래스는 반복자 타입의 조건을 만족하지 못함
auto be2= std::ranges::begin(a);

return 0;
}
```

레인지의 **ranges::begin**은 클래스 타입으로 구현되고 함수 인자를 받을 수 있게 함수 호출 오버로딩을 템플릿으로 가지는 클래스 객체이다. 해당 함수에서 템플릿 파라미터를 확인하는 콘셉트가 사용된다.

[예제 17.5-B]

```
#include <ranges>

// 클래스 타입에서 해당 멤버 함수를 가지고 있는지 확인하는 콘셉트
template< typename T>
concept Has_member = requires(T t)
{
        { t.begin() } -> std::input_or_output_iterator;
};

namespace ranges{

        // 레인지의 begin 클래스 구현
        class Begin {

        public:
                // 함수 호출 오버로딩 구현. 배열 타입을 함수 인자로 받음
                template<typename T>
                constexpr T * operator()(T array[]) const noexcept;

                // 클래스 타입이면 해당 함수 여부를 체크하여 함수를 호출함
                template<typename T>
                requires Has_member<T>
                constexpr auto operator()(T&& t) const noexcept;
```

```
            };

            // begin 클래스 변수 선언
            inline constexpr Begin begin;
    }

    int main()
    {

            int ar[10];
            // 정상 동작. 선언된 클래스 변수에 함수 파라미터를 넘기면 타입에 맞는 함수를
            // 찾게 되어 정상적으로 호출됨
            static_assert(std::same_as<decltype(ranges::begin(ar)),
                    decltype(ar+0)>);

            int i=0;
            // 에러 발생. 해당 인자에 begin 함수가 정의되어 있지 않음
            auto be1= ranges::begin(i);

            return 0;
    }
```

레인지의 **begin** 클래스는 코드에서처럼 함수 호출 오버로딩을 구현하여 결론적으로 해당 반복자를 호출하는데 어떻게 보면 해당 반복자를 간접적으로 부르는 형태를 가진다. 물론 여기에 사용 타입을 체크하는 것은 기본적으로 들어간다. 그래서 레인지의 접근 기능을 어렵게 생각하기보다는 해당 반복자를 호출하는 경우에 타입 관련 문제에 대해 자동적으로 확인을 거치고 반복자가 실행되는 구조로 여기면 쉬울 것이다. 그리고 그 외 다른 기능 end(), size() 관련에서도 지금 설명한 것과 같은 구조를 가지고 있다. 또한 해당 기능들은 반복자의 임의 접근 함수와 동일하여 여기서 별도로 설명을 하지 않는다. 관련 사항은 참고사이트를 참조한다.

소개된 인터페이스를 어디다 사용할지 생각해 보자. 이것은 하나의 반복자의 형태를 가지고 있고, 실제로 우리가 직접적으로 반복자 타입을 받아서 데이터 요소를 연산을 하는 경우는 있지만, 주로 사용되는 경우는 알고리즘의 STL의 함수 템플릿의 파라미터 인자로 넘겨주어 데이터 요소를 가지고 정렬 또는 검색을 할 때이다. 이와 관련된 레인지 내용은 차후에 기술될 것이다. 여기서 레인지의 접근 인터페이스는 하기에 설명하는 레인지 콘셉트에 이용된다.

17.5.2 레인지 콘셉트
레인지의 다른 인터페이스를 살펴보기 전에 공통적으로 사용되는 여러 레인지 콘셉트를 알아보자. 우

선 **range** 콘셉트가 있는데, 이것은 레인지의 begin()과 end() 접근이 가능한지 확인하여 데이터 요소가 일정 범위를 갖는지 체크하는 콘셉트이다. 달리 말하면 해당 콘셉트는 데이터 요소의 접근에 대한 처음과 끝을 가지고 있는지 확인하는 것이다. 이 개념을 잘 반추해 보면 여기서 기술되는 레인지 라이브러리의 특성이 이해될 것이다. 데이터 요소를 다루면서 일정하게 접근이 가능한 반복자를 가지게 되면 레인지의 형태에 부합된다. 즉 컨테이너 같은 STL에서 제공하는 데이터 요소를 다루는 템플릿은 기본적인 반복자의 특성을 만족하기 때문에 해당 콘셉트를 만족한다.

그럼 레인지 라이브러리가 다른 STL의 특성이 중복되어 존재의 의미가 있을까라는 의문이 든다. 그런데 레인지의 라이브러리는 데이터 요소의 접근을 하는 게 중요할 뿐, 해당 데이터를 가질 필요가 없다. 데이터 요소의 포인터만 가지고 있으면 그것으로 필요한 기능을 수행할 수 있다. 이와 관련된 내용이 **view** 개념으로 다음에 소개 될 것이다. 별도로 배열 요소를 관리하는 템플릿을 만드는 경우 또는 다른 사람이 만든 관련 템플릿을 사용할 때 타입을 체크하는 용도로 하기의 콘셉트를 이용하면 될 것이다.

```
[1] template<class T>
        concept range =          requires(T& t) {
                                 ranges::begin(t);
                                 ranges::end(t);
                    };
```

[예제 17.5-C]

```
#include <ranges>
#include <vector>

// 반복자 템플릿 클래스
template <typename T>
class InputIterator{
public:
        using iterator_category  = std::input_iterator_tag;
        using value_type         = T;
        using difference_type    = int;

        T& operator*() const noexcept;
        InputIterator& operator++() noexcept;
        InputIterator operator++(int) noexcept;
        bool operator==(const InputIterator& _Right) const noexcept;

};

// 신규로 만든 반복자를 이용한 클래스
```

```
struct X {
        using iterator = InputIterator<int>;
        iterator begin() ;
        iterator end() ;
};

int main()
{
        // OK. vector의 반복자는 규정을 만족
        static_assert( std::ranges::range<std::vector<int>>);

        // OK. X 클래스는 반복자의 규정을 만족
        static_assert( std::ranges::range<X>);
        return 0;
}
```

예제에서 테스트를 위해 만든 반복자는 반복자 라이브러리에서 설명한 반복자 콘셉트의 규정을 만족하도록 구현된 것이다. 즉 반복자 콘셉트 std::input_iterator의 특성을 충족한다. 이것의 내부에는 레인지의 접근 인터페이스의 타입을 체크하는 데 사용되는 콘셉트가 들어가 있다. 따라서 당연히 레인지의 접근 인터페이스의 타입 체크에 문제없이 동작하게 된다.

[2] template<class T>
    concept borrowed_range;

보통 데이터 요소를 처리하는 템플릿 클래스는 내부적으로 필요시 메모리를 할당하고 사용이 다되면 해제하는 구성을 가진다. 이런 형태의 클래스를 임시 객체로 사용되는 경우에 해당 반복자를 가져오는 것은 의미가 없어진다. 내부적으로 메모리가 해제되기 때문이다. 데이터 요소를 처리하는 특성을 가지면서 데이터의 요소 접근에 문제가 없는지를 확인할 때 이 콘셉트가 이용되는데 안정성(safe range)을 담보하는 레인지의 여부를 확인한다. 이런 특징을 가지기 위해서는 내부에서 데이터를 직접 소유해서는 안 되고 데이터의 포인터와 크기만 가지는 경우에는 가능하다. 이런 특성을 구현 시에는 해당 코드에 하기처럼 별도로 변수 템플릿을 설정해야 한다. 이 콘셉트는 특별한 수식 여부를 체크하는 것이 아니라, 해당 변수의 값이 true인지를 확인한다. 해당 변수는 false를 기본값으로 가지도록 변수 템플릿이 선언되어 있어 구현하는 소스 파일에 특수화 변수 템플릿을 만들면 된다. 여기에 기술된 구조의 템플릿은 다음에 설명될 view와 연관성이 매우 깊다.

```
#include <ranges>

template<class T>
class MySafeRange {
public:
        using pointer = T*;
        T* begin() const noexcept;
        T* end() const noexcept ;

private:
        pointer _Pointer = nullptr;
        int _Size;
};

// 하기처럼 range의 namespace 맞게 특수화된 변수 템플릿을 설정해야 함
// 원본 변수 템플릿은 레인지의 namespace 이미 선언되어 있음
template<typename T>
constexpr bool std::ranges::enable_borrowed_range<MySafeRange<T>> = true;

int main()
{
        // OK.
        static_assert( std::ranges::borrowed_range<MySafeRange<int>> );
}

[3] template<class T>
        concept view;
```

이 콘셉트는 레인지 기능이 되는 여부와 함께 객체가 가지는 이동 생성 및 대입 동작 여부를 확인한다. 콘셉트의 상세 체크 내용을 보면 여러 가지 수식을 확인하는 것은 아니다. 해당 콘셉트는 view의 아주 기본적인 사항만 확인한다. 이 콘셉트의 역할보다는 앞으로 기술되는 view 관련 내용이 더 중요하여 우선 개념을 알아보자. view는 데이터 요소를 처리하는 기능, 즉 레인지 특성을 가지면서 자신은 별도로 데이터 대한 메모리를 가지지 않는다. 따라서 데이터를 복사하는 작업에 시간이 데이터 요소의 크기에 따라 변하지 않고 일정한 시간을 가진다. std::vector는 데이터 요소가 늘어날수록 처리 시간이 비례해서 늘어난다. 내부에 데이터의 메모리를 직접적으로 처리를 해야 되기 때문이다. 그러나 view는 데이터 요소를 직접 가지고 있는 클래스의 데이터 요소에 대한 포인터 또는 반복자만 가진다.

이해를 돕기 위해 다른 형태로 비유로 설명하겠다. 데이터베이스에 일정 서비스에 가입한 멤버 정보들이 저장되어 있고 멤버가 증가하면 내용을 데이터베이스에 업데이트 한다. 여기서 멤버들 중에 서울 지

역에 있는 사람만 검색을 하게 되면 해당 정보를 가져와서 화면에 보여 줄 것이다. 이때 해당 정보를 따로 데이터베이스에 저장해서 그것을 불러와 화면에 나타내는 것은 아니다. 여기서 화면에 나타내는 것을 view와 유사하다고 볼 수 있다. view는 원본 데이터를 직접 소유할 필요가 없다. 처음부터 목적이 데이터를 보존하는 것이 아니다. 멤버 정보가 변경되면 원래의 데이터베이스를 업데이트를 해야 한다. 이렇게 되면 다시 검색을 해야 원하는 정보를 얻을 것이다. view도 마찬가지이다. 즉 view는 원본의 해당 데이터를 간접적으로 가지면서 처리하는 기능을 가진다. 참고로 데이터베이스에 검색한 멤버 정보를 필요시 저장한다면 멤버 정보 전체를 그대로 저장하는 것이 아니라 멤버의 인덱스 키만 저장해서 멤버 정보가 수정되는 것을 대비하여 정합성을 일치 시킨다.

아래의 예제는 view 콘셉트의 테스트 위해 클래스 템플릿을 만들었다. 특별한 기능을 넣지 않고 설명을 위한 것이다. 이동 생성 및 대입 기능은 내부적으로 생성된다. 예제처럼, 이 콘셉트는 많은 것을 체크하기보다는 view가 가지는 기본 특성만 확인한다. view를 만들기 위해 하기처럼 구현할 필요가 없다. view 생성을 위한 클래스 템플릿이 제공된다. 관련 템플릿은 바로 소개될 것이다.

```cpp
template <class T>
class test_view : public std::ranges::view_base {
public:
        // 데이터 요소의 접근 함수
        T* begin() const noexcept;
        T* end() const noexcept;

};

// OK. range 콘셉트를 만족 그리고 view_base를 상속하여 view 기본 기능을 만족함
static_assert( std::ranges::view<test_view<int>>);


[4] template<class T>
        concept input_range =
        range<T> && input_iterator<iterator_t<T>>;

    template<class T>
        concept forward_range =
        input_range<T> && forward_iterator<iterator_t<T>>;

    template<class T>
        concept random_access_range =
        bidirectional_range<T> && random_access_iterator<iterator_t<T>>;
```

이 콘셉트들은 반복자에서 소개한 반복자 콘셉트 기능과 아울러 레인지 콘셉트를 확인하는 콘셉트이다. 관련된 내용이 이미 기술되었기 때문에 이 콘셉트들은 이해하는 데 큰 어려움이 없을 거라 보인다. 반복자 콘셉트들이 생소하면 해당 STL에 있으니 내용을 참조하길 바란다.

```
[5] template<class T>
    concept common_range =
    range<T> && same_as<iterator_t<T>, sentinel_t<T>>;
```

이 콘셉트는 레인지의 begin()과 end()의 반환 타입이 같은지를 확인한다. 보통 해당 함수는 반복자 타입의 형태로 반환을 하는데 앞으로 소개되고 레인지 STL에서 우리가 실제로 사용할 레인지 어댑터에서는 서로 다른 반복자 타입을 가진다. 그래서 타입 여부를 체크할 때 이용된다.

17.5.3 view 팩토리(view factories)

view를 생성하는 클래스 템플릿들은 view_interface 클래스 템플릿을 공통적으로 상속 받는다. 이 view 인터페이스는 데이터 요소에 접근하도록 관련 front(), back() 등 함수를 가지고 있고 또한 첨자 형태로 접근 가능하도록 첨자 연산자 오버로딩 함수를 제공하며, view 특성상 기본적으로 있어야 되는 기능들을 하나의 템플릿으로 정의된 것이다. 여기서 기술되는 view 팩토리들은 view의 특성을 가지고 있지만 배열 같은 데이터 요소를 참조하여 저장한다. 여기까지가 view 팩토리의 역할이다. 다음에 소개되는 view 어댑터에서 데이터 요소를 인자로 받고 해당 데이터를 연산하는 기능을 가진 함수를 인자로 받아 처리하게 된다. 그리고 실제로 레인지 STL을 활용한다는 것은 **view 어댑터**의 템플릿을 어떻게 이용한다는 말과 같다고 볼 수 있다. 해당 내용은 바로 다음에 기술된다.

```
[1] template<class T>
    requires is_object_v<T>
    class empty_view : public view_interface<empty_view<T>>;
```

이 템플릿은 별도의 데이터를 저장하지 않는다. 따라서 데이터 크기는 0이다. 또한 데이터 요소 접근이 필요 없기 때문에 begin(), end()가 가리키는 것은 null 포인터가 된다. 이것은 view 생성의 템플릿의 기본적인 기능을 설명하는데 의의가 있을 뿐이다.

```
[2] template<copy_constructible T>
    requires is_object_v<T>
    class single_view : public view_interface<single_view<T>>;
```

이것은 하나의 데이터를 저장하는 view 템플릿이다. 저장되는 데이터는 기본 타입 변수 또는 클래스 타입이 포함된다. 이 템플릿은 저장되는 데이터 타입의 복사본을 가지며 레인지 및 view 특성을 가진다. 별도의 데이터의 복사본을 보유하고 있어 개념적으로 view의 성질하고는 조금 거리가 있어 보인다. 이 템플릿을 사용하지 않아도 같은 타입으로 복사본을 만들 수 있다. 다만 이 템플릿은 레인지 특성을 가지고 있어 다른 레인지 인터페이스와 같이 사용이 가능하다. 아래는 기본 예제이다.

[예제 17.5-E]

```
#include <ranges>
#include <vector>

int main()
{
        std::vector<int> v = {10, 4, 5, 6, 7, 8, 9};
        // vector 타입 데이터
        std::ranges::single_view sv1 (v);

        // int 타입
        std::ranges::single_view sv2 (0);

        return 0;
}
```

[3] template<weakly_incrementable W, semiregular Bound
= unreachable_sentinel_t>
        requires weakly-equality-comparable-with <W, Bound> && semiregular<W>
        class iota_view : public view_interface<iota_view<W, Bound>>;

이 템플릿은 초기값이 주어지면 그 값을 하나씩 증가시킨다. 템플릿 타입을 체크하는 weakly_incrementable에서 정수 타입과 반복자 특성 타입을 요구한다. 그래서 초기값을 직접 설정을 할 때 정수 타입이어야 하고 경계 타입은 초기값과 같은 타입을 가져야 한다. 포인터 타입 또는 반복자 타입을 가진 대상으로도 초기값이 설정될 수 있다. 이때도 경계 타입은 초기 설정 타입과 같아야 한다. 여기서 경계를 설정하지 않고 초기값만 사용하면 무한 형태를 갖는다.

경계가 설정되면 일정 크기를 갖는데, 이렇게 보면 배열과 유사하다. 그러나 배열처럼 일정 크기의 데이터를 가지는 것은 아니다. 내부적으로 반복자가 구현되어 있어 템플릿 사용 시 해당 타입으로 초기값을 저장한다. 경계의 설정 크기에 맞게 데이터를 저장하는 것이 아니다. 그래서 설정된 범위 내에서 값을 가져오는 경우에는 초기값과 지정 범위를 더하여 해당 값을 가져오는 것이다. 이 방법은 보통의 배열은 크기에 맞게 메모리가 생성되어 있어 첨자로 가져오는 형식과는 다르다. 정수 타입을 설정하는 경우에는 어떻게 보면 하나의 변수로 값을 증가시켜 계산하는 것과 비슷하다. 예를 들면, 루프 문에서 루프 횟수를 지정하는 변수(for (int i; i++ // 여기서는 i 변수))와 이 템플릿을 정수로 설정한 것과 유사하다고 할 수 있다. 이 템플릿은 이런 특성과 아울러 view 성격을 가지고 있다. 그래서 이것은 단독으로 사용하기보다는 다른 view 인터페이스와 같이 사용된다.

사용되는 초기값 타입이 포인터 또는 반복자 타입으로 설정하게 되면 일반 포인터 연산과 비슷하게 포인터 증가가 다음의 대상을 가리킨다. 이것도 초기의 가리키는 포인터만 저장하는 구조이고 포인터를 증가하면서 다음의 대상의 값을 간접적으로 가져온다. 이런 경우에 경계를 설정하지 않으면 엉뚱한 데이터를 가져오는 오동작이 발생한다. 그래서 배열이나 반복자 타입으로 템플릿 인자를 넘겨주는 경우에는 원래의 데이터의 크기가 넘지 않도록 해야 한다. 이 템플릿으로 변수를 설정하는 방법과 함께, 객체 함수 형태로 초기값과 설정을 받으면 함수 호출 연산자 오버로딩이 구현되어 iota_view으로 반환하는 iota 클래스가 정의되어 있다. 임시 객체로 사용할 때 이용하면 편리하다.

[예제 17.5-F]

```
#include <iostream>
#include <ranges>
#include <vector>

int main()
{
        int var = 0;
        int ar[]={ 1, 2, 3, 4 };
        std::vector<int> v = { 1, 2, 3, 4, 5, 6, 7, 8, 9 };

        std::ranges::iota_view io(var,10);

        // 정수 초기값을 저장하고 다른 범위에 있는 것은 초기값과 첨자를 더해서 값을
        // 계산함
        // 여기서 io[i] = var(0) + i ; 같음
        for (auto i : io)
                std::cout << io[i]<<" ";              // 출력 : 0 1 2 3 4 5 6 7 8 9
        std::cout<<"\n";

        // 배열 포인터 시작 주소를 넘겨주고 경계는 배열의 마지막으로 설정
        // io_ar[i] = (배열의 첫 번째 주소) + i ;
        // 여기서는 배열 크기가 4인데 이거보다 큰 것을 넘기면 쓰레기 값이 출력됨
        std::ranges::iota_view io_ar(ar, ar+4);

        for (int i=0 ; i < io_ar.size();i++)
```

```
            std::cout << *io_ar[i]<<" ";              // 출력 : 1 2 3 4
    std::cout<<"\n";

    // vector의 반복자 타입을 인자로 넘겨줌
    // 반복자의 첨자 연산자 오버로딩을 통해 해당 값을 가져옴
    std::ranges::iota_view io_vec(v.begin(), v.begin()+3);

    for (int i=0 ; i < io_vec.size();i++)
            std::cout << *io_vec[i]<<" ";             // 출력 : 1 2 3
    std::cout<<"\n";

    // 함수 객체 iota를 사용. iota_view 이용한 것과 결과는 같음
    // 다만 범위 지정자 다름
    auto iota= std::views::iota(var,10);
    for (auto i : iota)
            std::cout << iota[i]<<" ";                // 출력 : 0 1 2 3 4 5 6 7 8 9

    return 0;
}
```

17.5.4 view 어댑터(view adaptors)

사실 외부 데이터를 참조하는 것만 가지고는 다른 기능, 예를 들면 데이터를 검색하거나 변형하는 등 데이터 연산 작업을 할 수는 없다. 그래서 view 특성을 가지며 참조한 데이터를 가지고 원하는 기능을 수행하여 view를 만드는 것이 필요한데 이것을 **view 어댑터**가 하게 된다. 이전에 소개된 접근 인터페이스 또는 콘셉트들이 앞으로 기술되는 view 어댑터를 구현할 때 직접적으로 사용된다.

```
[1] template<range R>
        requires is_object_v<R>
        class ref_view : public view_interface<ref_view<R>>;
```

배열 또는 데이터 요소를 처리하는 레인지 특성을 만족하는 타입을 인자로 받아서 해당 타입의 포인터를 저장하는 템플릿이다. 사실 단독으로 사용되어 어떤 기능을 처리한다기보다는 이것은 해당 타입을 view로 만들어 다른 어댑터와 같이 사용할 수 있게 하는 역할은 가진다. 아래는 어떤 타입이 사용되는지 대한 설명을 위한 예제이고, 다른 어댑터와 연관된 것은 이후에 나오는 절에서 기술된다. 이 템플릿을 사용성 편의를 위해 함수 객체가 정의되어 있다. std::views::all 클래스 객체로 함수 호출 연산자 오버로딩이 구현되어 있어서 view 타입을 인자로 넘기면 해당 타입을 유지하고 배열 같은 데이터 요소 같은 타입은 ref_view로 만들어 반환하는 구조를 가진다.

[예제 17.5-G]

```cpp
#include <ranges>
#include <vector>

int main()
{
        int ar[]={ 1, 2, 3, 4 };
        std::string str = "Hello";
        std::vector<int> v = { 1, 2, 3, 4, 5, 6, 7, 8, 9 };

        std::ranges::ref_view ref1(ar);
        std::ranges::ref_view ref2(str);
        std::ranges::ref_view ref3(v);

        // 아래는 ref3와 같음
        std::views::all(v);

        return 0;
}
```

[2] template<input_range V, indirect_unary_predicate<iterator_t<V>> Pred>
      requires view<V> && is_object_v<Pred>
      class filter_view : public view_interface<filter_view<V, Pred>>;

데이터 요소를 전달받아 설정 조건으로 데이터 분류가 가능한 템플릿이다. 전달되는 데이터는 레인지 특성을 가진 변수를 직접 인자로 받는다. 그리고 두 번째 인자는 함수 호출 가능한 타입을 체크하게 되어 함수 또는 람다 함수가 인자가 된다. 이 템플릿의 기능은 데이터 요소를 설정 조건의 함수의 인자로 사용되고 조건에 맞으면 그 위치에서 해당 값을 가져올 수 있다. 만약에 begin()의 값을 가져오는 경우 조건에 맞는지 체크하고 조건이 맞을 때까지 계속 다음 데이터 요소를 넘어 가면서 반복하며 이것은 end()까지 이어질 수 있다. 이것은 begin() 함수에 내부적으로 find_if() 통해서 조건이 참이 될 때까지 반복자가 증가되면서 루프문이 실행되기 때문이다. 이것을 달리 말하면 임의 접근은 되지 않고 한 방향 또는 양방향의 접근 특성을 갖는다. 이때 처음 시작해서 모든 데이터가 조건에 맞지 않으면 의도치 않게 루프문이 실행되는 효과가 발생한 것이다. 그리고 조건에 따라 데이터 요소의 크기가 정해지는 것으로 크기를 처음에 확정할 수 없다. 즉 size() 함수를 갖지 않는다. 앞으로 소개 되는 어댑터들이 자신의 기능에 따라서 데이터 요소의 크기의 확정 여부가 정해진다. 이 특성을 확인하는 콘셉트로 sized_range 가 있는데 이것은 해당 레인지의 size() 함수가 호출 가능한지를 확인한다.

view 관련한 속성을 이미 기술한 것처럼, 데이터 요소에 접근이 가능한 것뿐, 해당 데이터를 가지고 있는 것이 아니다. 그래서 이 템플릿을 사용해 변수를 생성하면 넘겨받은 레인지 특성의 변수를 참조하여 저장할 뿐 해당 기능이 수행되어 결과를 얻는 것이 아니다. 해당 결과를 얻기 위해서는 내부적으로 가지고 있는 반복자가 증가되어야 가능하기 때문에 전체 데이터가 검색되기 위해서 별도로 루프문을 실행해야 해당 템플릿이 제공하는 증가 연산자 오버로딩이 호출되면서 기능이 수행된다. 아래 예제를 참조한다.

[예제 17.5-H]

```
#include <iostream>
#include <ranges>
#include <vector>

// 일반 함수
auto odd(int i)
{
        return i%2==1;
}

// 람다 함수
auto even = [] (int i) { return i%2==0; };

int main()
{
        int ar[]={ 1, 2, 3, 4 };
        std::vector<int> v = { 1, 2, 3, 4, 5, 6, 7, 8, 9 };

        // 배열 ar을 참조하여 포인터가 저장됨. 아직 odd 함수가 호출되지 않음
        // 배열 전체가 실행이 되려면 루프문이 수행되어야 함
        std::ranges::filter_view fv(ar, odd);

        // 배열 첫 번째 데이터로 odd 함수가 호출되고 함수 조건에 맞게 되어 첫 번째
        // 데이터를 출력함. 조건이 충족이 안 되면 그다음 데이터 넘어가는 것을 반복함
        // *fv.begin()이라고 해서 처음 위치한 데이터가 출력되는 것이 아님
        std::cout << *fv.begin()<<"\n";          // 출력 1

        int ar1[]={ 10, 20, 30, 40 }; // 모든 데이터가 짝수인 배열
        std::ranges::filter_view fv1(ar1, odd);

        // 출력 없음. 모든 데이터가 짝수임. begin()에서 end()까지 전체 데이터가 검색됨
        // 검색된 데이터가 없을 수 있기 때문에 데이터 유무를 확인하고 접근해야 함
        if( !fv1.empty())
                std::cout << *fv1.begin()<<"\n";
```

```
            // vector 데이터를 받아서 even 함수 조건으로 데이터를 걸러냄
            // 아래 for 반복문에서 filter_view의 begin()과 end()가 호출되며 begin()++ 되는
            // 구조를 가짐. 아래와 같음
            // 반복자의 증가되면서 설정된 조건 함수가 실행되어짐
            // for( auto ir = fv2.begin() ; ir != fv2.end(); ir++ )

            std::ranges::filter_view fv2(v, even);
            for (auto n : fv2)
                    std::cout << n << " ";            // 출력 2 4 6 8

            return 0;
    }
```

이 템플릿의 사용 편의를 위해 함수 객체가 선언되어 있다. std::views::filter 클래스 객체로 데이터 요소와 설정 조건 함수를 인자로 해서 사용하여 filter_view가 생성된다. 그런데 인자 전달 방식을 다르게 할 수 있는데 비트 연산자 |을 가지고 파이프라인 형태로 선언하여 이용 가능하다. filter 함수 객체에 앞의 인자를 받아서 filter_view가 생성되도록 연산자 오버로딩이 구현되어 있다. 그리고 더 중요한 것은 필터 설정을 하나가 아닌 여러 조건 함수를 파이프라인으로 설정 가능하며 다른 어댑터와도 같이 사용 가능하다. 이 템플릿 포함하여 이후에 소개되는 모든 어댑터들이 이와 같은 구조를 가진다.

여럿의 설정 함수를 파이프라인으로 하면 순서대로 조건 함수가 반복자가 증가하면서 수행되는 구조를 가진다. 각 데이터 요소에 설정된 조건들이 모두 부합되어야 해당 요소가 필터가 된다. 설정 조건 함수가 n개가 있으면 각 데이터 요소가 그 설정 조건에 모두 맞아야 되고 중간에 맞지 않으면 그다음의 조건 함수는 생략되고 다음 데이터 요소로 넘어간다. 쉽게 이해하자면, 조건에 모두 해당되어야 설정된 필터들을 통과하게 되는 것이다. 물론 처음의 설정 함수에서 조건이 전체적으로 맞지 않으면 그 이후에 설정 함수는 무시되어 의미가 없어진다.

[예제 17.5-I]

```
    #include <iostream>
    #include <ranges>
    #include <vector>

    // 람다 함수
    auto even = [] (int i) { return i%2==0; };

    int main()
    {
            std::vector<int> v = { 1, 2, 3, 4, 5, 6, 7, 8, 9 };
```

```
// 아래는 같은 결과를 가짐
std::ranges::filter_view fv(v, even);
std::views::filter(v, even);

// 아래처럼 괄호를 각각 나누어 인수를 전달하는 것도 가능함
std::views::filter(even)(v);

// filter 함수 객체를 사용하여 코드의 가독성이 좋아짐
// | 연산자 사용 시 순서가 중요함. 데이터를 가진 인수가 앞에 있어야 됨
for (auto n : v | std::views::filter(even) )
        std::cout << n << " ";              // 출력 2 4 6 8
std::cout << "\n";

auto check_no = [] (int i) { return i >= 1; };
int x[] = {0,1,2,3,4,5};

// 루프문 실행 시
// x[0] = 0 첫 번째 요소 : v1 필터 조건(X) => 다음 필터는 생략됨
// x[1] = 1 두 번째 요소 : v1 필터 조건(O) => v2 필터 조건 (X)
// x[2] = 2 세 번째 요소 : v1 필터 조건(O) => v2 필터 조건 (O) : 데이터 출력
// 이렇게 전체 데이터가 반복됨
auto v1 = std::views::filter(check_no);
auto v2 = std::views::filter(even);
auto v12 = x | v1 | v2 ;

for (auto i : v12)
        std::cout << i << " ";              // 출력 2 4
return 0;
}
```

[3] template<input_range V, copy_constructible F>
        requires view<V> && is_object_v<F> &&
        regular_invocable<F&, range_reference_t<V>>
        class transform_view : public view_interface<transform_view<V, F>>;

이 템플릿은 데이터 요소를 원하는 형태로 변경하는 기능을 담당한다. filter_view와 다르게 각 데이터 요소를 첨자로 접근이 가능한 임의 접근을 가지며 전체 데이터의 접근은 루프문을 통해서 내부의 반복자가 증가되면서 반복자의 간접 참조 연산자 오버로딩 함수에서 인자로 넘겨준 설정 함수가 실행되는 형태를 가진다. 또한 첨자 오버로딩 함수에서도 설정 함수가 수행되게 되어 있다. 해당 템플릿의 함수 객체가 std::views::transform가 정의되어 있어 파이프라인을 통해 여러 설정 함수를 이용할 수 있다.

```cpp
#include <iostream>
#include <ranges>
#include <vector>

using namespace std::views;
using namespace std::ranges;

int main()
{
        std::vector<int> v = { 1, 2, 3, 4, 5 };

        auto multiply_five = [] (int i) { return i * 5; };
        transform_view tv(v, multiply_five);

        // 첨자로 접근. 설정 함수가 수행된 값을 가져옴
        std::cout << tv[2] << "\n";            // 출력 15

        // 루프문 실행
        for (int i : tv)
                std::cout << i << " ";         // 출력 5 10 15 20 25
        std::cout << "\n";

        // 위에 선언된 tv 변수와 같음
        transform(v, multiply_five);

        auto square = [] (int i) { return i * i; };
        for (int i : v | transform(multiply_five) | transform(square))
                std::cout << i << " ";         // 출력 25 100 225 400 625

        return 0;

}
```

[4] template<view V>
        class take_view : public view_interface<take_view<V>>;

이 템플릿은 전달받은 데이터 요소에서 일정 크기만큼만 데이터 요소를 가지게 할 수 있다. 이것은 내부적으로 반복자가 설정한 크기를 저장한다. 그리고 루프문이 수행하면서 크기가 증가될 때 설정 크기와 비교해서 끝에 도달하지 않아도 루프문의 수행이 멈추게 된다. 즉 데이터 요소에서 일정 크기대로 필요한 만큼만 처리할 때 사용될 수 있다. 이것은 단독을 사용되기보다는 함수 객체 std::views::take와 함께 다른 어댑터와 같이 이용된다.

```
#include <iostream>
#include <ranges>
#include <vector>

using namespace std::views;
using namespace std::ranges;

int main()
{
        std::vector<int> v = { 1, 2, 3, 4, 5 };
        auto multiply_five = [] (int i) { return i * 5; };

        for (int i : v | transform(multiply_five) | take(3))
                std::cout << i << " ";              // 출력 5 10 15

        return 0;
}
```

```
[5] template<view V, class Pred>
        requires input_range<V> && is_object_v<Pred> &&
        indirect_unary_predicate<const Pred, iterator_t<V>>
        class take_while_view : public view_interface<take_while_view<V, Pred>>;
```

이 템플릿은 take_view와 유사하며 크기를 직접 값으로 설정하지 않고 조건 함수로 통해서 데이터 요소의 크기를 정한다. 설정 조건에 따라 크기가 확정되는 것으로 take_view 다르게 데이터 크기 관련한 size() 함수를 갖지 않는다. 어떤 면에서 보면 이전에 설명한 filter_view와 비슷하다고 여길 수 있다. 그러나 분명한 차이가 난다. 설정 조건의 기능이 서로 반대로 작용한다. filter_view는 조건 함수에 맞는지(find_if)를 데이터 요소의 끝까지 검색하지만 take_while_view는 조건 함수에 맞지 않는(find_if_not) 경우가 발생하면 그 위치가 레인지의 끝이 된다. 처음 데이터 요소부터 조건에 맞지 않으면 take(0)이 된다.

[예제 17.5-L]

```
#include <iostream>
#include <ranges>
#include <vector>

using namespace std::views;
using namespace std::ranges;
```

```cpp
int main()
{
        std::vector<int> v = { 1, 2, 3, 4, 5 };
        auto check_size = [] (int i) { return i < 5; };

        auto tv = take_while_view(v, check_size);
        // vector 데이터에서 다섯 번째 데이터 5가 조건에 맞지 않아 거기서 데이터 크기가
        // 결정됨
        for (int i : tv)
        {
                std::cout << i << " ";          //출력 1 2 3 4
        }
        std::cout << "\n";

        std::string str = "Live Today as if it was the last day ...";
        auto search_dot = [] (char c) { return c != '.'; };

        // 문자열 마지막에 . 앞까지 문자열을 출력함
        auto tv1 = take_while_view(str, search_dot);
        for (char i : tv1)
        {
                std::cout << i ;                //출력 Live Today as if it was the last day
        }

        return 0;
}
```

[6] template<view V>
       class drop_view : public view_interface<drop_view<V>>;

이 템플릿은 전달받은 데이터 요소에서 일정 크기만큼만 제외하고 나머지를 가지는 기능을 한다. take_view와 서로 상대적인 특성을 가진다. 데이터 요소의 크기가 설정 크기보다 적으면 해당 결과는 데이터 요소가 없는 empty view가 된다.

[7] template<view V, class Pred>
       requires input_range<V> && is_object_v<Pred> &&
       indirect_unary_predicate<const Pred, iterator_t<V>>
       class drop_while_view : public view_interface<drop_while_view<V, Pred>>;

이 템플릿은 조건 설정으로 일정 크기만큼을 데이터 요소에 제외하는 기능을 가진다. 데이터 요소에서 조건에 맞는 경우는 데이터 요소에서 제외가 되고 조건이 맞지 않는 위치부터 데이터의 시작 부분이 된다. 이와 상반된 기능을 하는 것이 take_while_view이다.

[예제 17.5-M]

```cpp
#include <iostream>
#include <ranges>
#include <vector>

using namespace std::views;
using namespace std::ranges;
int main()
{
        std::vector<int> v = { 1, 2, 3, 4, 5 };
        for (int i : drop_view(v,3))
        {
                std::cout << i << " ";              // 출력 4 5
        }

        auto special_ch = [](char c) {
                                        return c == ' ' || c == '\t' || c == '\n'; };

        // 문자 체크 : 스페이스, 탭, 개행문자
        std::string str = "\t \n Test Drop While";
        for (auto i : drop_while_view(str,special_ch))
        {
                std::cout << i ;                    // 출력 Test Drop While
        }
        return 0;
}
```

[8] template<input_range V>
　　　　requires view<V> && input_range<range_reference_t<V>> &&
　　　　(is_reference_v<range_reference_t<V>> ||
　　　　view<range_value_t<V>>)
　　　　class join_view : public view_interface<join_view<V>>;

이 템플릿은 여러 데이터 요소를 하나의 view로 만드는 기능을 가진다. 이전의 어댑터들은 하나의 배열 데이터를 인자로 이용됐는데, 이 템플릿에서는 2차원 이상의 배열 같은 데이터가 인자로 사용된다. 그리고 해당 데이터 처리를 위해서 내부의 반복자에 inner와 outer의 루프문을 통해 하나의 데이터 요소로 만들게 된다. 하기 예제에서 2차원 배열과 문자열을 데이터 요소로 하는 vector를 join_view의 기능을 통해 하나의 데이터 요소로 만든다. 3차원 배열을 join을 위해서는 두 번을 실행해야 내부적으로 inner와 outer가 처리가 되어 정상적으로 하나의 데이터 요소를 만들게 된다.

[예제 17.5-N]

```cpp
#include <iostream>
#include <ranges>
#include <vector>

using namespace std::views;
using namespace std::ranges;

int main()
{
        int two_array[3][2]={{1,2},{3,4},{5,6}};
        std::vector<std::string> ss{"This", " ", "is ", "join view",
                                              ":","test !"};

        auto jv = join_view(two_array);
        for (auto i : jv)
                std::cout << i << " ";              // 출력 1 2 3 4 5 6
        std::cout << "\n";

        auto jv1 = join_view(ss);
        for (auto i : jv1)
                std::cout << i;                      // 출력 This is join view : test !
        std::cout << "\n";

        int three_array[2][3][2] = {
                {{1,2},{3,4},{5,6}},{{7,8},{9,10},{11,12}} };

        // 3차원 배열은 join을 두 번 해야 하나의 데이터 요소를 만듦
        auto jv2 = three_array | views::join |views::join;
        for (auto i : jv2)
                std::cout << i<<" ";                 // 출력 1 2 3 4 5 6 7 8 9 10 11 12

        return 0;
}
```

[9] template<input_range V, forward_range Pattern>
        requires view<V> && view<Pattern> &&
        indirectly_comparable<iterator_t<V>, iterator_t<Pattern>,
                                              ranges::equal_to>
        class split_view : public view_interface<split_view<V, Pattern>>

이 템플릿은 일정한 패턴을 가지는 구분문자로 view를 나누는 기능을 가진다. 어떤 문자열 데이터가 ';' 이런 문자로 구분되어 있는 경우에 이 템플릿은 해당 패턴으로 각각 문자열을 나누는 일을 하게 된

다. 사실 여러 데이터를 구분자로 나누어 처리하는 경우는 매우 자주 있는 일이다. 특히 문자열로 데이터를 다룰 때 빈번히 접하게 된다. 이런 경우에 사용될 수 있는 어댑터가 된다. 그런데 이 어댑터는 이전에 기술된 것과 다르게 나누어진 문자열을 subrange의 템플릿 형태로 갖는다. 이전에 어댑터들은 루프문을 수행 시 해당 인자가 반복자 형태를 가지고 있어 바로 출력을 할 수 있었다. 그러나 이 템플릿은 subrange를 가지고 있어 다시 루프문을 수행해야 출력이 가능하다. subrange는 레인지에서 공통으로 사용되는 것으로 이전에 소개된 view_interface와 같이 레인지의 기능을 돕는 하나의 템플릿이다. subrange는 시작 및 끝의 위치를 인자로 받는 일정 크기가 정해진 레인지의 클래스이다.

[예제 17.5-0]

```cpp
#include <iostream>
#include <ranges>
#include <vector>

using namespace std::views;
using namespace std::ranges;

int main()
{
        std::string member_info = "Jake;1234;Seoul";
        split_view sv(member_info, ';');

        std::vector<std::string> splited_str;

        for (auto member : sv)
        {
                std::string str = "";
                for (auto ch : member)
                {
                        str.push_back(ch);
                }
                splited_str.push_back(str);
        }

        // 분리된 문자열 출력
        // Name :Jake
        // No :1234
        // Local :Seoul
        std::cout << "Name :" << splited_str[0]<<"\n";
        std::cout << "No :" << splited_str[1]<<"\n";
        std::cout << "Local :" << splited_str[2]<<"\n";
```

```
              return 0;
      }

[10] template<view V>
          requires bidirectional_range<V>
          class reverse_view : public view_interface<reverse_view<V>>;
```

데이터 요소에 대해 데이터 순서를 역으로 변경하는 기능을 가진 템플릿이다. 해당 데이터는 최소 양방향 레인지의 특성을 가져야 사용 가능하다. 기능 관련해서 크게 어려움이 없을 것이다.

```
#include <iostream>
#include <ranges>
#include <vector>

using namespace std::ranges;

int main()
{
        std::vector<int> vt = {1,2,3,4,5};

        for (auto i : reverse_view(vt))
                std::cout << i <<" ";            // 출력 5 4 3 2 1

        return 0;
}
```

```
[11] template<input_range V, size_t N>
          requires view<V> && has-tuple-element <range_value_t<V>, N> &&
          has-tuple-element <remove_reference_t<range_reference_t<V>>, N>
          class elements_view : public view_interface<elements_view<V, N>>;
```

이 템플릿은 두 개 이상의 데이터를 가지는(pair, tuple 타입) 데이터 타입을 인수로 취하며 키와 값을 별도로 분리하여 view를 처리하는 기능을 가진다. 그래서 사용법이 기존의 어댑터들과 다르다. 우선 데이터 타입은 반드시 시작과 끝을 가진 배열 형태를 가져야 되는 것은 모든 어댑터의 기본 사항이고 여기서는 쌍으로 데이터를 가지는 여부를 체크하는 콘셉트가 들어간다. 쌍으로 데이터를 가지고 있어 키와 값의 형태로 나누어 해당 템플릿을 선언해야 된다. 한 번에 각각 데이터를 나누어 처리되는 것은 아니다. 그래서 해당 어댑터를 사용할 때 데이터의 쌍 중에 어느 데이터를 가져갈지를 선택하여 사용해야 된다. 기존 어댑터에서는 데이터 요소를 인자로 바로 넘겨줄 수 있었지만, 여기서는 view 타입으로 변경이 필요하다. 약간 번거로울 수 있기 때문에 해당 어댑터가 제공하는 클래스 객체를 사용하면 이런 불편이 사라진다. 그런데 이 클래스 객체는 반드시 쌍의 데이터 요소 중 어느 것을 선택할 인덱스를 설정하도록 템플릿 파라미터로 구성되어 있다.

[예제 17.5-P]

```
#include <iostream>
#include <ranges>
#include <vector>
#include <map>

using namespace std::views;
using namespace std::ranges;

int main()
{
        std::pair<int, int> pr[] = {{1,2},{3,4},{5,6}};

        // view 타입으로 변경함
        using R = decltype(pr | all);

        elements_view< R,0 > ev(pr);

        for (auto i : ev)
                std::cout << i << " ";          // 출력 1 3 5
        std::cout <<"\n";

        std::map<std::string, int> info = { { "1Lee",20 },{ "2Kim",30 },
                                            { "3Hong",40 } };

        // elements_view에서 제공하는 클래스 객체를 사용. 인덱스는 첫 번째를 선택함
        auto ev0 = info | elements<0>;
        for (auto i : ev0)
                std::cout << i << " ";          // 출력 1Lee 2Kim 3Hong
        std::cout <<"\n";

        // 하기는 elements_view에서 정의되어 있음. 인덱스 선택 편의를 위해
        // 별칭 변수를 사용함
        // inline constexpr auto keys = elements<0>;
        // inline constexpr auto values = elements<1>;
        auto ev1 = info | values;
        for (auto i : ev1)
                std::cout << i << " ";          // 출력 20 30 40

        return 0;
}
```

17.5.5 view 어댑터 성능

지금까지 view 어댑터의 기능을 알아봤다. view 어댑터는 실질적으로 레인지 STL의 주된 템플릿으로 이를 통해 기존의 배열 또는 데이터 요소를 참조하여 데이터를 검색, 필터, 변형 작업을 할 수 있고 문자열 같은 데이터 에서는 특정 문자를 찾아 문자열을 구성하거나 문자열을 분리하는 연산을 수행할 수 있다. 사실 이런 기능 구현을 컨테이너 STL에서 제공하는 멤버 함수를 이용할 수 있고 아니면 기존에 관련 함수들이 많이 있기 때문에 view 어댑터 사용의 이점에 대해서 한번 생각해 볼 필요가 있다. 그래서 이해 차원해서 직접 기능을 구현한 것과 어댑터를 이용한 것을 비교 분석을 해 보자.

[예제 17.5-Q]

```
#include <iostream>
#include <ranges>
#include <vector>

using namespace std::views;
using namespace std::ranges;

// vector 데이터 요소의 처리를 직접 구현함
void view_test(std::vector<int> v )
{
        // filter 기능
        for(int i=0 ; i < v.size() ; i++)
        {
                for(;;)
                {
                        if (v[i] % 2 == 0)
                                break;
                        i++;

                        if (i >= v.size())
                                return;

                }

                // transform 기능
                auto tr = v[i] * v[i];
                std::cout << tr<<" ";
        }
}

int main()
{
```

```
std::vector<int> v = { 1, 2, 3, 4, 5 };

// 출력 4 16
view_test(v);

auto even = [](int i) { return i % 2 == 0; };
auto square = [](int i) { return i * i; };

for (auto i : v | filter(even) | transform(square))
        std::cout << i << " ";            // 출력 4 16

return 0;
}
```

위 예제에서 view 어댑터 대신에 직접 데이터 요소를 필터링 및 변형 처리하는 내용을 구현하였다. 그리고 해당 어댑터를 사용한 것과 같은 결과를 얻었다. 직접 구현을 하는 경우에는 루프문 수행 시 필터 처리를 위해 내부에 다시 루프문을 실행하여 조건에 맞는 데이터를 찾고 이후 다음 기능을 수행하도록 했다.

그런데 filter_view에서는 내부적으로 반복자 관련된 루틴이 루프문을 통해서 수행된다. 직접 구현은 별도로 코딩을 해야 하는 수고스러움도 있고 또한 검증 테스트가 후행되어야 하기 때문에 일정 부분의 시간이 소요될 수 있다. 그리고 여기서는 필터가 하나가 사용되었지만 여러 개를 설정하게 되면 그만큼 코딩이 길어지고 테스트 검증도 늘어날 것이다. 따라서 이미 검증된 라이브러리를 사용하는 이점을 충분히 활용한다는 취지에서 해당 어댑터를 사용하는 것이 어느 정도 장점이 있어 보인다. 물론 어떤 기능을 구현하는 것에 따라 달라질 수는 있다. 이런 처리부분이 문자열로 가게 되면 좀 더 복잡하게 구현될 가능성이 높아진다. 현재 버전에서 소개된 어댑터들 이외에 앞으로 상위 버전을 갈수록 더 다양한 컨테이너 기능에 맞게 데이터 처리를 효율적으로 할 수 있는 어댑터들이 소개될 것이다. 그래서 기존의 데이터 처리 연산 방식을 다양한 어댑터로 구현하는 것이 나름대로 개발 입장에서 좋은 점으로 작용될 것이다.

한편 데이터에 대해 다양한 형태의 연산 설정을 위해 여러 어댑터들을 **파이프라인(|)**으로 설정하는 경우에 구체적으로 동작 구조를 보면서, 이것이 직접 구현과 비교하여 시간 소요 측면에서 성능 관련 특성을 알아보자. 파이프라인은 왼쪽부터 인자가 파이프라인을 지나갈 때마다 해당 인자가 누적되면서 하나의 데이터로 처리가 되고 루프문이 실행될 때 누적된 순서대로 하나씩 수행된다. view의 특성상 데이터를 가지고 있지 않고 참조 형태로만 반복자가 증가되면서 접근하는 방식이기 때문에 이것은 자연스러운 형태로 보인다. 결국은 각각의 어댑터가 생성되고 루프문이 돌아갈 때 각자가 작동하는 구조가 된다.

즉 각각 내부의 반복자가 생성되고 하나씩 증가되면서 끝을 비교하는 동작이 파이프라인에 설정한 어댑터 숫자만큼 실행되며 이것이 루프문을 끝날 때까지 반복된다. 이것은 성능 측면에서 보았을 때 일정의 오버헤드(overhead)를 유발하게 된다. 비교 테스트를 위해 데이터 크기를 늘리고 필터 설정 조건이 true로 처리하여 모든 데이터가 접근되도록 했다.

[예제 17.5-R]

```cpp
#include <iostream>
#include <ranges>
#include <vector>
#include <chrono>

using namespace std::views;
using namespace std::ranges;

inline constexpr bool even( int i)
{
        return true;
}
inline constexpr auto square( int i)
{
        return i * i ;
}

int main()
{
        std::vector<int> v;
        for (int i = 0; i < 100000; i++)
                v.push_back(i);
        std::vector<int> result;

        // 시간 측정
        auto start = std::chrono::steady_clock::now();

        // vector의 반복자를 사용해 필터와 데이터 값을 변경하는 함수 호출
        auto ir_start = v.begin();
        auto ir_end = v.end();
        for ( auto it = ir_start; it != ir_end; it++)
        {
                for (;;)
                {
                        if (even(*it))
                                break;
                        it++;
```

```
                                if (it >= ir_end)
                                        goto finish;
                        }

                        result.push_back(square(*it));
                }

finish:
                auto end = std::chrono::steady_clock::now();
                std::chrono::duration<double> elapsed_seconds = end-start;
                std::cout <<"General Elapsed time: "<<elapsed_seconds.count() << "s\n";

                // 어댑터 설정
                auto p = v | filter(even) | std::views::transform(square);
                std::vector<int> view_result;

                start = std::chrono::steady_clock::now();
                for(auto i : p)
                {
                        view_result.push_back(i);
                }
                end = std::chrono::steady_clock::now();
                elapsed_seconds = end-start;
                std::cout<<"Adaptors Elapsed time: "<<elapsed_seconds.count() << "s\n";

                return 0;
        }
```

출력
```
General Elapsed time: 0.0235256s
Adaptors Elapsed time: 0.185585s
```

view 어댑터를 통해 데이터 요소를 연산한 것과 직접 데이터에 접근하여 구현한 것의 시간 소요를 살펴보면 직접 구현한 것이 분명하게 시간이 적게 걸린다. 출력된 시간은 측정할 때마다 조금씩 다르기 때문에 절대 시간보다는 상대적인 비교가 중요한데 확인하게 의미 있는 차이가 발생한다. 이것은 이전에 언급한 것처럼 각각의 어댑터의 반복자가 생성되면서 각자의 일을 하는 것으로 직접 구현하는 것은 한 번에 여러 기능을 동시에 처리하는 것과 대비하여 시간이 더 소요되는 것은 매우 당연하다. 실제 데이터를 처리할 때, 대용량의 데이터를 바로 다루는 경우보다는 일정의 크기를 가지고 반복하는 형태가 많기 때문에 어댑터 사용이 무조건 시간을 많이 소요하는 것으로 단정하기는 무리가 있다. 어댑터가 가지고 있는 분명한 이점이 있기 때문이다. 여기서는 테스트를 위해 필터 역할이 제대로 발휘되지 않다 보니 걸러내는 기능이 빠져서 더 시간이 걸렸고 실제로 여러 필터를 좀 더 미세하게 설정하면 상당히 시간을 줄일 수 있는 여지가 있다. 구현하는 상황에 맞게 시간처리가 우선되는 코드 블록이 있을 경우에는 데이터 요소의 특성에 맞게 직접 데이터에 접근하여 기능을 처리하면 될 것이다.

참고자료

[1] C++ 규격 : https://www.open-std.org/jtc1/sc22/wg21/docs/standards

여러 버전의 C++ 규격을 제공한다. 물론 공식 버전의 문서는 아니다. 공식 버전은 별도로 구매해야 한다. 그런데 제공되는 문서로 C++를 학습하는 데는 문제가 없어 보인다.

[2] 최근 규격 상세 설명 : https://en.cppreference.com/

버전별로 나누어 변경 사항을 상세히 기술하고 있다. 특히 표준 라이브러리 관련해서 하나하나 나누어 변경 사항 관련해 자세히 설명하고 있다. 또한 문법 사항에 대해서도 문구별로 나누어 버전에 따른 변동 항목을 자세히 구별해 놓고 있다. 그렇다고 자세히 설명된 것보다는 규격에 사용된 문구가 바로 사용되어 이해하기는 쉽지는 않아 보인다. 한편 버전별 상세 변경 사항 측면에서 보면 이 사이트는 매우 도움이 된다.

[3] 마이크로소프트 C++ 문서 : https://docs.microsoft.com/en-us/cpp/cpp/

당연히 이 사이트는 대표적인 C++ 관련 사이트이다. 문법 관련해서 섹션별로 나누어 예제와 함께 자세히 설명을 하고 있다. 한국어로 번역된 내용도 어느 정도는 검증을 하여 내용이 자연스럽게 기술되어 있다. 그리고 그 외 프로그래밍 관련 지식도 상세히 설명하고 있어 엔지니어는 자주 참조하는 사이트가 되겠다.

[4] C++ 단체 : https://isocpp.org/

C++의 최근 변하고 있는 상태와 앞으로 진행될 여러 가지 사항에 대해 업데이트된 뉴스를 접할 수 있다. 많은 전문가의 여러 의견들과 책을 소개하고 있다.

[5] 프로그래밍 관련 질문 사이트 : https://stackoverflow.com/

C++을 포함하여 프로그래밍 관련해서 모르거나 궁금한 것이 있으면 일단 여기서 검색을 하는 것이 좋다. 간단한 질문부터 혼동되는 내용까지 해당 분야의 전문가들이 아주 상세히 답변을 하고 있다. 중복되는 질문들도 많지만 답변의 내용은 충분히 잘 기술되어 있어 개발 시 많은 도움이 된다.

[6] 온라인 컴파일러 사이트 : https://godbolt.org/

C++ 개발을 위한 컴파일러 설치 없이 이 사이트에서 코딩 결과를 바로 확인할 수 있다. 여기에는 gcc, msvc, clang 등 포함하여 다른 여러 컴파일러들의 최신 버전을 제공하고 있다. 또한 출력 결과도 함께 확인할 수 있어서 매우 편리하다.

[7] 도서: 전문가를 위한 C++(개정판)

저자: 마크 그레고리, 니콜라스 솔터, 스캇 클레퍼

발행처: 서울 한빛미디어

이 책은 처음 C++을 시작하는 사람에서부터 어느 정도 경험을 가진 엔지니어도 참고할 만한 도서가 된다. 내용을 이해하기 쉽게 기술하고 있으며 예제 또한 학습 차원에서 도움이 된다. 두 권으로 나누어져 있어 상당한 페이지로 구성되어 있지만 C++ 전반에 관해서 문법, 라이브러리, 설계 및 테스트 등 폭넓게 전문적으로 개념이 설명되어 있다.

[8] 도서: The C++ Programming Language(4th Edition)

저자: 비야네 스트롭스트룹

발행처: 에이콘출판사

C++ 창시자로 알려진 저자의 대표적인 C++ 관련 서적이다. 문법 및 라이브러리 관련해서 기능 및 개념 중심으로 상세히 설명하고 있다. 다만 내용 이해가 쉽지는 않다. 또한 책의 두께가 그 어느 것보다 커서 전체를 정독하는 데 많은 시간이 걸릴 것이다. 이 책은 각각의 절이 끝날 때 내용을 정리하고 어떻게 적용하는 게 좋은지에 대한 개발에 필요한 많은 조언을 담고 있다.

[9] 도서: C++ 템플릿 완벽 가이드(2th Edition)

저자: 다비드 반데부르드, 니콜라이 요수티스, 더글라스 그레고르

발행처: 에이콘출판사

템플릿 관련하여 규격에서 정한 모든 내용들이 다 담고 있는 책이다. 국내에 템플릿만 별도로 다루는 책이 많이 나와 있지 않은 상황에서 이 책은 템플릿을 배우는 사람들에게 매우 도움이 되는 책이다. 이 책을 읽기 전에 C++의 전반적인 문법 사항에 익숙해져 있는 것이 거의 필수가 되겠다. 클래스 및 함수 템플릿 관련해서 개발 시 나올 수 있는 여러 문제점에 대해 상세히 기술되어 있어 템플릿을 다루게 되면 한 번은 봐야 될 책이라고 생각된다.

[10] 도서: C++20: 풍부한 예제로 익히는 핵심 기능

저자: 라이너 그림

발행처: 인사이트

C++20에서 소개된 핵심 기능을 자세히 기술하고 있다. 변경 사항에 대해 하나하나 예제로 내용을 들어 기능을 설명하고 있어서 이해하는 데 도움이 된다. C++20에서 업데이트된 규격을 확인하고 정리하고 싶은 사람에게 도움이 될 것이다.

찾아보기